지금당장
마케팅
공부하라

지금 당장 마케팅 공부하라

구자룡 지음

한빛비즈 Hanbit Biz, Inc.

지금 당장 마케팅 공부하라 최신개정판

초판 발행 2012년 9월 30일
8쇄 발행 2015년 4월 13일
개정판 1쇄 발행 2019년 4월 5일

지은이 구자룡

펴낸이 조기흠
편집이사 이홍 / **책임편집** 박단비 / **기획편집** 유소영, 이수동, 송병규, 정선영
마케팅 정재훈, 박태규, 김선영, 홍태형, 이건호 / **제작** 박성우, 김정우
디자인 디자인결 / **일러스트** 최광렬

펴낸곳 한빛비즈(주) / **주소** 서울시 서대문구 연희로2길 62 4층
전화 02-325-5506 / **팩스** 02-326-1566
등록 2008년 1월 14일 제25100-2017-000062호
ISBN 979-11-5784-325-1 13320

이 책에 대한 의견이나 오탈자 및 잘못된 내용에 대한 수정 정보는 한빛비즈의 홈페이지나
이메일(hanbitbiz@hanbit.co.kr)로 알려주십시오. 잘못된 책은 구입하신 서점에서 교환해드립니다.
책값은 뒤표지에 표시되어 있습니다.
홈페이지 www.hanbitbiz.com / **페이스북** hanbitbiz.n.book / **블로그** blog.hanbitbiz.com

지금 하지 않으면 할 수 없는 일이 있습니다.
책으로 펴내고 싶은 아이디어나 원고를 메일(hanbitbiz@hanbit.co.kr)로 보내주세요.
한빛비즈는 여러분의 소중한 경험과 지식을 기다리고 있습니다.

마케팅은 가치를 창출하는 활동이다.
본질을 꿰뚫는 통찰력은 하루아침에 생기지 않는다.

상상 그 이상으로 시장이 급변하고 있다
어떻게 대응해야 하나?

2012년에 출간된《지금 당장 마케팅 공부하라》초판을 통해 마케팅의 중요성과 혁신, 그리고 기본원리에 대해 다양한 사례를 바탕으로 설명했었다. 감사하게도 수많은 독자들로부터 호평을 받아 전문서적으로는 드물게 2만 권 이상 판매되었다. 그것도 오로지 책만의 힘으로 넘치는 사랑을 받았다. 특히 치열한 전쟁을 치르고 있는 마케팅 현장의 실무자들과 전문가들이 추천해서 입소문을 탔으며, 마케팅의 기본 교재로 또 부교재로 사용되는 행운을 누렸다. 이런 호평과 사랑과 추천에 힘입어 개정판을 만들게 되었다. 급변하는 시장에 대응해야 하는 마케팅 활동과 마찬가지로 마케팅 서적 역시 시대의 변화에 대응해야 한다. 책에서 다뤘던 사례의 일부는 시장에서 사라지기도 했고, 또 일부는 지금의 상황에서 설득력이 없기 때문이다.

　세계경제포럼(다보스포럼) 회장인 클라우드 슈밥 교수가 제기한 '4차 산업혁명'이란 이슈는 전 세계적으로 새로운 혁명을 예고했다. 4차 산업혁명이란 용어로 인한 오해도 있지만, 전반적인 기술의 진화는 이전에 인터넷을 중심으로 전개한 정보화 시대와는 확연히 다른 연결 중심의 새로운 세계를 제시했다. 이미 우리는 인공지능과 사물인터넷, 5G 등으로 연결된 초연결 사회에 살고 있다. 또한 마케팅의 대부로 알려진 필립 코틀러 교수도《필립 코틀러의 마켓 4.0》을 통해 마케팅 역시 첨단기술과 초연결성을 기반으로 하는 소비자 중심의 마케팅 으로 변화할 것이라고 했었다.

바야흐로 데이터의 시대이다. 세상은 이미 디지털로 바뀌었다. 새로운 일반 화라고 지칭되고 있는 뉴 노멀의 중심에 디지털이 있다. 디지털 기반의 마케팅 이 강화될수록 마케팅의 중요성은 더욱 커지고 있다. 마케팅은 너무나 중요해 서 아무에게나 맡길 수 없다고 했었다. 기업 경영의 기본은 마케팅과 혁신이라 고 했었다. 급변하는 시장 환경을 분석하고, 변화를 감지하고, 그 본질을 찾아 고객의 고충과 문제를 해결함으로써 고객에게 혜택과 가치를 제공하는 마케팅 은 아무리 강조해도 지나치지 않는 경영의 기본이다.

본서의 초판을 통해 마케팅의 기본원리를 설명하고 사례를 통해 실제 어떻게 마케팅을 하는지 살펴봤었다. 마케팅의 기본원리는 시대가 변한다고 해서 크게 변할 것이 없다. 대표적으로 "마케팅의 본질은 가치를 창출하는 것이다."라는 대명제는 디지털화되고, 초연결 사회가 되고, 4차 산업혁명이 된다고 하여 바뀌 는 내용이 아니다. 마케팅 전략과 마케팅 기획 역시 같은 맥락으로 시대가 바뀐 다고 무시하거나 생략할 수 있는 내용이 아니다. 그러나 기업 경영과 마케팅의 목적과 전략을 달성하기 위한 방법과 수단은 시대의 변화에 맞추어 바뀌어야 생존할 수 있다. 항상 새로운 변화에 관심을 가지고 그 변화를 앞서가고자 하는 생각과 의지가 요구되는 이유이다. 개정판을 고민하게 된 결정적인 이유도 바 로 시장의 변화를 설명해야 하는 방법과 수단이 바뀌고 있고 또 새로워지기 때 문이다. 또한 오래된 사례로는 더 이상 설명과 설득이 어려워졌기 때문이다. 신 제품이나 리뉴얼을 통해 해결하듯이 개정판을 통해 새로운 사례와 방법으로 마 케팅 변화를 대응하고자 한다.

마케팅의 원리를 이해하고 제대로 공부하고 싶다.
어떻게 학습해야 하나?

마케팅의 원리를 이해하고 제대로 공부하고 싶다면, 대학에서 교과서로 사용하는 마케팅 원론 책을 읽는 게 가장 정확한 방법인지도 모른다. 그래서 많은 사람들이 원론 책으로 공부해보려고 한다. 하지만 이미 학생이 아니라면 재학생일 때 공부하던 방식으로 공부하기가 어려워 당황할 수밖에 없다. 빡빡한 업무 속에서 원론 교재의 한계를 느끼고 다른 대안을 찾게 된다. 이 책을 집필하게 된 이유가 바로 이런 고객들, 즉 기업에서 처음 마케팅 업무를 하게 된 초보 마케터, 마케팅 업무를 수년간 하고 있지만 체계적으로 공부하지 못했던 무늬만 마케터, 마케팅 분야에서 일하고 싶은데 마케팅을 모르는 직장인, 그리고 마케팅 업무를 제대로 하고 싶은 마케팅 책임자와 경영자 등의 요구에 의한 것이었다.

이런 요구를 반영하여 마케팅의 기본을 이해하고 실무에 적용을 할 수 있는 교과서 같은 실무 지침서를 한 권의 책으로 만들었다. 체계적으로 그리고 제대로 마케팅 공부를 할 수 있도록 10단계 학습법을 제시했다. 개정판도 초판의 기본 골격을 그대로 유지하는 원칙으로 정리했다. 기본원리를 설명하고 최신의 사례를 제시하고 그 사례 속에서 의미를 찾아내고자 했다. 따라서 개정판에서는 기본원리에 대한 설명을 보다 정교하게 보완했으며, 주제와 맞는 최신의 사례를 찾아 어떻게 마케팅을 했고, 그 결과가 어떤 시사점을 제공하는지에 대한 통찰을 기술했다.

1장에서는 마케팅에 대한 기본적인 이해와 마케터의 역량을 강화하는 방법을 제시했다.

2장에서는 마케팅 전략 기획을 왜 해야 하고, 어떻게 하는지에 대해 설명했다.

3장에서는 시장의 변화를 읽고 소비자에 대응하기 위해 어떻게 트렌드를 파악하고, 그 결과를 어떻게 활용하는지에 대해 설명했다.

4장에서는 모든 마케팅 활동의 출발점인 마케팅조사와 조사 방법, 그리고 어떻게 조사해야 제대로 조사할 수 있는지에 대해 설명했다.

5장에서는 마케팅전략의 핵심인 STP에 대해 설명하고 핵심가치를 찾아 강력하게 포지셔닝하는 방법에 대해 설명했다.

6장에서는 차별화된 제품과 전략적 가격 책정을 통해 가치를 제공하는 방법에 대해 설명했다.

7장에서는 유통을 통한 차별화와 커뮤니케이션 믹스를 통해 고객과 소통하는 방법에 대해 설명했다.

8장에서는 브랜드 가치를 높이기 위한 브랜드 관리 방법과 브랜드 자산을 측정하고 가치를 평가하는 방법에 대해 설명했다.

9장에서는 마케팅 활동에 대한 성과 평가와 그 결과의 피드백을 통한 마케팅 성과 향상 방법에 대해 설명했다.

마지막으로 10장에서는 새로운 일반화인 뉴 노멀 마케팅과 뉴 노멀이 되고 있는 디지털 마케팅, 경험 마케팅, 입소문 마케팅과 소셜 마케팅, 스토리텔링 마케팅, 그리고 인플루언서 마케팅과 인공지능(챗봇) 마케팅 등을 설명했다. 이런 마케팅들은 디지털 기반으로 4차 산업혁명의 기술을 활용하고 있다. 초연결 사회에서 고객과 함께 마케팅을 하는 시대로 바뀌고 있음을 실감할 수 있다.

누구나 마케팅을 통해 성공하고 싶어 한다. 문제는 수많은 도전에도 불구하고 성공률이 높지 않다는 것이다. 그렇기 때문에 체계적이고 단계적인 학습을 통해 기초 체력을 쌓는 게 먼저다. 얄팍한 상술로 한 번은 성과를 낼 수 있을지 모르나 지속가능하게 하는 데는 한계가 있다. 하루아침에 이루어지는 요행수는 기대하지 않는 게 좋다. 우직하게 처음부터 하나하나 차곡차곡 실력을 쌓아가는 노력이 필요하다. 마케팅 공부에 순서가 중요한 것은 아니지만 제대로 공부하고자 한다면 프로세스 중심으로 단계적으로 학습하는 것이 좀 더 효과적이다. 급하면 필요한 내용부터 공부할 수도 있지만 본서에서는 가능하면 순서대로 차근히 일독할 것을 권한다. 그리고 필요한 부분을 다시 집중적으로 학습하는 것이 좋다.

지식의 축적이 먼저다. 축적의 시간이 필요하다. 그래야 개념설계가 가능하다. 마케팅에서 개념설계란 축적된 지식을 바탕으로 나만의 차별적이고 창의적인 아이디어로 혁신적인 제품을 만들어내는 것이다. 이 제품이 고객들에게 기대 이상의 가치를 제공한다면 성공적인 신규 비즈니스를 창출한 것이다. 다음 개정판을 낼 때 독자 여러분들이 만들어낸 혁신적인 사례를 인용할 수 있기를 기대한다.

구자룡

마케팅은 기업의 운명을 좌우하는 양날의 검이다
검 쓰는 법부터 제대로 알고, 날을 세우고, 휘둘러라

마케팅은 아무에게나 맡길 수 없다
당신은 마케터인가, 아무나인가?

휴렛팩커드의 창업자인 데이비드 팩커드는 "마케팅은 너무나 중요해서 절대 아무에게나 맡길 수 없다."고 이야기했다. 그럼 누구에게 마케팅을 맡겨야 할까? 기업의 최고경영자가 모든 의사결정에서 최선의 선택을 할 수 있는 전문성과 경험, 통찰력을 갖고 있다면야 당연히 그에게 맡기면 될 것이다. 그러나 애플의 스티브 잡스가 아니고서야 그럴 수 있는 경영자들은 드물다. 하물며 애플에서도 마케팅은 최고경영자가 아닌 전문성과 경험을 갖춘 마케터들이 담당한다.

마케터라면 마케팅의 기본원리를 잘 알고 있어야 한다. 아울러 미래의 시장을 읽고 새로운 관점으로 전략을 세울 수 있는 통찰력을 지녀야 한다. 또 마케팅 목표에 부합하는 적절한 마케팅 도구를 이용하여 효과적으로 커뮤니케이션 활동을 전개할 수 있는 지식과 경험, 노하우도 보유하고 있어야 한다. 그리하여 고객에게 새로운 가치를 제안하고, 제품과 서비스, 나아가 기업을 브랜딩할 수 있어야 한다. 이러한 마케팅 활동은 모두 기업의 혁신과 성장을 이끄는 핵심동력이자 전략이다. 이 같은 막중한 일을 담당하는 이들이 바로 마케터이므로 마케팅은 절대 아무에게나 맡길 수 없는 것이다.

010

왜 지금 다시 마케팅 공부의 필요성을 이야기하는가?
그리고 마케팅이란 무엇인가?

기업 경영의 기본은 마케팅과 혁신이다. 기업이 지속적으로 성장하기 위해서는 혁신이 밑바탕이 되어야 하고, 마케팅을 통해 효과적으로 이를 전달해야 한다. 혁신도, 마케팅도 차별적으로 해야만 성공할 수 있으므로 반드시 전략이 필요하다. 그리고 전략적으로 마케팅을 하기 위해서는 가장 먼저 제대로 된 기획을 해야 한다. 모든 일은 기획을 통해서만 실행에 옮겨질 수 있기 때문이다. 또 목표를 달성하기 위한 전략 방향을 정하고 적절한 수단을 동원하여 적시에, 적재적소에 투입해야 비로소 성과를 얻을 수 있다.

그리고 이를 바탕으로 차별화를 해야 한다. 브랜드이든, 제품이든, 서비스이든, 디자인이나 패키지이든 간에 차별화되어야만 성공할 수 있기 때문이다. 그러나 무조건 다르기만 해서는 안 되고, 고객이 원하는 방향으로 차별화되고 그 차별화 요인에 집중되어야 한다. 블루오션은 시장을 재구축하고자 하는 차원에서 뭔가 '다르게' 접근해야 창출할 수 있는 시장이다. 다시 말해, 기존의 구조적인 관점으로 접근하면 절대 보이지 않는 시장이란 것이다. 차별화된 브랜드와 제품으로 틈새시장을 집중 공략할 때 기업은 블루오션을 개척할 수 있다.

미래시장으로 나아가기 위한 전략과 수단을 준비했다면 이제 실행을 통해 브랜딩을 해야 한다. 강력한 브랜드는 하루아침에 만들어지지 않는다. 브랜드는 제품이나 서비스의 단순한 이름이 아니라 그 속에 소비자들의 꿈을 담고 있어야 한다. 즉, 기업이 소비자들과 함께 꾸는 꿈이 바로 브랜드인 것이다. 어떤 단어 하나가 브랜드의 키워드로 인식될 때, 그 브랜드는 고객의 인식 속에 강력하게 포지셔닝된다. 깊은 샘이 극심한 가뭄에도 마르지 않듯이 고객의 인식 속에 각인된 브랜드는 영원히 살아 숨 쉬게 된다. 모든 마케팅 활동은 '관리'하는 것이 아니라 혁신적인 차별화 전략으로 '브랜딩'을 하는 것이다. 마케터의 역량과 열정이 만들어내는 결과물이 바로 브랜드인 것이다.

어렵고 험난한 마케터의 길,
그러나 끝없는 배움을 통해 스스로 헤쳐나갈 수밖에 없다

마케팅은 창의적인 아이디어의 도출, 기획, 전략 구상, 실행, 그리고 평가로 이어지는 일련의 과정들로 이루어진다. 따라서 마케터는 늘 '뭔가 새롭고 기발한' 아이디어를 찾아야 한다는 압박감에 시달리기 일쑤다. 또 궂은일과 허드렛일부터 브랜드와 조직, 나아가 기업의 생사를 다루는 중차대한 일까지 다양한 분야의 업무들을 수행해야 한다. 아울러 부서 간의 복잡하게 얽혀 있는 이해관계를 잘 풀어내는 커뮤니케이션 능력도 필수적으로 요구된다. 또 제품별, 서비스별, 산업별로 여러 마케팅 수단들을 통해 다양한 마케팅 활동을 펼쳐야 하기 때문에 새로운 기술과 트렌드 등에 대한 지식, 경험, 통찰력 있는 의사결정 능력도 갖춰야 한다.

이런 이유로 인해 마케터의 길은 화려하고 멋있기보다 어렵고 험난하다. 더욱이 마케터들의 역량 증대와 성장을 이끌 맞춤형 교육이란 것도 딱히 없는 실정이라 마케터들은 끝없는 배움을 통해 스스로 그 어렵고 험난한 길을 헤쳐가야만 한다. 그리하여 특히 마케팅 분야에서는 산전수전, 공중전까지 다 겪어본 '경험 있는' 마케터들, 즉 온갖 다양한 성공과 실패 경험담을 가진 경력자들을 우대하는 경향이 있다. 그러나 어느 누구든 하루아침에 탁월한 전문성과 오랜 경험을 갖춘 마케터가 될 수는 없으므로 초보 마케터 시절부터 열정을 가지고 부단히 노력하면서 스스로 끊임없이 발전하도록 해야 할 것이다. 서글프지만 이것이 마케터들의 현실이다.

따라서 이 책은 이제 막 현업에 뛰어든 초보 마케터들은 물론, 마케팅에 대해서 제대로 공부해보고자 마음먹은 비전공자 마케터들과 대학생들을 위해 쉽게, 그러나 알차고 유익하게, 진짜 제대로 된 마케팅을 배울 수 있도록 만들고자 했다. 이를 위해 마케팅과 마케터에 대한 정의, 마케팅 기획, 소비자와 트렌드, 마케팅조사, 시장 세분화, 표적시장 선정, 포지셔닝 전략, 마케팅믹스, 브랜드 관리, 마케팅 성과 평가, 새로운 마케팅 트렌드까지 현장밀착형 마케터가 되기 위해 필요한 핵심지식들을 체계적으로 구성하였다. 또 외국의 구닥다리 사례들을 지양하고, 국내의 업종별로 다양한 최신 사례들을 통해 독자들이 실전 마케팅 지식을 배우고 익히며 마케터로서의 통찰력을 키워나갈 수 있도록 하였다.

'Market-er'는 시장의 창조자, 선도자다!
이제 진정한 현장밀착형 마케터로 변신하라!

진정한 마케터가 되기 위해 필요한 역량을 갖추고자 한다면 적어도 1만 시간의 노력이 필요하다. 그 긴 시간을 줄일 수 있는 단 하나의 방법은 지식과 경험의 부단한 축적을 통해 빠르게 성장해나가는 것이다. 이를 위해서는 마케팅에 대한 기본원리와 핵심지식, 다양한 실전 사례들을 통해 얻게 되는 통찰력은 기본이고, 실제 업무를 통해 체득하는 경험적인 지식이 필요하다. 마케팅은 책상머리에서 얻을 수 있는 지식이 아니라 경험을 통해 체득해야만 온전히 내 것으로 만들 수 있는 '산지식'이기 때문이다.

아이디어를 도출하고, 기획과 전략 구상을 통해 실행에 옮겨, 하나의 마케팅 프로젝트를 성공시키는 것은, 하나의 가설을 검증해 새로운 이론을 만들어내는 것과 다름없다. 이처럼 목표로 한 성과를 얻기 위해서, 또 실패를 막고 성공 확률을 높이기 위해서, 그리고 진정한 마케터로 성장해나가는 시간을 단축시키기 위해서는 반드시 마케팅에 대한 기본지식과 실전지식을 잘 갖춰야 한다. 독자 여러분들 모두 《지금 당장 마케팅 공부하라》를 통해 지식과 통찰력을 얻고, 선망과 존경을 받는 마케팅 전문가로 성장하기를 바란다.

구자룡

❶ 제대로 된 마케팅 공부를 위한 10단계 학습법!

기업 경영 활동의 시작과 끝이라고 할 수 있는 마케팅에 대한 지식을 총 10단계에 걸쳐 체계적으로 전달합니다. 마케팅 기획에서부터 소비자, 트렌드, 마케팅조사, STP 전략, 제품과 가격, 유통과 촉진, 마케팅믹스, 브랜드 관리, 마케팅 성과 평가 방법까지 마케팅 원론·개론, 전략·전술 지침을 한 권으로 따박따박 배울 수 있습니다.

❷ 탄탄한 기본원리와 더불어 현실적인 지식을 익히자!

수많은 마케팅 관련 용어들과 기본지식들을 빠삭하게 안다고 해서 '능력 있는 마케터'라고 할 수는 없습니다. 중요한 것은 이러한 지식들을 종합적으로 활용해 현실에 적용하는 방법을 아는 것입니다. 따라서 마케팅 관련 용어의 사전적 정의나 세계적인 석학들의 학설들은 물론 분야를 뛰어넘는 다양한 마케팅 사례들을 실어 보다 실용적인 마케팅 지식을 전하고자 하였습니다.

❸ 최신의 한국형 마케팅 사례들이 한가득!

시중에 나와 있는 대부분의 마케팅 서적들은 세계적인 석학들의 물 건너 온 마케팅 관련 지식과 고전적인 사례들로 가득합니다. 그러 다 보니 우리나라 실정에 맞지 않는 내용들도 많은 게 사실입니다. 이 책은 마케팅의 원론·개론을 우리나라 실정에 맞도록 짜임새 있 게 잘 정리해주고 있습니다. 또 한 번쯤은 들어봤음직한 고리타분 한 사례들을 지양하고 가능한 최신의 한국형 마케팅 사례들을 수록 하고자 하였습니다.

❹ 다양한 사진, 도표, 그래프로 읽는 재미를 더했다!

본문에서 다뤄지는 내용들과 관련된 사진, 조금은 복잡하고 어려운 내용을 일목요연하게 요약 및 정리해주는 도표, 추세를 한눈에 살펴 볼 수 있는 그래프 등을 십분 활용해 독자들이 보다 쉽고, 재미있게 마케팅 공부를 할 수 있도록 하였습니다.

❺ 마케터, 직장인, 대학생들의 의견을 충실히 반영했다!

이 책의 기획 및 편집 과정에는 현업에 종사하고 있는 마케터들과 기획자들, 마케팅에 관심이 많은 직장인들, 마케팅을 전공하는 학생 들이 함께했습니다. 이들의 의견을 충실히 반영해 독자 여러분들의 눈높이에 맞춰 실질적인 지식을 전해드릴 수 있도록 만들었습니다.

길잡이와 WHY STUDY 무엇을 어떻게 읽을 것인가?

길잡이는 해당 챕터에서 다뤄질 중요한 내용을 알려주는 나침반으로서 어떤 부분에 보다 집중해서 읽어야 할 것인지를 짚어줍니다. 그리고 WHY STUDY는 왜 이 챕터를 공부해야 하는지, 그 이유를 명확히 알려줍니다.

다양한 사진, 도표, 그래프 독자들이 조금 더 쉽고 재미있게 공부할 수 있도록!

본문에서 다뤄지는 사례와 관련된 사진, 어려운 내용을 일목요연하게 정리해주는 도표, 추세를 한눈에 살펴볼 수 있는 그래프 등으로 더욱 쉽게 공부할 수 있습니다.

본문 10단계로 배우는 마케팅 완전정복!

마케팅 기획, 소비자와 트렌드, 마케팅조사, STP 전략, 제품과 가격, 유통과 촉진, 마케팅믹스, 브랜드 관리, 마케팅 성과 평가, 마케팅 트렌드까지 현장밀착형 마케터가 되기 위해 필요한 핵심지식들을 차근차근 배울 수 있습니다.

마케팅 트렌드 **현재와 미래의 마케팅 트렌드를 한눈에 꿰뚫는다!**

해당 챕터의 마지막 부분에는 현재 가장 주목을 받고 있는, 또 앞으로 일어날 소비자, 기술, 사회, 문화, 환경, 정치 분야 등에서의 다양한 마케팅 트렌드들이 제시됩니다. 이로써 시장을 선도해나갈 수 있는 마케팅 지식을 얻을 수 있도록 도와줍니다.

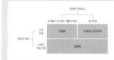

아하 그렇구나! **실제 사례를 통해 배운 내용을 한 번 더 익힌다!**

본문에서 다뤄진 내용과 관련된 실제 사례들을 살펴보며 보다 현실적인 마케팅 지식을 얻을 수 있도록 도와줍니다.

생각해봅시다! **마케팅 문제를 대하는 마케터들의 자세!**

해당 챕터의 마지막 부분에는 독자들의 마케팅 지식을 더욱 넓혀주고, 통찰력에 깊이를 더해줄 고급 마케팅 관련 지식들과 생각해볼 문제들이 제시됩니다. 업종과 분야를 초월해 마케팅 문제 해결 능력을 기를 수 있도록 도와줍니다.

차례 | C o n t e n t s

9 마케팅 성과   마케팅 활동을 측정하여 성과를 향상시켜라

01

—

마케팅은 아무에게나 맡길 수 없다

—

왜 드라마 속 재벌 2세는 대부분 마케팅 부서의 실장일까? 기업에서 실세로 활약하는 부서, 가장 다양하고 화려해 보이는 일을 수행하는 부서이기 때문일까? 일반인들의 인식 속에서 마케팅은 기업 활동 중 가장 중요하고, 멋진 일을 하는 것만 같다. 그래서 취업 준비생들의 희망 발령 부서 1순위이자 선망의 대상이기도 하다. 과연 제대로 마케팅을 이해하고 있는 것인지 의문이 들지 않을 수 없다.

세계적인 마케팅 컨설턴트인 알 리스와 로라 리스는 "마케팅은 너무나 복잡하고 미묘해서 마케팅 경험도 별로 없고, 마케팅 원리도 모르는 경영 분야 사람들에게만 맡겨둘 수 없다."고 이야기한 바 있다. 전문성과 경험을 갖춘 전문 마케터의 필요성을 역설한 것이다. 또 실무를 담당하는 마케터들에게 들어보면 마케팅이 그저 매일 책상에 앉아 전략회의나 하고 폼 나는 일만 하는 것은 절대 아니라고 한다. 따라서 우리는 마케팅에 대해 본격적으로 공부하기 전에 마케팅과 마케터가 무엇인지 알아둘 필요가 있다.

애플의 성공 비결은
혁신을 마케팅한 데 있다!

애플은 아이팟으로 MP3플레이어시장을 휩쓸고, 아이폰으로 모바일 세상을 뒤흔들고, 아이패드로 새로운 컴퓨터 혁명을 주도하고, 애플워치로 웨어러블 기기의 대중화를 이끌었다. 이 모든 디바이스와 소프트웨어로 새로운 세상을 만들어가고 있는 것이다. 이와 같은 혁신을 총 지휘한 스티브 잡스는 '혁신의 전도사'로 영원히 남게 되었다. 국내의 기업들은 물론이고 세계의 수많은 기업과 경영자들이 아직도 고인이 된 스티브 잡스와 그의 혁신정신이 고스란히 살아있는 애플을 부러워하고 있다.

▼ 스티브 잡스와 아이폰(2007)[1]

이 같은 애플의 혁신적인 제품들과 서비스를 분석해보면 몇 가지 공통점을 발견할 수 있다.

첫째, 모두 후발주자로 출발했다. MP3플레이어는 1997년 엠피맨닷컴이, 스마트폰은 2002년 리서치인모션RIM이, 태블릿PC는 2000년 휴렛팩커드가, 스마트워치는 2006년 소니에릭슨이 맨 처음 개발했다. 보통 우리는 최초로 무엇을 해야 한다는 강박관념에 사로잡힌다. 그러나 애플과 스티브 잡스는 최초가 아니더라도 충분히 혁신을 이룰 수 있다는 것을 모두에게 보여주었다.

둘째, 원천기술 확보보다 소비자들의 욕구에 부합하도록 노력해 혁신을 이루었다. 곡 선택을 빠르게 할 수 있는 스크롤 휠 기능을 적용한 아이팟, 부드러운 터치감과 빠른 반응속도를 자랑하는 정전식 터치 기술을 채택한 아이폰 등 애플은 기술이 아닌 사용자에 집중했다. 새로운 아이디어를 구현할 원천기술을 보유하고 있지 않은 경우에는 과감하게 외부의 기술을 사들이거나 차용하고, 때로는 도용하기도 했다. 널리 알려진 사실이지만 컴퓨터 마우스는 스티브 잡스가 제록스의 팔로알토연구소에서 처음 접한 후, 기술을 가져와 매킨토시에 적용하면서 일반화되었다. 그래서 많은 이들이 세계 최초로 마우스를 개발한 사람이 '스티브 잡스'라고 잘못 알고 있을 정도다. 스티브 잡스는 이를 '부끄럽지 않은 도둑질'이라고 말하기도 했다.

셋째, 소비자로 하여금 제품에 대한 열망을 자극하는 마케팅 전략을 펼쳤다. 애플은 소비자가 자사의 어떤 한 제품을 사용하고 나면 다른 제품들도 계속해서 사용하고 싶도록 만들었다. 신제품 출시를 기대하게 만들고, 또 구입하도록 소비자들의 심리를 계속 자극했다. 각기 다른 제품들임에도 불구하고 상호 연계성을 구현할 수 있었던 것은 일관적인 브랜드 아이덴티티 덕분이었다.

애플의 이러한 마케팅 전략은 엔터테인먼트 산업 분야의 마케팅 전략과 많이 닮아 있다. 마케팅을 하나의 종합예술이라고 한다면, 애플의 마케팅 활동은 화려하고 멋진 종합예술의 결정판이다. 애플은 혁신에 대한 경영진의 강한 의지, 유연한 조직 운영 전략, 마케터들의 열정을 한 곳으로 모아 혁신적인 제품을 만들어 고객들에게 무한한 가치를 제공하고 있다.

브랜드와 제품은 차별화되어야 시장에서 살아남을 수 있고 소비자들의 마음을 사로잡을 수 있다. 마케팅은 바로 이것을 가능하게 하는 활동이다. 애플의 사례를 통해서도 알 수 있듯 마케팅과 혁신을 통해 소비자의 욕구를 충족시킬 수 있으며 지속성장의 기반을 만들어나갈 수 있다.

마케팅에 대한
오해와 진실

'마케팅' 하면 연상되는 단어는 무엇인가

'마케팅'은 많은 이들에게 더 이상 생소한 단어가 아니다. 그럼에도 불구하고 "마케팅은 무엇인가?"라는 질문에 당황하지 않고 술술 답을 하는 이들은 많지 않다. "마케팅하면 가장 먼저 떠오르는 단어(혹은 키워드)는 무엇입니까?"라고 질문하면 다양한 의견이 제시된다. 그중에서도 가장 많이, 그리고 가장 먼저 등장하는 단어가 판매 또는 영업이다. 매출, 목표, 수익, 광고, 홍보 등과 함께 고객만족, 마케팅믹스, 브랜드 자산, 차별화 전략 등도 간혹 제시된다. 판매와 영업이 가장 많이 언급되는 것은 당연한 결과다. 마케팅은 판매에서 출발해 영업으로 꽃을 피우기 때문이다. 그렇다면 마케팅은 판매인가, 아니면 영업인가? 둘 다 아니다. 판매 혹은 영업은 마케팅의 한 기능이지 전부가 아니기 때문이다. 마케팅은 판매와 영업은 물론 모든 요소들을 활용해 기업 활동의 결과인 고객의 가치를 증대시키는 활동이다. 매출이나 목표 달성, 브랜드 자산 구축 등도 역시 마케팅의 중요한 기능들로 늘 함께 고려해야 할 요소들이다.

마케팅 분야의 신조어들도 하루가 다르게 늘어나고 있다. 매스 마케팅, 타겟 마케팅, 니치 마케팅부터 데이터베이스 마케팅, 관계 마케팅, 일대일 마케팅, 퍼미션 마케팅, 디지털 마케팅, 빅데이터 마케팅까지 등장했다. 또 버즈 마케팅, 감성 마케팅, 스포츠 마케팅, 스페이스 마케팅, 문화 마케팅, 소셜미디어 마케팅,

온라인 마케팅, 모바일 마케팅, 페이스북 마케팅 등 날로 새로운 마케팅 방법들과 관련 용어들이 생기고 있다. 이외에도 숫자 마케팅, 데이 마케팅, 콜라보레이션 마케팅, 공짜 마케팅, 인플루언서 마케팅 등 프로모션 중심의 마케팅 방법들도 계속해서 등장하고 있다.

이와 같이 마케팅과 관련된 수많은 단어들 속으로 빠져들다 보면 어느덧 그 속에서 헤어나지 못하기 일쑤다. 이때부터 마케팅 담당자들은 '마케팅이 대체 뭐지?'라는 의문을 갖게 되면서 회의감에 빠져들게 된다. 처음 마케팅을 접할 때는 모든 것이 멋지게만 보이고, 재미있고, 열심히 하면 결과도 자연히 좋을 것이라고 생각했다. 그런데 업무를 하면 할수록 복잡하고, 어렵고, 또 때로는 지리멸렬해지면서 일에 대한 의욕을 읽기도 한다. 새로운 돌파구를 찾고자 마음 졸이며 애를 태우기도 한다. 아마도 이 책을 집어든 마케터와 기획자들 대부분이 이 상태에 이르지 않았을까 생각한다.

가치를 창출해야 진짜 마케팅이다

마케팅이 복잡하고 어렵게 느껴지는 이유는 의외로 단순하다. 한마디로 정리하면, 무엇이든 의사결정을 해야 하기 때문이다. 설정된 마케팅 목표를 달성하기 위해서는 수많은 의사결정 상황과 마주하게 되고, 어떤 결정을 내리느냐에 따라 그 결과가 천차만별 다르게 나타난다. 대부분은 6개월에서 1년 이내에 결과를 알게 되기 때문에 마케팅 담당자는 그에 따른 책임을 통감할 수밖에 없다. 그리고 마케팅 의사결정은 단순한 상황이 아니라 대부분 복잡한 상황을 고려해 이뤄지므로 선택의 범위가 굉장히 넓다는 특징이 있다.

따라서 마케터와 기획자들이 좀 더 많은 경험과 통찰력을 갖고 성과를 높일 수 있는 의사결정을 하기 위해서는 어떻게 해야 할까? 무엇보다도 마케팅을 체계적으로 학습을 하고 실전경험을 쌓아 지식을 축적해야 한다. 즉, 지식의 축적이 먼저이고 아이디어는 그다음이다. 기발한 아이디어는 시장에서 소비자들의 문제를 해결할 수 있는 능력을 갖추었을 때 나오는 것이다. 정리하면, 마케팅은 고객의 가려운 곳을 시원하게 긁어주는 효자손에 비유할 수 있다. 마케팅의 목적은 고객의 고통과 문제를 해결함으로써 고객의 가치를 창출하는 활동이다.

마케팅이 무엇인지에 대해서는 이미 많은 정의가 내려져 있다. 미국마케팅학회[AMA; American Marketing Association]는 "마케팅이란 고객, 거래처, 파트너 및 사회 전반에 가치가 있는 제공물을 창출, 소통, 전달 및 교환하기 위한 활동, 제도 및 과정이다."라고 정의했다.[2]

우리 제품의 내재적 가치는 무엇일까?

내재적 가치의 사전적 의미는 '어떤 활동의 본질을 규정하는 것'이다. 마케팅에서는 제품이나 서비스 자체가 가지고 있는 본연의 가치이자 브랜드 콘셉트를 내재적 가치라고 한다. 100퍼센트 석류주스를 자부하는 '폼 원더풀POM Wonderful'의 사례를 통해 내재적 가치에 대해 살펴보자.

석류는 재배조건이 까다롭고 주스로 만들기까지의 공정도 매우 어려워 100퍼센트 석류즙으로만 주스를 만든다는 것은 쉽지 않은 일이었다. 그러나 '폼 원더풀'은 물이나 인공 첨가물, 설탕 등을 전혀 넣지 않고 100퍼센트 석류만으로 주스를 개발하는 데 성공했다. 용기는 석류 2개를 나란히 위로 쌓아올린 모양으로 디자인해 제품 디자인에 의한 마케팅 효과도 꾀했다.

또 제품 이름도 석류를 뜻하는 'Pomegranate'를 줄여 'POM'으로 네이밍해 소비자들이 보다 쉽게 기억할 수 있도록 하였다. 마지막으로 제품의 로고 디자인도 노화 방지 및 스트레스 해소 등 건강에 좋은 석류주스의 효능을 잘 드러낼 수 있도록 POM의 'O'를 하트 모양으로 디자인하였다.[6] 이러한 전략으로 폼 원더풀은 출시된 지 4년 만에 1억 6,500만 달러의 매출을 달성하는 쾌거를 기록했다. '폼 원더풀'의 내재적 가치는 건강에 좋은 석류의 가치를 재발견하고, 석류즙을 쉽게 마실 수 있도록 제품화한 것이다.

폼 원더풀 100% 석류주스[6]

마케팅 분야의 석학인 필립 코틀러[Philip Kotler]는 "마케팅이란 이익을 내면서 (고객)욕구를 충족시키는 것이다."라고 정의한 바 있다.[3] 한국마케팅학회에서는 "마케팅은 조직이나 개인이 자신의 목적을 달성시키기 위해 교환을 창출하고 유지할 수 있도록 시장을 정의하고 관리하는 과정이다."라고 정의하고 있다.[4]

종합하여 정리해보면 마케팅은 생산자가 제품 또는 서비스를 소비자에게 유통시키는 데 관련된 기업의 모든 경영 활동을 말한다. 또 제품과 서비스의 내재적 가치[intrinsic value]를 찾아내 소비자들에게 차별적으로 제공하고 브랜드의 가치를 극대화하는 일련의 활동을 일컫는다. 따라서 마케팅의 본질은 제공자가 제품 혹은 서비스의 내재적 가치를 찾아내어 소비자들에게 전달함으로써 고객가치를 창출할 수 있도록 하는 총체적인 활동으로 브랜드 가치를 극대화하는 과정이다.

기업은 왜 마케팅에 사활을 걸어야 하는가

현대 경영의 구루라고 불리는 피터 드러커[Peter Drucker]는 "사업의 목적은 고객을 창출하는 것이다. 따라서 기업 경영의 기본적인 기능은 단 두 가지, 마케팅과 혁신이다."라고 이야기한 바 있다.[7] 이 말은 마케팅의 중요성을 가장 극명하게 설명한다. 이것이 바로 기업이 사활을 걸고 마케팅에 전력해야 하는 이유이다.

다시 설명하면, 기업은 혁신을 통해 제품을 생산하고, 이 제품을 소비자들에게 알리고, 소비자들의 구매 선택을 이끌어내기 위해 마케팅을 해야 한다. 만일 마케팅을 하지 않는다면, 기업은 엄청난 노력과 투자의 결과로 생산한 좋은 제품을 소비자들에게 알릴 수 없고, 궁극적으로는 사업의 목적인 가치를 창출하지 못하게 된다. 소비자들이 제품을 구입하지 않으면 그 제품을 생산하는 기업의 존재 자체도 무의미해진다. 즉, 마케팅이 없다면 기업은 존재할 수 없는 것이다. 따라서 기업은 전사적인 차원에서 마케팅 전략을 기획하고 추진하여 고객의 가치를 창출할 수 있도록 그들의 구매욕을 자극해야 한다.

일반적으로 마케팅 전략이라고 하면, 제품이나 브랜드와 관련된 전략으로 신제품을 출시하고 기존 제품을 관리하면서 새로운 시장의 기회를 찾아 방향을 정

하는 활동을 말한다. 〈그림 1-1〉과 같이 기업은 마케팅과 함께 인사, 재무, 생산, 조직 등을 통해 경영 활동을 한다. 즉 마케팅은 기업의 전반적인 경영 활동의 주요 기능 중 하나이다. 그 중심에 고객이 있다.

오늘날은 급변하는 트렌드, 치열한 경쟁, 소비자 욕구의 다양화로 경쟁기업 및 제품과의 차별화가 매우 중요해졌다. 이로써 경영과 마케팅을 동일한 차원으로 인식하는 기업들이 늘고 있다. 즉, 경영 활동 자체를 마케팅 활동으로 보고, 마케팅을 기업의 경영 전략을 실현하기 위한 핵심요소이자 기업 활동의 중심축으로 인식하게 되었다. 바야흐로 마케팅이 기업의 사활을 결정하는 시대가 된 것이다. 앞으로 마케팅은 경영의 가장 중요한 활동으로 지속가능한 경영을 견인하는 역할을 수행할 것이다.

전략과 실행, 무엇이 더 중요한가

이제는 많은 경영자와 마케터가 마케팅의 중요성을 인식하고 있다. 그럼에도 불구하고 마케팅의 본질과 내용에 대해 제대로 이해하고 있는 이들은 여전히 많지 않다. 많은 경영자와 마케터가 아직도 실행이 중요하다고 생각한다. 마케팅에서 실행이라고 하면 대체로 광고와 홍보, 이벤트 등의 판촉 활동을 말한다. 여기에는 영업 활동도 포함된다.

알 리스^{AL Ries}와 로라 리스^{Laura Ries}는 "마케팅은 전략이 90퍼센트를 차지하고 실행이 10퍼센트를 차지한다. 제대로 된 제품, 제대로 붙인 이름, 제대로 겨냥한 표적 고객, 제대로 된 포지셔닝이 제때에 어우러져야 마케팅 활동이 효과를 내게

마케팅 실행만 잘하면 성공할까?

오비맥주는 1995년 OB라거 출시 이후 8년 만인 2003년에 신제품 'OB'를 출시했다. 오비맥주는 과거의 영광을 재현하기 위해 신제품 홍보에 모든 마케팅 자원과 역량을 집중했다. 대대적인 광고는 기본이고, 당시에는 가히 혁명적이었던 캔맥주 쿠폰을 휴대폰으로 전송해주는 모바일 프로모션을 진행하기도 했다. 대부분 마케팅 활동이 혁신적인 시도라는 좋은 평가를 받았지만, 결과적으로 오비맥주의 대대적인 신제품 출시 마케팅은 실패로 끝났다.

오비맥주의 마케팅 실행력은 굉장했지만, 경쟁 브랜드였던 하이트맥주의 벽을 좀처럼 넘어서지 못했다. 이토록 획기적이고 대대적인 마케팅 활동이 대체 왜 실패로 돌아갔을까? 바로 프로모션이 실행에 옮겨지기 이전의 마케팅 전략이 잘못되었기 때문이라고 생각한다. 오비맥주가 브랜드 전쟁에서 하이트맥주를 이기기 위해서는 하이트와 차별화되는 브랜딩이 필요했다. 그러나 오비맥주는 과거의 자산을 지나치게 과대평가하고 옛 영광에서 벗어나려 하지 않고, 한때 시장을 주름잡았던 'OB=진짜 친구'라는 콘셉트를 고집하며 계속 '목 넘김이 좋은 맥주'로 포지셔닝하고자 했다.

'그냥 친구가 진짜 친구다. 오비처럼'이라는 카피의 TV 광고

만약 오비맥주가 모든 마케팅 역량을 새로운 콘셉트와 포지셔닝을 통해 새로운 브랜드를 런칭하는 데 쏟았다면, 오늘날 맥주 시장점유율은 크게 달라졌을지도 모른다. 실행이 중요하다고 해도 전략이 제대로 수립되어 있지 않으면 실행의 성과를 기대할 수 없다. 즉, 아무리 실행을 잘하더라도 전략이 올바른 방향으로 제대로 수립되지 못하면 처참하게 실패할 수도 있다.

되어 있다."라고 이야기한 바 있다.[9] 그만큼 전략이 중요하다는 것이다. 그러나 실제 마케팅 현장에서 이들의 이야기는 현실과 동떨어진 것으로 밖에 들리지 않는다. 이것은 나름의 이유가 있다. 대부분 기업은 마케팅 활동을 '업무의 중요성'이 아니라 '업무의 양'으로 평가하는 경향이 있다. 마케팅 전략(혹은 기획)을 담당하는 인력은 극소수로 두면서, 반면에 실행을 담당하는 인력은 영업 및 지원 부서를 포함해 많이 두고 있다. 물론 전략을 담당하는 인력이 적다고 해도 제대로만 전략을 수립한다면 문제될 것이 없다. 제대로 된 전략은 실행 과정에서 겪어야 할 수많은 시행착오를 사전에 방지하거나 줄일 수 있다. 바람직한 마케팅 업무의 중요성과 양을 전략과 실행 관점에서 정리하면 〈표 1-1〉과 같다.

▼ 〈표 1-1〉 기업의 마케팅 업무 비중

차원	업무 중요성	업무 양
마케팅 전략	90%	10%
마케팅 실행	10%	90%
계	100%	100%

우리가 마케팅 업무를 하면서 자주 사용하는 '전략'이라는 단어는 사실 전쟁에서 유래한 것이다. 전쟁에서 이기기 위해서는 먼저 전략을 잘 수립하고 전략에 따라 적절하게 전술을 실행해야 한다. 피 튀기는 전쟁은 아니지만 마케터들도 매일 비즈니스 현장에서 전쟁을 치른다. 이 전쟁에서 승리하기 위해서는 가장 먼저 제대로 된 마케팅 전략을 수립하고 이를 바탕으로 전술을 계획하고, 또 실행에 옮겨야 한다.

마케팅 활동의 핵심은 무엇인가

브랜드brand와 상표商標는 같은 뜻으로 사용되지만, 엄밀하게 말하면 다른 단어이다. 일반적으로 상표는 등록상표trade mark를 말한다. 그러나 브랜드는 이러한 등록 상표의 의미와 네임, 심벌, 로고, 서체, 캐릭터 등을 포함하며 상징적인 의미를

당신의 숙면이 흔들리지 않도록

함축하고 있다. 오늘날 브랜드는 기업의 특정 제품이나 서비스를 경쟁사의 제품이나 서비스와 구별하기 위한 목적으로 사용된다. 이처럼 타사 제품과 구별될 뿐만 아니라 여기에 가치가 더해질 때 그 브랜드는 기업의 소중한 자산으로 발전하게 된다. 즉, 기업은 브랜드의 가치를 제고하여 고객에게는 부가적인 상징과 편익을, 기업에게는 장기적인 이익을 가져다줄 수 있는 브랜드 자산을 구축할 수 있다.

브랜드는 제품을 구분하는 단순한 식별 기능뿐만이 아니라 소비자의 기억 속에 유·무형의 형태로 존재하면서 소비자의 각종 구매행동에 결정적인 영향을 미친다. 마케팅을 '거래를 통한 교환'이라는 관점에서 본다면, 거래 당사자는 기업과 소비자이며 교환의 대상은 브랜드가 되는 셈이다. 브랜드는 소비자에게 하나의 의미이며, 기업은 브랜드를 통해 그 의미를 소비자에게 약속한다.

예를 들어, '지구에서 가장 행복한 곳(디즈니랜드)', '당신이 원하는 어느 곳에라도 있다(비자카드)', '당신의 숙면이 흔들리지 않도록(시몬스침대)' 등과 같은 메시지는 기업이 소비자들에게 하는 약속이다. 이 약속을 지켜야만 소비자들로부터 호감과 신뢰를 얻고 성공적인 브랜딩을 할 수 있다.

브랜드는 기업과 소비자가 커뮤니케이션을 하는 매개체 역할을 하기 때문에 기업이 약속을 이행해야만 성공적인 브랜딩이 가능하다. 이제 브랜드는 브랜드 네임으로서만 존재하는 것이 아니라 경영 의사결정의 중요한 판단 기준이자 마케팅 활동의 핵심이 되고 있다. 나아가 고객과 호의적인 관계를 구축하는 모든 활동의 중심에 브랜드가 있다.

브랜드는 어떻게 만들어졌을까?

브랜드는 앵글로색슨족이 불에 달군 인두로 자기 소유의 가축에 낙인을 찍어 소유물을 확인하고 타인의 것과 구별했던 방법으로, '불에 달구어 지지다'라는 뜻의 노르웨이 단어인 'brandr'에서 유래되었다. 즉, 브랜드는 소유물을 증명하는 소유표propriety mark를 의미하는 것이었다.

중세 길드 제도에서 브랜드는 길드 가입자를 통제하는 수단을 의미했다. 그러다가 18세기 초, 프랑스에서의 '영업의 자유' 선언을 계기로 신용과 자산을 표시하는 수단으로 그 의미와 기능이 변했다. 현대 산업사회에서 브랜드는 한 기업의 자산 가치 중에서도 가장 중요한 가치로 인식되고 있으며, 소비자들이 자신을 표현하는 상징으로까지 인식의 범위가 확대되었다.

가축에 낙인을 찍어 자신의 소유물임을 나타내는 모습[10]

02

경영자와 마케터의
서로 다른 생각

우리는 왜 '삼성' 같은 브랜드를 못 만드나

기업의 자산 중에서 인적자원 다음으로 가장 중요한 것이 바로 브랜드 자산이다. 그러나 브랜드는 기업의 재무제표 어디에도 자산으로 기록되어 있지 않다. 이것은 브랜드의 가치를 높여야 한다는 이상과 실제 현실 사이의 간극을 잘 보여준다. 간혹 몇몇 시장조사기관에서 브랜드 가치를 공개하기도 하지만, 자사 브랜드의 가치가 어느 정도 되는지는 CEO와 마케터들도 알기 쉽지 않다. 가치 있는 브랜드를 만들어야 한다는 생각은 CEO와 마케터, 기업의 임직원들 모두 가지고 있다. 하지만 가치 있는 브랜드를 만들기 위해서는 기업의 일관성 있는 브랜드 구축 전략과 이에 대한 소비자의 공감이 필요하다.

기업의 경영 활동에서 브랜드의 중요성이 강조된 지 오래되었다. 세계적으로 강력한 브랜드 가치를 가진 애플, 구글, 마이크로소프트, 코카콜라, 아마존, 삼성, 토요타, 페이스북 등은 체계적으로 브랜드를 관리해왔다. 삼성은 1990년대 말부터 체계적으로 브랜드 관리를 해온 결과 지금과 같은 높은 브랜드 가치를 획득할 수 있었다. 다음에 나오는 〈그림 1-2〉는 브랜드 가치가 높은 글로벌 브랜드들을 정리한 것이다. 삼성은 한국기업으로서는 최고의 가치를 지닌 브랜드로 자리매김하고 있다.

이처럼 강력한 브랜드 가치를 구축한 기업들의 공통점은 무엇일까? 고객들이 원하는 것을 남보다 앞서서 제공하고, 변화를 적극적으로 수용하면서 끊임없이 진화해왔다는 점이다. 또 소비자들이 원하는 수준으로 제품과 서비스의 가격을 정하고, 차별적으로 포지셔닝해 일관된 커뮤니케이션을 전개한 것이다. 그리고 브랜드 포트폴리오와 계층구조, 마케팅의 모든 요소를 통합적으로 관리한 덕분이다. 또 브랜드 가치를 구축하는 데서 끝나는 것이 아니라 지속적으로 브랜드 가치를 향상시키기 위해 노력함과 동시에 브랜드 자산의 가치를 끊임없이 모니터링하고 있다.

지속적으로 브랜드 가치를 향상시키는 기업들의 공통점은 브랜드를 체계적으로 관리한다는 것이다. 이는 그 기업의 브랜드 매니저 혹은 마케팅 담당자, 또는 CEO가 자사의 브랜드가 소비자에게 어떤 가치를 주고자 하는 것인지 분명하게 이해하고 있다는 것을 시사한다. 일반적으로 브랜드를 소비자에게 효과적으로 인지시키기 위해서는 자사 제품이나 서비스가 갖고 있는 특성 중 가장 핵심적인 것을 브랜드 콘셉트로 설정하고, 이것을 알리는 데 기업의 모든 마케팅 자원을 집중해야 한다.

정리하면, 브랜드 가치를 극대화하기 위해서는 브랜드 전략을 일관성 있게 유지하면서 소비자의 공감을 얻을 수 있는 커뮤니케이션을 지속적으로 전개해야 한다. 이는 영원히 변하지 않는 브랜딩의 절대적인 원칙이다. 브랜드의 가치를 창출하기 위한 마케팅 및 브랜딩 활동은 매우 중요한 경영 전략이다.

고객에게 어떤 가치를 제공할 것인가

최고경영자는 기업을 지속적으로 성장시켜야 할 막중한 책임이 있다. 그렇다면 어떻게 해야 기업을 성장시킬 수 있을까? 새로운 시장을 찾거나 만들지 않으면 기업은 결코 지속적인 성장을 할 수 없다. 그리하여 기업가들은 새로운 시장을 만들 그 무언가를 찾기 위해 늘 '뭔가 새로운 것'을 직원들에게 요구한다. 경쟁이 없는 시장, 즉 블루오션blue ocean을 개척하려는 꿈을 늘 품고 있다. 그러나 사실 블루오션이 '지금까지 존재하지 않았던 완전히 새로운 시장'만을 의미하는 것은 아니다. 기존의 산업 경계에서 약간 방향을 틀거나 기술의 혁신, 인식의 전환을 통해서도 탄생하는 경우가 많다. 가치 혁신value innovation이 그리 거창한 건 아니다.

신시장을 창출하거나 그 시장에 진출하기 위해서는 갇힌 사고, 기존의 틀과 룰, 즉 고정관념을 과감하게 깨야 한다. 기업의 조직과 구성원 사이에는 눈에 보이지 않는 나름의 신념체계가 형성되어 있는데, 그중에 부정적인 경향이 있는 것들을 일컬어 '고정관념'이라고 한다. 고정관념은 주로 기업 내부에서 자연스럽게 학습되거나 맹목적인 동조를 통해 형성되기 마련이다. 경영학에서는 이를 '마인드 가드mind guard 현상'이라고 한다.

집단 내에서 암묵적인 합의가 형성될 경우, 구성원은 합의된 내용을 지키고자 노력하며 새로운 아이디어가 등장하는 것을 차단한다. 이는 혁신을 가로막는 주

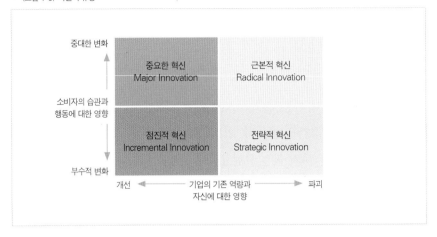

요 원인이 된다. 이러한 고정관념에서 탈피해야 비로소 신시장을 창출할 수 있다. 신시장을 창출하기 위해서는 혁신이 필요하다.

혁신은 전략적 혁신, 근본적 혁신, 중요한 혁신, 점진적 혁신 등이 있다. 마르키데스[Markides]와 게로스키[Geroski]의 혁신 유형을 정리하면 〈그림 1-3〉과 같다.

먼저 **전략적 혁신**은 소비자의 습관이나 행동에는 큰 변화를 주지 않으면서 자사의 핵심역량이나 자산을 변화시키는 것이다. 환경의 변화로 더 이상 성공을 거두기 힘든 산업 규범들에서 벗어남으로써 보다 큰 가치를 창출하고자 하는 전략이다. 현대자동차는 소비자의 습관이나 행동의 변화 등과 같은 외부 환경요인에 집중하는 대신, 기업의 내부역량 변화를 통해 전략적 혁신을 꾀하여 인도시장 점유율을 계속 높여가고 있다.

근본적 혁신은 소비자의 습관이나 행동, 그리고 자사 역량의 변화를 요구하는 것이다. 애플의 '아이폰'이 대표적인 사례이다. 아이폰은 새로운 기술을 도입하고 휴대폰에 대한 소비자들의 인식과 사용 습관에 혁신적인 변화를 가져옴으로써 성공할 수 있었다.

중요한 혁신은 소비자의 습관이나 행동에서는 중대한 변화를 추구하되 자사의 역량까지는 혁신하지 않는 것이다. 대표적인 사례가 광동제약의 '비타500'이다. 비타500이 출시되기 이전에는 비타민을 마신다는 개념이 없었으나, 이 제품이 출시되고 난 후부터는 마시는 비타민 음료들이 시장에 쏟아졌다.

점진적 혁신은 소비자에게 제공되는 현재의 가치를 그대로 제공하면서 제품이나 서비스를 일부 개선하여 부수적인 변화를 꾀하는 것이다. 스마트폰에 지문인식과 같은 기능을 추가하는 정도이다.

현대자동차의 인도시장 진출 성공비결
: 전략적 혁신

현대자동차는 앞서 진출했던 미국의 자동차 회사들과는 다른 방식으로 인도를 공략해 큰 성공을 거두었다. 포드는 일찍이 1990년대에 인도시장에 진출하였으나 성공을 거두지 못했다. 자국에서 사용한 판매 전략을 신흥시장인 인도에서도 그대로 적용했던 것이 실패의 원인이었다. 미국에서는 일반 대중의 자가용 수요가 높았지만 1990년대 인도에서는 기껏해야 회사의 중역, 연예인, 부자들이나 자가용을 타고 다녔다. 그런 사람들은 포드 대신 BMW, 롤스로이스, 벤츠를 선호했다. 따라서 미국에서의 마케팅 전략을 그대로 인도에 들고 와서 실행했던 포드는 실패의 길을 걸을 수밖에 없었다.

현대자동차는 인도인들의 신체적 특성을 고려하여 국내에서 판매되는 자동차들과는 다른 새로운 디자인으로 자동차를 제작했다. 발목까지 덮는 길이의 전통복장인 사리를 입는 인도 여성들을 고려해 좌석의 앞쪽 공간을 넓게 디자인하였다. 그리고 평균적으로 다른 아시아인들보다 체구가 큰 인도인들의 신체조건과 좋지 않은 도로 사정을 고려해 운전 중 천장에 머리를 찧는 일이 없도록 차체를 조금 높게 디자인했다.[13]

현대자동차는 소비자의 습관이나 행동의 변화 등과 같은 외부 환경요인에 집중하는 대신, 기업의 내부역량 변화를 통해 전략적 혁신을 꾀했다. 이는 사고의 관점을 바꾸는 것이 어떤 상반된 결과를 이끌어낼 수 있는지 잘 보여준다. 현대자동차가 인도시장에서 전개한 혁신 활동은 i10(2008년), 그랜드 i10(2014년), 신형 i20(2015년), 크레타(2016년), 그리고 신형 베르나(ICOTY, 2018년)가 '인도 올해의 차'에 선정되는 결과로 이어지며 인도 소비자들에게 사랑받는 브랜드가 되고 있다.[14]

최초의 현지 전략 모델 상트로[14]

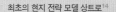

소비자에게 가치를 제공하기 위한 여러 혁신 방법 중, 소비자의 습관이나 행동을 바꾸지 않으면서 자사의 변화를 꾀하는 전략적 혁신이 상대적으로 가장 쉬운 방법이다. 소비자의 행동이나 습관을 바꾸는 것은 매우 어렵기 때문이다. 그렇다면 이와 같은 전략적 혁신을 위해 어떤 관점에서 시장을 바라보고 이해해야 할까?

시장을 이해하는 관점에는 구조주의적 관점과 재구축적 관점이 있다. **구조주의적 관점**은 경쟁 상황과 주어진 환경을 중심으로 기존의 시장을 분석하고 방어적인 자세로 경쟁우위 확보에 주력하는 관점이다. 반면에 **재구축적 관점**은 기존의 시장구조에 제약을 받지 않고 수요를 자극하여 기존 시장을 확대하거나 신시장을 창출하고자 하는 관점이다. 전략적 혁신을 위해서는 재구축적인 관점에서 시장을 바라보는 것이 좀 더 적합하다.

앞으로 벌고 뒤로 밑지는 프로모션은 이제 그만하자

오늘날 기업 간의 경쟁은 갈수록 치열해지고 소비자들의 욕구는 나날이 다양해지고 있다. 이런 상황에서 기업들은 그나마 시장에서 유지하고 있는 자사의 매출 규모와 시장점유율을 지키는 데 급급해, 당장 눈앞에 닥친 문제들을 해결하기 위한 방안을 우선적으로 계획하고 시행하기 일쑤다.

이때 마케팅 실무자들이 제시하는 해법은 대부분 제품과 서비스의 가격 할인 같은 세일즈 프로모션을 통해 매출을 증대시키는 것이다. 그러나 유일한 해결책인 듯 보였던 이런 방법들마저도 이제는 더 이상 생각만큼 매출이 나오지 않는다는 한계와 마주하고 있다. 경우에 따라서는 세일즈 프로모션 때문에 오히려 영업이익이 감소되어 매출 감소와 함께 이중으로 고통을 겪기도 한다.

경영자든, 마케터든, 누구든 간에 제 살 깎아 먹는 프로모션을 하고 싶어 하지 않는다. 이제는 제대로 된 전략적인 프로모션을 하고 싶어 한다. 마케터는 최고경영자에게 전략적인 관점에서 어떻게 프로모션을 해야 하는지에 대해 총체적으로 방안을 제시할 수 있어야 한다. 먼저 고객 관점에서 고객에게 어떤 가치를 제공할 것인지를 생각해야 한다. 표적 고객을 파악하고, 그들이 원하는 것이 무엇인지를 이해했다면 프로모션 계획을 수립해 마케터, 브랜드 매니저, 프로모션 대행사 직원, 공급업체 종사자 등 프로모션 활동에 관계하는 모든 사람들과 공유해 프로모션 목표를 달성할 수 있도록 해야 한다.

물론 최고경영자가 마케팅 실무의 구체적인 내용까지 깊게 알 필요는 없지만, 적어도 장기적으로 브랜드 가치를 구축하는 데 도움이 되는 프로모션과 반대로 브랜드 가치를 훼손하는 프로모션 정도는 구분할 수 있어야 한다. 그리고 마케터는 최고경영자가 올바른 의사결정을 할 수 있도록 방향성을 제시하는 참모 역할을 수행해야 한다.

최고경영자와 마케터의 역할을 다시 정의하자

휴렛팩커드의 최고경영자였던 데이비드 팩커드David Packard는 "마케팅은 너무나 중요해서 아무에게나 맡길 수 없다."고 말한 바 있다. 또 마케팅 컨설턴트였던 알 리스와 로라 리스 부녀는 "마케팅은 너무나 복잡하고 미묘해서 경험도 별로 없고, 마케팅 원리도 모르는 경영 분야의 사람들에게만 맡겨둘 수 없다."고 하였다.[15] 여러분은 누구의 말에 더 공감하는가? 아마도 이 책을 읽는 독자들은 리스 부녀의 말에 더 공감이 가지 않을까 생각한다.

그러나 앞의 말들을 곰곰이 생각해보면 양쪽의 견해에 모두 고개가 끄덕여질 것이다. 전자는 마케터나 마케팅팀만이 아니라 전사적인 차원의 문제로 마케팅의 중요성을 말하는 것이고, 후자는 전문성과 경험을 갖춘 전문 마케터의 필요성을 역설한 것이다. 두 가지 내용을 정리하면, 마케터는 물론 최고경영자도 마케팅을 잘 알아야 한다는 것이다.

그러므로 전략적 차원에서 마케팅의 역할을 재정립하기 위해서는 우선 최고경영자와 마케터 역할에 대한 새로운 인식이 이루어져야 하고, 그것을 토대로 마케팅을 혁신의 엔진으로 삼아야 한다. 나아가 기업 차원에서 마케터는 매출 증대를 위한 프로모션 활동을 담당하는 직원이 아니라 시장을 만드는 사람market maker,

시장 전략가^{market strategist}로 인식되어야 한다. 또 기업은 이제 시장의 환경이 소비자를 중심으로 완전히 재편되었다는 것을 유념하고, 이들에게 어떤 가치를 제공할 수 있을지 더 고민해야 할 것이다.

최고경영자의 새로운 역할

기업의 경영이념과 경영방침에 빠지지 않고 등장하는 내용이 있다. 바로 '고객 가치 창출'이다. 그런데 과연 어떤 것이 고객의 가치일까? 가치투자의 창시자인 벤저민 그레이엄^{Benjamin Graham}은 "가격은 당신이 지불하는 것이고, 가치는 그것을 통해 당신이 얻는 것이다."라고 했다.[16] 즉, 고객이 지불한 가격 이상으로 무언가를 얻게 되면 이를 고객의 가치라고 할 수 있다. 고객이 주관적으로 느끼는 가치는 편익이 될 수도 있고, 상징이나 경험이 될 수도 있다. 또 제품을 구입하고 사용함으로써 다른 사람들의 부러움을 산다면 이 역시 가치라고 할 수 있다. 이 같은 고객 가치를 증대하기 위해서는 전략적인 마케팅이 반드시 필요하다.

따라서 최고경영자는 마케팅 활동의 후원자로서, 고객의 후견인으로서, 전사적인 차원에서의 품질 관리자로서 그 역할을 수행해야 한다. 그리고 모든 경영 활동의 총체적인 성과인 브랜드 가치 창출의 최종 책임자로서도 그 역할과 책임을 다해야 한다.

마케터의 새로운 역할

기업의 다양한 마케팅 활동들이 시간과 장소에 구애받지 않고 소비자들에게 전달되고 있다. 다시 말하면, 마케팅 활동의 편재성^{遍在性, ubiquity}이 높아졌다. 이제 고객이 존재하지 않는 곳은 없다. 다시 말해, 어디에나 고객이 있다는 말이다. 부서와 직무에 상관없이 기업의 임직원 모두가 마케팅 마인드를 갖춰야 하는 시대가 된 것이다.

예를 들면, 회계부서는 고객이 이해하기 쉬운 송장을 제작해야 되고, 재무부서는 세분화된 고객에 근거하여 지불 시스템을 구축해야 하며, 물류부서는 주요 고객별로 공급망 관리를 해야 하는 식이다. 이제는 마케팅 활동을 마케팅 부서에만 국한시킬 것이 아니라 전사적인 차원에서 전개해야 한다는 의미이다. 따라서 마케터는 전략적 마인드와 결과를 중시하면서 다른 부서들과 교차 기능적으로 마케팅 및 관련 업무를 수행해야 한다. 또한 고객의 가치를 제공하고 극대화하기 위한 전략적 마케팅을 기획하고 실행해야 한다. 특히 인공지능, 로봇공학, 사물인터넷, 나노기술, 3D 프린팅, 빅데이터 등 4차 산업혁명으로 패러다임이 전환되고 있다. 이런 변화는 마케팅에도 새로운 변화와 자극이 될 것이다. 디지털을 기반으로 초연결, 대융합, 초지능이라는 새로운 환경에 마케터는 적극적으로 대비해야 한다. 고객과 브랜드가 모든 곳에서 항상 연결되어 있다는 점을 명심해야 한다.

03

마케팅의 패러다임이 송두리째 바뀌었다

전략 없는 마케팅은 죽은 마케팅이다

지난 100여 년 동안 마케팅은 경영 활동의 하나로 주로 관리지향적인 관점에서 전개되었다. 1960년대 정립된 4P믹스는 영원히 변치 않을 마케팅의 정석으로 받아들여졌고, 가장 중요한 마케팅 관리지표는 매출액과 시장점유율^{market share}이었다. 또 소비자들은 수동적인 소비자로 규정되었고, 세일즈 프로모션을 통해 판매량을 증대할 수 있다는 생각이 지배적이었다.

문제는 인터넷과 모바일로 항상 연결되어 있는 오늘날의 소비자들에게 과거의 관리지향적인 마케팅이 더 이상 통하지 않는다는 것이다. 기업에서 제공하는 정보에 의지해 소비행위를 하던 수동적인 소비자들은 점점 줄어들고, 스스로 문제를 해결하기 위해 정보를 찾아나서는 능동적인 소비자들이 증가하고 있기 때문이다. 즉, 이전의 마케팅 활동들이 마케터의 인식 공간에서 전개되었다면, 이제는 소비자의 인식 공간에서 전개되어야 함을 의미한다.

시장은 강물에 비유할 수 있다. 겉으로 보기에는 잔잔하지만 그 안에서는 늘 물살이 요동치듯 급격한 변화가 일어나기 때문이다. 소비자들의 욕구가 다양해지고, 트렌드가 급변하고, 경쟁사들의 제품과 서비스가 쏟아져 나오고, 계속해서 신기술이 개발되는 등 시장의 변화를 가속화하는 많은 요인들은 오늘날의 마케팅 패러다임에 변화를 촉구하고 있다.

기존의 전통적인 관리적 마케팅과 오늘날 필요한 전략적 마케팅의 특징을 비교해보면 〈표 1-2〉와 같다.

▼ 〈표 1-2〉 마케팅의 패러다임 변화 : 관리적 마케팅 vs. 전략적 마케팅

관리적 마케팅	구분	전략적 마케팅
공급 결핍	경제	공급 과잉
생산자	관점	소비자/고객
마케터 공간(Marketer Space)	영역	소비자 공간(Consumer Space)
이윤 추구	목표	브랜드 가치 향상
단기	기간	중장기
제품	대상	브랜드
4P		4C
제품(Product)		콘텐츠(Contents)
가격(Price)	믹스	고객가치(Customer Value)
유통(Place)		구매편의성(Convenience)
촉진(Promotion)		커뮤니케이션(Communication)
시장점유율(M/S; Market Share)	지표	마인드 점유율(M/S; Mind Share)

전략적 마케팅은 현재와 미래의 시장이 공급과잉의 경제라는 것을 전제로 소비자 관점에서 마케팅 활동을 전개하는 것이다. 전략적 마케팅은 마케팅의 출발점을 기업 내부가 아니라 소비자로 본다. 때문에 단기적인 이윤보다는 장기적인 측면에서의 브랜드 가치 향상을 목표로 삼으며, 시장점유율이 아닌 소비자의 마인드 점유율을 주요 관리지표로 삼는다.

'누구나 다 하는' 거 말고 '우리만 하는' 마케팅을 하자

일반적으로 기업은 자사의 핵심역량을 활용해 시장의 위험을 파악하고, 기회를 포착하며, 고객의 가치를 창출하고자 한다. 이를 위해 지속적이고 동태적인 환경변화를 고려하면서 예상되는 새로운 기회와 위협에 대처하기 위한 전략대안을 수립하게 된다. 그리고 전략을 구체화해 전략적 마케팅 계획을 수립하고, 체계적

인 마케팅 활동을 전개한다. 이와 같은 일련의 활동들을 일컬어 '전략적 마케팅strategic marketing'이라고 한다.

마케팅에서 '전략'은 장기적이고도 전반적인 관점에서 기업을 둘러싸고 있는 여러 환경 변화에 맞서 미래의 환경에 적절히 대응해나가기 위한 핵심적인 방향이다. 전략은 선택과 집중이 조화롭게 잘 구성되어야 하고, 경쟁 브랜드와의 차

마인드 점유율이
중요한 이유는?

마인드 점유율은 '소비자의 인식 속에 어떤 브랜드가 차지하는 정도'라고 설명할 수 있다. 예를 들어, 모터사이클시장의 시장점유율을 살펴보자. 할리데이비슨Harley-Davidson은 전체 시장 규모에 비해 시장점유율이 그리 크지 않다. 그러나 이 브랜드를 소유하고 있거나 선호하는 소비자들의 인식에서는 할리데이비슨만이 단연 최고의 모터사이클이다. 이런 경우를 들어 '할리데이비슨 브랜드의 마인드 점유율이 대단히 높다.'고 이야기할 수 있다.

미국의 유력 모터사이클 주간지 〈아메리칸 아이언American Iron〉의 한 편집자는 "할리데이비슨의 소비자들은 품질이 우수한 바이크를 원하기 때문이 아니라 할리데이비슨의 가족이 되기 위해 오토바이를 구입한다."라고 이야기한 바 있다. 할리데이비슨에서 오랫동안 비즈니스 개발 임원으로 있었던 클라이드 페슬러Clyde Fessler는 자신의 경험을 정리한 책에서 "할리데이비슨을 타고 달릴 때 당신과 할리는 한 몸이 된다. 어떤 것과도 비교할 수 없는 이 체험이 할리데이비슨을 찾게 만든다."라고 했다.[17] 즉, 할리데이비슨 고객들 인식에서는 할리데이비슨 이외의 모터사이클 브랜드는 존재하지 않는다는 것이다. 이러한 마인드 점유율이 높은, 다시 말해 고객 충성도가 높은 브랜드를 만들기 위해서는 전략적 마케팅이 필수적이다.

할리데이비슨 110주년 기념행사(미국 밀워키, 2013.8.)[18]

별화를 위한 방법들을 포함하고 있어야 한다. 따라서 마케터는 전반적인 시장 상황 및 소비자의 심리와 태도에 대한 분석력과 통찰력을 바탕으로 실행 가능한 대안을 제안할 수 있는 능력을 갖춰야 한다. 또 빠르게 변화하는 외부환경에 보다 능동적으로 대응하기 위해 늘 촉각을 곤두세우고 있어야 한다.

아울러 기업의 제한된 마케팅 자원을 효율적으로 배분하고, 실행 가능한 계획을 세워, 일관성 있는 일련의 마케팅 활동을 지속적으로 전개해야 한다. 이로써 기업 및 마케팅의 비전과 목표, 시장 세분화, 표적시장 선정, 포지셔닝을 중심으로 차별적인 전략대안을 수립하고 이를 구현할 수 있는 마케팅믹스를 개발하고 실행하게 된다. 그리하여 누구나 하는 마케팅이 아니라 그 누구도 실행에 옮기지 않았던, 오직 우리만이 할 수 있고, 또 해야만 하는 차별적인 마케팅을 해야 한다. 이것이 바로 브랜드의 가치를 극대화할 수 있는 '전략적 마케팅'의 핵심이다.

마케팅의 모든 길은 브랜드로 통한다

전략적 마케팅의 핵심은 브랜드다. 마케팅의 모든 길은 반드시 브랜드를 통하게 되어 있다. 일반적으로 소비자들은 기업이 제공하는 광고나 제품에 대한 모든 정보를 일일이 독립적으로 기억하지 않고 '브랜드화branded'하여 기억한다. 예를 들면, 소비자들은 코카콜라 브랜드에 대해 코크, 콜라병, 빨간색, 산타클로스, 달콤

▼ 코카콜라의 크리스마스 시즌 광고(2013)[19]

하면서도 톡 쏘는 맛, 콜라를 마시는 곰이 등장하는 CF 등 수많은 아이덴티티 요소들을 별개로 인식하지 않고 총체적으로 인식하는 것이다. 이 모든 요소들은 소비자들에게 '코카콜라'라는 브랜드로 인식되고 회상되며 소비된다.

소비자와 브랜드 간의 관계는 소비자가 브랜드의 이미지를 자신의 이미지와 동일시할 때 결속의 강도가 높아지고, 나아가 강력한 브랜드로 발전한다. 소비자 입장에서는 '이 브랜드의 제품은 내게 만족을 주고, 내가 가진 문제를 해결해준다'고 인식해 계속해서 구매를 하고, 기업 입장에서는 이러한 브랜드 이미지와 소비자와의 관계를 통해 보이지 않는 프리미엄을 얻을 수 있다.

따라서 브랜드는 단순히 제품의 상표가 아니라 기업(혹은 제품)과 소비자가 상호 커뮤니케이션하는 매개체로서의 역할을 수행한다고 보는 것이 옳다. 만약 브랜드가 없다면 기업은 수많은 소비자들에게 어떤 제품인지, 어떤 특징과 효능이 있는지 일일이 찾아다니며 설명을 해야 한다. 이것이 바로 브랜드가 존재하고, 기업이 브랜드를 통해 커뮤니케이션을 하려는 이유이다. 인지도 높은 브랜드를 보유한다면 한결 손쉬운 방법으로 소비자에게 원하는 메시지를 전달할 수 있다.

브랜딩은 소비자의 인식에 브랜드를 심어주기 위한 총체적인 활동이다. 즉, 브랜드 가치가 높은 강력한 브랜드를 구축하기 위해 브랜드 콘셉트 개발, 브랜드 네이밍, 시각 디자인, 포지셔닝, 커뮤니케이션 등 브랜드와 관련된 전반적인 마케팅 활동을 하는 것을 브랜딩이라고 한다. 브랜딩의 핵심은 포지셔닝positioning이다. 포지셔닝에 대해서는 5장에서 자세히 살펴보기로 한다. 강력한 브랜드를 구축하고자 한다면, 소비자와의 약속을 지킬 수 있도록 전사적으로 노력해야 한다. 마케터나 브랜드 매니저만의 노력이 아니라 모든 임직원과 협력업체의 직원들까지 함께 노력해야 한다.

04

경쟁사가 탐내는 마케터가 되라

적자생존의 사회, 전략적 사고형 마케터만이 살아남는다

시장의 변화를 단순히 따라가거나 필요할 때 대응하는 정도로는 더 이상 시장에서 지배력을 가질 수 없게 되었다. 시장의 변화에 전략적으로 대응하여 시장을 선도할 수 있어야만 경쟁력과 지배력을 유지할 수 있다. 마케터는 소비자들의 마음을 사로잡고 미래 시장을 장악하기 위해 전략적으로 사고하고, 전략적으로 마케팅을 해야 한다. 전략적 사고의 핵심은 어떤 문제를 미리 생각하는 것이다. 스튜어트 웰스Stuart Wells 교수는 "우리에게 무슨 일이 일어날 것인가, 우리 앞에 어떤 가능성이 있는가, 그리고 우리는 무엇을 해야 하는가에 관한 사고가 전략적 사고"라고 했다.[20]

전략적 사고를 하는 사람은 하나의 의사결정이 어떤 결과를 초래할 것인지 미리 예측하고, 이를 거꾸로 분석하여 어떤 선택을 할 것인지 결정할 수 있어야 한다. 다만 전략적 사고는 타고나는 것도 아니고, 노력한다고 해서 하루아침에 이루어지지도 않는다. 전략적으로 사고하기 위해서는 논리적 사고와 창의적 사고 능력을 기르고자 부단히 노력해야 한다.

논리적 사고는 조사와 분석 과정 및 문제 해결을 통해 자연스럽게 학습되는 경우가 많다. 그리고 어느 정도의 학습이 이루어지면 분석한 결과를 통해 의미 있는 시사점을 도출하는 통찰력으로 발전하게 된다. 마케팅에서 가장 중요한 능력 중의 하나인 통찰력은 이러한 과정을 통해 축적된 지식의 결과물이라고 할 수 있다.

창의적 사고는 체계적인 학습이나 훈련보다는 고정관념을 깨거나 엉뚱한 상상을 통해 발현되는 경우가 많다. 상상력은 하나의 새롭거나 기발한 아이디어를 생각해내는 능력이라고 할 수 있다. 이는 연결성이 약한 것처럼 보이는 두 가지 이상의 것들을 서로 연결하는 과정을 통해 얻을 수 있다. 마케팅의 시작은 상상력에서 출발한다고 해도 과언이 아니다. 상상력이 많아지면 대상을 직접적으로 파악할 수 있는 능력인 직관력이 생긴다.

상상력과 직관력을 바탕으로 창의적인 아이디어를 개발하고 논리적인 사고로 마케팅 혁신을 이루어내는 전략적 사고는 한 기업의 운명을 좌우할 정도로 매우 중요하다. 이를 정리하면 〈그림 1-4〉와 같다.

전략적 사고는 마케팅 문제를 정의하고 어떻게 해결할 것인지를 수행하는 과정에서 발생하는 다양한 변화를 탄력적이고 유연하게 대처해가며 순간마다 최선의 결정을 내리는 것을 말한다. 전략적 사고를 하기 위해서는 논리적 사고와 창의적 사고의 결합이 필요하다. 예를 들면, 논리적 사고에 익숙한 조사 전문가와 창의적 사고에 익숙한 디자이너를 같은 프로젝트에 투입시켜 각자의 전문성을 발휘

▼ 〈그림 1-4〉 전략적 사고의 틀

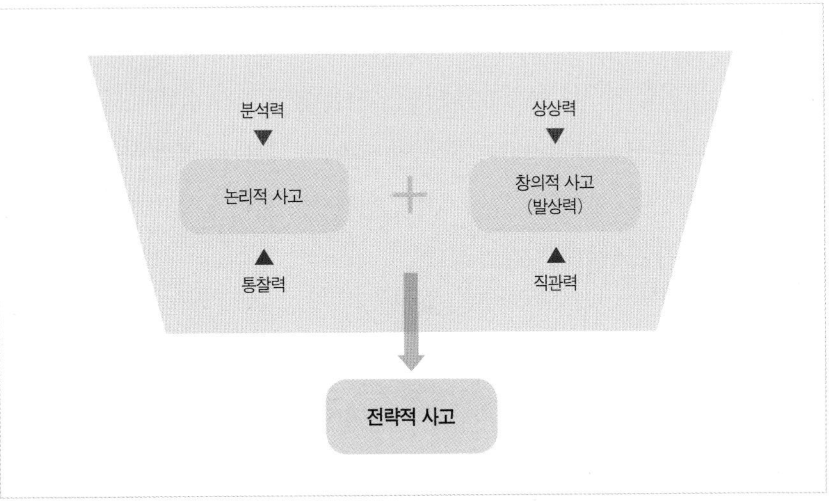

해 마케팅의 문제를 해결할 수 있도록 하는 것이다. 이를 통해 자연스럽게 상대방에게 공감하는 능력을 기를 수 있고 결과적으로 문제를 좀 더 잘 해결할 수 있게 된다.

이를 위해 기업은 직원들이 보다 창의적으로 생각하고 일할 수 있도록 교육과 훈련제도를 정비하고 기업 문화를 개선하는 등 적극적으로 지원할 필요가 있다.

구글은 왜 업무시간의 20퍼센트를 관심 분야에 사용하도록 했을까?

구글은 직원 스스로 원하는 일을 하면서 재미를 느낄 수 있는 장치를 만들었다. '20퍼센트 타임' 제도다. 구글 직원들은 자신의 업무 시간 중 20퍼센트를 개인적인 관심 분야에 사용할 수 있다. 물론 구글에서 하는 일과 관련이 있어야 한다.

구글의 크롬 브라우저 플랫폼과 크롬북은 20퍼센트 타임 제도로 탄생했다. 2009년 크롬 팀의 제품관리 담당 부사장이던 캐사르 센굽타Caesar Sengupta는 구글 툴바와 검색 소프트웨어를 운영하는 일을 주 업무로 했다. 그러다 크롬 팀이 크롬 브라우저를 구축하는 일을 시작했고, 센굽타 부사장은 '크롬의 기본 설계를 운영체제에 적용하면 어떨까' 하고 생각했다. 재미있을 것 같았다. 그는 이 프로젝트에 20퍼센트 타임 제도를 적용했고, 크롬 브라우저 플랫폼과 최초의 크롬북을 만들었다.[21]

구글이 도입한 20퍼센트 프로젝트와 유사한 제도로, 고어앤드어소시에이츠Gore and Associates에서는 근무 시간의 10퍼센트를 2차 프로젝트에 사용할 수 있도록 하고 있다. 코닝Corning에서도 연구자들에게 10퍼센트의 자유시간을 제공한다. 트위터는 '해킹 주간'을 정기적으로 운영하고 있다. 페이스북 직원들은 1개월에 한 번씩 12시간 동안 진행되는 '해커톤'에 참가한다. 자유로운 분위기에서 관심 있는 주제를 재미있게 할 때보다 창의적인 사고가 가능해지고 높은 성과를 기대할 수 있다.

구글에서 20퍼센트 타임을 활용하여 크롬북을 개발한 캐사르 센굽타[22]

창조경영은 기업이 직원들에게 무조건 강조한다고 해서 되는 것이 아니라 직원들이 창의적인 발상을 할 수 있도록 기업이 터전을 만들어나갈 때 실행 가능한 것이다. 즉, 기업 전체가 직원들이 상상력을 발휘할 수 있도록 많은 기회를 제공해야 한다. 이런 토대 위에서 논리적이고 창의적인 사고로 전략적 사고를 해야 한다.

마케터를 위한 문제 해결의 스위치

창의력은 다른 말로 문제 해결 능력이다. 창의력은 마케터에게 매우 중요한 핵심 역량이다. 창의력은 오로지 개개인이 끊임없이 고민하고 노력해야만 얻을 수 있다. 창의력이 발현되기 위해서는 먼저 상상력이 뒷받침되어야 한다. 조금만 더 관심을 갖고 주위를 둘러보고 손품과 발품을 판다면 창의력과 상상력을 끌어내는 스위치를 찾을 수 있을 것이다. 그리고 이 스위치를 누르면 문제 해결의 실마리를 얻을 수 있다.

창의력은 기존의 것을 특정 목적에 부합하도록 연결하는 사고능력으로 상상력과 함께 이를 실제로 구현하는 실행력까지 포함하는 개념이다. 즉, 창의력이란 새로우면서도 적절한 아이디어를 찾아내는 힘을 말한다. 마케터라면 현재 자신이 하고 있는 일을 이미 낡은 것으로 볼 수 있어야 한다.

사실 새로운 아이디어라고 해서 멀리 있는 것만은 아니다. 어떤 문제든 관심을 기울이고 주의 깊게 살펴보면, 그 문제와 관련된 현상들에 대해 좀 더 면밀하게 알게 되고 문제 해결의 단서를 찾을 수 있게 된다.

통(通)하는 마케터가 갖추어야 할 핵심역량

마케터는 상상력과 창의력을 통해 도출한 아이디어를 가지고 의사결정권자, 업무 관련 파트너, 소비자들을 설득할 수 있어야 한다. 따라서 마케터에게는 상상력과 창의력 못지않게 뛰어난 설득력이 필요하다. 그리고 이 모든 역량을 아우르는 통찰력도 갖춰야 한다. 이를 그림으로 나타내면 〈그림 1-5〉와 같다.

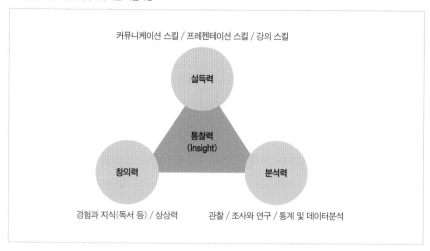

설득력은 커뮤니케이션 스킬, 프레젠테이션 스킬, 강의 스킬을 포함한다. 커뮤니케이션 스킬은 마케팅 활동의 중심에 있는 고객과 커뮤니케이션을 할 수 있는 기본적인 스킬이다. 프레젠테이션 스킬은 수립된 마케팅 전략을 의사결정권자나 상사 및 동료들에게 제안하여 사업의 타당성과 실행 여부를 설득하는 스킬이다. 프레젠테이션을 통해 설득이 이뤄지지 않는다면 그동안 공들여 만든 제안들은 아무짝에도 쓸모없는 것이 된다. 나아가 선택된 제안을 실행에 옮기는 과정에서는 마케팅 전문지식을 바탕으로 관련 실무자들에게 체계적이고 효과적으로 전달할 수 있는 강의 스킬이 필요하다.

분석력은 데이터를 원하는 목적에 맞게 분석할 수 있는 능력을 말한다. 물론 분석 이전에 데이터를 수집하는 능력도 중요하다. 관찰은 사물을 꿰뚫어 볼 수 있는 가장 기초적인 방법으로 분석력을 기르는 좋은 방법이다. 시장조사라고 할 때 고객이 있는 시장에서 고객이 어떤 행동을 하는지 관찰하게 되고, 그 내용을 분석하여 의미 있는 결과로 활용하게 된다. 이를 보다 체계적으로 접근할 때 조사와 연구를 계획하고 실사를 하고 통계분석을 하게 된다. 데이터가 의미 있는 정보로 바뀌는 순간이다.

분석력에 따라 의미 있는 정보가 되거나 경우에 따라서는 쓰레기가 되기도 한다. 최근에는 빅데이터에 대한 언급이 지속적으로 높아지고 있다. 빅데이터 분석은 고객의 소리와 사용 후기 등과 같은 텍스트 데이터, 각종 이미지와 동영상 등 다양한 유형의 비정형 데이터도 분석할 수 있다. 숨겨진 고객의 마음을 들여다볼 수 있는 좋은 방법이다. 또한 빅데이터를 수집하고 분석하는 기술도 중요하지만, 빅데이터 분석을 통해 고객의 잠재된 니즈를 찾아내고 이를 마케팅에 활용할 수 있어야 한다.

창의력, 분석력, 설득력을 통해 의미 있는 시사점을 도출하는 통찰력은 마케터가 반드시 갖춰야 할 능력이다. 만약 마케터가 분석력, 창의력, 설득력을 갖추고 있지 못하거나 부족한 경우에는 아웃소싱을 통해 전문가들에게 지원을 받을 수도 있다. 마케팅 활동 중에서 조사 및 통계분석은 아웃소싱을 통해 가장 많이 지원을 받는 영역이다. 그러나 최종적인 조사 및 분석 결과에 대한 판단은 마케터의 몫이므로 마케터가 통찰력을 가지고 있지 못하다면, 그 결과물은 무용지물이 될 가능성이 크다. 따라서 마케터는 창의적인 발상과 분석적인 사고를 바탕으로 통찰력을 발휘해 전략적인 사고를 해야 한다. 이것은 성공적인 마케팅을 위한 필요충분조건이다.

마케터의 핵심역량을 강화할 수 있는 방법

다양한 마케팅 문제를 해결하기 위해서는 마케터의 역량 강화가 필요하다. 마케팅 업무를 하면서 역량을 강화하기 위한 노력을 꾸준히 해야 한다. 다음 다섯 가지를 생활 속에서 습관화하면 자연스럽게 역량을 향상시킬 수 있다.

첫째, 분야에 관계없이 1년에 최소 50권의 책을 읽어라. 마케터는 다양한 분야의 지식과 정보가 필요하다. 가장 빠른 시간 내에 양질의 정보를 얻을 수 있는 수단은 바로 책이다. 마케팅과 브랜딩에 대한 책은 기본적인 교재 한두 권 정도만 읽어도 된다. 중요한 것은 지식의 축적을 통한 상상력과 창의력을 제공해줄 수 있는 대하소설, 공상과학소설과 시 같은 문학작품들을 많이 읽어야 하는 것이다. 특히 브랜딩은 스토리를 만들고, 소비자 감성에 소구하기 때문에 마음껏 상상의 나래를 펼칠 수 있는 원천source을 많이 접해두면 큰 도움이 된다. 그리고 시장의 변화를 일으키는 최신 기술, 소비 심리, 트렌드를 다룬 책과 개인적으로 관심이 있는 그림, 사진, 와인에 관한 책도 읽어라. 아이디어는 언제, 어디서, 어떻게 나올지 알 수 없기 때문에 아이디어 발상의 원천이 되는 다양한 지식과 정보를 축적해야 한다.

둘째, 가능하면 많이 보고 들어라. 영화, 음악, 비디오, 전시, 공연 등을 통해 새로운 분야, 새로운 문화, 새로운 제품을 접해라. 영화, 비디오 등은 상상 그 이상을 보여주고, 간접 체험을 할 수 있게 해줘 아이디어 발상에 필요한 감성을 풍부하게 만드는 촉매제로 작용한다. 전시와 공연을 보면서 공감과 감흥을 얻고, 새로운 사업 기회를 찾을 수도 있다. 단, 업무와 직접적으로 관계된 동종 업종보다는 다른 업종의 전시회나 박람회를 찾아가 볼 것을 권한다. 동종 업종에서 아이디어를 가지고 오면 베끼는 것이 되지만, 다른 분야의 업종에서 아이디어를 가지고 오면 벤치마킹이 되고 융합이 된다.

셋째, 다양한 사람들과 교류하라. 온 · 오프라인 커뮤니티를 통해 다양한 분야의 사람들과 관심 분야를 공유하다 보면 새로운 아이디어를 얻을 수 있다. 페이스북, 인스타그램, 링크드인 등의 소셜미디어를 이용하면 시간과 공간의 제약 없이 교류의 장을 넓힐 수 있다. 최근에는 도서출간과 연결된 커뮤니티들이 많아서 저자가 강의하는 세미나가 자주 열린다. 이때 참가하면 자연스럽게 책도 읽고 교류도 할 수 있다.

넷째, 유심히 관찰하라. 어떤 대상이나 사물을 유심히 관찰하다 보면 그동안 큰 관심을 기울이지 않고 보았던 사소한 것들에서 의미 있는 요소들을 발견할 수 있다. 어떤 경우에는 그것이 문제를 해결할 수 있는 결정적인 단서를 제공하기도 한다. 관찰은 가장 쉬우면서도 직접적으로 정보를 수집할 수 있는 중요한 방법이다. 그러나 그 중요성을 아는 이들은 그리 많지 않다. 생활 속에서 관찰을 실천하면 어렵지 않게 의미 있는 결과를 얻을 수 있다.

마지막으로 앞의 네 가지 방법을 실천하면서 새롭게 느껴지는 것은 무엇이든지 사진으로 찍고 녹음하고 기록하고 저장하라. 마케터에게는 새로운 것이 곧 소비자의 니즈이자 신시장이다. 과거에는 그때그때 바로바로 저장하고 기록할 수 있는 장치가 별로 없어 좋은 아이디어를 놓쳐버리는 경우가 많았지만, 요즘에는 유용한 도구들이 굉장히 많다. 스마트폰만 해도 메모, 사진 및 동영상 촬영, 녹음 기능 등이 잘 갖춰져 있어 시간과 장소에 구애받지 않고 새로운 지식과 정보를 저장할 수 있으며, 다른 사람들과 쉽게 공유할 수 있다. 기록하는 방법으로 스마트폰 앱인 에버노트Evernote가 매우 유용하다. 웹 클리핑 기능을 이용하면 웹에서 관심 있는 자료를 쉽게 저장하고 공유할 수 있다.

어린이용 칫솔의 손잡이 부분은 가늘어야 할까? 굵어야 할까?

오랄비Oral-B로부터 어린이용 칫솔 제품 디자인을 의뢰 받은 아이데오IDEO의 디자이너 토머스 오버튠Thomas Overthun은 고민에 빠졌다. 5~8세 어린이들을 위한 특별한 칫솔을 개발하기로 결정하면서 가장 먼저 생각한 것은 아이들은 손이 작기 때문에 어린이용 칫솔은 어른용 칫솔보다 크기가 작아야 한다는 것이다. 하지만 만약 이렇게 정리하고 디자인을 했다면 산업표준이 된 오늘날의 어린이용 칫솔은 아마 존재하지 않을지도 모른다.

오버튠은 어린이들은 어떻게 이를 닦는지 궁금했다. 대부분의 디자이너들은 책상에서 고민할 때 오버튠은 직접 관찰을 했다. 어른들만큼 손이 자유롭지 못한 어린이들은 칫솔을 모든 손가락을 이용해서 주먹으로 꽉 쥔 채 얼굴을 때리듯이 괴롭게 이를 닦고 있음을 확인했다.

관찰에서 얻는 통찰을 바탕으로 '꼭 쥐다(Gripper)'라는 점을 강조하여 손잡이 부분을 어른용 칫솔보다 크고 두툼하게 디자인했다. 손잡이 부분에 거북이 등딱지 모양의 돌기도 집어넣었다. 이 제품은 출시 이후 곧바로 시장을 장악했다. '글리퍼Gripper'는 관찰을 통해 통찰력을 발견하고 이를 제품 개발로 연결하여 산업표준을 만들었다.

오랄비의 어린이용 칫솔 'Gripper'[23]

마케팅이
진실해지다!

지금껏 기업들이 전개한 대부분의 마케팅은 좋은 이미지를 보여주거나 이슈를 만들거나 이에 편승해 소비자들의 소비심리를 자극하는 것이었다. 경우에 따라서는 소비자들의 구매 욕구를 충동적으로 불러일으키기 위해 다양한 판촉 활동을 전개하기도 했다. 그러다 보니 매출과 영업이익의 증대라는 목표에만 치중하게 되면서 허위 사실이나 과장된 내용을 전하는 경우도 많았고, 결과적으로 진정성을 잃어갔다. 특히 스마트폰이 등장한 이후에는 실시간으로 언제 어디서나 검색이 가능해졌기 때문에 똑똑한 소비자들의 의심을 사는 마케팅 활동으로는 절대 성공할 수 없다. 마케팅 활동에서 더 이상 과장이나 거짓이 통하지 않는 시대가 된 것이다. 마케팅으로 소비자들을 현혹시키면 성공할 수 있다는 환상에서 깨어나야 한다.

진정성 마케팅authentic marketing이란 용어는 2006년 9월 〈비즈니스위크〉가 미국 슈퍼마켓 체인인 세이프웨이Safeway의 유기농 매장 설립 건을 다룬 기사에서 처음 사용하였다. 세이프웨이는 수익성 악화에도 불구하고 유기농을 고집하면서 소비자들에게 진정성을 인정받았고, 이를 통해 큰 성공을 거둘 수 있었다. 풀무원 역시 유기농 식품을 통해 생명존중이라는 회사의 설립정신을 이어가고 있다. 풀무원은 2004년에 '농약 친 가짜 유기농 녹즙' 보도로 큰 위기를 맞을 뻔 했으나, 최고경영자의 적극적인 사실 확인 및 해명 노력을 통해 보도 내용에 일부 문제가 있었음이 알려지면서 소비자들의 신뢰를 회복할 수 있었다.

진정성 마케팅의 대표적인 사례는 대림산업의 'e-편한세상'이다. 대림산업은 '진심이 짓는다'는 슬로건을 담은 광고 캠페인을 통해 아파트 설계와 운영 전반에서 고객의 가치를 최우선적으로 고려해 짓는다는 것을 널리 알렸다. 예를 들면, 주차장의 면적, 천장의 높이, 화장실 세면대의 높낮이를 결정하는 데도 아파트 거주자들이 보다 편리하게 이용할 수 있도록 하는 데 최선을 다했다는 것을 알린 것이다. "진심으로 고객을 위하는 기업"이라는 브랜드 가치를 담은 이 광고는 큰 호응을 얻었고 'e-편한세상'은 건설업계에서 경쟁력 높은 브랜드로 자리매김하게 되었다.

제품이나 서비스 자체가 인위적이지 않고 자연 그대로의 원료를 활용하여 브랜드의 진정성을 강화할 수도 있다. 유기농 제품, 천연 원료만으로 만들어진 생활용품, 동물 실험을 하지 않고 만들어

▼ 동물학대 없이 채취된 윤리적인 우모를 사용한 제로그램의 촐라체 침낭[24]

진 화장품 등이 여기에 해당된다. 예를 들면, 백패킹 전문브랜드인 제로그램의 침낭은 RDS 인증을 받은 제품으로 윤리적이고 친환경적인 우모를 사용하였다. 책임 다운 기준Responsible Down Standard은 우모를 채취하는 과정을 추적해 동물이 안정적이고 윤리적인 방식으로 사육되고 도축되는지 살핀다는 내용이다. 건 발수 처리 과정에서 사용되어 환경에 악영향을 끼치는 PFC(과불화 화합물)도 쓰지 않았다. 제로그램은 가벼우면서도 지구의 미래를 걱정하는 친환경적인 장비를 개발하려는 경영철학을 실천하는 과정을 통해 브랜드가 지향하는 진정성을 추구하고 있다.

이처럼 자연적인 진정성도 있지만 독창적인 아이디어를 통해서도 진정성을 강화할 수 있다. 콜라의 원조인 코카콜라, 김치냉장고의 원조인 딤채 등 최초로 시장에 출시된 제품은 그 자체만으로도 진정성을 가진다. 최초의 시장진입자로서 소비자들로 하여금 후발제품이나 모조품은 진짜로 보이지 않게 하는 절대적인 힘을 소유하게 되는 것이다.

이러한 진정성 마케팅의 전제조건은 고객과의 '소통'이다. 오늘날 진정성 마케팅은 점점 더 일반화되어가고 있다. 소비자들은 앞으로 지금보다 더 높은 수준의 진정성을 기업에 요구하게 될 것이다.

마켓 4.0 시대,
그 변화의 중심에 내가 있어야[25]

4차 산업혁명이든 아니든 간에 이미 우리 사회와 산업은 새로운 환경으로 변하고 있다. 그 변화의 핵심은 디지털 혁명이다. 경쟁의 본질이 바뀌고, 소비자 행동도 바뀌고 있다. 카카오뱅크가 서비스를 시작하기 전에 기존 은행들 중에서 카카오를 경쟁사로 생각한 은행이 있었을까. 소비자들은 개인적으로 구매하던 습관에서 소셜 커뮤니티의 추천을 통해 사회적으로 구매하는 행동으로 변하고 있다. 디지털 환경이 조성되고 있기에 가능한 변화다. 이런 환경을 마켓 4.0이라고 한다. 하버드 경영대학원 교수인 클레이튼 크리스텐슨Clayton Christensen은 "규모가 큰 건실한 기업이 갑자기 방향을 선회하는 것은 어려운 일이다."라고 말한 바 있다.[26] 지금 같이 급변하는 시장 환경에서는 선제적인 방향 전환이 필요하다. 제품에서, 사업모델에서, 성장엔진에서 방향 전환을 통해 변화에 빨리 적응해야 한다. 그리스의 철학자인 헤라클레이토스는 "변하지 않는 것은 오직 '변한다'는 사실뿐이다."라고 했다. 문제는 변화에 어떻게 대응해야 하느냐다.

제주커피수목원 김영한 대표는 "변화는 위험하다. 그러나 변화하지 않는 것은 더 위험하다."라고 했다. 김 대표는 서울에서 마케팅 전문가로 활동했으며, 65세에 은퇴한 이후 제주로 이주하여 국내 최초로 커피를 노지에서 재배하고 있다. 모두가 수입산 커피만 마실 때 왜 커피를 수입에만 의존해야 하는지에 대한 의문에서 시작한 커피 재배가 이제는 커피 껍질을 원료로 빚은 커피 와인과 커피코냑까지 생산하고 있다.

커피 재배에서 와인 판매까지 6차 산업을 개척하고 있다. 고객 체험을 늘리기 위해 전시회와 같은 오프라인 현장을 찾고, 입소문을 일으키기 위해 페이스북과

제주커피수목원 김영한 대표[27]

같은 소셜미디어를 활용하여 커피 농부 스토리를 전파하고 있다. 아날로그 사업에 디지털을 결합하여 고객과 직접 소통하는 디지털 전환을 일으키는 마켓 4.0 시대를 선도하고 있다. 비즈니스는 새로운 관점으로 사고할 때 새로운 기회가 온다. 기업의 규모나 사업 자금의 규모가 아니라 위기를 기회로 바꾸고자 하는 통찰과 실천이 변화를 선도하는 핵심이다.

변화는 대체로 새로운 기술에서 시작된다. 4차 산업혁명을 이끌고 있는 인공지능과 로봇, 빅데이터와 클라우딩, 3D 프린팅과 퀀텀 컴퓨팅, 사물인터넷과 센서 등 새로운 기술로 인해 시장 환경은 급변하고 있다. 케빈 켈리Kevin Kelly 는 그의 저서 《기술의 충격》에서 "기술은 하나의 방향성이다."라고 했다.[28] 누가 개발했던 방향이 맞는다고 생각한다면, 그 기술을 어떻게 활용할 것인가를 고민해야 한다. 따라서 우리는 기술을 일종의 제2외국어로 생각할 필요가 있다. 기술은 알면 편하고 모르면 불편하다. 스마트폰이 왜 필요한가에 대한 갑론을박이 있었지만, 이제 스마트폰을 이용하지 않고 할 수 있는 일이 별로 없는 환경으로 바뀌었다. 앞으로는 누가 더 잘 기술을 활용하는가의 문제이다.

그동안 우리는 오감에 의존해서 생활해왔다. 기술이 없는 오감으로는 더 이상 마켓 4.0 시대에 경쟁력을 발휘하기 어렵다. 오감에서 나아가 육감이 필요하다. 육감은 우리의 신체 내부가 아닌 외부로부터의 감각이다. 오감을 더욱 강화시켜줄 수 있는 감각이 하나 더 필요한데 바로 기술 활용이다. 기술을 얼마나 잘 활용하는가가 성패를 좌우하게 된다. 기술 자체가 아니라 기술로 구현된 본질을 잘 활용할 수 있는 감각으로 새로운 시대 변화의 중심에 서야 한다. 변화는 거부한다고 거부할 수 있는 것이 아니다. 내가 선택하면 변화는 곧 기회가 된다.

02

마케팅 기획

전략과 기획이 바로 서야
진짜 마케팅이다

전쟁에서 이기기 위해서는 적을 압도할 수 있는 전력을 보유해야 한다. 그러나 우세한 전력을 갖고 있으면서도 때로는 패하기도 한다. 왜일까? 이런 경우는 백이면 백, 전략이 잘못되었거나 전략이라고 할 만한 게 없었기 때문이다. 백만 대군이 아닌 한 명의 책사가 승리를 이끌 수 있다. 이것이 바로 전략이 필요한 이유다. 비즈니스의 세계에서는 이것을 기획이라고 하고, 책사와 같이 전략을 짜는 사람을 기획자 또는 마케터라고 부른다.

제대로 설계하고 지어진 건축물만이 비바람과 오랜 세월에도 튼튼하게 유지될 수 있다. 이와 마찬가지로 제대로 기획을 해야만 마케팅도 성공할 수 있다. 보다 체계적이고 효율적으로 마케팅을 전개하기 위해서는 반드시 제대로 된 기획이 필요하다. 기획자와 마케터들은 필수적으로 마케팅 프로세스와 전략적 마케팅 프레임을 제대로 알고 있어야 한다. 이번 장에서는 마케팅 기획에 대해 자세히 살펴보도록 하겠다.

아임리얼은 어떻게 착즙주스 시장을 개척했을까?

국내 냉장주스시장은 1990년대 후반부터 서울우유와 롯데칠성 두 기업이 줄곧 주도해왔다. 두 기업이 차지하고 있던 주스시장의 점유율은 자그마치 50퍼센트에서 70퍼센트에 달했다. 후발주자였던 풀무원식품은 2007년에 생과일주스 브랜드인 '아임리얼I'm Real'을 출시했다. 착즙주스 시장에 진출한 지 5년 만인 2012년 5월에 아임리얼은 냉장주스시장에서 24.4퍼센트의 시장점유율을 차지했다.[1] 이후 착즙주스 시장에서 매년 두 자릿수로 성장하고 있다.[2]

풀무원식품 아임리얼CM의 담당 부장은 아임리얼의 성장 비결로 소비자의 프리미엄 니즈를 간파한 전략이 주효했다고 설명한다. "모든 분야가 마찬가지겠지만 소비자 니즈의 정확한 파악이 히트 제품의 비결인 것 같습니다. 소비자들은 그동안 값이 좀 비싸더라도 맛이 좋은 주스를 마시길 원하고 있었습니다. 카페에서 판매되는 주스와 스무디 등이 꾸준한 인기를 자랑했지만 일반 주스 시장은 침체를 거듭한 것도 이와 무관치 않습니다."[3]

풀무원식품은 이미 냉장주스시장을 장악하고 있던 기존의 제품들과 같은 콘셉트로는 소비자를 공략하는 것이 불가능하다는 점을 일찍이 간파했다. 그리하여 '마시는 생과일'이라는 새로운 콘셉트의 제품을 개발해, 일체의 첨가물 없이 생과일만을 그대로 갈아 넣어 만든 주스로 포지셔닝했다. 과일 농축액에 물, 설탕, 첨가물 등을 넣어 만든 무늬만 100퍼센트인 기존의 냉장주스들과 차별화했다. 아임리얼이 착즙주스 시장을 성공적으로 공략할 수 있었던 비결은 전략적인 기획에 있다. 생과일을 편하게 마시고 싶어 하는 소비자들의 니즈를 제대로 포착했다. 그리고 '마시는 생과일'이라는 전략적인 콘셉트와 '홈메이드 과일음료'로 소비자들의 인식 속에 확실히 포지셔닝시켰다. 전략기획에서 제품개발과 커뮤니케이션에 이르기까지 일관된 마케팅 활동을 했기 때문에 가능했다.

적벽대전에서 손권과 유비 연합군이 승리를 거둘 수 있었던 것은 조조의 백만 대군에 대적할 막강한 군사력을 갖고 있었기 때문이 아니라 책사였던 제갈량의 뛰어난 전략 덕분이었다. 제갈량은 지역의 지형과 지세, 기후를 파악(환경분석)하고, 불리한 전력을 일시에 만회할 수 있는 화공술(전략)을 기획하여, 적이 생각하지 못했던 기습공격(실행)으로 손권과 유비 연합군이 승리를 거두는 데 크게 기여했다. 제갈량과 같은 뛰어난 책사의 통찰력과 기획력이 마케터에게도 요구된다.

▼ 풀무원의 아임리얼

이제 모든 시장이 성숙기에 접어들면서 기업의 제품과 서비스 간의 경쟁력이 대동소이해졌다. 전략적인 기획과 마케팅을 통해 차별화를 이루어야만 성공할 수 있게 되었다는 말이다. 그만큼 오늘날 마케팅의 중요성은 더욱 커질 수밖에 없다. 이것이 시장을 분석하고, 마케팅 목표를 설정하고, 마케팅 믹스를 결정하고, 마케팅 실행 계획을 수립하는 등 마케팅 활동의 모든 과정에서 전략적인 접근이 요구되는 이유이다.

마케팅에서 유일한
불변의 진리

기업을 성장시키는 지혜, 마케팅 프레임

마케팅에는 수많은 문제들이 있다. 하지만 해결은 쉽지 않다. 이유는 문제의 본질을 제대로 프레임^{frame}하지 못했기 때문이다. 프레임을 제대로 잡으면 보다 쉽게 문제를 해결할 수 있다. 서울대학교 심리학과 최인철 교수는 "어떤 문제에 봉착했을 때 해결점을 찾지 못하는 이유는 처음부터 문제의 본질이 무엇인지 제대로 프레임하지 않았기 때문일 가능성이 높다. 프레임은 모든 문제를 해결하는 가장 중요한 열쇠다."라고 했다.[4] 이 논리는 마케팅에도 그대로 적용된다.

그렇다면 어떤 프레임으로 마케팅을 바라봐야 할까? 기존의 관리지향적인 마케팅에서는 주로 마케팅믹스를 통해 개별적인 마케팅 활동을 전개했기 때문에 프레임이 없어도 별로 문제가 되지 않았다. 그러나 전략적 마케팅에서는 전체적인 시각에서 우선순위를 가지고 체계적으로 접근한다. 이러한 프레임으로 접근하면 한눈에 마케팅 활동의 전체 그림을 그릴 수 있다.

산 정상에서 산 아래를 내려다보는 경우를 생각해보라. 멀리 바다부터 산간지대의 숲과 바로 앞의 나무들까지 모두 볼 수 있을 것이다. 반대로 이제 막 산을 오르며 산 정상을 바라보는 경우에는 어떨까? 정상이 아득히 멀게만 보일 것이다. 어디에서 어떤 시각으로 바라보느냐에 따라 산이 다르게 보이는 것처럼 마케팅도 어떤 프레임으로 바라보느냐에 따라 숲을 볼 수도 있고, 발밑에 잡초만 볼 수도 있다.

마케팅에서 숲과 나무를 함께 볼 수 있는 프레임이 있다. 바로 '전략적 마케팅 프레임'이다. 이는 마케팅의 기본 프레임으로, 시대가 급변해도 유일하게 변하지 않는 마케팅 원리이다. 물론 프레임은 같을지라도 담기는 내용은 각 기업별로 제각각이다. 왜냐하면 마케팅에서 가장 중요한 요소 중의 하나가 차별화이기 때문이다. 전략적 마케팅 프레임은 마케팅의 비전, 목표, 전략, 전술, 수단으로 이루어진다. 이를 정리하면 〈그림 2-1〉과 같다. 각각의 내용에 대해 상세하게 알아보자.

▼ 〈그림 2-1〉 전략적 마케팅 프레임

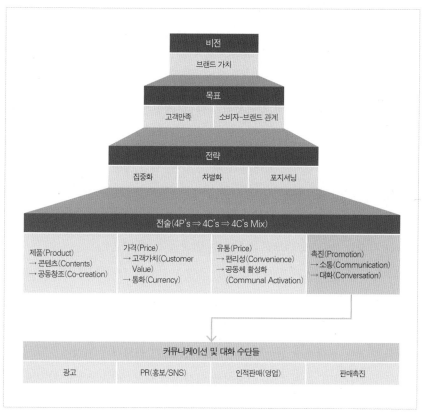

비전 : 브랜드 가치를 극대화하라

마케팅 활동의 최상위 수준의 목표인 비전은 브랜드 가치를 창출하는 것이다. 일반적으로 비전은 조직이 도달해야 할 가시적인 방향을 의미한다. 즉, 비전은 어느 조직이나 가지고 있는 그 조직만의 미래상(像)이다. 브랜드 가치 창출은 모든 기업과 조직이 도달해야 할 최종적인 지향점이라고 할 수 있다.

여기서 비전은 기업의 비전이자 마케팅의 비전이다. 마케팅 프레임에 기업의 비전이 등장하는 것이 다소 이상하게 느껴질 수도 있을 것이다. 그러나 이미 수많은 기업들이 마케팅을 중심으로 기업 경영을 하고 있다. 그러므로 마케팅과 기업의 비전이 달라야 할 이유는 없다.

브랜드 가치는 브랜드에 부가되어 있는 무형의 가치를 뜻하는데, 일반적으로는 소비자가 얻게 될 편익과 지불하는 비용의 차이를 말한다. 브랜드 가치가 높다는 것은 브랜드로 인해 얻게 될 편익이 그 브랜드를 위해 지불하는 비용을 능가함을 의미한다. 필립 코틀러는 "마케팅은 고객의 진정한 가치를 창출하는 기술이다."라고 이야기한 바 있다.[5] 이 가치는 고객과 기업의 가치로 나눌 수 있다. 삼성전자의 스마트폰 브랜드인 '갤럭시'에 대해 고객이 느끼는 가치와 기업 브랜드인 '삼성전자'에 느끼는 가치에 차이가 있을 수 있다. 만약 어떤 고객이 특정 브랜드 제품을 소유함으로써 자부심과 만족감을 느낀다면 비용으로 지불한 금액의 절대 액수에 관계없이 가치를 가진다. 기업도 제품 판매를 통해 수익을 얻고 고객만족이라는 가치를 창출하였으므로 가치 있는 활동을 한 것이다.

브랜드 가치를 창출하면 자연스럽게 고객과 기업의 가치를 제고할 수 있다. 즉, 가치를 창출하는 활동을 하게 된 것이다. 반대로 고객과 기업에게 브랜드 가치를 제공해주지 못한다면 그 마케팅 활동은 의미 없는 몸부림밖에 되지 않는다. 브랜드를 통해 고객에게 부가적인 가치를 제공하지 못하거나 기업에 이익을 가져다주지 못한다면 그 브랜드는 더 이상 시장에 존재할 가치가 없다. 각 기업 및 조직마다 나름의 비전이 설정되어 있다. 그 비전이 의미하는 바를 종합해보면, '브랜드 가치 창출'이 된다.

목표 : 고객을 만족시키고, 소비자와의 관계를 구축하라

브랜드 비전을 달성하기 위해서는 구체적인 마케팅 목표가 있어야 한다. 마케팅 목표는 고객만족과 소비자−브랜드 관계 구축이다. 고객에게 만족을 주지 못하는 제품과 서비스는 결코 오랜 기간 시장에서 살아남을 수 없다. 오늘날과 같은 고도의 경쟁 환경에서 기업이 생존을 넘어 지속가능한 성장을 하기 위해서는 경쟁 브랜드와 비교해서 차별적인 우위요소가 있어야 한다. 그 차별화 우위요소 중하나가 바로 고객을 만족시키는 것이다. 다른 하나는 소비자와 브랜드 간의 친밀한 관계를 구축하는 것이다.

일반적으로 소비자들은 해당 브랜드를 구매한 후 실제 사용하면서 구입 이전의 기대치expectation보다 사용 후의 상대적인 지각치perception가 더 높은 경우에 만족감을 느낀다. 또 소비자와 브랜드 간의 관계는 소비자가 브랜드를 인지하고, 구매하고, 사용 및 경험하는 모든 과정을 통해서 구축된다.

즉, 소비자들은 소비자와 브랜드 간의 접점을 통해 브랜드를 경험하고, 기업의 마케팅과 커뮤니케이션 활동에 의해 브랜드와의 관계를 형성한다. 이렇게 형성된 관계에 따라 소비자들은 브랜드에 대한 특별한 인상을 갖게 되고 그 브랜드를 연상하고, 구매하고, 평가한다. 고객을 만족시키고, 소비자와 좋은 관계를 구축하는 것이 기업의 목표이자 마케팅 목표인 것이다.

전략 : 집중화, 차별화, 그리고 포지셔닝이 핵심이다

고객만족과 소비자와 브랜드 간의 관계 구축이라는 마케팅 목표를 달성하기 위해서는 구체적인 실행방안이 있어야 한다. 이때 자사의 핵심역량을 활용하여 시장의 위험을 파악하고, 기회를 포착하며, 고객의 가치를 창출하기 위한 전반적인 지침을 제공하는 근간이 바로 전략이다.

기업의 경영 활동에서 가장 많이 사용되는 용어인 '전략'은 마이클 포터Michael Porter 교수가 제시한 '본원적 경쟁 전략generic competitive strategy'이라는 단어를 통해 일반

화되었다.[6]

그는 전략의 본원적인 요소에는 차별화, 원가우위, 집중화가 있다고 주장했다. 또한 마이클 포터 교수는 기업이 성공하기 위해서는 자신들의 경쟁력에 집중하여 다른 기업들과 차별화되는 독특한 포지션을 선점해야(전략적으로 포지셔닝해야) 한다고 주장했다. 다시 말해 집중화[focus], 차별화[differentiation], 포지셔닝[positioning]이 전략의 핵심요소 즉, 마케팅 전략의 핵심요소인 것이다. 포지셔닝 전략에 대해서는 5장에서 자세히 설명한다.

집중화 전략은 성공 가능성이 가장 높은 분야에 제한된 자원을 집중적으로 쏟아부어 최대의 성과를 이끌어내는 전략이다. 특정 시장, 특정 대상(소비자), 특정 제품, 특정 브랜드에 집중함으로써 자원의 효율성을 높이고 성과를 증대하는 전략이다. 이 방법은 틈새시장[niche market]을 공략할 때 매우 유리하다. 틈새시장을 어느 정도 장악한 후에 큰 시장[mass market]에서 시장지배력을 키워나가는 것이 마케팅 활동도 쉽고, 성공 가능성도 높다.

차별화 전략은 둘 이상의 대상을 각각 등급이나 수준 그리고 의미 등에 차이를 두어 다르게 함으로써 소비자들에게 서로 다른 가치를 제안하는 전략이다. 제품, 브랜드, 고객서비스, 가격, 주문생산 방식, 디자인, 유통경로, 이미지 등 다양한 요소에서 차별화를 꾀할 수 있다. 이때 반드시 유념해두어야 할 사항은 단순히 다르기만 해서는 안 되고, 그 차별화 요인이 소비자가 원하는 것이어야 한다는 점이다. 따라서 마케터의 관점이 아닌 소비자의 관점에서 차별화할 요소들을 냉정하게 살펴야 한다.

집중화와 차별화, 그리고 포지셔닝 전략의 대표적인 사례로는 아모레퍼시픽의 한방 프리미엄 샴푸 브랜드인 '려^呂'가 있다. 아모레퍼시픽은 젊은 여성들이 '탈모'에 대한 고민이 많다는 점에 주목하여 려를 개발해 여성탈모시장을 집중 공략했다. 려는 우리 선조들이 탈모 예방을 위해 사용했던 전통 약재를 차별화 요소로 사용하여 현대화된 형태의 탈모 예방 한방 샴푸를 개발했다. '두피, 머리카락 건강을 위한 한방 프리미엄 샴푸'로 포지셔닝하고 핵심 타깃인 여성들에게 집

마이클 포터가 이야기한
'본원적 경쟁 전략'이란 무엇인가?[7]

본원적 경쟁 전략은 두 가지 차원으로 구분한다. 첫째, 전략적 우위 차원에서 소비자가 인식하는 제품의 특성이 차별적인지, 원가우위가 있는지를 살핀다. 둘째, 전략적 목표 차원에서 산업 전체에 영향을 미치는지, 산업의 특정 부문에 영향을 미치는지를 따진다. 이에 따라 차별화 전략, 원가우위 전략, 집중화 전략 등으로 구분할 수 있다.

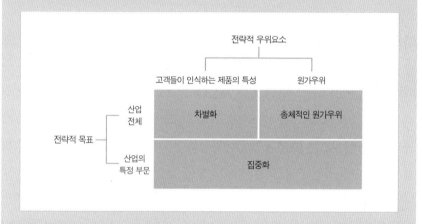

차별화 전략

차별화 전략differentiation strategy은 독특한 제품이나 서비스를 생산하여 판매함으로써 경쟁력을 갖추려는 전략이다. 기업은 제공하는 제품이나 서비스를 차별화함으로써 경쟁우위를 달성할 수 있다. 경쟁사의 제품보다 품질이나 디자인이 월등하든지 또는 브랜드 가치가 높을 때 차별화가 용이하다.

원가우위 전략

원가우위 전략cost leadership strategy은 원가를 낮추기 위한 일련의 기능별 정책을 동원하는 전략이다. 더 낮은 원가로 더 높은 품질의 제품 또는 서비스를 생산함으로써 경쟁자들을 능가하는 것이다.

집중화 전략

집중화 전략focus strategy은 특정 시장, 즉 특정 소비자집단, 일부 제품 종류, 특정 지역 등을 집중적으로 공략하거나 소비자를 세분집단으로 나눈 다음 그중에서 표적 집단을 선정하여 공략하는 전략이다.

이상과 같은 경쟁전략을 통해 경쟁우위를 달성하고 이를 보다 명확하게 전개하기 위해 전략적 포지셔닝strategic positioning을 하게 된다.

중적으로 홍보해, 출시 3년 만에 전체 샴푸시장에서 시장점유율 1위를 달성했다. 그 이후 지속적으로 샴푸시장을 선도하고 있다(려 브랜드에 대한 상세한 내용은 5장 Why Study "탈모 방지 샴푸 '려'는 어떻게 시장을 장악하고 있을까?" 참고).

이처럼 집중화와 차별화를 통한 마케팅은 세분화^{segmentation}된 시장 중에서도 기업의 역량에 가장 적합한 표적시장을 선정^{targeting}하여 소비자의 인식 속에 차별화된 특성을 강력하게 포지셔닝해 지속적인 성과를 창출하는 전략이다.

마케팅믹스 : 전술을 구체적으로 계획하라

마케팅에서 전술이라고 하면 보통 제품^{product}, 가격^{price}, 유통^{place}, 촉진^{promotion}의 네 가지 요소를 중심으로 마케팅 목표를 달성하기 위한 활동을 말한다. 4P's로 불리는 마케팅믹스는 1960년 제롬 매카시^{Jerome McCarthy} 교수가 처음 제안하고,[8] 필립 코틀러 교수에 의해 널리 알려지게 되었다.

그러나 급변하는 경영 환경과 소비자들의 욕구 증대 등으로 인해 생산자 지향적인 관점의 4P's로는 더 이상 설명이 어려운 부분들이 발생했다. 특히 2000년대부터 네트워크의 발달로 소비자들 간의 커뮤니케이션이 활발해지고, 이를 마케팅에 활용할 수밖에 없는 환경이 조성되면서 마케팅믹스의 내용도 변화되었다. 또한 디지털 경제로 전환되고 있는 4차 산업혁명시대에 즈음하여 필립 코틀러 교수는 《필립 코틀러의 마켓 4.0^{Marketing 4.0}》에서 디지털화로 서로 연결된 세상에서는 새로운 4C로 진화하고 있다고 주장한다.[9] 이를 정리하면 〈그림 2-2〉와 같이 마케팅믹스의 4P가 4C로, 다시 새로운 4C로 변화되는 것을 알 수 있다.

제품^{product}은 고객이 원하는 차별화된 가치를 제공해줄 수 있는 '콘텐츠^{contents}와 솔루션^{solution}'으로 바뀌었다. 가격^{price}은 제품 및 서비스로 인해 얻게 될 효용이나 가치에 대한 적절한 대가로서 '얼마의 가격이 적절한가?' 하는 소비자의 관점을 고려해 '고객의 가치를 충족시켜줄 수 있는 비용^{cost to customer value}'으로 바뀌었다. 유통^{place}도 '어떻게 하면 고객이 좀 더 편리하게 상품을 접하고 구매할 수 있을 것인가?' 하는 측면에서 '편리성convenience'으로 바뀌었다. 그리고 촉진promotion은 고객과의 긴밀한 상호작용, 즉 생산자와 소비자, 소비자와 소비자 간에 의사소통을 뜻하는 '커뮤니케이션communication'으로 새롭게 정의되었다.

이렇게 마케팅믹스에 새로운 변화가 일어나고 있다. 디지털 경제가 가속화되면서 우리 사회가 네트워크에 연결된 세상으로 진화하고 있다. 이제는 더 이상 4P와 4C로는 설명이 되지 않는 요소들로 인해 새로운 4C가 요구되고 있다. 코틀러 교수에 따르면, 디지털 경제에서의 공동창조co-creation는 신제품 개발 초기 단계부터 고객을 참여시켜 성공 확률을 높이는 것이다. 통화currency는 시장 수요와 생산시설 가동률에 따라서 가격을 유연하게 책정하는 것을 말한다. 공동체 활성화communal activation는 고객의 눈앞에서 제품을 인쇄하여 거의 실시간으로 고객에게 제공함으로써 고객과 고객 간의 직접적인 거래를 충족시키는 것을 말한다. 대화conversation는 소셜미디어의 확산으로 기업이 제공한 메시지에 고객들이 대응할 수 있게 되고, 다른 고객들과 대화하고 브랜드에 대해 평가하고 이야기하는

▼ 〈그림 2-2〉 마케팅믹스의 변화 : 4P에서 4C로, 4C에서 새로운 4C로

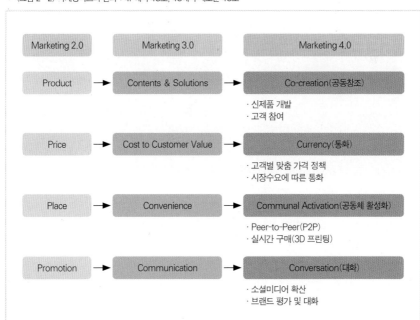

것을 말한다. 디지털 경제가 가속화될수록 새로운 4C에 잘 대응하는 기업이 생존할 가능성이 높아지고 있다.

따라서 마케터들은 소비자 구매패턴의 변화나 기술의 발전 등 다양한 현상들에 대해 좀 더 관심을 기울여야 할 것이다. 특히 기업은 제품화 과정에 고객의 참여

'마이 스타벅스 아이디어' 플랫폼을 통한 스타벅스의 공동창조

스타벅스는 2008년 하워드 슐츠 의장이 재부임을 한 이후 공동창조 플랫폼인 '마이 스타벅스 아이디어My Starbucks Idea'를 만들었다.[10] 이 플랫폼은 공유, 투표, 토론, 검토의 4단계로 구성돼 있다. 소비자들이 온라인으로 다양한 아이디어를 제시하면, 다른 사람들이 그 아이디어를 평가하고, 일부 아이디어는 스타벅스에서 실제로 제품 개발을 한다. 이를 통해 참여자들에게 스타벅스의 제품 개발 과정에 자연스럽게 참여하는 경험을 제공한다.[11]

마이 스타벅스 아이디어[12]

실제 이 사이트에는 연간 약 20만 개의 아이디어가 제출되고 있다. 그중에서 연간 약 70개의 아이디어가 구체적으로 실행된다. 가장 대표적인 공동창조 제품으로는 커피 튀는 것을 방지하는 '스플래시 스틱'이 있다.

기업에서 그동안 소비자의 니즈를 반영하여 일방적으로 제품을 개발했다면 이제는 소비자와 공동창조를 통해 함께 제품을 개발하는 시대로 바뀌고 있다. 이를 통해 소비자와 브랜드를 성장시키는 경험을 공유할 수 있다. 소비자는 해당 브랜드를 더욱 신뢰할 수 있고 옹호할 수 있게 된다.

를 높일 필요가 있다. 오늘날에는 소비자들의 변화된 요구를 받아들일 수 있는 경영 시스템을 잘 갖추고 있는 기업들도 많이 있다. 하지만 기존의 경영방식을 완전히 버리지 못해 소비자들의 변화된 요구에 재빨리 대응하지 못하는 기업들도 여전히 많다. 만약 성공 가능성을 높일 수 있는 마케팅 전략을 펼치고자 한다면 반드시 고객 지향적인 관점에서 마케팅믹스를 보다 유연하게 구성할 필요가 있다.

수단 : 통합적으로 커뮤니케이션하라

전술적 관점에서의 실행 방법들로는 광고, PR, 인적판매, 판매촉진 등이 있다. 이런 수단들을 통합적으로 사용할 수 있는 접근법을 일컬어 '통합적 마케팅 커뮤니케이션IMC; Integrated Marketing Communication'이라고 한다. 요즈음은 브랜드가 마케팅의 핵심 이슈가 되고 있기 때문에 브랜드를 강조하는 차원에서 '통합적 브랜드 커뮤니케이션IBC; Integrated Brand Communication'이라고도 이야기한다.

IMC 또는 IBC는 고객 및 잠재고객의 행동에 직간접적으로 영향을 미칠 수 있도록 광고, PR, 인적판매, 판매촉진 등 다양한 커뮤니케이션 수단들을 효과적으로 결합해 커뮤니케이션하는 것을 말한다. IMC의 궁극적인 목표는 전략적 마케팅의 비전과 목표를 달성하기 위해 브랜드에 관한 일관성 있는 메시지를 제공하는 것이다. 이를 통해 소비자에게 명확한 브랜드 이미지를 제공함으로써 강력한 브랜드 자산을 구축하는 것이다.

예를 들어, 대상은 1996년 '청정원'이라는 패밀리 브랜드를 출시하면서 '어머니 손맛에서 느낄 수 있는 정성'이라는 일관된 콘셉트로 커뮤니케이션 활동을 전개했다. 인쇄 광고는 자연을 소재로 바다, 산, 들판 등의 이미지를 활용하여 '자연에 정성만을 더합니다'라는 메시지를 전달했고, TV 광고에서는 어머니가 된장찌개를 끓이는 장면, 고추장 단지를 이고 딸네 집으로 가는 장면 등으로 '어머니의 정성'을 표현했다. 또 판촉 활동에서는 제품을 직접 사용해볼 수 있는 기회를 제공하는 무료 샘플링을 실시하였다. 이처럼 청정원은 브랜드의 일관성을 유지하면서도 다양한 커뮤니케이션 수단들을 통합적으로 사용함으로써 단기간에 소

▼ 대상, 청정원 브랜드의 런칭 초기 광고물과 새로운 BI 광고물[13]

비자들의 인식 속에 '청정원=정성'으로 포지셔닝할 수 있었다.

이후 청정원은 2008년 브랜드 아이덴티티brand identity 리뉴얼을 통해 '건강한 프러포즈'를, 그리고 2014년 새로운 브랜드 아이덴티티를 통해 '푸드를 아는 사람들'을 제안하여 자연의 깨끗함을 전하고 건강한 식생활을 선도하는 문화를 만들고자 했다. 브랜드는 생물과 같아서 가만히 두면 진부해진다. 소비자들에게 항상 새롭다는 신선함을 전하기 위해 다양한 변화를 줄 필요가 있다. 하지만 브랜드의 핵심가치를 제대로 전달하지 못한다면 이미 구축된 포지셔닝에 문제가 생길 수도 있다. 물론 선제적으로 브랜드 포지셔닝에 변화를 줄 수도 있는데 이를 리포지셔닝이라고 한다. 리포지셔닝은 리뉴얼을 통해 많이 시도한다. 한 가지 아쉬운 점은 청정원의 아이덴티티인 자연과 정성은 식품브랜드에 요구하는 소비자들의 핵심가치에 가장 잘 어울리는 요소라는 점에서 여전히 중요하지만, 이미 변화를 많이 주었기 때문에 브랜드가 방향을 잃을 가능성이 있다. 마케터의 고민이 깊어지고 의사결정은 어려워지는 문제들이다.

이처럼 전략적 관점에서 수립된 포지셔닝과 브랜드 콘셉트에 따라 일관성 있게, 통합적으로 커뮤니케이션해야 마케팅의 궁극적인 목표인 고객만족과 소비자와 브랜드 간의 관계를 구축할 수 있고, 브랜드의 비전인 브랜드 가치를 극대화할 수 있다.

02

성공하는 마케팅은 따로 있다

마케팅은 결과가 아닌 프로세스가 말한다

마케팅은 경쟁 환경과 소비자를 분석한 결과를 토대로 마케팅 전략을 수립하고 마케팅믹스에 관한 계획을 만들어 이를 수행하고 성과를 평가하는 일련의 과정으로 이루어진다. 일반적인 마케팅의 프로세스는 〈그림 2-3〉과 같다.

먼저 시장과 고객을 조사하고 연구하여 전반적인 마케팅 환경을 분석한다. 그리고 이를 바탕으로 시장 세분화, 표적시장 선정, 포지셔닝 등의 마케팅 전략을 수립한다. 이렇게 수립된 전략을 중심으로 제품, 가격, 유통, 촉진 활동 등과 같은 보다 구체적인 전술을 계획한다. 이후 통합적인 커뮤니케이션 계획을 세운 다음 실행에 옮긴다. 실행 이후에는 실행한 결과가 목표 대비 어느 정도의 성과를 거두었는지를 평가하고, 피드백을 받아 다음 업무와 활동에 반영하고 필요한 부

▼ 〈그림 2-3〉 일반적인 마케팅 프로세스

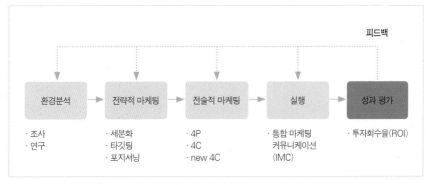

분은 보완한다. 최근에는 마케팅 성과를 투자회수율^{ROI: Return On Investment} 측면에서 평가해 효율적인 투자가 이루어지도록 하는 추세다. 그러나 직접적인 매출 증대에 대한 기여도나 브랜드 가치에 대한 변화 등을 측정하기는 여전히 어렵다는 문제점이 있다.

세계적인 다국적기업이나 국내의 중소기업이나 마찬가지로 대개 이와 같은 프로세스를 통해 마케팅 활동을 전개한다. 소비자 트렌드가 급변하고, 마케팅의 수단과 방법들이 나날이 다양해지고 있지만 프로세스만큼은 큰 변화 없이 이러한 틀을 따르고 있다. 마케팅은 기본적으로 동태적인 활동이기 때문에 기본적인 프로세스를 따르는 것이 오류를 줄일 수 있는 방법이다.

마케팅의 성공 여부는 기획 단계에서 이미 결정된다

변화하는 환경에 맞춰 기업이 마케팅 목표와 능력을 개발하고 적절히 대응해나가기 위해서는 상황을 분석하고 목표를 수립하며 전략을 평가하는 일련의 체계적인 기획 활동이 필요하다. 이를 '전략적 마케팅 기획^{strategic marketing planning}'이라고 한다. 전략적 마케팅 기획의 세부 내용은 다음과 같다.

시장을 세분화하고 표적시장을 선정해 효과적인 포지셔닝 전략을 수립한다. 그리고 이에 맞춰 마케팅믹스 계획을 세우고, 실행할 프로그램들을 결정하며 예상손익계산서를 작성한다. 마케팅 성과를 측정하기 위한 평가 방법도 기획 단계부터 고려해야 한다.

많은 기업가들과 마케팅 담당자들이 마케팅 기획서를 작성하는 데 어려움을 겪는다. 마케팅 기획서에 포함되는 내용은 해당 기업의 특수성, 자원, 상황에 따라 얼마든지 달라질 수 있지만 딱 한 가지는 동일하다. 어떻게 기획하느냐에 따라 기획 단계에서부터 마케팅의 성패가 결정된다는 것이다. 마케팅을 성공적으로 이끄는 기획을 위해서는 아이디어 발상 시점부터 반드시 실현가능성이 충분한지 검토해야 한다. 좋은 기획은 창조성과 논리성도 중요하지만, 무엇보다도 실현가능성이 우선되어야 된다.

실행에 옮길 수 없는 아이디어는 쓰레기다

세스 고딘Seth Godin은 그의 저서 《보랏빛 소가 온다2 Free Prize Inside!》에서 "당신의 아이디어가 얼마나 훌륭한 것인가는 중요하지 않다. 실행에 옮길 수 없는 것은 아무 짝에도 쓸모가 없기 때문이다."라며[14] 실현가능성의 중요성을 설파한 바 있다. 즉, 전략이 중요하긴 하지만 더욱 중요한 것은 실행에 옮길 수 있어야 한다는 것이다.

동서식품의 '맥심 카누Maxim KANU'는 2011년에 출시되었다. 원두커피를 즐기는 소비자들이 증가하는 시장변화에 착안해 '인스턴트 원두커피'라는 새로운 카테고리를 만들었다. 1970년대 국내 최초로 인스턴트커피를 선보이며 커피를 하나의 문화로 정착시켰다. 하지만 2000년대 들어오면서 남양유업의 '프렌치카페', 스타벅스코리아의 '비아' 등 새로운 경쟁 제품들이 등장하면서 시장의 변화에 대응할 필요가 있었다. 결과적으로 카누를 통해 인스턴트 원두커피 시장에서 점유율 80퍼센트(2017년 말 기준)를 다시 회복하며 명실상부한 국민 원두커피로 자리 잡았다.

카누의 콘셉트인 '세상에서 가장 작은 카페'는 물에 타기만 하면 커피전문점 커

기획과 계획은 무엇이 다른가?

기획企劃, planning과 계획計劃, plan의 의미를 제대로 알지 못하고 이를 혼용해 사용하는 이들이 많다. 그러나 이 둘은 엄연히 다른 의미의 단어다. 기획이란 어떤 목적을 달성하기 위한 새로운 수단을 발견하는 것을 말한다. 기획의 구성요소는 과제, 분석, 전략, 목표, 계획이다. 반면에 계획은 주어진 목표에 관한 구체적인 절차를 결정하거나 실행 순서를 생각하거나 짜는 것을 의미한다. 즉, 기획이 목표나 방향을 설정해주는 역할을 하는 것이라면, 계획은 기획의 내용에 따른 구체적인 접근방법을 마련하는 것이다.

신상품을 개발하는 경우에는 '기획'이라고 쓰는 것이 맞다. 그리고 이를 구체적으로 추진할 때 필요한 내용을 체계적으로 정리하는 것은 '계획'으로 사용하는 것이 적절하다. 따라서 '신상품 기획에 대한 실행 계획'으로 표현할 수 있다.

피를 간편하고 쉽게 즐길 수 있는 '인스턴트 원두커피'라는 새로운 카테고리를 제 안하고 선도적으로 포지셔닝했다. 집이든 사무실이든 캠핑장이든 원하는 어느 곳 에서나 간편하게 고급 커피의 맛과 향을 만끽하고 싶어 하는 소비자들에게 혜택 을 제공했다. 특히 배우 공유가 출연한 광고는 브랜드의 위상을 더욱 강화하는 역 할을 했으며, 드라마 〈도깨비〉 등 다양한 PPL* 활동과 소셜미디어를 통해 친근 한 브랜드로 다가섰다. 그리고 소비자의 다양한 스타일에 맞춰 여러 종류의 맛과 용량의 카누 제품을 출시하기도 했다.

●PPL(product placement) 은 영화나 드라마 화면에 기업 의 상품을 등장시켜 관객들의 무의식 속에 그 이미지를 자연 스럽게 심는 간접광고를 통한 마케팅 기법 중 하나이다.

동서식품은 인스턴트 원두커피 시장의 변화를 일으 키기 위해 소비자들이 중요하게 생각하는 커피의 품질 차별화를 꾀해 성공을 거두었다. 무엇보다도 중요한 성 공요인은 원두커피를 커피전문점이 아닌 장소에서도 맛과 향을 만끽할 수 있도 록 아이디어를 실행에 옮겼다는 것이다. 이렇게 함으로써 커피, 그리고 커피의 맛에 대한 새로운 기준을 제시했다.

03
과거와 현재를 통해
미래를 보라

먼저 시장 환경의 변화를 읽어라 : 환경분석

전략적인 마케팅 기획서를 작성하기 위해서는 환경분석과 전략 수립에 대한 깊은 이해가 필요하다. 마케팅에서의 환경분석은 거시적인 환경분석과 미시적인 환경분석으로 구분할 수 있다. 거시적인 환경분석은 다시 사회적 환경, 기술적 환경, 경제적 환경, 생태적 환경, 그리고 정치적 환경 등 STEEP분석이 포함된다. 미시적인 환경분석은 3C분석으로 고객분석, 자사분석, 그리고 경쟁사분석으로 이루어진다. 거시 및 미시 환경분석의 결과를 바탕으로 SWOT분석에 의한 전략대안을 도출하게 된다.

이렇게 도출된 전략대안 중에서 우선순위가 높은 대안을 최종 선택하여 마케팅 전략을 수립하게 된다. 그동안 마케팅 분야에서 활용된 전략은 대체로 시장세분화, 표적시장의 선정, 포지셔닝으로 이어지는 STP 전략이었다. 이 전략의 궁극적인 목표는 경쟁 브랜드와의 차별화를 통해 고객의 가치를 극대화시키는 것이다. 제안한 차별화 요소에 대해 고객들이 가치로 인식할 때 대체로 성공적인 마케팅이 된다. 이를 정리하면 다음에 나오는 〈그림 2-4〉와 같다.

시장의 큰 흐름을 파악하자 : STEEP분석

어떤 사업을 하고자 할 때는 가장 먼저 그 사업과 관련된 시장의 전반적인 상황

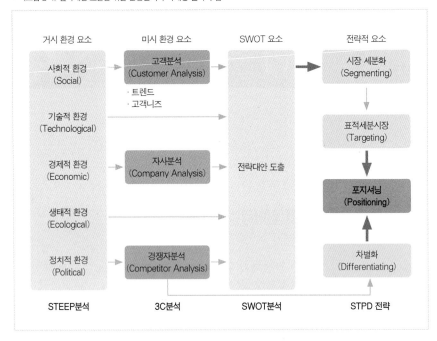

▼ 〈그림 2-4〉 전략대안 도출을 위한 환경분석과 마케팅 전략 수립

을 이해해야 한다. 시장 상황을 보다 체계적으로 분석할 수 있도록 한 것이 거시적인 환경분석이다. 사회적social, 기술적technological, 경제적economic, 생태적ecological, 정치적political 환경 요소를 파악해야 한다. 이 다섯 가지 요인들을 면밀히 살펴보는 것을 'STEEP분석'이라고 한다.

사회적 환경

사회적 환경에는 인구통계, 가족생활, 공중보건, 종교, 문화적인 요소들이 포함된다. 이는 많은 기업들에게 기회와 동시에 위협이 되는 요소들이다. 사회적 환경분석을 통해 소비자들의 라이프스타일 변화와 새로운 트렌드를 예측할 수 있다. 이를 마케팅 전략에 반영한 대표적인 사례가 남성 화장품 출시이다. 그루밍족, 꽃미남, 미중년 등과 같은 신조어들은 남성들도 여성 못지않게 자신을 가꾸는 데 신경을 쓰게 되었다는 것을 반증하는 것이었다. 화장품업계에서 남성용 화장품을 잇따라 출시하게 된 배경에는 이런 사회적 환경분석 결과가 반영된 것이다.

대표적인 남성 화장품 브랜드로 자리매김한 '비오템 옴므'는 일찍이 1985년부터 남성의 개인별 피부타입과 피부고민을 해결해주는 스킨케어 프로그램을 제공했다. 그리하여 여성의 전유물로 여겨졌던 스킨케어의 개념을 바꾸고, 남성들의 라이프스타일에 획

▼ 비오템 옴므의 인쇄광고[16]

기적인 변화를 가져다주었다. 이러한 노력을 통해 비오템 옴므는 지금도 여전히 남성 화장품업계에서 선도적인 위치를 차지하고 있다.

기술적 환경

기술적 환경분석은 생명공학기술, 화학 및 소재기술, 정보통신기술, 나노기술 등과 같은 새로운 기술들이 우리들의 생활에 어떤 영향을 미치게 될지를 알아보는 것이다. 새로운 기술의 도입은 새로운 시장을 창조하고 기업에게 새로운 수요를 창출해주기도 한다. 이처럼 기술적 환경의 변화를 잘 파악해 활용하면 기회가 될 수 있지만, 반대로 제대로 인식하지 못하고 제때에 활용하지 못하는 경우에는 시장에서 도태될 수도 있다.

기술적 환경분석을 통해 성공한 대표적인 기업은 테슬라[Tesla]이다. 전기자동차는 새로운 기술의 자동차가 아니다. 배터리 성능의 한계로 제한적인 영역(골프장, 공원 등)에서만 사용되고 있었다. 하지만 리튬 이온 배터리 기술의 발전 덕분에 가솔린 자동차와 맞먹는 성능을 가진 자동차를 만들 수 있게 되었다. 테슬라는 2006년 산타모니카

▼ 전기자동차를 선도하고 있는 테슬라의 로드스터[17]

공항 격납고에서 350명의 초대 손님을 앞에 두고 최초의 현대적인 전기 자동차 로드스터Roadster를 정식으로 공개함으로써 새로운 자동차 역사를 썼다. 강력하고 가벼운 배터리 제조가 가능해지면서 자동차의 패러다임을 바꾸고 있다.[18]

경제적 환경

경제적 환경분석은 산업과 노동의 세계화, 빈곤과 빈부격차, 인플레이션, 환율 변동, 주요 소비자들의 현재 소득 및 지출과 저축 수준 등의 요소들이 고려하고 있는 사업에 어떤 영향을 주고 있는지 파악하는 것이다. 이 요소들은 소비자들의 구매력과 지출패턴에 많은 영향을 준다. 따라서 마케터는 항상 소비자들의 소득 추세와 소비패턴에 관심을 기울여야 한다.

대표적인 사례로 인터파크투어가 있다. 경기침체가 장기화되면서 합리적인 소비를 추구하는 소비자가 늘고 있다. 가격과 성능 대비를 의미하는 소위 '가성비' 높은 실속형 제품이 더욱 인기를 끌고 있다. 해외여행을 즐기는 소비자 중 항공권을 조기 예약하여 할인받는 '얼리버드' 항공권이나 출발일 임박으로 저렴하게 판매하는 '초저가' 항공권 이용자가 증가하고 있다. 인터파크투어는 가성비 높은 소비 경향에 맞추어 얼리버드 및 초저가 항공권 예약을 실시간으로 도

▼ 인터파크투어의 항공권 예약 시스템[20]

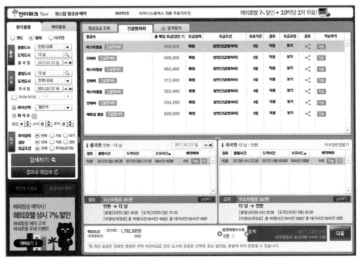

와주는 시스템을 강화했다.[19]

생태적 환경

생태적 환경 요소로는 지구온난화, 식수 공급, 농업 시스템, 대기오염 등의 자연적인 현상이나 소비자들의 인식 등이 있다. 최근 들어 특히 식음료 부문에서 수질 및 대기오염, 농약의 남용 등과 관련하여 소비자들의 관심과 관여도가 높아지고 있는 추세이다.

국내 유기농식품 사업의 선도자라고 한다면 1981년 우리나라에서 유기농 전문 매장을 가장 먼저 선보인 풀무원이며, 관계사인 올가홀푸드에서 '올가'와 가맹점인 '바이올가'를 운영하고 있다. 대상에서는 '초록마을'을, 한살림소비자생활협동조합연합회에서 '한살림'을, 아이쿱생협에서 '자연드림'을, 우리소비자생활협동조합에서 '우리생협'을, 그리고 두레생협연합에서 '두레생협'을 운영하고 있다.

맞벌이 가구가 늘어나면서 소비자들의 소득 수준이 높아지고 건강에 대한 관심이 증대했는데, 집에서 먹을 때만큼은 제대로 먹고 싶은 욕구가 반영된 것이다. 유기농 제품에 대한 관심은 앞으로도 지속될 것으로 예상된다.

▼ 올가홀푸드의 유기농 전문 매장[21]

정치적 환경

정치적 환경분석 요인으로는 전쟁과 역내분쟁, 정부 규제와 정부기관의 감시, 입법 동향과 새 법안, 소송과 논쟁 등 기업 활동과 직접 혹은 간접적으로 관련된 정치적 혹은 법률적인 사항들이다.

IT 강국인 우리나라는 역설적이게도 핀테크fintech 시장에서 많은 한계를 보이고 있다. 핀테크란 금융financial과 기술technology의 합성어로, 금융과 IT의 융합을 통한 금융서비스 및 산업의 변화를 통칭하는 용어이다. 핀테크 시장의 성장 가능성이 계속 제기되고 있음에도 불구하고 국내 핀테크 기술은 법적 규제나 해킹 위협 등의 한계를 극복하는 데 어려움을 겪고 있다. 2015년 9월 초에 정부는 '하지 말라는 것 빼고는 뭐든 해도 좋다'는 네거티브 방식의 규제로 정책을 전환하여 핀테크 기업들을 육성하기 위한 노력하고 있으나, 여전히 핀테크 시장으로의 진출에는 여러 가지 어려움이 있다.

예를 하나 들면, 고객들의 개인정보를 포함한 빅데이터를 통해 고객에게 맞춤 서비스를 제공할 수 있는 능력을 갖추고 있는 기업조차도 고객에게 받은 개인정보를 빅데이터 분석에 사용하는 것에 동의를 받지 않은 경우, 법률적 문제들이 생길 가능성이 있다. 결국 마케팅은 이런 법적인 문제요소를 해결하는 과정에서 혁신을 해야 성공할 수 있다. 정치적인 현안들과 관련 법률이 기업의 경영 활동에 어떤 영향을 줄 수 있는지를 미리 분석해야 하고, 이를 극복할 수 있는 혁신이 요구된다.

어떤 제약회사에서 여드름치료제시장에 진출하기 위한 STEEP분석을 한다고 가정해보자. STEEP분석을 통해 〈표 2-1〉과 같은 결과를 얻을 수 있다.

▼ 〈표 2-1〉 STEEP분석 결과물(예시 : 여드름치료제시장)

구 분	주요 내용
사회적 환경 (Social)	· 우리나라의 인구증가율은 2005년 0.21% 이후 2015년 0.1%였으며, 2020년에는 −0.02%로 전망(OECD) · 바쁘고 불규칙한 생활로 인한 현대인들의 스트레스 증가 · 식생활의 서구화로 성인 여드름 증가(10대에서 20대, 30대로 확대) · 1인당 의료비의 급속한 증가(11.3%로 OECD 국가 중 최고)
기술적 환경 (Technological)	· 나노 기술의 향상(생명 기술의 발달) · 원료의 천연성분화 기술 향상
경제적 환경 (Economic)	· 소득 수준의 증가 · 소비패턴의 변화(의료 분야에 대한 소비 증가) · 개인 보험 증가와 개인맞춤 서비스 수요 증
생태적 환경 (Ecological)	· 대기오염의 증가 · 유전자 식품의 증가
정치적 환경 (Political)	· 의료보험 규제 강화 · 화학 약품에 대한 환경적 규제 강화

시장의 작은 변화도 파악해야 한다 : 3C분석

우리가 관심을 가지고 있는 시장이 전반적으로 어떻게 돌아가고 있는지, 그리고 어느 시장이 성장 가능성이 높은지를 파악한 후에는 해당 시장 또는 사업 분야에 대한 구체적인 정보를 얻어야 한다. 시장 상황을 정확히 알아야 기획을 구체화할 수 있기 때문이다. 이를 미시적인 환경분석이라고 하며, 고객^{customer}, 자사^{company}, 경쟁사^{competitor}를 분석하는 것으로 '3C분석'이라고도 한다.

먼저 **고객분석**은 소비자들의 잠재수요, 시장규모 등을 분석하는 것으로 어떤 소비자들이 시장을 구성하고 있는지, 누가 구매 의사결정에 관여하는지, 언제, 어디서, 무엇을, 어떻게, 왜 사는지 등에 대해 분석하는 것이다.

자사분석은 자사의 강점과 약점을 통해 경쟁우위를 창출할 수 있는 요소를 분석하는 것이다. 자사의 매출 상황은 어떤지, 시장점유율은 얼마나 되는지, 브랜드 인지도는 어떠한지, 기술적으로 뛰어난 부분은 무엇인지, 인적자원의 역량은 어떠한지, 유통채널은 어떻게 구성되어 있는지 등이 자사분석 항목에 속한다.

경쟁사분석은 경쟁사의 생산능력, 시설투자 규모, 판매 전략, 주요 고객들의 특성, 제품 특성, 브랜드 경쟁력 등을 분석하는 것이다. 경쟁상대는 누구인지, 경쟁

▼ 〈표 2-2〉 3C분석 결과물(예시 : 여드름치료제시장)

구분	주요 내용
고객분석 (Customer Analysis)	· 10대의 90%가 여드름으로 고민, 더욱이 최근에는 성인 여드름이 증가 · 25세 이상의 성인 중 남성의 경우 40%, 여성의 경우 54%가 여드름이 있음 · 고객의 구입 동기 : 여드름 치료 효과, 자극이 적고 효과적인 제품, 브랜드 인지도, 디자인, 빠른 접근성
자사분석 (Company Analysis)	· 160년 전통의 피부외용제시장 1위 기업 · 아토피 피부염 치료제, 여드름 치료제, 두피질환 치료제 생산 · 국내 피부과시장의 선도기업(피부과 처방시장에서 국내 1위) · 앞선 기술력으로 얻은 최고의 품질
경쟁자분석 (Competitor Analysis)	· 현재 경쟁자 : 전문 제약 회사 · 잠재 경쟁자 : 각종 화장품 회사 · 경쟁우위 기업의 강점 : 브랜드 인지도, 신뢰도, 다양한 유통채널 · 경쟁우위 기업의 약점 : 제한된 마케팅 비용

사의 전략은 무엇인지, 그들의 강점과 약점은 무엇인지 등에 대한 것들을 알아보는 활동은 모두 경쟁사분석에 속한다.

어떤 제약회사에서 앞의 STEEP분석을 통해 도출한 결과를 가지고 여드름치료제시장에 진출하기 위해 3C분석을 한다면 〈표 2-2〉와 같은 결과를 얻을 수 있을 것이다.

시장을 어떻게 공략할 것인가 : SWOT분석

SWOT분석은 현재 시장에서의 기업의 위치를 객관적으로 살펴보기 위하여 강점 strengths, 약점weaknesses, 기회opportunities, 위협threats 요소를 분석하는 방법이다. 1960년 하버드 경영대학원에서 처음 개발하여 사용한 이후 지금까지도 전략과 기획 분야에서 널리 사용되고 있는 이 방법은 분석 대상이 되는 기업을 심층적으로 알아볼 수 있는 매우 강력한 도구이다. 분석 방법은 의외로 단순하다. SWOT분석 매트릭스를 통한 전략대안의 도출 방법을 정리하면 〈표 2-3〉과 같다. 그러나 기업이 이미 전략대안을 갖고 있는 경우에는 SWOT분석이 필요하지 않을 수 있다. SWOT분석의 목표는 시장을 공략할 전략적 대안을 도출하는 것이기 때문이다.

SWOT분석을 위해서는 가장 먼저 기업의 내부역량인 강점과 약점을 파악하는 것부터 시작해야 한다. 그리고 시장에서 거시적인 환경 및 소비자 트렌드와

▼ 〈표 2-3〉 SWOT분석 매트릭스와 전략대안의 도출

내부역량 외부환경		강점(S) S1. S2. S3. S4.	약점(W) W1. W2. W3. W4.
기회(O)	O1. O2. O3. O4.	SO : Maxi-Maxi [강점 활용/기회 도전]	WO : Mini-Maxi [약점 보완/기회 도전]
위협(T)	T1. T2. T3. T4.	ST : Maxi-Mini [강점 활용/위협 대응]	WT : Mini-Mini [약점 보완/위협 대응]

니즈를 분석하여 외부적인 기회요인과 위협요인을 찾아내야 한다. 경우에 따라서는 기업의 내부역량인 강점과 약점보다 외부환경인 기회와 위협요인을 먼저 파악하기도 한다. 각 요소들에 대해서 간략히 살펴보자.

강점

강점이란 기업 내부의 긍정적인 유·무형의 특징으로 기업 스스로 통제할 수 있는 요인이다. '우리의 경쟁력은 무엇인가? 우리에게는 어떠한 자원이 있는가? 경쟁사와 비교했을 때 우리는 어떠한 장점 내지는 특징을 가지고 있는가?' 등 기업 자체의 경쟁력은 물론 마케팅, 재무, 생산, 인사 영역에서의 분야별 강점을 평가할 수도 있다. 강점에는 그 산업에 몸담고 있는 사람들의 지식, 배경, 교육 환경, 자격 여부, 기술력 등과 같은 요소도 포함된다. 또한 자산, 장비, 신용, 기존 고객, 유통 채널, 지적재산권, 특허, 브랜드 자산, 정보 및 시스템, 그리고 비즈니스 내의 중요한 자원과 같은 유형자산도 포함된다. 강점은 기업에 가치를 부여하는 긍정적인 요소로서, 이를 파악하는 일은 기업 내에 존재하는 가치와 그것을 효과적으로 활용하는 방법에 대하여 생각해볼 수 있는 기회를 제공한다.

약점

기업의 약점 역시 기업이 스스로 통제할 수 있는 요인이다. 약점에는 전문성 결여, 한정된 자원, 기술력 부족, 낮은 브랜드 인지도, 미흡한 서비스 등이 포함될 수 있다. 이러한 것들은 기업이 마케팅 목표를 효율적으로 달성하기 위하여 반드시 개선되어야 한다. 약점은 기업이 제공하는 가치와 무관하나 기업의 경쟁력을 떨어뜨리고 시장에서의 위치를 불리하게 만드는 부정적인 요소이다. 기업이 자신의 약점을 정확하게 인지한다면 더욱 가치 있는 SWOT분석이 가능하다.

기회

기회는 한 기업이 존재하는 이유를 설명하는 긍정적 요인들을 말하며, 외부적인 요인이다. '시장 또는 환경에 어떠한 기회가 존재하는가?'로 표현할 수 있으며 마케팅 전략 수행을 통해 파악할 수 있다. 기회는 시장의 성장 가능성, 소비자의 생활습관 변화, 새로운 문제 해결 방법이나 기술, 또는 기업이 제공하는 서비스 활동에서 어떻게 보다 큰 가치를 창출할 수 있는지 등에 대해서 집중적으로 살펴보는 것이다. 만약 기업이 내부적으로 통제할 수 있는 기회를 찾게 되었다면 이것은 기회가 아니라 강점으로 분류할 수 있다.

위협

위협요인에는 기업이 통제할 수 없는 상황들, 또는 위험에 처한 비즈니스 그 자체가 포함될 수 있다. 위협요인은 대체적으로 기업이 통제할 수 없는 외부적 요인들이지만, 이에 대한 대비책을 수립하여 기회로 만들 수도 있다. 현존하거나 잠재적인 경쟁은 언제나 또 다른 위협요인이 되므로 늘 주의해야 한다. 이외에도 제조업자의 가격 인상, 정부 규제, 경기 불황, 비협조적인 언론, 기업의 판매를 저하시키는 소비자 습관의 변화, 쓸모없게 된 장비나 기술, 과도한 서비스 등이 위협요인들에 포함된다. 기업의 잠재적 위협요인을 확인하게 되었다면 마케터는 사전에 그에 대처할 계획을 반드시 수립해놓아야 한다.

SWOT분석을 통한 전략대안의 도출

SWOT분석을 통해 외부적인 기회와 위협, 내부적인 강점과 약점을 좀 더 객관적으로 살펴보고 기업의 현황, 경쟁력, 잠재력을 들여다볼 수 있다. '강점을 활용하여 기회의 이점을 취할 수 있는가?' '위협이 현실이 될 경우 그 상황이 가져올 수 있는 위험성을 최소화할 수 있는가?' '어떻게 약점을 줄이거나 없앨 수 있는가?' SWOT분석의 진정한 가치는 이러한 정보를 모두 모아서 효과적인 전략대안을 도출할 수 있다는 것이다.

　전략대안은 크게 네 가지로 생각할 수 있다. 첫째, 강점을 최대화하고 기회를 최대한 살리는 SO(Maxi-Maxi) 전략이다. 둘째, 약점을 최소화하고 기회를 최대한 살리는 WO(Mini-Maxi) 전략이다. 셋째, 강점을 최대화하고 위협을 최소화하는 ST(Maxi-Mini) 전략이다. 마지막으로 약점과 위협요인 모두를 최소화하는

WT(Mini-Mini) 전략이다. 이처럼 SWOT분석은 기업의 목표와 마케팅 전략을 구체적으로 수립할 수 있도록 돕는 매우 유용한 도구이다.

〈표 2-4〉는 여드름치료제사업에 대한 SWOT분석 및 그 결과를 바탕으로 도출한 전략대안이다. 이를 통해 해당 기업의 강점인 피부과 외용시장에서의 시장지배력과 기술 개발력을 바탕으로 여드름 인구 및 1인당 의료비의 증가로 이어지는 기회를 극대화하기 위한 '신개념 여드름 치료제 개발'이라는 전략대안을 도출할 수 있다. 물론 여기서 끝이 아니다. 이렇게 도출한 전략대안을 구체화하기 위해 세부적인 전략 수립 과정이 뒤따라야 할 것이다.

▼ 〈표 2-4〉 전략대안의 도출(예시 : 여드름치료제시장 진출)

내부역량 외부환경		강점(S) S1. 브랜드 인지도 및 신뢰도 S2. 기술 개발력 확보 S3. 글로벌 영업망 S4. 국내 병원 피부과와의 긴밀한 관계	약점(W) W1. 한정된 유통채널 W2. 원가 부담(수익률 감소) W3. 한정된 인력 W4. 마케팅 비용 제한
기회(O)	O1. 이미지 중요성 부각 O2. 친환경 제품 선호 O3. 여드름 인구 증가 O4. 1인당 의료비의 증가	– 친환경 신제품 개발(S1S2O2) – 여드름 전문의약품 개발 (S2S4O3O4)	
위협(T)	T1. 경쟁사들의 잠입 T2. 기술 라이선스 기간 단축 T3. 여드름 의약품 사용에 대한 사람들의 거부감 T4. 대형 화장품 회사들의 광고 (여드름 화장품)	– 일반 의약품 개발(S1T3)	– 유통채널의 다변화(W1T1)

04

마케팅 기획서 작성에도
요령이 있다

좋은 마케팅 기획서는 기업의 목표를 정의하고, 그 목표를 달성하기 위한 차별화된 전략과 전술을 담아 일련의 마케팅 활동이 추구해야 할 확실한 방향성을 제시할 수 있어야 한다. 또 지속적으로 수정, 보완하면서 전략과 실행을 정교하게 다듬어 모든 관련자들이 항상 업무의 지침으로 삼을 수 있어야 한다. 그럼 이제 좋은 마케팅 기획서를 작성하는 방법에 대해서 살펴보자.

우리 기업만의 독특하고 차별적인 솔루션인가

좋은 마케팅 기획서라 하면 어떤 시장에 어떠한 제품 또는 서비스를 제공할 것인지 명확하게 정리되어 있어야 한다. 20초 내로 잠재고객에게 해당 기업이 제공하는 솔루션을 명확하게 설명하지 못한다면, 이는 차별적이지 못한 제품이거나 서비스일 확률이 높다. 고객의 마음을 사로잡는 독특한 가치를 개발, 정의하는 것을 '독특한 판매 제안USP; Unique Selling Proposition'이라고 한다. 이는 제품이나 서비스가 가지고 있는 매력과 가치를 제대로 파악해 고객의 마음을 사로잡을 수 있는 메시지로 정리하는 것을 말한다.

독특한 솔루션을 제시해 성공한 대표적인 사례로 하이트맥주를 들 수 있다. 하이트맥주는 제조 성분의 대부분을 차지하는 물의 중요성에 주목해 '100% 천연 암반수'를 강조하는 마케팅 활동을 펼치며 맥주에 대한 소비자들의 시각을 바꾸는 독특한 판매 제안을 한 바 있다. 또한 백설식용유는 '100% 콩'으로 만들었음을 강조해 소비자들의 마음을 사로잡았다.

▼ '100% 천연수'를 강조한 하이트맥주의 광고

소비자들의 마음을 사로잡아 성공하는 독특한 판매 제안이 되기 위해서는 제품에 대한 진실, 즉 정직성이 기본적으로 갖춰져야 한다. 그리고 소비자들이 이해하기 쉽도록 제안하는 내용을 명확하고, 간결하고, 단순하게 해야 한다. 또한 제품이나 서비스의 고유한 특성이 소비자의 특별한 욕구와도 잘 맞아야 한다. 물론 이 특정한 욕구에 대해 소비자들이 스스로 인식할 수도 인식하지 못할 수도 있으나, 만약 소비자가 그것을 인식한다면 성공 가능성은 더욱 높아진다. 좋은 마케팅 기획서가 되기 위해서는 바로 이 같은 소비자의 독특한 욕구를 파악하고, 이를 공략할 수 있는 효과적인 전략을 포함하고 있어야 한다.

우리의 표적시장은 어디인가

표적시장 선정은 마케팅 기획서 작성에서 가장 중요한 부분이다. 시장을 세분화한 다음 적합한 시장을 선정하여 집중하지 않으면 힘과 자원이 분산되어 성공할 가능성이 낮아지기 때문이다. 그러나 상당수의 기업들이 자신의 솔루션이 여러 시장에서 두루 필요하다고 생각하고 동시에 여러 표적시장을 공략하다가 실패하는 경우가 많다. 예를 한번 살펴보자.

삼성전자의 '하우젠'은 고품격, 고감각의 프리미엄 통합 브랜드를 콘셉트로 설정하고 2002년에 출시되었다. 삼성은 이미 '블루윈'이라는 에어컨 브랜드를 보유하고 있었지만, 하우젠 브랜드를 출시한 이후 벽걸이 에어컨부터 시스템 에어컨에 이르기까지, 저가 제품에서 고가 제품까지 모든 에어컨에 프리미엄 브랜드인

하우젠을 사용했다. 이 당시 삼성전자의 경쟁사인 LG전자는 세계적으로 자리매김한 에어컨 브랜드인 '휘센'을 보유하고 있었다.

삼성전자의 전략적인 선택이었던 에어컨 브랜드의 통합은 과연 올바른 선택이었을까? 결과적으로 보면 최상의 선택은 아니었다고 판단된다. 하우젠 브랜드의 포지셔닝이 프리미엄시장에서 일반시장으로 점점 내려오면서 '프리미엄 브랜드'라는 콘셉트는 물론 모든 상황이 뒤틀리게 되었기 때문이다. 결국 하우젠 브랜드는 2011년 시장에서 사라지게 되었다. 만일 삼성전자가 일반시장은 기존의

독특한 판매 제안은
과연 얼마나 독특해야 하는가?

독특한 판매 제안USP; unique selling proposition은 광고 캠페인의 성공요인을 설명하는 이론으로서 처음 제시되었지만, 최근에는 다양한 분야에서 '차별화할 수 있는 요소'를 일컬을 때 주로 사용되고 있다. 이 용어는 1940년대에 테드베이츠앤컴퍼니Ted Bates & Company의 로저 리브스Rosser Reeves에 의해 처음 사용되었다. 그는 다음 세 가지 특징으로 독특한 판매 제안을 설명하였다.

1. 광고는 소비자에게 특별한 제안을 해야 한다. "이 제품을 구입하세요, 그러면 당신은 이런 특별한 이익을 얻게 됩니다."처럼 말이다.
2. 그 제안은 경쟁자는 절대 할 수 없거나 아직 하지 않은 것이어야 한다. 즉, 제품 자체가 독특하거나 아니면 주장이 독특해야 한다.
3. 그 제안은 대중을 움직일 만큼 강력해야 한다.

로저 리브스는 독특한 판매 제안의 대표적인 사례로 콜게이트 치약을 들었다. 당시 콜게이트는 광고를 통해 "이를 깨끗하게, 숨결도 깨끗하게"라는 메시지를 전했는데, 치약이 치아를 세척하는 기능 말고 숨결까지 상쾌하게 해준다고 주장한 경우는 콜게이트가 처음이라는 이유였다. 이밖에도 컬러 사진을 찍고 나서 바로 사진을 현상할 수 있도록 한 폴라로이드 카메라, 요리할 때 프라이팬에 눌어붙지 않도록 만든 듀퐁사의 테프론 코팅 프라이팬 등이 대표적인 독특한 판매 제안 사례들이다.

로저 리브스와 그의 저서[22]

▼ 삼성전자의 하우젠 에어컨 홈페이지

블루원 브랜드를 활용해 LG전자의 휘센과 경쟁하고, 프리미엄시장은 하우젠으로 공략했다면, 또 세분시장의 특성에 적합한 마케팅 활동을 보다 잘 전개했다면 중저가시장, 프리미엄시장에서 모두 성공을 거둘 수 있었을 것이다.

따라서 표적시장을 분명하게 정하고 그 시장에 집중해야 보다 좋은 성과를 낼 수 있다. 프리미엄 한방화장품시장에 집중한 아모레퍼시픽의 '설화수', 밀폐용기시장에 집중한 '락앤락', 줄자시장에 집중한 '코메론', 앤드밀시장에 집중한 'YG-1' 등이 있다. 정리하면, 표적시장을 좁히면 좁힐수록 소비자들에게 제품과 서비스의 차별적인 특성을 보다 쉽게 효과적으로 전달함으로써 성공 가능성을 더욱 높일 수 있다. 즉, 마케팅 기획서를 작성할 때, 기업은 선택과 집중을 해야 할 적합한 세분시장을 고려해야 한다.

고객이 얻을 수 있는 혜택은 무엇인가

어떤 제품과 서비스를 선택할 때, 고객이 정말 필요로 하는 것은 제품이나 서비스 그 자체가 아니라 그로 인한 혜택인 경우가 많다. 그러나 많은 기업들이 자신의 제품 또는 서비스가 가지는 특징과 장점에만 집중해 정작 고객이 받을 수 있는 혜택을 알려야 한다는 것을 놓치는 경우가 빈번하다. 그러다 보면 고객은 이런 질문을 하지 않을 수 없게 된다. "참 좋다! 그런데 이게 나한테 왜 필요한 거지?" 그리고 해당 제품이나 서비스를 구입해야 할 이유를 찾지 못하게 된다.

이런 결과가 나올 수밖에 없는 이유는 제품이나 서비스를 통해 고객이 받게 될 혜택이 아닌 제품과 서비스 그 자체의 특징을 알리는 것에만 집중했기 때문이다. '특징'은 제품 또는 서비스를 설명하지만, '혜택'은 고객으로 하여금 그것을 사용하는 방법을 이해하게 만들고 이것이 왜 필요한지, 이것을 사용하지 않을 경우에는 어떤 불편을 느끼게 될 것인지 알려준다. 또 직접적으로 구매를 하라고 설득한다. 혜택이 분명하게 느껴질 때에만 고객은 지갑을 열게 된다.

예를 들어, 고객이 스마트폰을 필요로 하는 이유는 전화, 문자메시지 등의 휴대폰의 일반적인 기능뿐만 아니라 언제 어디서든 인터넷 서비스와 다양한 모바일 콘텐츠를 이용해 업무의 효율성을 높이고 즐거움을 얻길 원하기 때문이다. 이런 특징이나 장점은 모든 스마트폰이 거의 동일하므로 소비자로 하여금 수많은 스마트폰 중에서 특정 브랜드를 선택하게끔 만들기 위해서는 차별적인 혜택을 제공해야 한다. 결론적으로 그 제품의 기술이나 특정 기능이 경쟁 브랜드의 제품보다 뛰어나다는 이야기만 해서는 결코 소비자의 지갑을 열 수 없다는 것이다. 따라서 마케터는 전략적인 차원에서 소비자들에게 차별적인 혜택을 제공해야 한다는 것을 명심하고 반드시 이를 마케팅 기획서에 포함시키도록 해야 한다.

어떻게 브랜드를 인식시킬 것인가

기업은 특정 브랜드의 핵심가치를 제공해 해당 브랜드가 소비자들의 인식 속에 강력하게 포지셔닝되기를 원한다. 그리고 구매의사를 결정하는 소비자들은 그들이 기업으로부터 제공받게 되는 것이 무엇인지를 알고 싶어 한다. 해당 브랜드의 제품이 다른 경쟁 브랜드와 어떻게 다른지, 차별점이 무엇인지를 궁금해하는 것이다. 이것을 알아야 소비자들은 구매를 결심한다.

브랜드는 시장에서 기업의 위치를 정의한다. 위치와 가격은 물론, 제품 또는 서비스의 품질까지 결정한다. 그래서 기업은 "우리는 우리의 브랜드가

_____로 알려지기를 원합니다."라고 명확하게 브랜드를 정의해야 한다. 즉, 소비자가 원하는 핵심가치를 찾아내고 그것을 소비자의 인식 속에 강렬한 인상으로 남겨질 수 있도록 해야 하는 것이다. 이것이 바로 포지셔닝이다.

예를 들어, 대부분의 사람들이 '볼보Volvo' 하면 안전이, '페덱스Fedex' 하면 보증이, '락앤락' 하면 강력한 밀폐력이, '딤채' 하면 발효과학이 떠오른다면 이는 포지셔닝이 잘된 것이다. 그러나 소비자들이 어떤 브랜드를 접하고도 아무런 키워드를 떠올리지 못한다면 이는 포지셔닝이 잘못되었다고 할 수 있다. 소비자들은 여러분의 회사 또는 제품이나 서비스의 브랜드를 접하고 어떤 키워드를 떠올릴까? 대부분의 사람들이 특정 키워드를 떠올렸다면, 그리고 그 키워드가 소비자가 열망하는 것이라면 여러분의 기업은 포지셔닝을 잘하고 있다고 할 수 있다. 그러나 반대로 소비자들이 좋은 것이든, 나쁜 것이든 아무런 이미지도 떠올리지 못했다면 여러분의 기업은 지금 당장 마케팅 전략을 수정해야 할 것이다.

어떻게 통합적인 커뮤니케이션을 할 것인가

소비자들에게 우리의 브랜드를 어떻게 설명할 것인가? 브랜드를 설명하기 위해서는 먼저 브랜드 콘셉트를 명확히 하고, 이를 다양한 수단을 통해 커뮤니케이션해야 한다. 광고, 홍보, 판촉, 영업 등 다양한 커뮤니케이션 수단을 사용하여 커뮤니케이션 계획을 수립해야 한다. 성공적인 커뮤니케이션을 위해서는 특정 메시지를 전달할 적절한 매체와 수단, 예산 및 자원을 효율적으로 잘 선택하고 계획해야 한다. 좋은 커뮤니케이션은 통합적으로 일관된 메시지를 전달하는 것이다.

여기서 통합이란 다양한 마케팅 활동이 하나의 목소리를 내게 하는 것을 말한다. 즉, 브랜드 콘셉트를 통해 일관된 메시지가 전개되도록 하여 소비자들의 인식 속에 원하는 브랜드 이미지를 만드는 것이다. 예를 들어, 에너지드링크시장에서 급부상한 레드불Red Bull은 어떻게 통합적으로 커뮤니케이션을 하고 있을까?

레드불은 "레드불 날개를 펼쳐줘요"라는 슬로건을 사용한다. 이 슬로건과 어울리는 분야는 스포츠다. 특히 익스트림 스포츠는 에너지를 필요로 하고 날개를

달아야 할 필요성이 높기 때문에 콘셉트와 슬로건, 그리고 커뮤니케이션 메시지가 서로 잘 맞는다. 이를 각 매체의 특성에 맞게 전개한다면 보다 쉽게 고객과 밀접한 관계를 만들어낼 수 있다.

레드불은 TV광고에서 멋지고 짜릿한 경험을 제공하고, 길거리 홍보를 통해 고객에게 직접적으로 다가가 시음할 수 있도록 하고, 다양한 SNS 채널을 통해 고객과 친구가 되도록 커뮤니케이션 캠페인을 구성했다. 당연히 열정과 에너지가 넘치는 대학생들을 타깃으로 설정하고, 익스트림 스포츠를 즐기는 즐거움을 함께 나누고자 접근함으로써 하나의 목소리를 내게 했다. '레드불' 하면 '열정'과 '에너지'라는 메시지를 떠오르도록 커뮤니케이션 한 것이다. 이 같은 통합적인 브랜드 커뮤니케이션 활동에 힘입어 레드불은 소비자들의 인식 속에 브랜드에 대한 호감도와 인지도를 크게 높일 수 있었다.

비용과 자원은 얼마나 필요한가

마케팅은 결과를 만들어내기 위해 지속적으로 노력을 기울여야 하는 장기적인 투자 활동이다. 일관성 있는 마케팅 활동 없이는 원하는 커뮤니케이션 목적을 달성하기 어렵다. 이를 위해서는 커뮤니케이션 활동을 지속적으로 차질 없이 진행할 수 있는 예산과 자원이 필수적으로 요구된다. 물론 꼭 돈이 있어야만 제대로 마케팅을 할 수 있다는 것은 아니지만, 원하는 목표를 달성하기 위해서는 그 목표를 달성할 수 있도록 돕는 어느 정도의 예산이 반드시 필요하다. 다행히도 몇 년 전부터는 마케팅 예산이 '어쩔 수 없이 쓰긴 하지만 불필요하게 낭비되는 비용'이 아니라 '브랜드 자산을 축적하기 위해 꼭 필요한 투자'라는 인식으로 전환되고 있다. 또 투자회수율, 즉 마케팅 ROI에 대한 관심이 높아지면서 적극적인 투자 활동의 일환으로 여겨지고 있다.

마케팅 활동을 전개하기 위해서는 전략을 수립할 때부터 예산을 책정하여 목표를 달성할 수 있는 적정 규모의 비용을 산정해야 한다. 그러나 마케팅 비용의 적정 규모가 어느 정도인지는 정해진 바가 없다. 그 이유는 각 기업의 상황과 마케팅 목표 및 활동 내용들이 제각각 다르기 때문이다. 국내 상장사들의 평균 마케팅 비용이 매출액의 5.5퍼센트에 이른다는 조사 내용이 있지만, 이 역시 일반화하여 설명할 수 있는 자료는 되지 못한다.[24]

따라서 마케터는 자사의 매출 목표와 이익률을 고려하고 시장 상황과 경쟁사 동향을 바탕으로 집행할 수 있는 내부자원을 검토하여, 마케팅 예산의 적정 규모를 산정해야 한다. 그리고 성과를 높이고자 하는 기업은 투입한 마케팅 비용과 그로 인한 투자 효과를 지속적으로 측정하여 업무 개선에 활용할 수 있도록 해야 한다. 성과를 평가한다는 것은 투입 대비 산출과 산출 대비 목표 달성률을 검토하는 것으로 그 결과를 평가하고 측정해 반영할 때에만 의미가 있다.

마케팅 기획서에 완료형은 없다

마케팅 기획서를 작성했다고 해서 끝이 나는 것은 아니다. 시장 상황을 지속적으로 모니터링하면서 내용을 보완하고, 세부 전략을 수정하기 때문이다. 마케팅 기획서는 항상 책상 위에서 수정될 준비를 하고 있어야 한다. 그래야만 살아있는 기획서가 된다. 만약 한 번 작성한 후 그대로 둔다면 아마도 이 마케팅 기획서는 서랍 속에서 곤히 잠들어 있는 쓸모없는 자료에 지나지 않을 것이다.

살아있는 마케팅 기획서가 되기 위해서는 설정한 목표를 달성하는 과정에서 일어나는 예측하지 못했던 수많은 상황과 대응 방안들을 수시로 반영해야 한다.

마케팅의 목표와 전략은 자주 수정할 수 없지만 전술이나 구체적인 실행계획은 시장과 기업 내부 상황에 맞춰 적절하게 수정, 보완되어야 한다. 다시 말해, 마케팅 기획서는 '완성하는 것'이 아니라 수정과 보완을 통해 지속적으로 현실을 반영하면서 그 '신선도를 유지해야 하는 것'이다.

마케팅 기획서는 언제나 진행 중인 작업이라는 점을 명심해야 한다. 마케팅 기획은 결코 한 번에 끝낼 수 없고, 또 끝내서도 안 되는 작업이다. 지금까지 살펴본 마케팅 기획서 작성의 핵심내용을 정리하면 〈표 2-5〉와 같다.

▼ 〈표 2-5〉 마케팅 기획서의 주요 내용

1. 요약	마케팅 기획서에 포함될 주요 이슈, 목표, 전략 및 기대되는 결과를 요약하여 제시
2. 현재 시장 상황 및 추세	대상 제품의 시장, 경쟁기업, 경쟁구도, 거시적인 환경분석에 관한 정보 및 주요 세분시장과 전체 시장의 규모, 성장률 등을 요약
3. 기존 제품 혹은 서비스에 대한 성과	대상 제품에 대한 과거의 성과 및 마케팅 프로그램(유통전략, 촉진전략 등) 요소 등을 검토하여 제시
4. 주요 이슈	해당 연도에 대응해야 할 대상 제품에 대한 주요 기회와 위협요인; 대상 제품을 제공하는 기업이 기회와 위협요인에 직면할 때 고려해야 할 상대적 강점과 약점을 규명하여 제시
5. 기업, 사업부 혹은 마케팅 목표	매출액, 시장점유율, 이익, 브랜드 자산, 고객만족도 등의 달성 목표
6. 마케팅 전략	마케팅 기획서에 명시된 목표를 달성하기 위해 이용할 전략
7. 실행 계획 (Action Plans)	기능 부서별로 각 활동을 효과적으로 실행하고 조정하는 데 도움이 되는 계획; ·대상 기업이 추구할 목표시장 ·4P's믹스별로 구체적인 실행 계획 ·각 전략 실행 담당자 ·전략의 실행 시기 ·각 전략의 실행에 대한 예산
8. 예상 이익 및 손실	마케팅을 실행함으로써 예상되는 재무적 이득
9. 통제 계획	마케팅 계획의 진척 정도를 어떻게 관리할 것인가에 관한 논의; 시장 상황의 변동 혹은 기대 이하의 성과를 달성할 경우에 대한 계획 제시
10. 비상 상황에 대한 계획 (Contingency Plans)	마케팅이 실행되는 동안 위협과 기회요인이 구체적으로 나타날 경우의 계획

증강현실은 마케팅에
어떤 변화를 가져올까?

2016년 세계적인 열풍을 불러일으킨 〈포켓몬고Pokémon GO〉는 증강현실AR; Augmented Reality을 기반으로 한 게임이다. 애니메이션 〈포켓몬스터〉의 등장인물들처럼 사용자들이 스마트폰 지도상에 나타난 포켓몬들을 찾아다니는 콘셉트이다. 〈포켓몬고〉가 서비스되는 곳이라면 어디서든 몬스터 잡기에 열을 올리는 이용자들을 쉽게 만날 수 있다.

증강현실이란 현실과 가상의 현실을 융합하는 복합형 가상현실을 의미한다. 이러한 증강현실은 실세계에 3차원의 가상물체를 겹쳐서 보여주는 식으로 활용되고 있다. 포켓몬고가 선풍적인 인기를 끌었던 이유는 단순한 평면적 게임이 아니라 실제 상황 속에서 포켓몬을 잡을 수 있다는 현장감이 색다른 재미를 제공했기 때문이다. 물론 그 이유에는 캐릭터의 친숙함도 한몫했다.

증강현실은 이제 게임에만 국한되지 않고 새로운 마케팅 방법으로 다양하게 활용하기 시작했다. 증강현실은 스마트폰을 활용해 신문, 잡지, 옥외광고 등 기존의 전통적 매체와 연계하여 인터렉티브한 마케팅 커뮤니케이션을 전개할 수 있다. 또한 위치기반과 연계하여 개인화 및 실시간 마케팅이 가능하다. 나아가 다양하게 증강된 정보를 전달해 고객과의 커뮤니케이션을 극대화시킬 수 있고 여러 캠페인과도 연계할 수 있다.

실제로 입어보지 않고도 피팅해보기

의류나 신발 등의 제품은 소비자가 실제로 입거나 신어보고 구매하는 제품인데, 증강현실을 통해 비슷한 경험을 선사해 구매 선택에 도움을 줄 수 있다. 최근 아이파크, 현대백화점, 롯데백화점 등에 AR기술을 활용한 가상 피팅존을 도입했다.

제품을 바르지 않고도 스타일링 시연해보기

기존에는 매장에서 간단한 컬러 메이크업 제품만 테스트할 수 있었지만, 가상 메이크업을 통해 원클릭으로 풀 메이크업 경험을 할 수 있다. 아모레퍼시픽의 '아리따움'은 자사 플래그십 스토어에 '뷰티미러' 서비스를 마련, 모바일 카메라를 통해 소비자에게 어울리는 메이크업 제품을 테스트할 수 있도록 했다. '라네즈'는 스마트폰 카메라를 통해 가상으로 라네즈 제품을 적용한 메이크업을 체험할 수 있

▼ 라네즈의 뷰티미러 앱

는 앱인 '뷰티 미러'를 제공하고 있다. 제품을 직접 바르지 않고도 스타일링 시연이 가능해진 것이다.

가전제품을 원하는 곳에 미리 배치해보기

스마트폰 카메라로 가전제품을 원하는 곳에 미리 배치해 인테리어 효과나 주변 가구들과의 조화를 테스트해 볼 수 있다. 롯데하이마트에서는 '모바일 쇼룸' 앱을 통해 서비스를 제공하고 있다. 바로 구입할 수 있는 'AR쇼룸' 서비스도 있다. 쇼룸메뉴를 터치해서 제품을 고르면 스마트폰 화면에 카메라가 비춘 현실공간이 보이고 그 위에 제품이 배치된다. 상세 정보를 누르면 하이마트 쇼핑몰로 연결돼 선택한 상품을 바로 구입할 수 있다. 에어컨, TV, 냉장고, 김치냉장고, 세탁기, 의류건조기 등 일부 품목을 이용할 수 있다.

옥외 및 인쇄광고에 활용

옥외광고에 AR을 적용하는 경우도 있다. 오스트리아의 방송국 스카이 오스트리아가 TV드라마 〈워킹데드〉를 홍보하기 위해 전차 정류장에 설치한 스크린이 대표적인 사례다. 단순한 유리벽인줄 알았던 스크린 속에서 좀비가 갑자기 나타나 사람을 깨물거나 벽을 때리자 소스라치게 놀라는 시민들의 모습이 재미를 준다.

인쇄매체를 이용한 AR마케팅도 이루어지고 있다. 이케아는 카탈로그에 나온 제품을 카메라에 비쳐보면 동영상 등 자세한 설명을 볼 수 있는 형태의 마케팅을 선보였다. 일본의 〈도쿄신문〉은 앱을 구동하고 신문에 카메라를 대면 애니메이션 효과가 나타나고 한자와 어려운 표현이 많은 기사들을 풀어서 설명해준다. 이는 신문을 잘 읽지 않는 어린 아이도 자연스럽게 잠재독자로 끌어들이는 효과를 얻기 위해 시도되었다. 이 같은 형태의 AR마케팅은 인쇄매체 자체에 AR소스를 심어야 한다.

▼ 증강현실 앱을 활용한 〈도쿄신문〉

이와 같은 증강현실을 이용한 마케팅의 미래는 어떻게 전개될까? 증강현실은 새롭게 등장하는 다양한 인터렉티브 미디어와의 연계를 통한 새로운 경험 전달과 IoT, 센서 등 체감형 기술을 활용해 실시간으로 체험을 높여줄 수 있는 형태의 마케팅을 구현할 수 있을 것으로 예상된다. 또한 증강현실은 단순하게 온라인을 연결시켜주거나 추가적인 경험과 정보를 전달하는 수단이기 때문에, 기술보다는 고객의 참여를 높여주는 환상적인 경험과 유익한 정보, 풍부한 혜택을 제공하는 데 중점을 둘 필요가 있다.[25]

왜 우리나라에는
페이스북 같은 기업이 없을까?

2003년 여름, 대한민국에 싸이월드에서 오픈한 '미니홈피'의 열풍이 불었다. 오픈 시기인 2001년에 비하면 조금 늦은 감이 있었지만 싸이월드로 인해 '싸이질', '싸이폐인' 등의 신조어가 탄생하고, 너나할 것 없이 미니홈피를 만들고, 1촌을 맺고, 도토리를 주고받는 진풍경이 벌어졌다. 사진을 찍어 미니홈피에 올리기 위한 목적으로 디지털카메라를 구입하려는 이들도 많아지면서 디지털카메라업계가 예기치 않은 호황을 맞기도 했다.

이런 싸이월드의 열풍은 왜 지속되지 못했을까? 많은 전문가들은 네트워크의 특성인 개방성이 부족했기 때문이라고 진단한다. 혹자는 수익을 낼 수 있을 때까지 충분히 투자가 이루어져야 하지만 그러지 못했기 때문이라며 벤처 생태계의

옛날의 싸이월드 미니홈피[26]

문제라고 보기도 한다. 또 수익 창출이 주가 되어 싸이월드 미니홈피의 본질을 전복시킨 도토리 제도 등이 부정적인 이미지를 만든 탓이라고 보는 이들도 있다. 무엇보다 가장 결정적인 이유는 발 빠르게 변화하는 모바일 환경에 미리 대응하지 못했기 때문이라고 생각된다. 컴퓨터로만 접속해야 하는 접근성 문제가 사용자 편의성에 악영향을 끼쳤다는 것이 주요 분석이다.

싸이월드의 열풍이 몰아쳤던 다음 해인 2004년, 미국에서는 하버드대학교에 재학 중이던 마크 주커버그Mark Zuckerberg가 친구의 아이디어를 사업화해 페이스북Facebook을 창업했다. 페이스북의 열풍은 CEO의 창업 과정이 영화화되기까지 하면서 미국은 물론 전 세계를 떠들썩하게 만들었다. 그리하여 페이스북은 창업 6년 만에 5억 7,355만 명의 이용자를 가진 기업이 되었다. 그리고 2017년 페이스북은 글로벌 SNS 기업 중 처음으로 월간 이용자수Monthly Active Users; MAU 20억 명을 돌파했다. 전 세계 인구(약 75억 명) 중 4분의 1은 페이스북을 이용하고 있다는 계산이 나온다.

페이스북이 이 같은 성공을 거둘 수 있었던 까닭은 무엇일까? 모바일 혁명이라는 트렌드와 잘 맞아떨어졌고, 사용자 편의성을 고려한 인터페이스와 네트워크의 개방성이 가장 큰 몫을 했다고 평가된다. 모바일 혁명의 바람을 잘 탔다고 하기보다 준비되어 있었기에 그 열풍에 편승할 수 있는 기회를 잡게 된 것이라 생각한다.

국내의 네이버, 다음, 네이트 등의 인터넷 포털 사업자들도 페이스북과 비슷한 소셜 네트워크 서비스를 서둘러 도입했다. 여기서 한 가지 의문이 든다. 왜 우리 기업들은 페이스북이 전 세계를 장악한 후에야 그들을 벤치마킹했을까? 왜 우리나라에서는 애플, 페이스북, 구글, 우버, 에어비앤비 같은 성공한 벤처기업과 그 창업자들의 이름을 듣기 어려운 것일까?

정부의 규제 혹은 잘못된 정책과 지원, 실패에 대한 부정적인 인식, 한국어 서비스의 한계, 초심을 잃어버린 벤처정신 등 여러 가지 이유가 있을 것이다. 그러나 가장 중요한 이유는 기업들이 급변하는 시장의 흐름을 제대로 파악하지 못했기 때문이라고 본다. 우리나라의 기업들은 뛰어난 두뇌를 자랑하는 인적자원을 보유하고 있다. 실리콘밸리의 벤처기업들과 경쟁해도 뒤지지 않을 막강한 기술력도 가지고 있다. 그럼에도 불국하고 전략적인 환경분석이 뒤따라주질 못했기 때문에 지금껏 이렇다 할 성과를 보여주지 못했던 것이다.

시장의 변화를 제대로 파악하지 못하고 대응하지 못한다면, 지금은 성공한 기업으로 인정받고 있다고 해도 머지않아 무너질 수밖에 없다. 기업은 이런 현실을 인식하고 항상 시장의 변화, 고객의 변화에 관심을 기울여야 한다. 특히 마케터와 기획자는 막중한 사명감을 가지고 시장의 흐름을 잘 파악하고, 전략적인 접근을 통해 새로운 변화를 창출해야 한다. 그러면 머지않아 우리나라에도 제2의 구글, 페이스북, 우버, 에어비앤비 같은 기업들이 생길 것이다.

03

소비자와 트렌드

소비자와 트렌드를 제대로 읽어야 진짜 마케터다

대부분의 마케터들은 자신들이 소비자에 대해 잘 알고 있다고 생각한다. 과연 그럴까? 소비자들을 잘 알고 있다면 자연히 마케팅의 성공률도 높아야 하는데 실패율이 훨씬 더 높은 게 현실이다. 소비자를 제대로 이해한다면 기업은 보다 쉽게, 그리고 효과적으로 마케팅 활동을 펼칠 수 있다. 그러나 마케터들은 과연 얼마나 소비자들의 행동에 관심을 기울이고, 유심히 관찰하고, 시장을 읽고자 노력하고 있는가?

하버드 경영대학원의 제럴드 잘트만 교수는 "말로 표현되는 니즈는 5퍼센트에 불과하다."고 주장했다. 그만큼 사람들의 마음을 이해하는 것이 매우 어려운 일이라는 이야기이다. 때로는 소비자 자신도 모르는 마음속 욕구를 어떻게 마케터가 읽어낼 수 있을까? 이번 장에서는 소비자 행동에 대한 기본적인 이해를 바탕으로 소비자들의 욕구와 트렌드를 찾아내는 방법에 대해 살펴보고자 한다.

서핑하는 멋진 내 모습을 내가 촬영할 순 없을까?

미국 캘리포니아에 살던 24세 청년 닉 우드먼Nick Woodman은 2002년 호주와 인도네시아 해변으로 서핑 여행을 떠나기로 했다. 평소 사진에 관심이 많았던 그는 서핑하는 모습을 촬영해 주변에 보여주기로 했다. 닉은 서프보드에 올라 손으로 물살을 가르고 중심을 잡으며 바로 옆에서 서핑을 하는 친구들의 사진을 찍고 싶었다. 하지만 당시 시장에 나와 있던 카메라 중에는 그가 서핑을 하면서 촬영할 수 있을 정도로 방수 기능이 뛰어나고 견고하며 휴대하기 좋은 카메라는 없었다. 양손으로 다른 일을 하면서 자신과 친구들의 사진을 찍을 수 있는 장치도 없었다. 닉은 뭔가 문제가 있다는 생각을 하고 이를 해결할 수 있는 방안을 찾았다. "파도를 타면서 내 모습을 촬영할 수 있는 카메라를 만들자."는 것이었다. 액션카메라(액션캠)시장을 개척한 고프로GoPro의 시작이었다.

액션캠은 서핑, 스키, 스노보드, 산악자전거 등 각종 스포츠를 즐기는 사람이 활동 중에 직접 영상과 사진을 촬영할 수 있는 카메라를 말한다. 고프로는 전 세계에 1,700여 명의 직원을 두고 연 매출 16억 달러(약 1조 7천억 원, 2015년 기준)를 올리는 기업으로 컸다. 2014년 6월엔 나스닥에 상장했다. 시장조사 기관 IDC에 따르면 고프로의 점유율은 47퍼센트이다. 이후 경영위기를 겪기도 했지만 2018년 '히어로7 블랙HERO 7 BLACK'으로 액션캠시장의 아성을 이어가고 있다.

고프로가 성공할 수 있었던 가장 중요한 요소는 소비자들이 고민하던 문제를 해결한 것이다. 다양한

▼ 스포츠를 즐기며 스스로 멋진 모습을 촬영할 수 있는 액션카메라 고프로[1]

Capture Different
새로운 관점에서 삶을 바라봅니다.

환경에서도 선명한 영상을 스스로 찍을 수 있는 제품을 개발한 것이다. 만족한 고객들이 주변 사람들에게도 널리 퍼뜨려준 것 역시 중요한 성공요인이 되었다. 그리고 고프로가 소비자의 행복, 즐거움, 열정과 같은 긍정적인 감정과 연결돼 있다는 점도 중요한 성공 요인이다. 고프로를 써본 사람들은 영상 속 자신의 멋진 모습을 보면서 행복을 느끼고, 콘텐츠를 주변 사람들과 공유하며 즐거워한다. 고프로 임직원들은 "소비자를 더 행복하게 하는' 제품을 만든다는 것에 큰 자부심을 갖고 일하고 있다."고 한다.[2]

고프로는 소비자들의 라이프스타일과 잠재된 욕구를 파악하여 제품에 반영함으로써 고객을 만족시켰다. 서핑, 스키, 스노보드, 산악자전거 등 각종 스포츠를 즐기는 사람들이 어떻게 카메라를 이용하는가에 대한 면밀한 관찰과 이를 바탕으로 한 통찰력 있는 결단이 있었기에 성공할 수 있었다. 기업이 소비자의 욕구와 미래의 시장을 읽고 거기에 적합한 제품을 개발해야 한다는 것은 이제 명확한 사실이다.

01

소비자는 어떻게 의사결정을 할까

소비자, 그들이 누구인지 알고 싶다

우리가 제공하고자 하는 제품이나 서비스의 잠재 소비자에 대해 고민해본 적이 있는가? 당신이 마케터라면 당연히 고민해봤을 것이다. 그러나 소비자에 대해 제대로 알고 있는지를 묻는다면 선뜻 자신 있게 "그렇다"고 대답할 수 있는 마케터가 많지 않다. 그만큼 마케터들이 소비자들에 대해 잘 알지 못한다는 의미이다. 모든 마케팅 활동은 소비자를 이해하는 것부터 출발해야 하는 것이 진리임에도 불구하고, 지금까지 소비자들을 제대로 이해했는지 고민해야 한다. 예를 들어 살펴보자.

성인용 위생팬티(기저귀)를 필요로 하는 사람들은 누구일까? 막연히 노인들 혹은 환자들이라고 생각할 가능성이 높다. 좀 더 구체적으로 타깃 소비자들을 생각해보면 자신에 대한 투자를 아끼지 않는 소위 '액티브 시니어'들일 가능성이 높다. 액티브 시니어는 은퇴 후에도 안정적인 경제력을 바탕으로 소비와 여가 활동에 적극적으로 참여하는 세대로, 최근 새로운 소비계층으로 급부상하고 있다. 그런데 야외활동을 적극적으로 하고 싶지만 요실금으로 인해 상당한 제약을 받고 있다. 이는 공개적으로 말하기 어려운 문제이기도 하다. 요실금은 우리나라 여성의 40퍼센트, 60대 이상 남성의 24퍼센트가 경험할 정도로 흔한 질병이다. 하지만 부끄러움 때문에 방치한 적이 있다는 환자들이 74.8퍼센트에 이를 정도로 아직은 드러내놓고 말하지 못하고 있다.[3]

만약 우리 회사가 기저귀를 생산하
고 있는데 집중했던 유아용 기저귀 시
장이 지속적으로 감소하고 있는 상황
이라면 어떻게 해야 할까? 앞의 예시
같은 환경분석을 통해 소비자들의 특
성을 이해했다면, 액티브 시니어들을
위해 야외활동을 편하게 할 수 있도록

▼ 유한킴벌리의 요실금 인식 개선 '디펜드 설문 버스' 캠페인[4]

하는 차별화된 제품을 기획해야 하지 않을까? 가장 먼저 이 시장을 개척한 곳은
유한킴벌리다.

유한킴벌리는 2011년부터 요실금에 대한 인식 개선 캠페인을 지속적으로 진
행하고 있으며, 2012년에는 액티브 시니어를 겨냥한 요실금 언더웨어 '디펜드 스
타일 언더웨어'를 출시했다. 2016년에는 국내 성인용 위생팬티 시장의 80퍼센트
가량을 점유하고 있다.[5] 사회가 고령화되어 가면서 액티브 시니어를 겨냥한 시장
이 커질 것으로 막연히 생각할 것이 아니라, 보다 구체적으로 접근해야 한다.

우리의 소비자 혹은 우리의 고객이 누구인지 모르는 기업은 없을 것이다. 일
반적으로 '소비자'라고 하면 아직 우리의 제품과 서비스를 구매하지는 않았지만
앞으로 구매할 가능성이 있는 잠재고객(비고객), 이미 우리의 제품과 서비스를 구
매 혹은 사용하고 있는 고객 모두를 포함한다. 그러나 기존에 '알고 있다'고 생각
한 소비자, 또는 고객을 정말 잘 알고 있는 것인지 냉정히 돌아볼 필요가 있다.
대부분은 기본적인 인구통계학적 특성 정도만 알고 있는 경우가 많다.

하버드 경영대학원의 제럴드 잘트만Gerald Zaltman 교수는 "당신이 소비자에 대해 알
고 있는 것은 5퍼센트뿐이다."라고 이야기하며 소비자의 숨어있는 욕구를 파악할
필요가 있음을 역설한 바 있다.[6] 그동안 우리들은 소비자의 욕구도 제대로 모르는
상태에서 마케팅만 열심히 해왔던 것은 아닌지 반성할 필요가 있다. 같은 집단 내의
소비자라고 해도, 그 집단에 속한 개개인의 특성이 제각각이기 때문에 욕구 또한 다
를 것이라는 전제를 기반으로 소비자를 이해해야 한다. 따라서 마케터가 가장 먼저
해야 할 일은 소비자의 행동을 이해하고 숨어있는 욕구를 파악하는 것이다.

소비자 행동이란 무엇인가

소비자 행동이란 소비자들이 언제, 어디서, 무엇을, 어떻게, 왜 그런 행동을 하는지, 그리고 얼마나 자주, 얼마나 오랫동안 특정 제품이나 서비스를 구매, 사용, 처분할 것인지와 관련된 모든 의사결정 과정을 말한다. 따라서 마케터들은 소비자들의 구매 동기와 행동에 대해 흥미를 가지고 누가 구입하는가, 언제 구입하는

사라진 제품이 시장에 재출시되도록 만든 소비자의 힘

오리온은 지난 2003년 '포카칩 알싸한 김맛'을 시장 테스트 차원에서 선보인 적이 있었다.

오리온의 포카칩 구운김맛[8]

그리고 소비자들의 요청을 반영해 2016년에 '포카칩 구운김맛'으로 다시 출시했다. 재출시 6주 만에 누적판매량 200만 개를 돌파하는 한편, 젊은 층을 중심으로 맥주 안주 과자로 인기를 모으며 '김맥(김과자+맥주)' 트렌드를 만들었다. 그런가 하면 네티즌 사이에서 김밥처럼 과자에 밥을 싸먹거나 잘게 부숴 비빔밥을 만드는 등의 제품을 활용한 이색 레시피가 주목받으며 SNS에서 화제를 모았다.[7]

동서식품은 소비자들의 요청으로 2014년에 단종된 '오레오 오즈'를 2015년 9월에 재출시했다. 이후 판매량이 급증하면서 대형마트와 편의점에서는 품귀 현상이 일어나기도 했다. 재출시 후 약 4개월간 60억 원의 매출을 기록했다. 한국에서 '오레오 오즈'가 재출시됐다는 소문이 미국까지 번지면서 아마존, 이베이 등 온라인 몰에서는 한 상자(500g)에 3만~4만 원까지 3배 이상의 금액으로 거래되기도 했다.[9] 이들 제품의 부활은 시장에서 소비자의 영향력이 커졌음을 의미한다. 이제 소비자는 단순히 제품을 구매하는 사람이

동서식품의 오레오 오즈[10]

아니라 제품의 개발과 출시에까지 막강한 영향력을 행사하는 이들이 된 것이다. 여기에 페이스북, 트위터 등과 같은 소셜미디어는 새로운 1인 매체로서 소비자들의 힘을 더욱 강화시키고 있다.

가, 어디서 구입하는가, 무엇을 구입하는가, 어떻게 구입하는가, 왜 구입하는가, 어떤 과정을 거쳐 구입하는가 등을 꼼꼼히 살펴봐야 한다.

소비자행동은 크게 여섯 가지 특징을 가진다. 첫째, 자신의 필요, 욕구 혹은 만족 등의 동기에 근거해 소비가 일어난다. 둘째, 실제로 보이는 행동 말고도 생각하고, 평가하고, 느끼고, 토론하고, 계획하고, 결정하는 모든 과정을 포함한다. 셋째, 구매 전과 구매 시, 그리고 구매 후 행동으로 이어지는 일련의 의사결정 과정을 가진다. 넷째, 시간과 복잡성에 따라, 또 주어진 상황에 영향을 받아 여러 가지 형태로 나타난다. 다섯째, 다른 사람의 구매 의사결정 과정에까지도 영향을 미치며 여러 가지 다양한 역할을 수행한다. 여섯째, 개인적인 요인 외에도 문화, 계층, 가족, 준거집단 등 다양한 외부요인에 영향을 받는다.

소비자는 어떠한 구매 의사결정 과정을 거치는가

소비자들의 가장 일반적인 구매 의사결정은 문제인식, 정보탐색, 대안평가, 구매결정, 구매 후 행동 등의 과정을 따른다. 이를 그림으로 나타내면 〈그림 3-1〉과 같다.

첫 번째 단계는 **문제인식**이다. 소비자가 현재 처해 있는 상태와 이상적인 상태

▼ 〈그림 3-1〉 소비자의 구매 의사결정 과정 및 구매 후 행동

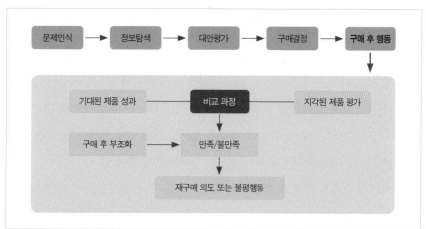

의 차이에서 발생하는 문제를 해결하고자 하는 욕구를 갖게 되는 것이 바로 문제인식 단계이다. 문제인식은 사용제품에 대한 불만, 사용제품의 고갈, 긴급한 상황의 발생, 그리고 외부 자극의 노출 등에 의해 이루어진다.

두 번째 단계는 **정보탐색**이다. 이 단계에서 소비자들은 대안의 종류, 대안을 평가하기 위한 기존대안의 평가기준별 성과 수준 등을 살펴보게 된다. 정보의 양과 종류는 제품과 소비자의 관여도에 따라 다르다. 소비자가 제품에 대한 지식과 경험이 많은 경우에는 추가적으로 정보를 탐색하지 않아도 된다. 고가품의 구매를 결정하는 경우에는 상대적으로 더 많은 정보를 수집하게 되며, 저렴한 물품인 경우에는 그보다 적은 양의 정보를 수집하는 경향이 있다. 그러나 시간이 부족할 때, 대안제품의 수가 적을 때, 소비자의 구매 욕구가 강할 때는 정보탐색에 대한 노력이 줄어드는 것이 일반적이다.

세 번째 단계는 **대안평가**이다. 여러 대안제품 중에서 어느 하나를 선택하기 위한 평가 활동으로, 고관여 제품의 평가기준은 저관여 제품보다 상대적으로 많다. 그러나 아무리 정보탐색을 열심히 한다고 해도 대안평가 시 시간과 장소의 한계를 완전히 극복할 수는 없다. 또 몇 가지 중요한 평가기준을 우선적으로 고려하여 부적절하다고 판단되는 대안은 고려 대상에서 일찌감치 제거하는 것이 더 바람직한 경우도 있다. 인간의 지적능력에는 한계가 있고, 무한한 양의 정보를 한꺼번에 다룰 수 없기 때문에 소비자들은 특정 고려대상 제품군 안에서 대안을 검토하게 된다. 이 선택대안들을 고려 상표군consideration set이라고 한다.

네 번째 단계는 **구매결정**이다. 대안평가에 의한 최초의 구매결정이 이루어질 때는 소비자의 관여 수준과 과거의 경험에 따라 다양한 구매유형이 발생한다. 최초 구매 시 고관여 제품은 복잡한 의사결정을 통해 신중하게 이루어지는 경우가 많고, 저관여 제품은 다양한 브랜드의 제품을 경험해보기 위해 모험을 감수하는 경향이 있다. 반복 구매 시 고관여 제품은 브랜드 호감도가 커서 동일 브랜드 재구매율이 높고, 저관여 제품은 관성적으로 구매하는 경향이 있다.

다섯 번째 단계는 **구매 후 행동**이다. 소비자들은 구매 의사결정에 대한 확신을 얻기 위하여 구입한 제품을 사용하면서, 그리고 사용 후에 평가를 한다. 구매 전에 기대한 내용과 실제로 사용해보면서 경험을 통해 알게 된 내용을 비교하며 만족 혹은 불만족을 평가한다. 만족한 고객은 해당 기업의 제품에 대한 브랜드 충성도가 강화되어 반복 및 재구매를 할 가능성이 높다. 또 주위에 우호적인 평가를 전달하여(구전효과) 제품과 기업의 브랜드 이미지를 제고시킨다. 그러나 불만족한 고객은 해당 제품을 더 이상 구입하지 않을 가능성이 높다. 또 주변 지인들에게 좋지 않은 평가를 전하며, 기업에 배상이나 배상을 위한 법적조치를 취해줄 것을 요구하고, 소비자단체에 고발하거나 정부기관에 진정서를 제출하는 등 제품과 기업의 이미지에 악영향을 미친다.

마케팅에서는
왜 관여도가 중요할까?

소비자가 브랜드와 제품에 관심을 기울이는 정도를 '관여도involvement'라고 한다. '관여도가 높다'는 것은 그만큼 '관심이 많고, 중요하게 생각한다'는 뜻이다.

관여도가 중요한 이유는 소비자의 선택에 직접적인 영향을 미치기 때문이다. 관심을 기울이는 정도의 차이에 따라 제품에 요구되는 구매 기준도 달라진다. 예를 들면, 신생아를 둔 부모는 유아용품에 대한 관여도가 특히 높고, 가격보다는 품질을 더 중요한 구매기준으로 삼는다.

따라서 마케터들은 어떻게 하면 소비자들이 자신들의 브랜드에 좀 더 관심을 가지고 지속적으로 구매할 수 있도록 할 것인가를 고민해야 한다. 관여도를 높이는 방법 중의 하나는 이슈화하는 것이다. 삼성전자는 3D TV를 출시했을 때 핵심고객들의 관여도를 높이기 위해 광고와 홍보 활동에 최고의 3D 영화 중 하나로 평가받는 〈아바타Avatar〉를 만든 제임스 카메론 감독을 적극 활용하였다.

3D TV로 〈아바타〉를 보고 있는 영화감독 제임스 카메론[11]

경우에 따라서는 소비자행동에서 인지부조화^{cognitive dissonance}가 일어나기도 한다. 인지부조화는 소비자가 제품이나 서비스를 구매한 후, 그 선택이 합리적이었는가에 대해서 확신을 갖지 못하고 심리적인 불안감을 가지는 것이다. 보통 구매 후의 불만족스러운 심리적 긴장 상태를 '인지부조화'라고 한다. 이런 인지부조화를 줄이기 위해 기업은 지속적인 광고를 통해 소비자의 선택이 잘못되지 않았다는 확신을 심어준다.

소비자 행동에 영향을 미치는 요인은 무엇인가

소비자들의 구매행동에 영향을 미치는 요인으로는 문화, 사회계층, 준거집단, 가족, 라이프스타일, 개성 등이 있다. 몇 가지 요인들을 간략하게 살펴보도록 하겠다.

문화

문화는 사회 구성원들의 가장 근본적인 행동기준을 결정하며 고유한 특성을 가진 보다 작은 하위문화들로 구성된다. 소규모로 하위문화가 발생하는 이유는 한 문화의 구성원들이 제각각 다른 개인적 취향, 거주 지역, 교육 수준, 직업 및 나이 등을 가지고 있기 때문이다. 문화는 한 사회의 특징, 즉 하나의 조직 혹은 사회의 구성원들 사이에서 공유되는 의미이자 의식이고 규범이며 축적된 전통이다.

트렌드에 따라서 문화가 변화하기도 한다. 과거 우리나라에는 다방문화가 존재했다. 그러나 시대가 점점 변하면서 다방문화는 사라지고 새로운 카페문화가 정착되었다. 최근 한 조사 결과에 따르면 우리나라 사람들이 가장 많이 마시는 커피 종류는 아메리카노라고 한다. 다방문화의 상징이었던 인스턴트커피 대신 카페문화의 상징인 원두커피를 즐겨 마시게 된 것이다. '스타벅스'가 만들고 '카페베네'가 확산시킨 우리나라의 새로운 카페문화는 모임, 사무공간 등 사회적 관계의 공간(제3의 공간) 역할을 하는 문화로 정착되었다. 이처럼 시대에 따라 문화도 변한다.

사회계층

사회계층social class은 유사한 수준의 사회적 지위나 재정적인 능력을 보유하고 있는 사람들의 집합을 일컫는다. 소비자를 상류층, 중류층, 하류층으로 계층화하면 계층에 따라 다른 소비행동을 보이는 것을 알 수 있다. 기업들은 이를 시장 세분

▼ 롯데백화점 본점 VIP 고객들의 휴식 공간 'MVG 라운지'

화의 기준으로 사용해 특정 사회계층에 맞춰 제품, 가격, 유통, 촉진 등의 마케팅 요소들을 조정하여 마케팅 활동을 전개한다.

사회계층에서 한 사람의 위치는 직업, 소득, 교육 수준, 주거지역 등 여러 사회경제적인 요인들에 의해 정의된다. 그러나 실제로 각 계층을 분류하는 데는 여전히 어려움이 많다. 인구통계학적인 특성뿐만 아니라 명성, 가치, 태도, 라이프스타일 등 많은 요소들이 산재되어 있어 명확한 구분이 어렵기 때문이다.

사회계층을 세분시장으로 분류하는 마케팅 활동은 주로 고급 제품들을 중심으로 이루어진다. 소위 'VIP 마케팅'은 주로 부유층을 대상으로 최고급 자동차, 가구, 오디오, 주택, 핸드백, 시계 등의 프리미엄 제품들로 진행하는 경우가 많다. 예를 들면, 국내 주요 백화점들은 최상위 1퍼센트 혹은 0.3퍼센트 정도의 고객을 VVIP 고객으로 분류하여 좀 더 특별하게 관리하고 있다. 신세계백화점은 구매실적 상위 999명을 대상으로 '트리니티 클럽'을 운영한다. 현대백화점은 연간 3,500만 원 이상의 백화점 카드 사용 고객을 '자스민 클럽' 고객으로 분류해 특별 관리한다. 롯데백화점은 구매실적에 따라 세 집단으로 구분하여 'MVGMost Valuable Guest' 고객으로 특별 관리한다.

준거집단

준거집단reference group이란 개인 행동에 직접적 혹은 간접적인 영향을 미치는 개인이나 집단을 뜻한다. 특정 준거집단에 깊이 관계된 이들은 준거집단의 기본틀 안에서 자신들의 생각과 행동을 규제하고, 타인에게도 그 기준을 제시하고 강요한

다. 소비자들은 준거 대상과 동일시되기 위해 스스로 자신들의 가치관, 행동, 구매의사를 달리하기도 한다.

소비에 영향을 미치는 준거집단으로는 부모님, 또래 친구, 동료, 동호회, 종교단체, 특정 제품의 소유자 모임(HOG; 할리데이비슨 사용자 그룹 등), 대중적으로 인기를 얻고 있거나 영향력을 미치는 사람 등 우리 주변에 있는 개인과 집단들이 있다. 그중에서도 몇몇 집단과 개인들은 다른 사람들보다 더 큰 영향력을 미친다. 예를 들어, 부모님은 자녀의 결혼이나 대학 진학과 같은 문제들을 두고 어떤 결정을 내리는 데 중요한 역할을 한다.

때로는 준거집단이 그 집단에 소속된 이들의 기본적인 행동기준을 만들고 강요하기도 한다. 최근 사회적인 문제로까지 비화되기도 했던 중고등학생들의 노스페이스 다운점퍼 열풍은 전형적인 '준거집단에 의한 소비행동'이라고 할 수 있다. 평창동계올림픽을 전후하여 나타난 롱패딩 열풍도 같은 종류의 소비행동이다.

가족 : 핵가족과 확대가족

가족family은 사회를 구성하는 가장 작은 집단이자 그 자체로서 하나의 소비 집단이다. 가족은 집단으로 구매 의사결정을 하는 경우가 많은데 이때 구성원들은 저마다의 역할을 수행하게 된다는 특징이 있다. 구성원의 역할에 따라 특정 제품을 구매해야 한다는 필요성을 처음으로 제기하는 정보 제공자, 특정 제품을 구입하거나 대안 제품들을 평가하는 과정에서 영향력을 행사하는 영향력 행사자, 구매에 관한 최종 결정을 내리는 의사결정자, 실제로 매장을 방문하여 제품을 구입하는 구매자, 그리고 실질적으로 소비 또는 사용을 하는 사용자로 구분할 수 있다. 경우에 따라서는 이 모든 의사결정을 한 사람이 할 수도 있지만 구매의 필요성에 따라 각자의 역할을 하는 경우가 더 많다.

특히 3대 이상으로 이루어진 가족인 확대가족의 구성원들은 이런 전통적인 구매 의사결정 과정에서 다양한 역할을 행사한다는 특징이 있다. 예를 들어, 구매하고자 하는 제품의 용도가 개인용인지, 가족공용인지에 따라 각각의 가족 구성원들이 구매 의사결정에 미치는 역할과 영향력은 크게 달라진다. 자동차를 개인

캥거루족의 증가가
가족의 소비 행동에 미치는 영향

캥거루처럼 성인이 되어서도 경제적으로나 정신적으로 독립하지 못하고 부모에게 의존하는 사람을 '캥거루족'이라고 한다. 독립하지 못하는 데에는 대부분 경제적인 이유가 크다. 우리나라뿐 아니라 일본, 미국, 유럽 등 해외에서도 '캥거루족'이 증가하는 추세이다.

일본에서는 1990년대에 문제가 됐던 20~30대 캥거루족의 상당수가 현재 중장년층이 되어서도 부모에게서 독립하지 못하고 있다. 미국의 캥거루족 대부분은 1980년대 초반부터 2000년대 초반에 출생한 이들로, 인생을 소유하는 대신 즐기려는 성향을 보이고 있다. 유럽연합[EU] 회원국에서도 평균 26세가 넘어서야 부모에게서 독립하는 것으로 나타났다. 특히 남유럽 젊은이들이 북유럽보다 독립하는 시기가 한참 늦었다. 북유럽도 최근 치솟는 집값에 자녀 독립 시기가 더 늦어질 것으로 보인다.[12]

우리나라의 사정은 더욱 심각해지고 있다. 통계청의 '2015 사회조사'에 따르면 60대 이상 인구의 31.6퍼센트가 자녀와 함께 살고 있으며, 이들의 34.2퍼센트가 '자녀의 독립생활이 불가능해서' 같이 살고 있는 것으로 파악된다. 이러한 상황은 취업이 늦어질 뿐만 아니라 취업에 성공하더라도 처우가 열악한 직업을 얻는 경우가 많기 때문인 것으로 풀이된다. 당분간 캥거루족이 줄어들기 쉽지 않은 상황이다.[13]

또한 결혼하고도 부모 집에 얹혀사는 '신캥거루족'도 증가하는 추세이다. 2015년 여성가족부가 실시한 가구실태조사에서 신캥거루족은 우리나라 전체 가구의 4.4퍼센트에 달했다.

부모 집에 얹혀사는 캥거루족을 다룬 영화 〈고령화가족〉[14]

이처럼 캥거루족이 오늘날 새로운 형태의 가족 구조를 형성하고 있다. 캥거루족의 가족 구성은 전통적인 핵가족의 조건에 부합하나, 소비행위는 전혀 다른 형태라는 특징이 있다. 자식이 부모의 경제력에 일부 의지하게 됨으로써 구매 의사결정의 역할에도 변화가 일어난 것이다. 자동차를 구입하는 경우를 보자. 비경제 활동인구로 구성된 핵가족 내에서는 주로 아버지가 막강한 구매 의사결정권을 행사하는 반면에, 경제 활동을 할 수 있는 나이에 도달한 캥거루족도 어느 정도는 사용 주체가 됨으로써 아버지의 구매 의사결정에 영향력을 미친다. 다시 말해, 경제적 부담은 하지 않으면서 구매 의사결정에는 영향력을 미치는 것이다.

용으로 사용할 경우에는 사용자 개인의 취향이 가장 중요한 구매요인이겠지만, 가족용으로 사용할 계획이라면 가족 구성원들의 의견을 반영해 구매 의사결정을 내린다.

핵가족화로 인해 소비행동에 영향을 미치는 전통적인 가족 구성원의 역할에도 큰 변화가 찾아오고 있다. 일반적으로 부부와 미혼 자녀만으로 이루어진 가족을 핵가족이라고 하는데, 최근에는 부부만 살거나 한 부모와 자녀만 있는 가정, 1인 가구 등 변형된 '소핵가족'들이 빠르게 늘어나고 있다. 이에 따라 구매 의사결정에 미치는 구성원들의 영향력 역시 변하고 있다. 따라서 마케터는 전통적인 구매 의사결정 과정과 구매 의사결정에 영향을 미치는 가족 구성원들의 역할은 물론, 가족 구조 변화에 따른 구매 역할과 소비 성향을 잘 살펴 마케팅 활동을 계획해야 한다.

라이프스타일

라이프스타일^{lifestyle}은 한 인간이 지니고 있는 차별적이고 특징적인 생활양식의 총체로 사람이 시간과 비용을 소비하는 데 관계되는 모든 생활양식을 일컫는다. 예를 들어, 어떤 소비자가 취미로 쇼핑, 레저 등의 활동을 즐기고 가정, 친구, 음식에 관심이 많으며 사회문제, 정치, 경제에 대해 비판적인 관점을 갖고 있는 것 등을 라이프스타일이라 할 수 있다. 소비자가 '어떤 활동을 하고, 어떤 분야에 관심이 있으며, 어떤 관점을 갖고 있는가?' 등을 살펴봄으로써 소비자의 라이프스타일을 파악할 수 있다.

인구통계학적 특성을 바탕으로 소비자를 분류하고, 라이프스타일을 분석해보면 소비행동의 특징을 파악할 수 있고, 이를 통해 세분시장을 나눌 수 있다. 마케터는 이렇게 도출된 결과를 바탕으로 효과적인 마케팅믹스를 개발하게 된다. 여기서 한 가지 명심할 것은 소비자가 자신의 행동과 라이프스타일의 관계를 명확하게 인식하지 못할 수도 있다는 것이다.

예를 들면, '내 생활은 너무 바쁘다. 그래도 나는 하루에 단 한 번, 커피 한 잔의 여유를 즐기고 싶다.'라고 생각하는 소비자가 있다고 해보자. 당신이 마케터라면 이 소비자를 위해 어떤 커피를 제공해줄 것인가? 쉽고 간편하게 즐길 수 있는 인스턴트커피를 선호할 수도 있지만, 바쁜 생활에 쫓길수록 잠시나마 여유를 만끽하고자 원두커피를 찾을 가능성도 있음을 염두에 둬야 한다. 라이프스타일이 구매 의사결정에 막대한 영향을 미치는 요소이긴 하지만, 구체적으로 어떤 영향력을 행사하는지 파악하기 곤란한 경우도 있는 것이다.

경우에 따라서는 어떤 제품을 특정 소비자의 라이프스타일과 직접적으로 연결하여 마케팅 전략을 구상할 수도 있다. 와인은 제품의 특성상 고급스런 이미지를 가지고 있다. 따라서 고급스러운 라이프스타일을 추구하는 소비자라면 응당 와인도 중요하지만 와인을 담는 잔도 중요하게 생각한다. 즉, 같은 와인이라도 최고급 와인 잔에 따라 마셔야 그 맛을 제대로 느낄 수 있다. 고품격 와인 잔을 만드는 기업인 '리델^{Riedel}'은 바로 이 점에 주목했다. 리델은 좋은 와인을 구입하는 고객의 라이프스타일에 맞춰 '좋은 술 못지않게 그 술을 담는 잔도 중요하다'는 스토리텔링을 펼쳤고, 그 덕분에 크게 성공할 수 있었다. 그러나 사실 과학적이고 공정한 블라인드 테스트에 따르면 어떤 잔에 따라 마시든 소비자들이 느끼는 와인 맛을 다르지 않다고 한다.[15]

소비자들의 구매 의사결정 및 소비행동에 의해 라이프스타일이 영향을 받기도 한다. 예를 들면, 소비자가 제품을 구매하는 과정이나 사용 경험에 의해 고급 제품을 선호하는 스타일로 변할 수 있다. 경우에 따라서는 이직이나 결혼 등 생활환경의 변화에 의해 라이프스타일이 변하는 경우도 있다. 대체로 라이프스타

▼ 300년 전통의 와인 잔 제조 기업 리델의 제품[16]

일이 변하면 소비자의 소비행동도 함께 변할 가능성이 높다. 새로운 마케팅 기회는 대부분 이때 생겨난다.

개성

개성^{personality}은 각 개인의 특별한 감정, 의지, 행동 따위로 다양한 주위 환경에 대하여 일관성 있게 행동하도록 만드는 독특한 심리적 특성이다. 개성은 소비자의 브랜드 선호도에 그대로 투영되는 경향이 있다.

브랜드가 갖고 있는 일련의 인간적 특성을 브랜드 개성이라고 하는데, 소비자들은 브랜드의 개성을 자신과 동일시하거나 여기에 매력을 느껴 지속적으로 해당 브랜드의 제품을 구입하는 경우가 많다. 예를 들면, '프라다^{Prada}'의 핸드백을 구입함으로써 프라다의 '도시적이고 현대적인 세련미'라는 브랜드 개성을 자신에게 그대로 투영하고자 하는 것이다. 여기에는 '나는 다른 사람들과 달라'라고 하는 자부심도 밑바탕에 있다.

▼ 도시적이고 현대적인 세련미를 강조한 프라다 핸드백[17]

소비자들은 언제나 최고의 선택을 할까

인간을 지배하는 두 가지 사고방식

사실 대다수의 소비자들이 지금껏 설명한 구매 의사결정 과정을 거쳐 항상 최고의 선택을 하는 것은 아니다. 소비자들은 때로는 충동적이고, 또 비계획적으로 구매를 결정하기도 한다. 그 이유는 무엇일까?

우리가 일반적으로 이야기하는 합리적인 의사결정 과정이라고 하면 주로 관리적인 사고에 의해 이루어지는 것을 말한다. **관리적 사고**는 정보의 인식, 저장, 재생을 통해 정보를 처리하고, 논리적으로 문제를 해결하는 의식적인 사고방식이다. 기업은 바로 이 소비자들의 의식적인 사고에 영향력을 행사하고자 지금껏 막대한 마케팅 비용을 쏟아 부었다. 이런 경향은 특히 기업에서 신제품을 개발할 때 가장 많이 볼 수 있다. 소비자들이 합리적으로 의사결정을 한다는 전제로, 제품이 뛰어나면 반드시 구매해줄 것이라 생각하고 신제품을 개발한다.

이렇게 개발된 신제품이 모두 성공한다면 문제될 것이 없다. 그러나 신제품 대부분은 실패하고 있다. 왜 이런 결과가 나올까? 소비자들이 꼭 합리적인 의사결정 과정을 거쳐 제품이나 서비스를 구매하지 않기 때문이다. 실패를 줄이기 위해서는 소비자들이 습관적으로 사고한다는 사실을 인지하고, 제품 개발 과정에도 이러한 경향을 반영해야 한다.

습관적인 사고는 과거의 경험을 통해 현재의 행동을 좌우하는 무의식적인 사고로, 인간의 심장박동과 체내온도를 조절하는 것부터 학습된 행동을 기억 속에 저

▼ 소비자들이 빨간색과 독특한 병 모양만 보고도 습관적으로 구매하도록 만든 코카콜라[19]

장하는 것까지 매우 광범위한 기능을 통제한다. 운전을 위해 자동차에 시동을 걸고 안전벨트를 매는 일련의 행위는 거의 무의식적으로, 습관에 의해 이루어진다. 시동을 걸면서 그 원리를 궁금해하거나 안전벨트를 매는 방법을 고민하지 않는 이유는 바로 무의식적인 사고를 기반으로 행동이 이루어지기 때문이다.

소비자행동 전문가인 닐 마틴Neale Martin은 자신의 저서인 《Habit 해빗Habit》을 통해 "무의식이 인간 행동의 95퍼센트를 지배한다."고 했다.[18] 이런 뇌 과학 연구 결과를 밝히면서 마케터들이 가지고 있던 기존의 상식들을 뒤엎고 새로운 변화를 촉구한 바 있다. 가전제품을 비롯하여 일반 소비재, 금융, 산업재에 이르기까지 대부분의 제품이나 서비스를 선택하는 소비자들의 행동은 관리적인 사고가 아니라 무의식적인 사고에 의해 영향을 받는다는 것이다.

대표적인 예가 바로 코카콜라이다. 소비자들은 코카콜라를 보는 순간 친숙하고 친근한 이미지를 떠올린다. 그리고 새로운 대안을 찾거나 가격을 비교해보는 등의 관리적인 사고 과정 없이 거의 즉각적으로 구매를 결심한다. 코카콜라가 세계적인 브랜드 가치를 구축할 수 있었던 배경에는 소비자들이 습관적 사고를 통해 제품을 구입할 수 있도록 지속적으로 마케팅 활동을 펼쳤기 때문이다.

마이크로소프트는 왜 애플의 돌풍에도
타격을 입지 않을까?

아이폰, 아이패드 등을 통해 애플 제품을 처음 접해본 소비자들이 '디자이너의 컴퓨터'로 여기던 맥 컴퓨터까지 손을 뻗고 있다. 디자인이나 일부 특수한 목적으로 사용되던 맥 컴퓨터가 이제는 일반적인 사용 목적으로도 뜨거운 관심을 받고 있다. 그러나 경쟁사인 마이크로소프트는 여전히 전체 데스크톱 OS시장에서 선두를 달리고 있다. 넷마켓셰어NetMarketshare의 2017년 1월 세계 데스크톱 OS 점유율 통계에 따르면, 데스크톱 OS 시장에서 버전을 막론하고 윈도OS가 91.41퍼센트의 점유율을 보였다. 그에 비하면 맥OS 점유율은 6.32퍼센트에 그치고 있다.[20]

마이크로소프트가 OS시장의 점유율을 지켜올 수 있었던 비결은 무엇일까? 대체 마이크로소프트는 OS시장에 어떤 엄청난 진입장벽을 쳐놓은 것일까? 뭔가 특별한 것이 있을 거라 생각하지만 그 비결은 의외로 단순하다.

첫째, 사용자들이 마이크로소프트의 제품들을 습관적으로 사용하게 만든 것이다. 컴퓨터를 켜면 윈도OS로 부팅이 되고, 인터넷을 사용하기 위해서는 인터넷 익스플로러를 사용해야 한다. 또 윈도OS를 설치할 때 워드, 엑셀, 파워포인트 등의 오피스 응용 프로그램도 연동하여 사용하도록 했다. 정리하면, 사용자들이 컴퓨터를 켜는 순간부터 종료할 때까지 마이크로소프트의 제품을 계속해서 접하고, 또 사용하도록 만든 것이다.

둘째, 사용자들로 하여금 '마이크로소프트의 소프트웨어를 사용하지 않으면 비즈니스 세계에서 뒤처진다.'는 강박관념을 심어준 것이다. 마이크로소프트는 보고서나 프레젠테이션 자료 등의 비즈니스 문서 작성을 위해 최적화된 워드, 엑셀, 파워포인트 등의 오피스 응용 프로그램을 제공한다. 그리고 이 프로그램들을 보편적으로 통용되는 오피스 프로그램으로 만들기 위해 사용자 수를 증대하고자 노력해왔다. 마이크로소프트 오피스 프로그램들의 사용 숙련도를 평가하는 공인인증 시험 제도를 운영하는 것도 바로 그러한 이유이다.

마이크로소프트는 이미 이러한 노력을 통해 소비자들의 습관을 완벽히 지배하고 있었기 때문에 메인컴퓨터에서 퍼스널컴퓨터로 시장이 변했을 때도, 애플과 같은 강적이 나타났을 때도, 시장에서 선도적인 위치를 굳건히 지켜낼 수 있었다.

마이크로소프트의 윈도[21]

Windows 10 Pro
Devices

막강한 영향력을 가진 조직구매자의 의사결정 과정

조직구매자^{organizational buyers}는 직접적인 소비를 목적으로 제품이나 서비스를 구매하는 일반 소비자와는 달리, 재판매나 다른 제품의 생산을 목적으로 이를 구매하는 개인이나 조직체를 말한다. 모든 조직구매자들이 중요하지만 그중에서 특히 마케팅의 대상으로서 중요한 구매자들로 산업 구매자, 재판매자, 정부가 있다. 따라서 이들의 의사결정 과정에 대해서 자세히 알아둘 필요가 있다.

산업 구매자는 제품 또는 서비스를 생산하기 위하여 이에 필요한 원자재, 부품, 기계설비 등을 구입하는 이들을 말한다. 산업 구매자들의 궁극적인 목표는 생산된 제품이나 서비스를 판매, 대여, 교환함으로써 이윤을 창출하는 데 있다. 산업 구매자를 재판매자^{resellers}와 혼동해 알고 있는 이들이 많은데, 재판매자는 소매상이나 도매상처럼 제품을 되팔아서 이익을 얻을 목적으로 제품이나 서비스를 구입하는 개인이나 조직을 의미함을 구분해서 알아둬야 한다. 일반 소비자와 조직구매자의 특성을 비교하면 〈표 3-1〉과 같다.

▼ 〈표 3-1〉 일반 소비자와 조직구매자의 차이점

구분	일반 소비자	조직구매자
고객의 수	다수의 고객이 소량 구매	소수의 고객이 대량 구매
고객과의 관계	그다지 긴밀하지 않음	매우 긴밀함
구매결정에 참여하는 사람들의 수	한 사람 또는 소수	다수
고객의 상품 지식	비교적 낮음	비교적 높음
고객의 지역별 분포	비교적 고르게 분포	특정 지역에 집중
수요의 변동	비교적 낮음	비교적 높음

조직구매는 구매결정 과정에 많은 이들이 참여한다. 참여자들에는 구입 제품을 직접 사용하는 사용자, 평가 기준, 정보 제공, 구매결정에 직간접적으로 영향을 미치는 영향력 행사자, 협상 및 타결의 권한을 가진 구매자, 최종적인 승인에 대한 공식 또는 비공식적인 권한을 가진 구매결정자, 정보나 판매자를 통제할 수

있는 권한을 가진 정보 통제자 등이 있다. 그리고 이와 같은 업무를 통합적으로 처리하는 조직인 구매센터^{buying center}가 있다. 구매센터는 상설 조직인 경우도 있지만, 대부분 각각의 부서에서 그 역할만을 수행하는 비상설 조직으로 이루어져 있는 경우가 많다.

집단에 의한 조직구매는 일반 소비자들의 구매 의사결정에 비해 좀 더 합리성과 전문성을 가지고 이루어진다. 조직구매자들은 대체로 구매를 전담하는 전문 인력, 납기와 품질 등의 주요 의사결정 기준과 항목, 그리고 이러한 요건들을 사전에 검토할 수 있는 충분한 자원을 보유하고 있다. 그리하여 일반 소비자들 보다 더 객관적인 정보를 수집하고 이를 평가하여 구매할 수 있어 합리적으로 의사결정을 내릴 수 있다. 그러나 조직구매자들의 구매결정 과정에서도 습관적인 구매가 이루어질 가능성은 여전히 높다.

예를 들어보자. 원료 구매 같은 경우는 지속적으로 이루어지는 경우가 많다. 따라서 재구매가 이루어지는 경우에는 기존의 구매 의사결정 과정 중 일부를 건너뛰어 구매 과정이 진행되기도 한다. 공급망관리^{SCM: Supply Chain Management}가 이루어지는 기업들의 경우에는 아예 주문 절차가 자동화되어 진행되기도 한다. 조직구매자의 구매 의사결정 과정이 일반 소비자와 확연히 다른 큰 차이는 없다. 그러나 조직에 의한 차이는 분명 존재하기 때문에 어떤 부분에서는 크게 다를 수도 있다. 문제인식에서 구매 후 평가까지의 기본 과정은 그대로 따르지만 제품의 확정, 제안서 요청, 계약 체결, 공급업자 성과 평가 등의 과정이 새로 추가되기도 한다.

03

한발 앞서 트렌드를 읽고 그에 대비하라

트렌드란 무엇이고 어떻게 알 수 있는가

트렌드^{trend}란 이미 발생한 특정한 이슈가 아니라 앞으로 어떤 식으로든 일어날 무엇인가에 대한 예측이다. 또한 일시적으로 유행^{fad}하고 마는 것이 아니라 지속적으로 전개되는 현상을 의미한다. 어떤 트렌드는 장기적으로 거의 모든 사회 분야에 영향을 미치는 메가트렌드^{megatrend}로까지 발전한다.

트렌드를 읽어내기 위해서는 인간 행동을 변화시키는 '특별한 신호'를 찾아내야 한다. 실제로 트렌드는 대부분의 사람들이 생각하는 것보다 훨씬 더 쉽게 예측할 수 있다. 트렌드라고 해서 어느 날 갑자기 '짠' 하고 등장하는 것이 아니라 인간의 행동을 수반하는 모든 사회 · 문화적인 현상에서 서서히 태동하는 것이기 때문이다. 또 거시적으로 보면 인간의 행동은 예측 가능할 때도 많다. 한 시간 후에, 하루 후에, 그리고 한 달 후에 내가 무엇을 하고 있을지는 어느 정도 예측할 수 있다. 문제는 내가 아니라 '소비자의 한 시간, 하루, 한 달 후의 일정이나 계획을 알 수 있는가' 하는 것이다. 물론 소비자도 마찬가지로 유심히 관찰해보면 앞으로의 행동을 어느 정도 예측할 수 있다.

다시 말해, 소비자의 행동을 면밀히 관찰하면 미래의 변화를 읽어낼 수 있다. 비록 더 먼 미래로 갈수록 예측의 정확성은 떨어지겠지만, 그 신호를 포착하는 것은 충분히 가능하다. 예를 들어, 부모의 소득 증가와 한 자녀로 구성된 가족에 속한 아동의 미래 소비행동을 살펴보자. 어떤 트렌드를 읽어낼 수 있을까? 이 경우 예상되는 트렌드는 '아동의 고급품 소비'가 될 것이다. 부모, 조부모 할 것 없이 하나밖에 없는 아이에게 최고로 좋은 것들만을 주고 싶어 할 것이기 때문이다. 그리하여 가격보다도 안전성, 품질 등을 우선시해 최고로 좋은 의류, 유모차,

키즈산업에는 불황이 없다?

통계청 자료에 따르면 2015년 출생아 수는 43만 8,400명, 합계출산율은 1.24명으로 집계됐다. 우리나라의 출산율은 프랑스(2.08명), 미국(1.87명), 영국(1.89명), 러시아(1.61명), 중국(1.60명), 일본(1.46명)에 비해 현저히 떨어지고 있다. 그러나 계속해서 아이 울음소리가 줄어드는 사회적 구조와 배경 때문인지 몇 없는 아이들에 대한 부모의 사랑은 충분하다 못해 흘러넘칠 정도다. 아이 한 명에게 쏟아지는 관심과 사랑은 부모와 외·조부모를 합쳐 6명에 이른다. 또한 결혼을 늦게 하거나 혹은 혼자 살기를 자처하는 싱글족이 늘어나면서 삼촌과 이모들까지도 조카들에게 애정을 쏟고 있다. 이제는 식스포켓이 아니라 이모와 삼촌을 합친 에잇포켓Eight Pocket으로 진화했다.

2015년 미국 경제지인 〈포춘Fortune〉에 초호화 유아용품이 소개되며 전 세계 아빠, 엄마의 이목을 집중시킨 사례가 있다. 당시 163억 원을 호가하는 순금 아기침대, 양털과 캐시미어 담요가 깔린 500만 원짜리 유모차, 37만 원짜리 딸랑이 등이 소개됐다. 각종 산업에서 새로이 성공 신화를 쓰고 있는 키즈산업은 프리미엄시장에서도 두각을 나타냈다. 에잇포켓의 넉넉한 재정 지원 덕에 아이들의 귀족화가 가속화되고 있기 때문이다. 이런 소비 경향에 국내에도 프리미엄 키즈 셀렉숍이 잇따라 문을 열고 있다. 한국패션협회의 자료에 따르면 2015년 8월 국내 한 백화점에 입점한 몽클레르Moncler의 아동판 브랜드 '몽클레르 앙팡'은 입점하자마자 월 매출 3억 5천 만 원을 기록하기도 했다.[22]

계속되고 있는 불경기에도 불구하고 키즈산업은 지속적으로 호황을 누리고 있다. 이런 현상은 특히 고급 아동용품 분야에서 두드러지게 나타나고 있다. 이러한 트렌드는 풍요로워질수록 더 좋은 것, 더 많은 것을 추구하는 현대인의 소비심리가 반영된 것이다. 이런 소비 트렌드는 앞으로도 계속될 것이다. 부모 세대에서 그치지 않고 자녀 역시 성인으로 성장하면서 자연스럽게 이런 풍요의 바이러스에 감염될 수 있기 때문이다.

몽클레르의 키즈 라인 몽클레르 앙팡[23]

분유 등을 구입하게 된다. 이는 곧 고급 아동용품의 수입으로 이어지고, '키즈산업의 고급화'라는 트렌드로 이어질 가능성이 높다.

기업이 트렌드의 변화를 재빨리 알아차리고 제대로 대응한다면 변화에 대처할 충분한 시간적 여유를 확보할 수 있을 것이다. 그러나 그 신호를 감지하지 못한다면 변화가 닥쳤을 때 발 빠른 대응은커녕 적응도, 아니 추격조차도 하지 못할 수 있다. 새로운 트렌드는 아무런 징후나 예고도 없이 갑작스럽게 등장하는 것이 아니다. 트렌드의 탄생과 확산에 대한 이해를 바탕으로 시장과 소비자가 보내는 신호를 꾸준히 관찰하다 보면 과거와 달라진 소비자들의 태도와 취향, 즉 트렌드를 발견하고 시장의 기회도 잡을 수 있다.

트렌드는 어디서, 어떻게 찾아야 하는가

트렌드를 관찰하고자 한다면 대체 어디서, 누구를 지켜봐야 할까? 전체 시장을 조망해야 하니 모든 소비자들을 다 관찰해야 할까? 그렇게 하려면 엄청난 시간과 노력, 비용이 요구되고, 해당 기업의 제품과 서비스와 관련된 의미 있는 결과를 선별해내기 힘들 것이다. 굳이 모든 소비자들을 다 이해할 필요는 없다. 트렌드의 탄생과 확산의 비밀을 갖고 있는 트렌드 창조자innovator와 트렌드 결정자trendsetter들만 살펴보더라도 새로운 변화를 파악하고, 또 트렌드를 예측할 단초를 얻을 수 있다. 트렌드 창조자는 끊임없이 새로운 도전과 모험을 즐기는 사람들을 말한다. 트렌드 결정자는 트렌드 창조자가 생산해낸 새로운 것들을 제일 먼저 소비하고 세상에 소개하는 사람들이다. 트렌드 전문가인 헨릭 베일가드Henrik Vejlgaard가 주장한 트렌드 집단을 정리하면 〈그림 3-2〉와 같다.

마케터는 트렌드 창조자와 트렌드 결정자들을 통해 특정 트렌드가 일시적인 유행으로 그칠 것인지, 아니면 오래 지속될 메가트렌드인지를 파악해야 한다. 이를 바탕으로 특정 제품이나 서비스의 출시, 또는 시장의 진출 여부를 결정해야 한다. 그래야만 실패 가능성을 줄일 수 있다. 트렌드가 발생하고 나서 한참 후, 주류 소비자들까지 형성된 시장에 뒤늦게 뛰어든다면 성공 가능성은 매우 희박

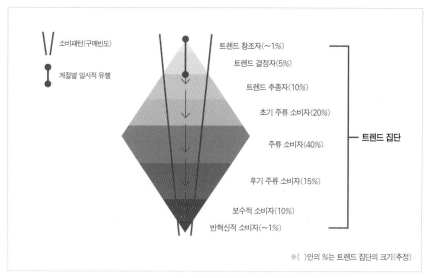

▼ 〈그림 3-2〉 다이아몬드형 트렌드 모델[24]

소비패턴(구매빈도)

계절별 일시적 유행

트렌드 창조자(~1%)

트렌드 결정자(5%)

트렌드 추종자(10%)

초기 주류 소비자(20%)

주류 소비자(40%)

후기 주류 소비자(15%)

보수적 소비자(10%)

반혁신적 소비자(~1%)

트렌드 집단

※ ( )안의 %는 트렌드 집단의 크기(추정)

해진다. 문제는 새로운 트렌드의 발생과 성숙, 혹은 쇠퇴의 시기를 정확히 예측하기 어렵다는 것이다. 그리고 비록 정확히 예측했다고 하더라도 과감하게 결단을 내리기가 쉽지 않다는 것이다. 관련 사례를 살펴보자.

지난 2009년 10월 중순, 애플의 아이폰이 국내 출시를 앞둔 시점(2009.11.28.)에 개인 자격으로 전파인증을 받은 사례가 106건으로 집계되었다.[25] 이들은 지인이나 구매대행을 통해 미국, 호주, 홍콩 등지에서 판매되는 아이폰을 구입한 후, 별도의 비용을 들여 직접 전파인증을 받아 국내에서 개통해 사용하는 사람들이었다. 아이폰이 국내 출시를 목전에 두고 있었다는 점을 감안하면 매우 이례적인 현상이었다. 이들은 과연 어떤 사람들일까? 이들이 바로 흔히 말하는 얼리어답터early adopter이자 트렌드 창조자라고 할 수 있다.

국내에서 아이폰이 출시된다고 해도 스마트폰시장에 미치는 영향은 그리 대단하지 않을 것이라고 이야기한 전문가들이 많았다. 하지만 미국보다 2년이나 늦게 국내에서 출시되었음에도 불구하고, 아이폰은 출시 후 1년 만에 150만 대가 넘게 판매되었다. 그리고 이에 위협을 느낀 삼성전자가 갤럭시S를 조기에 출시하도록 만들기도 했다. 결과적으로 아이폰이 국내에 출시된 후 1년 만에 스마트폰 가입자 수는 700만 명을 돌파했다. 2012년 5월에는 전체 휴대전화 가입자의 50.84퍼센트에 달하는 2,672만 명의 사용자를 확보했다. 2017년 12월 기준(과기정통부)으로 스마트폰 이용자 수가 4,800만 명에 도달했다. 전체 인구 중 94퍼센트 이상이 스마트폰을 이용하고 있다. 스마트폰에 대한 잠재되어 있던 소비자들의 욕구가 폭발한 것이었다.

문제는 우리나라의 어떤 기업도 이러한 결과를 예측하지 못했고, 발 빠르게 대응하지 못했다는 것이다. 삼성전자와 SK텔레콤은 소비자들의 잠재욕구를 제대로 파악하지 못함으로써 스마트폰시장에서 선도자로의 프리미엄을 얻을 수 있는 기회를 놓쳤으며, 이를 만회하는 데 상당한 어려움을 겪었다. 만약 이 두 기업이 시장의 트렌드를 예측하고 발 빠르게 대응했다면 경쟁사보다 먼저, 그리고 쉽게, 소비자들의 마음을 사로잡고 선도자로서 프리미엄을 획득하며 스마트폰시장에서 유리한 고지를 선점했을 것이다.

트렌드를 따라갈 것인가, 아니면 앞서갈 것인가

트렌드를 따라가야[trend follower]할까, 아니면 한발 앞서 트렌드를 파악하고 이를 선도해야[trend hunter]할까? 거의 모든 기업들이 트렌드를 앞서 파악하고, 도래할 트렌드에 맞추어 제품이나 서비스를 출시함으로써 시장을 선점하고 싶어 한다. 트렌드를 재빨리 따라가는 '빠른 추격자 전략'보다도 더욱 확실한 성공을 거둘 수 있는 것은 아직 세상에 잘 알려지지 않은 새로운 무엇인가를 가장 먼저 파악해서 트렌드를 선도하는 것이다.

그런 의미에서 메가트렌드는 거시경제적인 측면에서는 중요한 현상이지만 실제 경영현장에서는 한물간 이야기일 가능성이 높다. 이미 메가트렌드로 인해 시장이 성숙되어 있는 상태이므로 사업적인 측면에서는 별로 도움이 되지 않기 때문이다. 따라서 소비자들의 니즈를 미리 파악하여 수요가 있을 때 적합한 제품과 서비스를 시장에 내놓아야 할 숙명을 가진 마케터들은 메가트렌드보다 마이크로트렌드에 더 많은 관심을 가져야 한다. 《마이크로트렌드》의 저자인 마크 펜[Mark

Penn과 키니 잴리슨Kinney Zalesne은 "세상 돌아가는 방식을 결정하는 몇몇의 거대한 트렌드가 있다는 개념은 이제 무너지고 있다. 그 대신에 이 세계는 얽히고설킨 미로와 같은 선택들에 의해, 다시 말해 쌓이고 쌓이는 '마이크로트렌드'들에 이끌려가고 있다. 대개 인구의 1퍼센트밖에 되지 않지만 강력하게 우리 사회의 모습을 형성하고 있는, 레이더에 포착되지 않는 작은 세력들 말이다."라고 이야기한 바 있다.[26]

흔히들 합리적이고 신빙성 있는 자료라고 생각하는 통계에서는 대부분 비율이 가장 높은 어떤 것이 모든 관심과 주목을 받고 이슈로 제기된다. 그러나 우리는 1퍼센트에 불과한 아주 작은 어떤 것이 중대한 변화를 일으킬 수 있다는 사실을 명심해야 한다. 메가트렌드도 처음에는 이 1퍼센트의 마이크로트렌드에서 시작된다. 1퍼센트가 10퍼센트로, 그리고 50퍼센트로 확산되면서 메가트렌드가 되는 것이기 때문이다. 이미 우리는 소수의 앞선 사람들이 '전파인증'이라는 복잡하고 어려운 절차를 거쳐야 하는 번거로움과 비싼 비용을 감수하면서 아이폰이 정식으로 국내 개통되기 이전부터 아이폰 열풍을 불러일으킨 사례에 대해 살펴본 바 있다.

앞으로 도래할 1퍼센트에 해당하는 마이크로트렌드는 어떤 것이 있을까? 통계청이 발표한 '2015 인구주택총조사' 자료에 따르면 국내 다문화 가정의 수는 29만 9천 가구다. 1,911만 전체 가구 중 1.6퍼센트를 차지한다. 가구원(인구) 수로는 88만 8천 명으로 전체 인구의 1.7퍼센트에 달했다.[27] 이는 우리나라가 다문화 사회로 변화하고 있음을 의미하는 동시에, 여기에 새로운 시장의 기회가 숨어 있음을 시사한다.

트렌드에 앞서 소비자 공간을 점령하라

산업화 시대를 거쳐 오면서 소비자에 대한 연구와 함께 소비자들의 심리적인 현상과 제품 구매와의 관계를 규명하고자 하는 수많은 연구들이 이루어졌다. 그리고 의식주의 변화, 소득 수준의 향상 등과 함께 시대가 바뀌면서 미래의 트렌드를 예측하고자 하는 시도들도 계속해서 이루어져 왔다. 앞에서 여러 차례 살펴보았듯이 기업이 트렌드를 앞서간다면 분명 경쟁사보다 한발 앞서 목표로 하는 시장을 선점할 수 있다. 여기서 문제는 그 시장을 지속적으로 장악하기 위해서는 트렌드만 잘 안다고 해서 되는 게 아니라는 것이다. 트렌드를 앞서가는 것보다 '소비자들의 마음속에 우리 브랜드가 어떤 의미가 있는지', '소비자들에게 어떤 가치를 제공해줄 것인지'를 먼저 고려해야 한다.

《신제품 개발 바이블》의 저자 로버트 쿠퍼^{Robert G. Cooper} 교수는 신제품의 실패율이 90퍼센트를 넘는다고 한다.[28] 세계적인 컨설팅 회사인 부즈알렌앤드해밀턴 Booz Allen & Hamilton Inc.에 따르면 의약품의 경우 신제품의 61퍼센트가, 식품부문의 경우 신제품 중 86퍼센트가 실패한다고 한다.[29] 신제품 실패율이 이렇게 높은 것은 우리가 소비자에 대해 많은 연구를 하고 있지만 여전히 소비자를 잘 이해하지 못한 결과이다. 그 원인을 다름 아닌 마케터의 잘못된 생각에서 찾아볼 수 있다. 마케터들은 소비자의 중요성을 익히 알고, 이들의 마음을 사로잡기 위해 다양한 시도들을 해왔다. 그러나 그러한 시도들이 소비자가 아니라 마케터의 인식을 반영한 것은 아닌지 의심해볼 필요가 있다.

소비자 행동 분야의 석학이자 세인트조셉대학의 마케팅 교수인 마이클 솔로몬^{Michael Solomon}은 이 문제를 '소비자 공간^{consumer space}'이라는 개념으로 설명한 바 있다. 그는 지금까지의 마케팅은 주로 마케터가 마음대로 할 수 있는 마케터 공간 marketer space에서 이루어져 왔다고 한다.[30] 마케터 공간이란 마케터가 자신의 의도에 따라 소비자들이 반응할 것이라는 전제로 모든 상황을 통제할 수 있다고 생각하는 공간을 말한다. 즉, 지금까지의 마케팅은 소비자를 위한 것이 아니라 마케터 혹은 기업을 위한 것이었다는 말이다.

문제는 갈수록 마케터 공간에서 기획되고 실행되는 마케팅의 성공 확률이 현저히 줄어들고 있는 것이다. 소비자들의 욕구가 다양해지고, 추구하는 편익 역시 지극히 개인화되면서 소비 성향이 자기중심적으로 변화하였고, 그로 인한 브랜드에 대한 기대치도 천차만별 달라졌다. 다시 말해, 이제는 '브랜드화된 세계^{branded world}'

가 도래하면서 마케터 공간이 아닌 수많은 소비자 공간이 존재하게 된 것이다.

이러한 문제를 해결할 수 있는 방법으로 그가 제시한 것이 바로 소비자 공간에 대한 새로운 사고 및 접근법이다. 소비자 공간에서는 오직 소비자만이 전지전능한 힘을 가진 존재이며, 마케터는 여기에 쉽게 접근할 수 없다. 마케터가 경쟁사 및 소비자와의 인식의 싸움, 즉 마케팅 전쟁에서 승리하기 위해서는 이 소비자 공간을 우선적으로 점령해야 한다. 소비자 공간을 점령하기 위해서는 가장 먼저 브랜드화된 현실 세계를 바로 인식하는 것이다. 그리고 해당 브랜드를 소비자 인식 속으로 끌어들여 소비자가 자신만의 상징과 감성을 통해 지속적으로 특별한 경험을 할 수 있도록 만들어줘야 한다. 이를 위해서는 소비자들이 그런 느낌을 받고, 또 계속해서 간직할 수 있도록 가상의 공간이나 테마를 만들어 '환상'을 경험할 수 있도록 해야 한다.

대표적인 예가 바로 이탈리안 레스토랑 '매드포갈릭Mad for Garlic'이다. 매드포갈릭은 음식의 부가적인 재료로 쓰이던 마늘을 주된 테마로 모든 메뉴를 구성하고, 중세 유럽풍의 특색 있는 인테리어로 레스토랑을 꾸며 이색적인 분위기를 연출했다. 그렇다고 지나치게 고급스러운 이

▼ 마늘을 테마로 한 이탈리안 레스토랑 매드포갈릭[31]

미지로 포장하지 않고 이탈리아의 와인 선술집 같은 대중적인 콘셉트로 접근했다. 그 결과, 국내에서 큰 성공을 거두었고, 우리나라의 외식업체 중에서는 처음으로 싱가포르에도 수출되는 브랜드가 되었다.

우리는 이미 브랜드를 중심으로 소비생활을 영위하는 브랜드화된 세계에 살고 있다. 지금도 그렇지만 앞으로는 소비자 공간을 점령하는 브랜드를 가진 기업이 최후의 승리자가 될 것이다. 그러므로 마케터들은 그동안 마케터의 공간에서 전개하던 활동을 멈추고, 이제부터는 소비자 공간을 확보할 수 있는 활동으로 마케팅 패러다임을 전환해야 한다.

영화 〈공동경비구역 JSA〉 감독이
오리온 초코파이를 고집한 이유는?

영화 〈공동경비구역 JSA〉에서 초코파이가 나오는 장면을 기억하는가? 대치중이던 남북한 병사가 사이좋게 초코파이를 나눠 먹으며 흐뭇해하는 장면은 수많은 관객들의 마음을 훈훈하게 했다. 영화 속에서 북한 초소병 정우진(신하균)은 남한의 이수혁(이병헌) 병장에게 받은 초코파이를 먹으며 "우리 공화국에선 왜 이렇게 맛있는 걸 못 만드는지 몰라."라고 이야기한다.[32] 이 장면에 등장하는 초코파이는 백 마디 대사 대신 그 자체로 남북한 화합과 차이라는 이중적인 상징성을 내포하는 매우 중요한 소품이었다.

영화 제작에 참여한 박재현 프로듀서는 "박찬욱 감독은 '이 장면에 등장하는 초코파이는 반드시 오리온제과의 초코파이여야 한다'면서 오리온제과의 초코파이를 고집했다."고 이야기한 바 있다. 여기서 의문이 생기지 않을 수 없다. 박찬욱 감독은 왜 '오리온제과'의 초코파이를 고집했던 것일까?

이유는 간단하다. 만약에 '이렇게 맛있는 초코파이'로 다른 제과업체의 초코파이가 등장했다면 어떠했을까? 관객들이 영화에 제대로 몰입할 수 있었을까? 그렇지 않았을 확률이 더 높다. 거의 모든 소비자들의 인식의 공간 속에는 '초코파이=오리온'이라는 등식이 자리하고 있다. 그러므로 영화 속에서 다른 제과업체의 초코파이를 최고의 맛있는 초코파이라고 이야기했다면 관객들은 '과연 그런가? 사실성이 좀 떨어지네!'라는 생각 때문에 영화에 집중하기 어려웠을 것이다. '초코파이하면 오리온'처럼 기업이 소비자 공간을 점령해야 되는 이유는 이처럼 절대적인 것이다.

영화 〈공동경비구역 JSA〉 중에서[33]

04

소비자
속마음 들여다보기

소비자 마음속에는 숨겨진 니즈가 있다

마케터들은 과연 소비자들의 마음속에 숨겨진 진짜 니즈^{needs}를 알고 있을까? 소비자 니즈란 무엇일까? 여기서 주의할 점은 일반적인 문제를 해결하는 해결책과 니즈를 혼동해서는 안 된다는 것이다. 소비자의 니즈가 먼저이고, 그다음이 니즈를 충족시키기 위한 해결책이다. 니즈는 크게 기본적인 니즈와 표현되는 니즈, 그리고 잠재된 니즈로 구분할 수 있다.

기본적인 니즈는 상품의 가장 기초적이고 본질적인 니즈이다. 즉, 제품이나 서비스가 가지고 있는 기본적인 속성을 뜻한다. 예를 들면, 스마트폰의 기본적인 니즈는 통화가 잘되고 인터넷 연결이 잘되는 것이다.

표현되는 니즈는 소비자에게 질문(시장조사 등)을 함으로써 알 수 있는 것으로, 직접적으로 표현이 가능한 니즈이다. 예를 들면, 스마트폰의 기능 중에서 소비자들이 가장 중요하게 생각하는 것이 무엇인지 알아보는 설문조사를 통해 '품질이 뛰어나고 배터리가 오래 가면서 디자인이 세련되어야 한다.'는 결과를 얻었다면 소비자들의 표현되는 니즈를 알게 된 것이다.

그리고 **잠재된 니즈**는 소비자 자신도 잘 알지 못하거나 표현하기 어려운 니즈로 시장조사로도 잘 나타나지 않는 니즈를 말한다. 예를 들면, '통화도 잘되고, 인터넷 연결도 잘되고, 디자인도 세련되면 좋겠다.'는 것을 넘어 '이것을 가지고 있다는 것만으로 내가 좀 더 멋진 사람으로 보였으면 좋겠다.'와 같은 숨겨진 감정이나 욕구를 말한다. 이러한 욕구는 소비자 자신도 제대로 인식하지 못하거나, 또 알고 있다고 해도 겉으로 잘 표현하지 못한다. 이와 같이 표현에 어려움이 있거나 자기 자신도 잘 모르는 니즈를 잠재된 니즈라고 한다.

그렇다면 표현되지 않는 소비자의 심층적인 니즈에는 어떤 것들이 있을까? 자동차를 구입하고자 하는 소비자들의 마음속을 들여다보자. 소비자들이 자동차를 구입하고자 하는 이유로 밝히는 내용들은 대부분 '출퇴근하는 데 필요해서', '기존에 가지고 있던 차가 너무 오래되어 바꿀 필요가 있어서', '식구가 많아졌는데 지금 있는 차는 너무 작아 좀 더 큰 차가 필요해서' 등이다. 그러나 소비자의 마

니즈 vs. 원츠

20세기 마케팅의 핵심용어였던 '니즈needs'는 21세기로 접어들면서 '원츠wants'로 바뀌었다. 비슷하게 보이지만 두 단어의 의미를 명확하게 구별하는 일은 대단히 중요하다. 니즈는 '필요' 또는 '욕구'라고 해석되며, '꼭 필요한 것을 가지려는 욕구'를 지칭한다. 반면 원츠는 '기본적 욕구에 지장을 받지 않는, 즉 없어도 되지만 갖고자 열망하는 것'을 말한다. 다시 말해, 니즈는 기능적 필요functional needs를 뜻하고, 원츠는 심리적 욕망mental wants을 의미하는 것이라 정의할 수 있다.

사람들은 왜 넥타이를 맬까? 넥타이의 기능은 무엇일까? 추워서 매는 것도 아니고, 튀어나온 배를 가리려는 것도 아니다. 사실 넥타이 자체의 기능은 없다고 이야기할 수 있다. 다만, 조직이 원하는 기본적인 드레스코드를 맞추고, 사회적 지위를 드러내고, 자신의 개성을 표현하려는 심리적 욕망을 충족시키기 위해 착용하는 것이다. 또 사람들은 왜 기본적인 기능에서 그리 큰 차이가 없는데도, 고장이 나지 않았는데도, 매번 비싼 값을 치르고 스마트폰을 새로운 기종으로 바꾸려고 할까?[34]

두 질문에 대한 답을 찾는 데 니즈의 관점에서만 생각하면 쉽사리 답이 나오지 않는다. 사람들의 마음속에는 개성을 표현하려는 욕망, 소속감을 느끼고자 하는 욕망, 자기만족을 얻으려는 욕망, 다른 사람들과 기쁨을 함께 나누고자 하는 욕망 등 수많은 심리적 욕망이 내재되어 있다. 단순한 '필요성'이 아니라 이러한 욕망을 자극하는 '원츠'의 관점에서 바라보면 수요와 가격의 제한은 사라진다. 시장을 끝없이 넓혀갈 수 있는 블루오션이 바로 소비자의 원츠에 있는 것이다. 다만 실제 마케팅 현장에서 니즈와 원츠를 의도적으로 구분하여 설명할 필요는 없다. 상황에 맞춰 적절하게 사용해도 무리가 없는 용어다.

음속에 숨겨져 있는 진짜 이유는 '승진 후에 새로운 지위에 걸맞은 고급차가 필요해서', '친구가 나보다 더 좋은 차를 사서', '집을 살 수 없으니 자동차만이라도 내 마음대로 하고 싶어서' 등일 수도 있다. 따라서 마케터는 소비자에게 새로운 니즈를 강요할 것이 아니라, 소비자의 마음속에 이미 존재하고 있는 숨겨진 니즈를 찾아내어 이를 소비자가 인식할 수 있도록 해야 한다.

어떻게 하면 소비자의 마음을 읽을 수 있을까

"열 길 물속은 알아도 한 길 사람 속은 모른다"는 말이 있다. 어떤 사람에 대해 속속들이 안다는 것은 매우 어렵다. 마케팅 분야에서 지난 수십, 수백 년간 소비자의 숨겨진 속마음을 알아보기 위한 시도들이 숱하게 이루어졌지만, 진정으로 소비자의 마음을 꿰뚫어 읽어낸 경우는 드물었다. 겉으로 표출되는 소비자의 마음은 빙산의 일각에 지나지 않기 때문이다.

초콜릿 제조업체 허쉬^{Hershey}의 CEO 미셸 벅^{Michelle Buck}은 〈포춘〉과의 인터뷰에서 "시장에서 수많은 경쟁자를 물리치고 승자가 되기 위해선 날카로운^{laser-sharp} 눈빛으로 소비자를 관찰해야 한다. 그들의 모든 것을 알아내겠다는 자세로 덤벼야 한다. '강박적'이라고 할 정도로 소비자에게 관심을 쏟아 시장에 대한 통찰력을 얻는 자가 승기를 잡을 수 있다."라고 말한 바 있다.[35] 이처럼 강박관념을 가질 정도로 소비자의 마음을 읽기 위한 노력이 있어야 한다.

숨어있는 소비자의 진짜 니즈를 알아내기 위해 사용되는 조사 방법에는 관찰법, 심층면접법, 표적집단면접법, 현상학적면접법, ZMET 등이 있다. 각각의 방법들에 대해 간략하게 살펴보자.

관찰법

관찰법^{observation}은 관찰 대상이 관심을 가지는 주제에 대한 정보를 얻기 위해 관찰 대상을 면밀히 살펴보고 그 내용을 기록하는 방법이다. 예를 들면, 특정 브랜드의 제품을 구입하거나 TV 프로그램을 시청하는 등의 소비자 행동을 관찰해 특별한 행동패턴 등을 기록하는 것이다. 소매점조사나 TV 시청률조사 등이 여기에 속한다. 이 방법을 통해 관찰자는 관찰 대상과 의사소통을 하지 않고도 필요한 정보를 얻을 수 있고, 소비자 스스로도 인식하지 못했던 내용이나 의사소통으로 알 수 없는 행동패턴들을 보다 용이하게 수집할 수 있다.

예를 들어, 일렉트로룩스는 신제품 개발을 위한 자료 조사를 위해 1,500여 가구를 방문해 주부들이 청소기를 사용하는 모습을 면밀히 관찰했다. 관찰 결과, 주부들은 일반 청소기를 사용할 때는 본체가 무거워 이동할 때 불편함을 겪었고, 휴대용 청소기를 사용할 때는 허리를 계속 굽혀야 해서 많은 피로감을 느끼는 듯했다. 일렉트로룩스는 이러한 관찰 결과를 토대로 휴대용 청소기가 분리되는 경량 무선청소기 '에르고라피도 2in1'을 개발해 엄청난 인기를 끌었다.

이처럼 소비자의 행동을 잘 관찰해보면 획기적인 아이디어를 얻을 수 있다. 그러나 행동 관찰을 통해 행동의 결과는 알 수 있어도 그 행동의 이유까지는 알지 못한다는 한계가 있다. 따라서 관찰 대상이 어떤 행동을 한 이유에 대해서는 직접적인 질문을 통해 알아볼 수밖에 없다. 관찰법과 함께 인터뷰를 시행하면 보다 통찰력 높은 결과를 얻을 수 있다.

심층면접법

심층면접법 in-depth interview은 소비자들의 행동을 관찰하고 더불어 그 이유까지 알아보는 방법이다. 최근 들어 정성조사 방법 중에서도 가장 널리 사용되고 있는 방법이다. 인터뷰 대상이 여러 지역에 걸쳐 분포하고 있거나 직접 찾아가서 조사해야 하는 경우에 유용하게 쓰이며, 또 지금껏 별로 대수롭지 않게 생각하고 지나쳤던 많은 것들에 대해 다시 한번 생각해볼 수 있는 좋은 계기를 마련해준다는 장점이 있다. 심층면접 중에서도 일대일 면접은 조사할 주제가 지극히 개인적이거나 민감한 경우에 사용된다.

최근에는 조사자들이 조사 대상들과 함께 지내면서 그들이 제품이나 브랜드를 어떻게 사용하고 있는지 살펴보고, 이에 따른 상세한 정보를 수집하는 관찰면접법 observational interview이 각광을 받고 있다. 예를 들면, 조사자가 스마트폰 사용자의 일거수일투족을 관찰하면서 궁금한 점에 대해 질문할 수 있다. 스마트폰의 사용빈도, 사용패턴, 사용량 등 소비자들의 행동패턴과 그 이유를 알아내는 데 유용하다. 관찰면접법은 다른 조사 방법들에 비해 상대적으로 표본이 작지만 조사 대상들의 실제 행동을 기반으로 하기 때문에 보다 사실성 있는 정보를 얻을 수 있다는 장점이 있다.

표적집단면접법

표적집단면접법FGI: Focus Group Interview은 특정한 주제에 대해 여러 사람들이 편안한 분위기에서 진솔하게 이야기하도록 하면서 다양한 아이디어들을 수집하는 방법이다. 이 면접 방식은 훈련된 면접진행자moderator가 소수의 응답자들(보통 7~8명)을 일정한 장소(one-way mirror가 있는 전용룸)에 모이게 한 후, 조사 목적과 관련된 대화를 유도하여 응답자들이 자유롭게 의사를 표현할 수 있도록 하는 방법이다.

표적집단면접법은 조사자가 집단토론이 진행되는 과정을 관찰하여 그들이 알고자 하는 내용에 대해서 관찰 대상들의 즉각적인 반응을 살펴볼 수 있다는 이점이 있다. 또 관찰 대상들의 보디랭귀지, 태도, 목소리 톤과 억양 등을 통해 보다 심도 깊은 정보를 이끌어내고, 신속하게 조사 결과를 취합할 수 있다는 장점이 있다. 그러나 참석한 응답자들이 서로 영향을 주고받을 수 있어서 조사 결과의

▼ one-way mirror가 있는 전용룸에서 진행 중인 표적집단면접법[36]

객관성이 다소 떨어질 수 있다는 단점이 있다. 오늘날에는 브랜드의 상징성, 감성적인 측면과 함께 고객들의 구매동기와 욕구, 브랜드와의 관계를 이해하는 것이 중요해지면서 표적집단면접법이 점점 더 널리 활용되고 있다.

이 방법으로 특정 브랜드의 담배에 대해 조사해본다고 가정해보자. 참여자들에게 직접적으로 담배를 피워보게 하고 맛과 향에 대한 솔직한 평가들을 취합할 수 있을 것이다. 또 이를 통해 참여자들과 브랜드와의 관계를 보다 친밀하게 형성할 수 있을 것이다. 그리고 이 모든 조사 결과를 단시간에 정리하고 분석해 마케팅 활동에도 곧바로 적용할 수 있을 것이다.

현상학적면접법

현상학적면접법phenomenological interview은 소비자가 특정 브랜드를 선택하게 된 이유에 대해 그 소비자의 사고체계를 종합적이고 심층적으로 살펴볼 수 있는 방법이다. 이 방법은 소비자와의 개방적이고 친밀한 대화를 통해 내면의 감정이나 생각들을 끄집어낼 수 있다는 특징이 있다. 현상학적면접법을 시행하기 위해서는 먼저 응답자의 인구통계학적인 특성, 현재의 상황, 성장배경, 생활의 변화, 가치관, 대인관계, 특별한 경험, 인생에서 큰 변화를 가져왔던 중요한 결정 등에 관한 정보들을 수집해야 한다. 그리고 특정 브랜드의 구매 이유 및 사용 방식 등을 포함한 브랜드에 대한 태도와 감정 등의 관계 형성에 대한 정보를 수집해야 한다.

현상학적면접법은 조사자가 응답자로 하여금 자신의 라이프스타일과 경험을 자연스럽게 표현할 수 있도록 배려하고, 대화의 흐름을 방해하지 않도록 유의해 진행해야 한다. 면접을 진행할 때는 자유로운 분위기 속에서 상황에 맞는 적절한 질문을 해야만 사실성 높은 정보를 얻을 수 있다. 그렇기 때문에 조사자의 뛰어난 면접 진행 능력이 요구되고, 수차례에 걸쳐 면접을 실시해야 하는 번거로움도 따른다. 보통은 6개월 정도의 기간을 잡고 1주일에 한 번, 3~4시간 정도 면접을 진행하게 된다.

실제로 현상학적면접법을 통해 의미 있는 조사 결과를 얻은 사례를 살펴보자. 한 맥주 회사가 맥주 브랜드와 소비자와의 관계를 알아보기 위해 현상학적면접법을 시행했다. 그중 한 응답자는 30대 초반의 직장인 기혼여성으로, 음주 경력은 10여 년 정도이고, 평균 주 2회 정도 술을 마신다고 밝혔다. 또 즐겨 마시는 맥주 브랜드로는 버드와이저를 꼽았다. 이 응답자의 특이사항은 보헤미안적인 사고방식과 삶의 태도를 동경하는 성향을 가지고 있다는 것이었다. 조사자는 조사 결과를 통해 이 응답자가 버드와이저를 선호하는 이유는 보헤미안적인 스타일을 선호하고 그런 삶을 동경하는 자신과 버드와이저가 닮았다고 생각하기 때문이라고 밝혔다. 물론 이 사실은 응답자가 직접적으로 이야기한 것이 아니라 조사 과정에서 얻어진 데이터를 바탕으로 조사자가 통찰력을 발휘하여 도출해낸 것이었다.

　그동안 맥주회사는 소비자들이 특정 맥주 브랜드를 선호하는 이유를 맛이나 목 넘김이 좋아서, 가격이 저렴해서 등의 이유라고 막연히 생각하고 있었다. 그러나 현상학적면접법을 통해 핵심 소비자군이 선호하는 라이프스타일이나 삶의 태도 등을 브랜드와 함께 나타내야 한다는 새로운 사실을 알게 되었다. 이러한 조사 결과는 정량적인 조사로는 발견하기 어려운 것이다. 현상학적면접법은 소비자의 브랜드 선택 동기와 행동, 태도 등에 대해 심도 깊은 정보를 수집할 수 있기 때문에 최근 들어 널리 시행되고 있다.

ZMET

ZMET은 하버드 경영대학원의 제럴드 잘트먼 교수가 개발한 일대일 심층면접기법의 일종이다. 잘트먼 은유유도기법Zaltman Metaphor Elicitation Technique, 줄여서 'ZMET'이라고 한다. 인간의 무의식 속에 있는 핵심동인과 욕구를 비언어적, 시각적 이미지를 통해 은유적으로 유도해서 파악하는 방법이다. ZMET은 '인간의 사고와 감정, 의사결정과 행동의 동인은 대부분 무의식적인 차원에서 발생하고, 이미지 형태로 뇌에 저장되며, 은유에 기반한 인지 과정을 통해 전달된다.'는 전제에서 출발한다.

　ZMET의 진행 방법을 살펴보자. 먼저 조사자는 응답자를 섭외하고 조사 내용과 관련된 이미지나 그림을 찾아서 가지고 오게 한다. 응답자가 사전에 준비해

온 이미지나 그림을 가지고 조사 내용에 대해 약 2시간에 걸쳐 일대일 심층면접을 진행한다. 총 6단계에 걸친 캐묻기probing 과정을 통해 주제에 대한 생각과 감정을 추출하고, 인식과 욕구를 파악하게 된다. 먼저 1단계에서는 이미지나 그림에 대한 이야기를 한다. 2단계에서는 그중 3개의 이미지나 그림을 비교하며 은유를 하도록 한다. 3단계에서는 이미지나 그림의 확장을 통해 은유를 추출한다. 4단계에서는 오감을 이용해 은유를 추출한다. 5단계에서는 영화나 동영상의 스토리를 통해 은유를 추출한다. 마지막으로 6단계에서는 가져온 이미지나 그림을 한 장으로 조합하여 주제를 요약하여 표현하도록 한다. 이미지 통합을 통해 주제를 표현하는 이 단계만을 '꼴라쥬collage 기법'이라고도 이야기한다. 꼴라쥬 기법은 대개 연구자가 특정 이미지를 수집하여 그 의미를 해석해준 다음, 응답자들에게도 보여주고 함께 그 의미에 대해서 토론하는 방식으로 진행된다. 응답자의 번거로움을 덜어줄 수 있다는 이점이 있지만, 연구자의 의도에 따라 조사 결과가 왜곡될 수도 있다는 문제점도 있다. ZMET 방법을 통해 조사한 결과를 마케팅에 적용한 사례를 살펴보자.

나일론 스타킹을 세계 최초로 만들어 판 회사로 유명한 듀폰Dupont은 일찍이 직장여성들을 대상으로 팬티스타킹에 대한 ZMET 조사를 수행한 바 있다. 조사자가 여성들에게 팬티스타킹에 대해 떠오르는 이미지가 무엇이냐고 물었더니 대부분의 응답자들이 "섹시하지만 불편하다."고 답했다. 그러나 이것은 '팬티스타킹을 착용하면 더욱 날씬하고 매력적으로 보이기 때문에 이를 위해 약간의 불편은 감수해야 한다.'는 것을 은유적으로 표현한 것이었다. 듀폰이 조사 결과를 통해 얻은 결론은 '여성들은 남성들에게 섹시하게 보이고 싶어 한다. 그래서 스타킹을 신는다.'는 것이었다. 듀폰은 이런 조사 결과를 반영하여 직장여성의 섹시함과 유혹적인 이미지를 강조하는 광고를 제작했고, 이를 통해 상당한 매출 증대 효과를 얻었다. 기존의 설문조사 방식으로는 얻을 수 없는 소비자의 마음속에 있는 정보를 얻었기 때문에 가능한 결과였다.

그러나 이 방법은 응답자들이 사전에 조사의 목적을 충분히 이해하도록 해야 하고, 조사 내용과 관련 있는 이미지 자료를 사전에 준비하고, 응답자들을 선발해야 한다는 번거로움이 따른다. 또 조사자의 역량에 의해 결과가 좌우된다는 한계가 있고, 이미지에 대한 해석에 지속적인 일관성을 가지기 어렵다는 단점이 있다.

소비자의 머릿속을 들여다보는 시대가 도래했다

앞에서 살펴본 바와 같이 소비자의 마음속을 들여다볼 수 있는 조사 방법들은 많다. 그러나 소비자를, 소비자의 특성을, 그리고 소비자의 심리를 정확히 파악하기에는 역부족인 것도 사실이다. 지금껏 수많은 기업들은 소비자에 대한 분석과 연구를 위해 적지 않은 비용과 시간, 노력을 투자해왔다. 그러나 계량적인 분석을 통해 얻어진 결과로는 '소비자는 이렇다'고 단언할 정도의 자료를 얻을 수 없었다.

언급한 정성조사 방법들 역시 소비자의 내면에 어느 정도 접근은 할 수 있지만 여전히 충분치 않다. 다시 말해, 많은 기업들이 지금까지 소비자와 시장에 대한 조사를 하는 데 막대한 비용을 쏟아부었음에도 불구하고, 여전히 소비자에 대해 많은 부분이 수수께끼로 남겨져 있는 것이다.

이처럼 기존의 조사 방법들로 소비자의 진짜 속마음과 구매 동기를 파악하기에는 어려움이 많았다. 이러한 문제를 해결할 수 있는 대안으로 최근 들어 새롭게 주목받고 있는 것이 바로 신경 마케팅neuromarketing이다. 신경 마케팅은 인간의 뇌 속에서 구매결정과 선택이 내려지는 과정을 연구하고, 그런 결정에 영향을 미칠 수 있는 방법을 연구하는 분야이다.

신경 마케팅을 활용한 대표적인 사례로는 기아자동차의 K7이 있다. 기아자동차는 새롭게 런칭할 자동차의 브랜드 네이밍을 위해 국내외 소비자 200명에게 알파벳과 숫자의 조합을 보여준 뒤 뇌 반응을 자기공명촬영장치fMRI로 실험을 했다. 실험 대상자들은 'K7'의 조합을 가장 세련되고 혁신적이라 생각하고, 고급스런 이미지를 떠올리는 것으로 분석되었다. 특히 외국인들의 'K7'에 대한 선호도는 매우 높았다. 그리하여 기아자동차는 브랜드 네임을 K7으로 정했다.[37]

　이제는 단순한 설문조사가 아니라 소비자의 뇌를 통해 소비자의 속내를 읽는 시대가 본격적으로 다가오고 있다. 물론 이와 같은 신경 마케팅으로도 소비자들의 숨겨진 욕구들을 모두 알아낼 수는 없을 것이다. 또 fMRI는 뇌 혈류의 반응을 통해 자극에 대한 직접적인 반응을 파악할 수는 있으나, 왜 그런 반응이 일어났는지에 대한 원인까지는 밝힐 수 없다는 한계가 있다. 즉, 활성화된 뇌 부위가 어디인지 보여줄 수는 있지만, 소비자들이 구체적으로 무슨 생각을 했는지까지는 알 수 없다. 따라서 fMRI를 이용한 뇌조사와 전통적인 마케팅조사를 상호 보완하는 방법으로 활용할 필요가 있다.

거스를 수 없는 1인 가구 증가, 마케터는 어떻게 대응해야 할까?

통계청이 2017년 '시도별 장래가구추계'를 발표했다. 2015년에 32.3퍼센트로 가장 주된 가구 유형(613만 2천 가구)인 '부부+자녀' 가구가 2045년에는 15.9퍼센트(354만 1천 가구)로 줄고, 같은 기간 1인 가구는 27.2퍼센트(518만 가구)에서 36.3퍼센트(809만 8천 가구)로 증가하는 것으로 추산했다.

1인 가구 비중의 증가는 고령화 추세와 맞물려 진행되고 있다. 2015년 전국 1인 가구의 가구주 연령을 보면 39세 이하 비중이 36.9퍼센트로 가장 높고, 40~59세 33.2퍼센트, 60세 이상 30퍼센트 순이었다. 그러나 2045년에는 1인 가구 가운데 60세 이상 비중이 54퍼센트까지 치솟을 것으로 예상된다.[38]

LG경제연구원에 따르면 1인 가구는 다음과 같은 소비 특징을 갖는다고 한다.[39] ① 주거비는 1인 가

▼ 연도별 장래가구 추계[40]

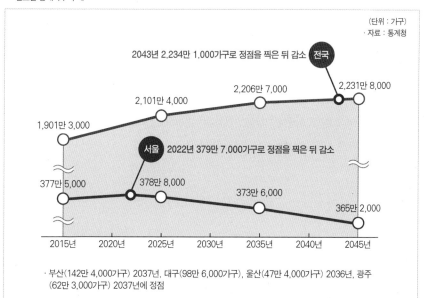

(단위 : 가구)
· 자료 : 통계청

2043년 2,234만 1,000가구로 정점을 찍은 뒤 감소 전국

2,206만 7,000   2,231만 8,000

2,101만 4,000

1,901만 3,000

서울 2022년 379만 7,000가구로 정점을 찍은 뒤 감소

377만 5,000

378만 8,000   373만 6,000

365만 2,000

2015년 2020년 2025년 2030년 2035년 2040년 2045년

· 부산(142만 4,000가구) 2037년, 대구(98만 6,000가구), 울산(47만 4,000가구) 2036년, 광주(62만 3,000가구) 2037년에 정점

구의 소비지출에서 가장 큰 품목 중 하나이다. 1인 가구의 주거비 지출은 월평균 20만 원으로 2인 가구의 13만 원(1인당)보다 크게 높다. ② 주류 및 담배도 1인 가구 소비가 상당히 큰 품목이다. 남성 1인 가구의 주류 및 담배 소비는 2인 가구의 부부합산 소비보다 크다. ③ 1인 가구화에 따른 외식비 증가는 27퍼센트, 가공식품 소비 증가는 51퍼센트에 달했는데 특히 남성 독신 가구에서 소비 증가가 가장 크다. ④ 의류 및 이미용 소비도 1인 가구에서 10퍼센트가량 많았는데, 30대 이하 독신 여성 가구의 소비가 가장 컸다. ⑤ 독신 가구는 사회적 고립을 피하기 위해 통신비 및 교제비 지출을 더 많이 한다. ⑥ 1인 가구화로 운동 및 문화서비스 소비는 늘어나는 것으로 나타나지만 고령 1인 가구의 여가 소비는 오히려 줄어든다. ⑦ 1인 가구의 여행비 지출은 2인 가구보다 줄어드는 것으로 나타난다(-24%). 이는 남성 1인 가구의 여행비 지출이 여성 1인 가구의 절반에도 미치지 못하기 때문이다. 고령 1인 가구의 여행비 지출도 매우 낮았다. ⑧ 가전제품은 공유가 가능하기 때문에 1인 가구의 소비지출 부담이 컸다. 품목별로는 PC 소비증가가 가장 컸고, 다음으로 백색가전, TV 순으로 나타났다. ⑨ 의료 건강 부문의 경우 1인 가구의 소비가 더 적었다. 의약품 소비는 1인 가구가 더 많았지만 병원 서비스 이용이 30~40대 젊은층을 중심으로 더 낮기 때문이다. ⑩ 내구재 중에서도 승용차 및 가구 등 부피가 크고 고가인 품목은 1인 가구화에 따라 소비가 크게 줄어드는 것으로 나타났다.

이러한 자료를 놓고 봤을 때, 1인 가구를 대상으로 하는 시장에 진출해야 할까? 충분한 시장성과 가치가 있을까? 이미 시장에는 이들을 위한 1인용 전자제품, 가구, 집기, 소포장 식품, 원룸 주택에 이르기까지 다양한 제품과 서비스가 쏟아져 나와 있다. 최근에는 혼자 밥 먹는 사람들을 위한 1인석을 별도로 배치한 식당도 증가하는 추세이다.

따라서 마케터라면 1인 가구 중에서도 자유로운 삶을 원하고, 비교적 높은 소득을 올리면서, 소비성향 또한 높은 20~30대의 젊은 1인 가구를 예의주시할 필요가 있다. 특히 이 연령층을 밀레니얼 세대millennials generation라고 한다. 이들이 지향하는 가치관이나 라이프스타일은 기존 연령층과는 다른 특성이 있으므로, 새로운 시장을 개척하는 차원에서 접근해볼 필요가 있다.

빅데이터가 아니라
빅씽킹이다[40]

바야흐로 빅데이터의 시대이다. 인터넷, 모바일이 바꾸어 놓은 세상에 수많은 센서들이 연결되면서 어마어마한 데이터들이 마케터가 파악할 수 없을 정도로 빠르게 쌓이고 있다. 이런 데이터의 가치를 깨달은 기업들은 이미 오래전부터 데이터를 수집하고 분석하여 마케팅에 활용해왔다. 물론 기대 이상의 마케팅 성과를 거둔 기업들도 있지만, 대체로 기대한 만큼의 성과를 내지 못하고 있다. 또한 아직도 많은 기업들이 아날로그 상태에서 주먹구구식 마케팅을 하고 있다.

왜 그럴까를 고민해보면 과거에는 데이터 품질에 문제가 있다고 생각했지만, 이제는 데이터 품질을 의심하는 사람은 별로 없다. 고객의 구매이력, 소셜미디어, 센서, 이메일, 로그 데이터 등을 통해 양질의 데이터들을 실시간으로 수집 및 처리하고 있다. 또한 과거에는 데이터를 활용하기 위한 정보시스템 구축에 과도한 예산과 전문인력이 필요했지만, 이제는 직접 정보시스템을 구축할 필요도 전문인력을 육성할 필요도 없어지고 있다. 우수한 클라우드시스템을 이용하여 마케팅에 필요한 데이터를 분석하고 정보화할 수 있게 되었다. 그럼에도 불구하고 아직까지 제대로 마케팅에 활용하고 있지 못하는 이유는 무엇일까?

최근 산업계의 가장 큰 이슈 중의 하나는 빅데이터이다. 빅데이터 관련 수많은 행사들이 있었고 전문인력을 양성하기 위한 교육 과정도 많이 생겼다. 하지만 여전히 빅데이터 분석의 실효성에는 의문이 있다. 정보시스템(개발자), 분석 프로그램 및 랭귀지(분석가), 활용(마케터 등) 등 빅데이터 관계자들의 직무 특성에 따라 빅데이터를 바라보는 관점이 현격히 다르기 때문이다. 빅데이터의 본질이 무엇인지 고려하지 않은 직무 중심의 사고가 빚은 결과이다. 조만간 기술축적과 활용성이 높아지면 자연스럽게 해결될 수도 있으나, 만약 빅데이터의 본질을 간과한다면 빅데이터 열기는 쉽게 가라앉을 수도 있다.

마케터에게 중요한 데이터는 빅데이터가 아니라, 마케팅 성과를 높이는 데 필요한 의사결정에 통찰력을 제공해줄 수 있는 데이터다. 그동안 마케팅에서는 서베이나 구매이력 등 정형화된 데이터를 중심으로 분석했으며, 이를 바탕으로 신제품 개발이나 마케팅 전략을 수립하는 데 기초자료로 활용했다. 그러나 어느 순간부터 이런 데이터만으로는 마케팅 문제를 해결하기 어려워졌다. 특히 고객들의 행동패턴을 이해하는 데 많은 어려움이 발생했다.

빅데이터가 출현하면서 이런 한계를 극복할 수 있는 대안으로 생각했지만, 빅데이터의 시대인 현재도 여전히 한계에 봉착하고 있다. 바로 데이터의 본질을 간과한 측면이 있는 것이다. 마케터에게 필요한 데이터는 의사결정에 통찰력을 제공해줄 수 있는 스마트데이터다. 스마트데이터는 빅데이터에도 있고 스몰데이터에도 있다. 마케터가 필요로 하는 데이터와 분석 결과를 정확하게 요구할수 있다면 이런 문제는 발생하지 않는다. 즉, 데이터가 아니라 씽킹이 문제인 것이다. 그것도 빅씽킹이 되어야 한다.

따라서 빅데이터의 본질은 데이터의 양이 아니라, 데이터가 마케팅 의사결정에 통찰력을 제공해줄 수 있어야 한다는 것이다. 디지털 환경으로 마케팅 패러다임이 바뀌고 있다. 마케터는 이런 시대 흐름에 맞추어 데이터를 기반으로 하는 마케팅을 어떻게 전개해야 할지에 대한 통찰력을 갖추어야 한다. 이미 마케팅의 주도권이 기업에서 고객으로 넘어갔다. 고객의 정보는 시장에 있고, 그 데이터는 실시간으로 우리의 내외부에 축적되고 있다. 살아있는 고객의 정보를 확인하고 이를 마케팅에 반영하는 것은 선택이 아니라 생존의 문제이다. 빅데이터가 아니라 데이터 기반으로 빅씽킹을 해야 하는 시대이다.

마케팅조사

모든 마케팅 활동의 출발점은 조사다

애플의 스티브 잡스는 "시장조사를 하지 않는다. 그레이엄 벨이 전화를 발명할 때 시장조사를 했겠는가? 천만의 말씀."이라는 말로 시장조사가 굳이 필요하지 않다고 이야기했다. 애플은 정말 스티브 잡스의 말처럼 시장조사를 하지 않았을까? 그러나 사실 애플이 만든 사용자 친화성이 높은 제품들 그 자체가 바로 마케팅조사의 결과물이다.

많은 기업과 마케터들은 마케팅 활동을 위한 가장 기초적인 정보 획득 방법으로 마케팅조사를 실시한다. 그러나 대부분은 마케팅조사가 무엇인지도 제대로 이해하지 못하고 그저 관례적으로 실시하는 경우가 많다. 또 마케팅조사를 지나치게 이론 중심적으로 생각하거나 통계 결과가 가장 중요하다고 여겨 많은 오류를 범하기도 한다. 따라서 이번 장에서는 마케팅조사에 대한 기본적인 이해를 바탕으로, 조사 설계 및 마케팅 전략 수립에 바로 활용할 수 있는 마케팅조사 방법 등을 살펴보고자 한다.

TV를 구매할 때 가장 중요한 요소는 무엇일까?

LG전자 올레드^{OLED}TV가 2018년 1월 국내에서 3분에 1대꼴로 팔리며, 월 판매량 1만 4천 대를 기록했다. 2017년 1월 판매량이 5천 대 수준이었던 것과 비교하면 1년 만에 3배 가까이 늘었다. LG전자 '국내 TV 매출' 가운데 올레드 TV의 매출 비중도 빠르게 높아지고 있다. 2016년 25퍼센트 수준이던 것이 지난해 35퍼센트 수준으로 늘었다. 특히 65형 이상 대형 올레드 TV의 판매 비중이 높아졌다. 2017년 1월 올레드 TV 5대 중 1대가 65형 이상이었던 반면, 2018년 1월에는 3대 중 1대가 65형 이상이었다. LG전자 올레드 TV의 인기는 소비자들이 화질 성능을 우선시하기 때문으로 분석된다. LG전자가 실시한 소비자조사 결과에 따르면 조사 대상 중 40퍼센트 이상이 TV를 구매할 때 화질을 최우선이라고 답했다. 이 비중은 모든 구매 고려 요소 중 가장 높다.[1]

LG전자는 이런 조사 결과를 바탕으로 제품 개발부터 커뮤니케이션까지 TV의 화질을 가장 중요하게 고려하야 마케팅을 전개하고 했다. 특히 '지구의 한 조각' 편은 'LG 올레드 TV'로 지구의 아름다움을 눈으로 직접 보는 것처럼 보여준다는 콘셉트다. 광고 영상은 경이로운 자연 경관을 보여주는 것으로 시작한다. 이어 자연 경관 일부분이 네모난 조각으로 분리되고 그 자리에 'LG 올레드 TV'가 등장해 경관 영상을 이어서 보여준다. LG전자는 자연에 가장 가까운 화질을 보여주는 'LG 올레드 TV'의 장점을 표현하기 위해 내셔널 지오그래픽과 협업했다.

▼ LG전자의 올레드 TV 광고[2]

마케팅조사를 통해 시장의 전반적인 특성을 파악할 수 있다. 그러나 그보다 더 중요한 것은 시장의 일반적인 특성뿐만 아니라 소비자들의 진정한 니즈를 파악하는 것이다. 이것이 바로 기업이 제품과 서비스를 차별화하는 데 필요한 가장 기본적이고도 핵심적인 정보이다. 그러나 조사 결과의 통계치보다는 그 결과가 의미하는 바를 분석해내는 것이 더욱 중요하다는 점을 절대 잊어서는 안 된다.

01

마케팅조사가
정말 꼭 필요할까

애플은 시장조사를 하지 않고도 성공했다?

마케터는 시장을 이해하고, 소비자의 심리를 파악하고 숨겨진 니즈를 분석해, 그들이 선호하는 요소를 활용하여 마케팅 전략을 수립한다. 신제품 개발, 포지셔닝 전략, 프로모션 실행 등 모든 마케팅 활동의 출발점은 바로 마케팅조사이다.

　문제를 인식하고, 기회를 탐색하며, 의사결정에 도움이 될 수 있는 정보를 수집하고 분석하여 적용하는 모든 활동에 마케팅조사가 있다. 마케팅조사는 이미 오래전부터 약방의 감초처럼 마케팅 활동의 기본이자 핵심적인 수단으로 사용되어 왔다.

　그러나 애플의 스티브 잡스는 이러한 마케팅조사가 필요하지 않다고 했다. 애플에서 매킨토시 컴퓨터를 개발했을 때, 〈파퓰러 사이언스〉의 한 기자가 스티브 잡스에게 어떤 방식으로 시장조사를 했느냐고 물었다. 잡스는 코웃음을 치며 대답했다. "알렉산더 그레이엄 벨이 시장조사 같은 걸 하고 전화를 발명했습니까?"[3] 이와 같이 잡스는 시장조사 같은 건 전혀 하지 않았다고 전하면서 시장조사는 굳이 필요하지 않고, 혁신이 더 중요하다고 언급했다.●

　정말 그의 말처럼 애플은 시장조사를 일체 하지 않았을까? 그렇다면 어떻게 애플은 시장조사를 하지 않고도

● 엄밀하게 표현하면 시장조사와 마케팅조사는 다르다. 일반적으로 마케팅리서치 혹은 마케팅조사는 마케팅의 다양한 측면을 이해하기 위한 조사와 연구를 포함한다. 시장조사는 마케팅조사의 한 방법으로 잠재 고객 및 제품이 소개되거나 판매되는 시장에 대한 조사로 국한된다. 여기서 스티브 잡스는 시장조사란 단어를 사용했지만 우리는 마케팅조사로 이해하고 사용한다. 필요에 따라 구분하여 사용해야 하지만 경우에 따라서는 혼용해서 사용하기도 한다.

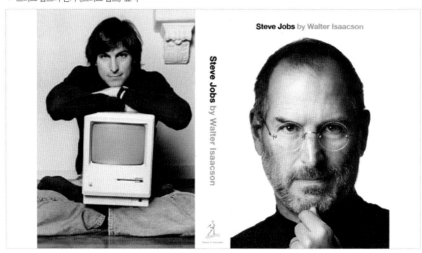

아이맥, 아이팟, 아이폰, 아이패드로 이어지는 애플 신화를 계속해서 만들어낼 수 있었던 것일까?

사실 애플이 시장조사를 전혀 하지 않았다고 이야기하기는 어렵다. 단지 '시장조사'라는 명칭을 사용한 공식적인 업무를 하지 않았을 뿐이지 스티브 잡스는 줄곧 시장조사를 해왔다. 그는 "애플의 핵심고객은 직원들이다. 그래서 우리는 직원들이 원하는 제품을 만든다. 그리고 많은 고객들이 이 제품을 원하게끔 생각을 확장한다."고 이야기한 바 있다. 그가 핵심고객이라고 생각하는 애플의 직원들이 원하는 것이 바로 고객의 니즈이며, 이것을 파악하기 위한 시도를 했다는 것 자체가 시장조사를 했다는 것을 의미한다.

여전히 많은 기업들이 통계 자료와 시장조사 등을 통해 제품과 서비스를 개발하고 마케팅 활동을 한다. 왜일까? 마케팅조사를 통해 전략을 수립하고 이를 전개하는 것이 그렇지 않은 경우보다 훨씬 더 성공할 가능성이 높기 때문이다. 물론 우리 회사의 최고경영자가 스티브 잡스라면 굳이 대대적인 시장조사를 할 필요도 없을 것이다. 그러나 모든 사람들이 스티브 잡스는 아니며, 또 설령 스티브 잡스라 하더라도 매번 성공만 할 수는 없으므로 마케팅조사는 꼭 필요하다.

'조사하면 다 나와'가 아니라 다 나오도록 조사하라

하루가 다르게 변화하는 시대에서 하나의 현상만으로 마케팅 활동을 전개하는 것은 매우 위험천만한 일이다. 미디어의 발달로 인해 전통적인 마케팅 방법들은 한계 상황에 내몰리고 있고, 무한 경쟁 속에서 기업은 성장은커녕 생존도 불확실한 실정이다. 따라서 오늘날에는 기업의 경영 활동의 핵심인 마케팅 활동에서도 복합적인 의사결정이 요구되고 있다. 마케터는 이를 위해서 무엇보다도 소비자들의 내면에 숨겨져 있는 니즈를 재빠르게 파악하고 최적의 솔루션을 제공해야 한다. 즉, 단순한 제품이나 서비스가 아니라 소비자의 문제를 해결해줄 수 있는 해결책을, 그리고 기능적인 특성이 아니라 그 제품을 사용하면서 느끼는 상징과 경험을 제공해줄 수 있어야 한다.

특히 마케터는 소비자의 심리를 꿰뚫어보는 통찰력, 숨겨진 욕구를 파악하고자 하는 강한 의지와 집중력, 그리고 인내심을 가져야 한다. 땅 속에 묻혀 있던 기와 한 조각, 고문서에 담겨있는 한 줄의 글귀에서 출발하여 거대한 역사의 소용돌이를 파헤치는 역사학자와 같은 접근 방법과 끈기가 마케터에게도 똑같이 요구되는 것이다. 이를 위해서는 앞장에서 제시한 소비자들의 숨겨진 니즈를 찾아낼 수 있는 방법들을 활용하여 실제 마케팅 기획과 전략에 반영해야 한다.

모든 소비자들의 니즈와 불편과 고통은 현장 즉, 고객과 기업이 만나는 마케팅 접점에 있다. 따라서 그 답을 현장에서 찾아야 한다. 책상머리에서 통계 자료를 가지고 씨름하는 것은 그다음에 할 일이다. 가장 먼저 소비자들이 있는 현장으로 달려가서 그들을 관찰하는 일부터 시작해야 한다. 답은 현장에 있을 가능성이 매우 높다. 소비자들에게 좀 더 관심을 갖고, 좀 더 면밀하게, 좀 더 심층적으로 접근한다면 반드시 그들의 문제를 해결할 수 있는 실마리, 숨겨진 속마음을 알 수 있는 단서를 찾을 수 있다.

마케팅조사는 해도 그만, 하지 않아도 그만인 일이 아니라 제대로 마케팅을 하고자 한다면 가장 먼저 해야 하는 업무이다. 비록 마케팅조사가 성공을 100퍼

소비자 구입 의향이 85퍼센트나 되었던
'야채랑 과일이랑'은 왜 실패했을까?

1999년에 출시되었던 야채와 과일 전용세제 '야채랑 과일이랑'을 기억하는가? 아마 많이들 '그런 게 있었나?'라고 하겠지만, 사실 이 제품은 대대적인 소비자조사를 바탕으로 만들어진 상품이었다. LG생활건강에서 실시한 소비자조사의 결과는 다음과 같았다. 응답자 중 야채와 과일을 물로만 씻는 소비자는 무려 98퍼센트에 달했는데, 그 이유로 야채와 과일을 깨끗하게 씻을 수 있는 전용 제품이 없기 때문이라고 이야기했다. 그리하여 조사 결과를 바탕으로 LG생활건강은 제품 개발에 착수했고, 보다 정확한 결과를 얻기 위해 소비자들을 대상으로 다시 한번 콘셉트 수용도 조사를 실시했다. 이 조사에서 응답자 중 85퍼센트가 제품이 출시된다면 바로 구입하겠다며 매우 긍정적인 반응을 보였다.

상황이 이쯤 되니 LG생활건강이 더 이상 망설일 이유가 없었다. 그래서 시장에서 테스트도 하지 않은 채 바로 신제품 출시를 강행했다. 결과는 어땠을까? 야채랑 과일이랑의 판매율은 매우 저조했고, 결국 얼마 지나지 않아 시장에서 철수하게 되었다.

대체 마케팅조사 과정에 무슨 문제가 있었던 것일까? 두 번에 걸친 조사에서 담당자들이 소비자들에게 질문하고 얻은 답은 담당자들이 듣고 싶은 답이었지, 소비자의 진짜 니즈가 아니었던 것이다. 그렇다면 왜 이런 현상이 발생했을까? 그것은 가장 먼저 시행한 조사에서 질문 설계를 잘못했기 때문이다. "왜 과일을 물로만 씻으세요?"라고 질문하니, 응답자들은 너무나 당연하게도 "제품이 없잖아요."라고 대답했던 것이다. 만약 "야채와 과일을 물로만 씻어도 괜찮을까요?"라고 질문했다면 "전혀 문제없죠."라는 답을 얻었을 것이다. 그러면 이 제품은 처음부터 출시를 논의할 필요도 없었을 것이다.

마케팅조사를 통해서 얻어야 할 내용은 마케팅 담당자들이 기대하는 답이 아니라, 소비자가 '문제'라고 생각하는 것임을 명심해야 한다.

LG생활건강의 야채 · 과일 전용세제인 '야채랑 과일이랑' TV광고 캡처

센트 장담해주지는 않지만, 적어도 실패를 줄이는 역할은 똑 부러지게 한다. 마케팅조사의 결과물은 마케팅 의사결정의 기초자료로써 충분한 가치를 가진다. 그렇다고 마케팅조사에 대한 지나친 환상을 가지는 것은 금물이다. 마케팅조사는 '조사하면 다 나온다'는 식이 아니라 제대로 조사해서 다 나오게끔 해야 한다. 제대로 된 마케팅조사를 하지 않으면 잘못된 해석을 통해 그릇된 결정을 내리게 된다. 그리고 이런 결정들이 하나 둘 쌓이면 결국 모든 마케팅 활동이 실패로 끝나게 된다. 그러므로 '조사하면 다 나온다'는 지나친 확신을 가지기보다, 나오게끔 조사할 수 있도록 제대로 계획을 세우는 것이 중요하다.

마케팅조사는 어떻게 하는 것인가

마케팅조사 거꾸로 보기

오늘날 기업들은 소비자들의 진정한 니즈를 알아보고자 수많은 조사 활동을 벌인다. 또한 다양한 매체들을 통해 하루에도 수십 종류의 소비자와 관련된 보고서를 접한다. 그런데 이렇게 많은 조사 결과 중에서 과연 쓸 만한 내용이 있는지 의문을 품지 않을 수 없다.

기업에서 실시하는 마케팅조사의 80퍼센트 이상이 새로운 가능성을 시험하거나 개발하는 것이 아니라 이미 내려진 결론을 확인하는 작업이라는 지적도 있다. 다시 말해, 마케팅 문제를 해결하기 위한 조사라기보다는 경영자나 마케팅 담당자의 자기 확신을 검증하는 차원에서 마케팅조사가 진행되는 것이다. 이는 경영자나 마케팅 담당자의 고정관념과 아집이 시장에서의 실패를 조장하는 측면이 있다는 것을 의미한다. 그러므로 이제는 마케팅조사를 방법적인 측면이 아니라 그 결과를 활용하는 측면에서 다시 생각해야 한다.

한 마케팅조사 업체가 국내 굴지의 가구기업으로부터 마케팅조사 의뢰를 받고 과거 자료들을 열람하고자 했다. 가구기업의 실무 담당자는 그들에게 서류뭉치를 한가득 건네며 "우리가 조사했던 자료인데 딱히 쓸모 있는 내용은 없어요."라고 했다. 과연 그 많은 자료들 중에 쓸모 있는 내용이 하나도 없었을까? 전혀 아니었다. 마케팅조사 업체가 기존 자료들을 검토한 결과, 가구기업에서 조사를 의뢰했던 내용 중 많은 부분들이 이미 잘 정리되어 있었고, 바로 시행을 검토해 볼 만한 가치 있는 내용들도 상당히 많았다. 문제는 조사 과정이나 방법에 있었던 것이 아니라 그 내용을 제대로 이해하는 내부 전문가, 아니 조사 결과를 취합하고 정리할 담당 '실무자'가 없었다는 것이다.

이처럼 마케팅조사를 관행적으로 수행하는 기업들이 많다. 이러한 마케팅조사로는 절대 성공을 거둘 수 없다. 이제는 '왜 마케팅조사를 하는 것인가?'를 곰곰이 생각해보고 관점과 접근법을 바꾸어야 한다. 마케팅조사의 목적은 시장에 대해, 그리고 소비자에 대해 잘 모르고 있는 내용을 파악하여 의사결정을 위한 통찰을 얻고자 하는 것이다. 그러나 유감스럽게도 조사의 결과물을 살펴보면 원하는 답을 찾기가 쉽지 않다. 이유는 여러 가지일 수 있다. 조사 설계나 분석이 잘못되어서 혹은 해석이 제대로 되어 있지 않아서일 수도 있다.

그럼에도 불구하고 많은 기업들이 이처럼 관행적으로 수행해온 마케팅조사 결과를 바탕으로 마케팅 활동을 전개해왔다. 특히 설문조사를 통해 얻은 통계 결과를 의사결정의 절대적인 기준인양 신봉하고 무절제하게 사용함으로써 전략적 오류를 범하는 일도 많았다. 앞서 살펴봤던 '야채랑 과일이랑'이 대표적인 사례이다. 마케팅의 실패는 대부분 이러한 마케팅조사 결과에 대한 잘못된 해석에서 기인한다.

마케팅조사 결과 및 통계 정보는 마케팅 활동과 관련된 의사결정을 위한 기초 자료 혹은 참고자료에 지나지 않는다는 것을 명심할 필요가 있다. 거듭 강조해도 절대 지나치지 않은 것은 단편적으로 나타나는 결과가 아닌 숫자 이면에 있는 소비자의 마음을 정확하게 읽어내고, 마케팅 의사결정에 활용해야 한다는 것이다. "구슬이 서 말이라도 꿰어야 보배다"라는 속담처럼, 마케팅조사를 통해 얻게 된 단편적인 숫자들이 아니라 이를 관통하는 핵심을 파악해야 한다. 즉, 마케터에게 필요한 것은 마케팅조사 그 자체가 아니라 조사 결과를 통해 제대로 된 결론을 도출해내는 통찰력이다.

진정 유능한 경영자와 마케터는 지식과 논리가 아니라 미래의 시장을 읽어낼 수 있는 능력을 갖추고 있어야 한다. 마케팅조사를 통해 얻게 된 단순한 통계 결과만 볼 것이 아니라 그 속에 있는 소비자의 진정한 니즈, 숨어있는 니즈를 읽어내 시장의 변화를 감지해낼 수 있어야 한다. 즉, 표층적인 정보가 아니라 심층적인 정보가 마케팅의 성패를 결정한다.

성공하는 마케팅조사를 위해 기억해야 할 다섯 가지

필립 코틀러는 마케팅조사란 '회사가 직면한 구체적인 마케팅 상황에 적합한 자료를 체계적으로 설계, 수집, 분석하고 보고하는 전 과정'이라고 정의하였다.[6] 여기에 '보고'가 포함되어 있는 이유는 마케팅조사를 통해 얻은 결과를 바탕으로 경영진이 전략적인 의사결정을 할 수 있을 때 비로소 마케팅조사가 의미가 있기 때문이다. 마케팅조사의 바람직한 목적은 시장의 변화와 소비자(혹은 고객)의 니즈를 이해하고, 이를 과학적으로 측정하고 분석해, 미래를 예측하기 위한 것이다.

물론 마케팅조사의 가장 근본적이고도 중요한 목표는 경영진이 최선의 의사결정을 할 수 있도록 기초 정보를 제공하는 것이어야 한다. 조사 결과 자체가 의사결정이 되어서는 안 된다는 의미이다. 마케팅조사는 마케팅의 주요 의사결정 요소인 신제품 개발, 시장 세분화, 포지셔닝, 마케팅믹스, 커뮤니케이션, 마케팅 성과 측정, 브랜드 관리 등에 대한 소비자의 태도와 행동, 시장의 변화 등에 대해 유용한 정보를 제공해야 한다. 마케팅조사를 할 때 반드시 고려해야 할 요소들에는 크게 다섯 가지가 있다.

첫째, 소비자들이 통합적으로 사고한다는 점이다. 인간의 사고체계는 선형적이고 위계적이지 않아 하나하나를 단편적으로 분리해 사고하지 않는다. 예를 들면, 케이크를 먹는 경우에 재료의 맛을 하나씩 하나씩 순차적으로 느끼는 것이 아니라 한꺼번에 맛보게 되는 것이다. 이는 스마트폰과 같은 제품을 구입할 때도 마찬가지이다. 소비자들은 가격, 용량, 디자인, 성능 등의 각 구성요소를 개별적으로 생각하는 것이 아니라, 이 모든 요소들을 한꺼번에 고려하여 제품을 구매한다. 경우에 따라서는 그중에서 가장 중요하다고 생각하는 한 요소 때문에 구매를 할 수도 있으나, 대부분의 소비자들은 다양한 요소들을 통합적으로 고려한 후 제품이나 서비스를 구매하는 경향이 있다. 만약 이러한 중요한 사실을 간과하고 조사의 결과를 단편적으로만 살펴본다면 만족할 만한 결과를 얻지 못할 가능성이 매우 높다.

둘째, 마케팅조사의 양이 질을 보장하지 않는다. 마케팅조사를 실시하기 전에 조사의 양과 조사의 질, 두 가지 측면 중 어디에 더 무게를 둘 것인지를 고민해야 한다. 일반적으로 조사할 데이터가 많을수록(표본수가 클수록) 결과에 대한 신뢰성은 높아진다. 그러나 무한정 표본수가 커진다고 신뢰성도 비례해 함께 높아지는 것은 아니다. 특히 마케팅조사의 경우에는 모집단과 표본 프레임sample frame● 을 정확하게 알고 있는 경우가 많지 않기 때문에 적정 규모, 즉 통계 처리에 문제가 없는 정도의 표본만으로도 원하는 결과를 얻을 수 있다. 그

> ● 표본 프레임은 모집단 내에 포함된 조사 대상들의 명단이 수록된 목록이다.(예 : 가입자 이메일 리스트 등)

리고 시간 또한 중요한 요소이므로 적시에 사용할 수 있는, 신뢰할 수 있는 정도의 표본 규모를 확보하는 것이 중요하다.

조사할 내용의 양을 늘릴 경우에는 조사의 결과물, 즉 보고서의 양이 많아진다는 문제가 발생한다. 담당자 입장에서는 뭔가 제대로 조사를 한 것 같은 기분이 들 것이다. 그러나 과연 누가 이 보고서를 다시 들여다볼 것인지, 그리고 이를 통해 어떤 전략적 시사점을 도출할 수 있을지는 한번 생각해볼 문제이다. 조사 자료의 양보다는 조사 결과의 질을 높이기 위해 노력해야 한다.

셋째, 숫자를 신봉해서는 안 된다. 조사 결과는 대부분 숫자(통계치)로 되어 있다. 하버드 경영대학원의 문영미 교수는 저서《디퍼런트》에서 "통계 데이터만 주목하는 마케터는 누구라도 쉽게 얻을 수 있는 피상적인 정보밖에는 얻지 못한다. 그리고 정작 그 이면에 숨겨진 소중한 정보는 놓치고 만다." 라고 했다.[7] 대다수의 마케터들은 숫자를 통해 의사결정을 해야 한다는 강박관념을 가지고 있다. 왜냐하면 그렇게 해야 비록 마케팅에 실패하더라도

▽ 통찰력의 중요성을 강조한 문영미 교수의 《디퍼런트》

'소비자가 그렇게 응답했다'고 이야기하면서 실패의 원인을 자신이 아닌 소비자에게로 돌릴 수 있기 때문이다. 그러나 숫자는 단지 숫자일 뿐, 그 자체로서 의미를 가지는 것이 아님을 명심해야 한다.

넷째, 마케팅조사는 명확한 목적을 가지고 실시되어야 한다. 당연한 이야기이지만 실제 마케팅조사 현장에서는 자주 간과되는 원칙이다. 구체적인 목적에 의해 마케팅조사가 진행되는 것이 아니라 관행적으로, 맹목적으로 이루어지는 경우가 많기 때문이다. 작년에도 그렇게 했으니 올해도 그대로 해야 추이를 제대로 확인할 수 있다고 착각하기도 한다. 물론 고객만족도나 서비스 품질, 브랜드 자산을 조사한다면 지표의 추이를 분석할 수 있도록 전년도와 동일하게 조사를 해야 한다. 그러나 이 경우에도 조사 목적은 분명하게 '지표 추이 분석에 의한 전략 개발 및 개선안 수립' 등으로 확실하게 정하고 시행해야 한다.

다섯째, 조사하면 뭐든지 다 알 수 있다는 생각을 버려야 한다. 조사만으로는 응답자들이 표현하지 않는 내용, 또 표현할 수 없는 내용까지 알 수 없다. 소비자들이 진실하게, 그리고 상세하게 대답해줄 것이라는 착각도 버려야 한다. 정작 조사를 진행할 때, 소비자들은 답변할 준비도 제대로 되어 있지 않은 경우가 대부분이다. 어떠한 문제(조사 내용)에 대해 사전에 생각해본 적도 없고, 시간을 내어 지금 그 문제를 생각할 의도도 가지고 있지 않은 상태에서는 일방적으로 진행되는 조사에 성실하게 답변을 한다는 것 자체가 현실적으로 무리이다. 소비자들은 표층적인 현상만을 답하지, 내면에 깊숙이 숨겨둔 니즈, 즉 심층적인 생각은 겉으로 잘 드러내지 않는다는 점을 유념해야 한다. 이때가 조사 결과를 받아 든 마케터가 진짜 통찰을 해야 하는 순간이다. 삼성전자의 '지펠 T9000' 냉장고는 마케팅조사의 결과를 제대로 통찰한 신제품 개발로 큰 성과를 이루었다.

앞에서 살펴본 마케팅조사에 대한 대표적인 고정관념들을 마케터가 버려야 제대로 된 조사를 실시할 수 있다. 그래야만 비로소 마케팅 성과를 극대화할 수 있다. 마케팅조사는 시냇가(시장)에서 돌다리(전략)에 발을 내디뎌도 되는지, 그렇지 않은지 미리 두들겨보는 것에 비유할 수 있다. 미래를 정확하게 예측하기는 어렵지만 제대로만 조사한다면 그리 어렵지만은 않은 일이다.

'지펠 T9000'은 어떻게 히트제품을
개발할 수 있었을까?[8]

오래전부터 우리의 일상생활 속에 필수품이 된 냉장고를 사용하면서 어떤 불편을 겪었는가? 대체로 소비자들은 제품을 사용하면서 특별히 불편하지 않은 이상 불편을 잘 인지하지 못한다. 설문조사를 통해 문제를 파악하기 어려운 이유이다. 그러나 고객의 사용 실태를 정확하게 파악한다면 제품을 개선하거나 혁신적인 제품을 만들 수 있는 단서를 찾을 수 있다.

2012년 삼성전자는 설문조사를 통해 사용자들의 하루 평균 냉장실 사용 빈도가 81퍼센트이고, 냉동실 사용 빈도가 19퍼센트라는 결과를 얻었다. 그리고 한국 여성의 평균 허리 높이가 85센티미터라는 사실도 알게 되었다. 이런 사실은 조사를 하지 않아도 대체로 알고 있었지만, 누구도 이것이 어떤 의미가 있는지는 그 맥락을 이해하지 못했다. 이 조사 결과에서 어떤 통찰을 할 수 있을까?

고객은 자신이 무엇을 원하는지 잘 모른다. 특히 기존 제품의 사용 환경에 익숙해지면 불편한 부분이 있어도 그것이 불편하다는 생각 자체를 하지 못하는 경우가 많다. 결국 마케터가 이상한(불편한) 점을 감지한 다음, 그 속에서 통찰을 얻고 이를 개선한 신제품을 시장에 내놓았을 때 '내가 원했던 것이 바로 이런 것이었구나!' 하고 느낀다. 사용자 관점에서 보면 사용 빈도가 절대적으로 많은 냉장실을 아래쪽에 배치해 허리를 굽혀가며 불편하게 사용하고 있었지만, 그 불편을 인지하지 못했고 개선을 요청하지도 못했다.

삼성전자에서 신제품 '지펠 T9000'을 2012년에 출시하기 전까지 소비자들은 불편한지도 몰랐던 것이다. 소비자들의 사용패턴에 맞춰 '와이드 상냉장-서랍식 하냉동'으로 구조를 바꾼 T타입 냉장고는 출시 한 달 만에 1만 대를 판매하고, 이후 월 평균 1만 대씩 판매하는 성과를 보이고 있다. 전년 대비 20퍼센트씩 판매 성장을 이루었다. 다른 경쟁사들도 이제는 상냉장-하냉동 방식으로 냉장고를 만들고 있다. 서베이를 통해 수집된 스몰데이터에서도 마케터가 어떤 감지와 통찰을 하느냐에 따라 결과가 많이 달라진다는 것을 알 수 있다.

소비자의 숨겨진 니즈를 읽어낸 삼성 '지펠 T9000'[9]

마케팅조사도 전략적으로 하라

제대로 된 조사 결과를 얻고 싶다면 질문부터 똑바로 해야 한다. 질문은 소비자의 속마음을 읽어낼 수 있는 내용이어야 하고, 구체적으로 작성되어야 한다. 예를 들어, 제네시스의 브랜드 이미지를 파악하기 위한 설문조사를 시행하는 경우를 살펴보자. 응답자들에게 '제네시스를 어떻게 생각하십니까?'라고 묻는다면 대부분의 사람들은 '좋아요', '멋져요', '갖고 싶은 차에요' 등의 긍정적인 답변을 한다. 그러나 만약 '제네시스는 고객을 어떻게 생각하는 것 같습니까?'라고 질문한다면 '이중가격 책정은 불합리하다고 생각합니다.' '한국 소비자는 봉인가요?' 등의 부정적인 답변이 나올 수도 있다.

조사의 목적이 제네시스라는 브랜드의 가치를 정확히 파악해 브랜드 가치를 고양하는 방법을 모색하기 위한 것이었다면 긍정적인 연상과 부정적인 연상을 함께 고려해야 한다. 그래야 보다 정확하게 시장을 들여다볼 수 있기 때문이다. 그러나 소비자들의 부정적인 답변은 '마케터가 브랜드 관리를 제대로 하지 못한 것 아니냐?'라는 마케터의 능력 문제로도 연결될 수 있어, 마케터들은 소비자들에게 이런 질문을 하는 것을 꺼리는 경향이 있다. 그리하여 좋은 쪽으로 편향된 정보만을 수집하고, 이를 바탕으로 전략을 수립하게 되니 자연히 실패할 수밖에 없는 것이다. 이처럼 마케팅의 실패는 조사 결과를 왜곡할 수 있는 마케터와 경영자의 무지에서 출발한다고 해도 과언이 아니다.

이미 앞에서 살펴봤던 야채랑 과일이랑의 사례도 마찬가지이다. 마케터가 얻고 싶었던 내용인 '그런 제품이 필요하다', '만약 시장에 출시된다면 구매할 의향이 있다' 등에 대한 긍정적인 질문만을 했기 때문에 그런 결과를 얻은 것이다. 만약에 '과일과 야채 전용세제가 꼭 필요하다고 생각하십니까?'라는 식의 부정적인 질문을 했다면, '물로만 씻어도 문제없어요', '전용세제가 왜 필요한가요?' 등과 같은 답변을 얻었을지도 모른다.

마케팅조사를 위해서는 가장 먼저 어떤 정보를, 어떤 정보원으로부터, 어떤 수단을 통해 얻을 것인지, 그리고 어떻게 문제를 해결할 것인지를 결정해야 한다. 가장 적합한 방법을 찾아 객관적이고 체계적인 방법으로 자료를 수집하고, 이를 분석해야만 의미 있는 결과를 얻고, 이를 적절하게 활용할 수 있다.

KT&G는 '에쎄' 브랜드에 대한 소비자조사를 실시했다. 에쎄의 기존 고객들은 대체적으로 에쎄에 대해 '고급스럽다', '부드럽다'는 등의 호의적인 브랜드 이미지를 가지고 있었다. 그러나 이러한 이야기는 마케터의 귀에만 듣기 좋은 소리에 지나지 않았다. 문제는 제조물책임법(PL법)이 시행되면서 담배의 타르와 니코틴 함량을 담뱃갑에 표시해야 했고, 이로써 그동안 에쎄가 구축해온 '부드럽다'는 인식이 자칫 '어? 순한 담배로 알고 있던 에쎄에 타르(6.5mg)와 니코틴이 이렇게 많이 들어가 있었나? 부드러운 게 아니었네!' 하는 부정적인 이미지

이 시대의 멋진 리더를 위해 부드럽고 순한
ESSE Lights가 새로 나왔습니다
저타르/저니코틴

타르와 니코틴 함량비교

	타르	니코틴	가격
ESSE	6.5 mg	0.65 mg	2,000원
ESSE Lights	4.5 mg	0.45 mg	2,000원

로 변질될 가능성이 높다는 것이었다. 따라서 KT&G는 기존 에쎄의 '고급스럽고 부드럽다'는 브랜드 이미지를 유지하면서도 높은 타르 함량에 대한 부정적인 이미지를 극복할 수 있는 마케팅 전략을 강구해야 했다.

전략적인 관점에서 소비자조사의 필요성을 느낀 KT&G는 1차 소비자조사 결과를 바탕으로 2차 조사에 착수했다. 그리고 2차 조사를 통해 '부드럽다'는 이미지의 구체적인 의미를 밝히고, 웰빙 트렌드가 담배시장에 미치는 영향과 이에 대한 소비자의 인식을 조사했다. 이 결과를 바탕으로 기존의 브랜드 이미지와 아이덴티티를 그대로 유지하면서 타르 함량을 낮춘 순한 맛의 신제품을 개발하였다. 그리하여 탄생한 브랜드가 타르 4.5mg의 '에쎄 라이트ESSE Lights'이다.[10] 이 두 브랜드는 출시 1년 만에 기존 시장점유율 12퍼센트의 약 2배인 23퍼센트를 확보하는 눈부신 성과를 얻었다.

에쎄의 사례와 같이 조사 설계에서부터 활용에 이르기까지 전략적으로 접근하고 통찰력을 발휘하면 실패를 줄이는 것을 넘어 큰 성공을 거둘 수 있다. 이것이 바로 전략적으로 마케팅조사를 해야 하는 이유이다.

어떻게 설계하냐에 따라 결과도 달라진다

마케팅조사는 과학이다

마케팅조사는 방법론이자 과학이기 때문에 정해진 프로세스를 따라 진행해야 보다 정확한 결과를 얻을 수 있다. 마케팅조사의 프로세스를 정리하면 〈그림 4-1〉과 같다. 각 단계에 대해서 자세히 살펴보자.

첫째, 마케팅 문제를 제기해야 한다. 마케팅에 관한 문제의식을 가져야만 비로소 조사를 시작할 수 있다. 조사자는 문제를 제기하고, 조사 목적, 관련 배경 정보, 그리고 어떻게 이 정보를 마케팅 의사결정에 사용할 것인지 고민해야 한다.

둘째, 조사 설계를 정확하게 해야 한다. 조사 설계는 조사를 진행하는 데 있어 기본적인 기준이 되는 조사의 틀 혹은 청사진이다. 건물을 지으려면 가장 먼저 설계도를 그려야 하는 것처럼 조사를 위해서는 조사의 설계도가 있어야 한다. 조사 설계를 할 때는 조사의 목적, 분석 모델, 연구가설, 조사 방법, 분석기법 등을 구체적으로 구상하고 기술해야 한다. 조사 설계는 탐색적 조사, 기술적 조사, 인과적 조사 등의 조사 방법과 측정 방법 및 척도에 따라 달라지므로 목적에 맞도록, 또 얻고자 하는 결과를 염두에 두고 설계해야 한다.

셋째, 실제 조사를 통해 자료를 수집해야 한다. 조사자들을 선발해 훈련시키고, 감독 및 평가를 통해 자료 수집 과정에서 발생할 수 있는 오류를 최소화해야 한다. 조사 과정에서의 오류는 대부분 실사와 자료 수집, 그리고 그 자료들을 처리하는 과정에서 발생한다.

1. 문제 제기	2. 조사 설계	3. 실사/자료 수집	4. 통계분석	5. 보고서 작성

- 조사방향
- 문제를 확인하기
  위한 접근
· 상황분석
· 문헌 연구
· 전문가 의견
· 사례 연구
	- 조사 목적
	- 연구 가설
	  (이론적인 틀)
	- 표본추출방법
	- 조사 방법
	- 분석 기법
		- 표본 추출
		- 실사
		- 자료 수집/원천
			- 코딩
			- 편집
			- 통계분석
			· 빈도분석
			· 다중응답
			· 분산분석
			· 상관분석
			· 회귀분석
			· 요인분석
			· 판별분석
			· 군집분석
			· 다차원척도법
			· 컨조인트분석
			· 구조방정식모형
				- 전략적 시사점
				  도출
				- 보고서 작성
				- 보고회

넷째, 제대로 자료를 처리하고 통계분석을 해야 한다. 수집된 자료를 편집 및 코딩, 검증 등의 절차를 거쳐 처리해야 제대로 된 통계분석을 할 수 있다. 통계분석을 할 때는 조사 목적에 적합한 분석 방법을 선택해야 한다. 예를 들어, 시장을 세분화하기 위한 조사를 진행했다면 통계분석 역시 시장을 세분화할 수 있는 방법을 사용해야 한다.

마지막으로 전체 내용을 잘 정리해 보고서를 작성해야 한다. 조사 보고서에는 조사의 배경, 조사 설계, 자료 수집 방법, 분석 절차, 분석 결과 및 주요 시사점을 체계적으로 기술해야 한다. 특히 시사점은 마케터가 의사결정을 할 때 쉽게 찾아보고 참고할 수 있도록 구체적으로 작성되어야 한다.

지금까지 살펴본 마케팅조사의 프로세스는 정형화된 방법론이다. 조사 프로세스를 이해하고 그대로 따르도록 해야 한다. 마케팅조사 과정에서 새로운 시도를 해보는 것은 좋은 생각이다. 특히 시장과 고객의 특성을 어떻게 측정하면 심층의 의견을 취합할 수 있는지에 대해서는 끊임없이 탐구해야 한다. 트렌드를 파악하기 위한 새로운 조사방법을 찾아봐야 한다. 다만 조사의 프로세스는 바꾸면 안 된다. 체계적인 자료의 수집과 분석, 그리고 활용으로 이어지는 과정을 바꾸어 진행할 수는 없다.

조사 목적, 자료 수집, 분석 방법을 함께 고려하라

마케팅조사를 할 때는 항상 목적을 먼저 생각하고, 측정 방법과 척도를 고려해 자료를 수집해야 한다. 그리고 조사의 목적을 달성할 수 있는 분석 방법을 활용해야 한다. 이를 그림으로 나타내면 〈그림 4-2〉와 같다.

명심해야 할 점은 조사의 목적과 자료 수집, 분석이 개별적으로 떨어져 있는 것이 아니라 하나로 연결되어 있다는 것이다. 원하는 마케팅 목표를 달성하기 위해서는 그에 맞는 조사 설계와 자료 수집 방법이 필요하며, 적절한 분석 방법을 통해 분석해야 한다. 그래야만 마케팅조사를 통해 얻고자 하는 결과물을 얻을 수 있다.

언뜻 보기에 이렇게 마케팅조사를 진행하는 것은 너무나 당연한 이야기라 생각될 것이다. 또 굳이 이렇게까지 자세하게 했던 이야기를 또 하고 또 해야 할까 하는 생각이 들 수도 있다. 그러나 이러한 활동들이 실제 조사 현장에서는 너무도 빈번하게 무시되거나 잘 지켜지지 않는다는 것을 명심하고, 이에 대한 내용을 숙지하고 항상 지킬 수 있도록 노력해야 한다.

제대로 된 마케팅조사를 통해 특정 제품의 시장을 세분화하고자 한다면, 체계적이고 과학적인 접근 방법으로 조사와 분석을 하고 세분집단을 만들어야 한다.

▼ 〈그림 4-2〉 마케팅조사 시 고려할 요소

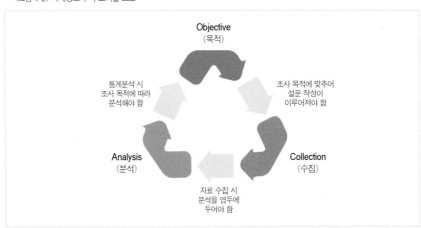

만약 조사의 목적이 시장 세분화라면 시장을 어떻게 나눌 것인가에 대한 연구가 먼저 이루어져야 한다. 또 기존 시장과 잠재 시장에 대한 자료를 분석하고, 소비

마케팅조사에서
척도가 중요한 이유는?

수많은 기업들이 매년 다양한 마케팅조사를 실시한다. 그러나 설문지를 만들면서 어떤 척도를 사용해야 목적에 부합하는 분석 결과를 얻을 수 있는지는 중요하게 생각하지 않는다. 심지어 이것을 마케팅조사업체나 조사자가 알아서 할 일로 치부하며 아예 관심을 갖지 않는 경우도 많다.

척도는 조사 대상을 측정하기 위해 임의로 부여한 숫자 간의 관계를 말한다. 즉, 통계분석을 가능하게 하는 객관적 사실을 수치화한 것이 바로 척도이다. 척도는 명목, 서열, 등간, 비율, 4종류로 구분한다. 명목척도는 분류를 위한 것이고, 서열척도는 분류와 순서를, 등간척도는 분류와 순서, 등간격을 가지며, 비율척도는 분류와 순서, 그리고 등간격에 절대 '0'점을 가지고 있다. 명목척도와 서열척도는 범주형 척도로 구분하고, 등간척도와 비율척도는 연속형 척도에 속한다.

척도는 데이터의 성질을 규정할 뿐만 아니라 어떤 분석 방법을 선택할지를 결정하는 매우 중요한 요소이다. 때문에 척도는 조사의 타당성에 중대한 영향을 미친다. 이 같은 척도를 고려하지 않고 얻은 조사 결과는 심각한 오류를 범할 가능성이 높다. 예를 들어, 자동차의 경제성을 알고자 하는 경우를 살펴보자.

자동차의 경제성은 연비뿐만 아니라 가격과 품질, 유지비 등이 함께 측정되어야 한다. 여기서 '경제성'은 구성개념이라고도 한다. 구성개념을 제대로 측정하기 위해서는 확인적 요인분석을 실시해야 한다. 하나의 구성개념을 정확하게 측정하기 위해서는 요인분석을 해야 하며, 요인분석을 할 때는 등간척도 이상의 척도를 사용해야 한다. 연비, 가격, 품질, 유지비 등을 등간척도로 질문하고 이 네 가지 요소를 요인분석으로 분석하여 하나의 요인이 도출된다면 이 조사는 잘된 것이라고 할 수 있다. 만약 서열척도를 사용한다면 요인분석을 할 수 없고, 하나의 요인으로도 묶을 수 없어 조사 자체가 실패할 확률이 높다. 그래서 척도의 선택이 매우 중요하다.

고객만족도를 조사하고자 한다면, 등간척도나 비율척도로 측정해야 평균^{mean}을 구할 수 있고, 그 결과도 비교해볼 수 있다. 가장 많이 볼 수 있는 설문조사의 오류 중 하나가 고객만족도를 측정하고자 하는 질문에 명목척도를 사용하는 경우이다. '1. 매우 불만족, 2. 불만족, 3. 보통, 4. 만족, 5. 매우 만족' 등의 명목척도로 조사를 시행한다면 조사 결과로 각 숫자의 빈도와 백분율 정도만을 구할 수 있다. 이렇게 되면 당연히 평균은 구할 수 없다. 이 척도로 고객만족도를 측정한 다음 평균으로 변환한다고 해도 이는 자연히 오류를 내포할 수밖에 없다. 고객만족도와 같은 지수 관련 평가 항목은 반드시 '1 - - - 2 - - - 3 - - - 4 - - - 5'와 같이 등간격을 표현한 등간척도나 비율척도로 측정해야 한다. 그래야만 제대로 된 평균을 구할 수 있고 오류를 피할 수 있다.

자를 관찰하여 지향하는 시장에 대한 예측을 하고, 가설을 세워 이를 검증해야 한다. 그리고 어떤 요소를 중심으로 시장을 구분할지도 사전에 미리 정해둬야 한다. 이렇게 할 때 구체적인 질문지를 보다 쉽게 만들 수 있고, 조사 결과의 정확성과 활용성을 높일 수 있다.

정리하면, 조사 목적과 자료 수집, 그리고 분석 방법은 하나의 연결고리로 생각하고 함께 고려해야 한다. 이를 바탕으로 조사 설계가 이루어지고 실제 조사가 진행되어야만 의미 있는 결과를 얻을 수 있다. 그렇지 않은 경우에는 마케팅 실패를 조장하는 정보를 얻게 될 것이다. 다시 한번 강조하자면, 마케팅조사의 목적은 실패를 줄이기 위한 기초자료를 마련하는 것이다. 그리고 이를 위해서는 조사 목적, 자료 수집, 분석 방법을 총체적으로 고려해야 한다.

조사의 품질, 속도, 비용의 관계를 고려하라

경영 혹은 마케팅 활동에서 의사결정을 내려야 하는 문제들은 대부분 시급히 해결을 요한다는 공통점이 있다. 그리고 최선의 의사결정을 내리기 위해서는 철저한 마케팅조사를 통해 얻어지는 기초자료를 필요로 한다. 바로 여기에서 마케팅조사를 둘러싼 문제가 발생한다. 양질의 정보를 얻기 위해서는 충분한 시간이 필요한데 시장 상황이 급변하니 시간을 지체할 수 없고, 또 그렇다고 급하게 조사한 자료들을 의사결정의 기초자료로 사용한다면 치명적인 오류를 범할 수 있기 때문이다. 조사의 결과물이 시의성을 놓친다면 아무리 좋은 결과물일지라도 무용지물일 뿐이다.

이처럼 품질과 속도는 상호 공존하기보다는 상호 배타적인 경우가 대부분이다. 그럼에도 불구하고 어떤 상황에서도 최상의 결과를 얻어야 한다면 마케터들은 과연 어떤 결정을 내려야 할까? 품질, 속도, 비용과 관련된 요소들을 정리하면 〈그림 4-3〉과 같다.

첫째, 품질과 속도를 동시에 달성할 수 있도록 마케터의 역량을 강화하는 것이다. 이미 앞에서도 살펴보았지만 마케팅조사 결과의 품질은 전문조사기관의

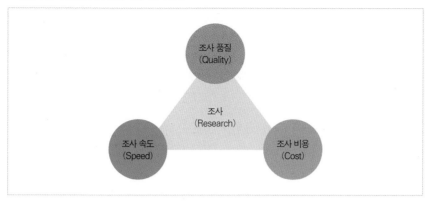

조사자의 역량도 중요하지만 무엇보다도 해당 기업의 마케터의 통찰력에 의해 좌우되는 경우가 많다. 그러므로 마케터가 역량을 갖추는 것이 가장 중요하다.

둘째, 품질과 속도 중 우선순위를 선택하는 것이다. 만약에 매우 중요한 의사결정을 위한 자료를 확보해야 한다면 충분한 시간을 들여 정확하고 치밀한 조사와 분석을 통해 전략적인 시사점을 도출해야 한다. 예를 들어, 신제품을 개발하거나 커뮤니케이션 활동의 전략 방향을 결정하는 일이라면 시간이 많이 걸리더라도 최상의 결과를 얻어야 하는 것이 마땅하므로 품질을 우선시해야 한다. 왜냐하면 이 같은 전략적인 의사결정은 이후 수많은 마케팅 활동들의 방향성이나 세부 내용을 결정하는 기준이 되고, 또 한 번의 의사결정으로 많은 비용을 발생시키기 때문이다.

잘못된 조사 결과를 통해 개발된 신제품이 실패한다면 제품 개발, 유통, 커뮤니케이션 활동 등에 투입된 비용들로 인해 적자가 가중될 것이다. 반면, 특정 제품의 판촉을 전개하는 데 어떤 행사가 보다 효과적인지를 결정하는 것은 신제품 개발이나 커뮤니케이션 활동의 전략 방향 수립보다는 그 중요성이 상대적으로 낮다. 그러므로 이때는 마케팅조사의 품질을 조금 희생시키더라도 속도를 선택하는 편이 더 낫다. 즉, 의사결정의 속도가 중요한 경우에는 우선순위를 속도에 줄 수도 있는 것이다.

여기서 한 가지 더 고려해야 할 요소가 있다. 바로 비용이다. 일반적으로 비용은 최소화하고 효과는 최대한으로 얻는 것이 가장 좋지만, 마케팅조사의 품질을 높이기 위해서는 어느 정도의 비용을 지출해야만 한다. 대부분의 소비자들은 가격이 높으면 품질도 좋을 것이라고 생각한다. 마케팅조사도 이와 다르지 않다. 최상의 결과물을 얻고 싶다면 조사 비용은 당연히 높아질 수밖에 없고 조사기간 역시 길어진다.

문제는 마케팅에 관련된 의사결정은 대부분 시급한 결정을 요한다는 것이다. 그래서 생각해볼 수 있는 마지막 방법은 많은 비용을 들여서 짧은 시간에 최상의 결과를 얻는 것이다. '그런 건 누군들 못하냐?' '당연한 이야기 아니냐?' '오늘날 기업이 처한 현실을 알고도 그런 소리를 하느냐?'라고도 이야기할 수 있다. 만약 마케팅조사의 결과를 활용하여 성공 가능성을 높이고 싶다면 이러한 품질, 속도, 비용의 상호 배타적인 역학관계를 정확하게 이해한 상태에서 업무를 진행해야 한다.

마케팅조사의 실패는 조사 자체가 아니라 사람 때문이다

마케팅조사는 과학적이고 객관적으로 이루어지기 때문에 그 결과 또한 진실일 것이라고 생각하는 경우가 많다. 그러나 모든 마케팅조사는 기본적으로 어느 정도 오류가 있다. 이 오류들은 대부분 사람에 의해 발생한다. 대표적인 경우를 살펴보자.

첫째, 마케터에 의해 발생하는 오류다. 마케팅조사의 오류는 대부분 마케터가 마케팅 문제를 제대로 인식하지 못했거나 조사의 목적을 정확하게 규정하지 않아서 생긴다. 또한 목적에 부합하는 조사 설계를 하지 못한 경우에도 발생한다.

둘째, 조사자에 의한 오류다. 조사 목적에 부합하지 않는 응답자를 선택하거나, 응답자에게 질문의 내용을 정확하게 전달하지 않았거나, 의도된 응답을 유도하는 경우에 오류가 발생한다. 또 조사자가 통제하기 어려운 상황이 발생하는 경우에도 오류가 발생할 수 있다.

셋째, 응답자에 의해서도 오류가 발생한다. 응답자가 질문의 내용을 정확하게 이해하지 못한 상태에서 대답하거나 속마음을 숨기고 사실과 다르게 이야기하는 경우 오류가 발생할 수 있다. 거기다 응답자에 의한 오류는 딱히 검증할 방법이 없다는 치명적인 한계가 있다.

넷째, 분석자에 의한 오류도 있다. 조사 목적에 적합한 분석 방법과 절차를 따라야 하는데, 이를 잘못 적용하거나 자의적으로 해석하는 경우 분석자에 의한 오류가 발생한다.

이 오류들은 전부 사람에 의해 발생하는 것이다. 즉, 비표본추출에 의한 오류가 전체 오류의 대부분을 차지한다. 나머지는 표본추출에 따른 오류인데 이는 대부분 통제할 수 있는 경우이다.

마케팅조사에서 문제는 대부분 조사 과정보다 분석 결과의 해석 및 이해 과정에서 발생한다. 마케팅조사의 대표적인 실패 사례로 알려진 '뉴코크New Coke'를 살펴보자. 1985년, 코카콜라는 기존의 콜라보다 더 달콤하고 부드러운 맛의 뉴코크를 출시하고 기존 콜라의 생산을 중단했다. 코카콜라는 뉴코크를 출시하기 전에 무려 19만 명을 대상으로 블라인드 시음 테스트를 진행했다.● 코카콜라는 이 조사를 통해 소비자들로부터 "뉴코크의 맛이 기존의 코카콜라는 물론 경쟁 브랜드인 펩시콜라보다 낫다."는 평

● 블라인드 테스트(blind test)는 브랜드를 가리고 테스트하는 방법으로 조사 과정에서 응답자들의 생각을 단순하게 처리함으로써 문제에 대한 원인을 오해하거나 결과를 잘못 해석할 가능성이 높다.

가 결과를 얻었다. 그래서 코카콜라는 뉴코크의 성공을 의심하지 않았다. 하지만 제품 출시 후 석 달 만에 코카콜라는 소비자들의 거센 항의에 부딪혀 뉴코크를 시장에서 철수하고 기존 콜라를 '코카콜라 클래식'으로 재출시하는 해프닝을 연출했다.[11]

조사 결과로만 보면 뉴코크는 당연히 대히트를 칠 제품이었다. 그런데도 대대적인 마케팅조사와 마케팅 전문가들이 철저한 분석을 통해 개발한 뉴코크는 왜 성공하지 못했을까? 실패의 원인은 바로 마케팅조사 결과의 숨은 의미를 면밀히 검토하지 않고, 결과 그대로를 믿었던 데 있었다. 뉴코크의 시장 철수 이후 코카콜라가 알게 된 사실은 소비자들이 코카콜라를 선택하는 이유는 맛 때문만이 아

▼ 코카콜라의 뉴코크[12]

니라 '코카콜라'라는 브랜드의 상징성, 가치, 애정 등의 복합적인 요인이라는 점이다. 뉴코크의 조사 설계에도 한 가지 문제가 있었다. 블라인드 테스트로 맛을 평가하는 것도 중요하지만 브랜드를 노출한 상태에서도 조사를 해서 브랜드에 의한 구매 영향력을 평가해 그 결과를 신제품 개발에 반영했어야 했다. 마케팅조사가 가지는 이러한 한계를 극복하기 위해서는 조사 과정에 참여하는 모든 사람들이 통찰력을 발휘할 수 있도록 해야 한다.

조사 설계는 문제 해결에 초점을 맞춰야 한다

최상의 조사 결과를 얻기 위해서는 조사 설계를 잘해야 한다. 조사 설계는 마케팅조사 과제를 위한 기본 틀 혹은 청사진으로, 문제를 구조화하거나 해결하기 위해 요구되는 정보를 획득하는 데 필요한 절차를 상세하게 정리하는 것이다. 일반적인 조사 설계 방법에는 〈표 4-1〉과 같이 탐색적exploratory 조사와 확인적conclusive 조사가 있다. 확인적 조사는 다시 기술적descriptive 조사와 인과적causal 조사로 나뉜다.

▼ 〈표 4-1〉 마케팅조사의 설계 방법[13]

구분	탐색적 조사	확인적 조사	
		기술적 조사	인과적 조사
목적	• 아이디어와 통찰력 발견	• 시장의 특성과 기능을 발견	• 원인과 영향 관계를 결정
특징	• 유연성, 융통성 • 모든 조사 설계의 예비적 성격을 가짐	• 해당 가설을 사전에 공식화하여 분명하게 함 • 사전에 계획되고 구조화된 설계를 해야 함	• 하나 혹은 그 이상의 독립변수를 조작해 조사 • 다른 매개변수를 통제
방법	• 전문가 의견조사 • 파일럿 서베이 • 2차 자료분석 • 정성적 조사	• 서베이 • 패널 • 관찰	• 실험

탐색적 조사는 조사자가 조사 과제에 대해 충분히 이해하고 있지 못한 경우, 사전적인 정보를 얻기 위해 실시하는 예비적 성격의 조사이다. 조사는 아이디어와 통찰력을 얻거나 과제를 구체적으로 이해하기 위해 실시하는 차원에서 진행된다. 조사 과정에 마케터의 유연성과 융통성을 반영해 진행할 수 있다는 장점이 있다. 탐색적 조사에 사용되는 방법으로는 전문가 의견조사, 파일럿 서베이, 2차 자료분석, 정성적 조사 등이 있다.

확인적 조사는 좀 더 구체적인 정보를 필요로 할 때 사용하는 조사 방법이다. 확인적 조사는 탐색적 조사보다 더 형식적이고 구조화되어 있다. 사용되는 표본은 모집단을 대표할 수 있어야 하고 표본의 크기가 크면 클수록 일반적으로 설명력이 높아진다. 확인적 조사를 통해 획득한 자료는 정량적인 분석을 통해 처리한다. 이로써 얻어진 조사 결과는 경영 의사결정을 위해 사용되는 경우가 많다.

확인적 조사의 한 방법인 **기술적 조사**는 보통 시장의 특성이나 기능 등을 알아보기 위해 시행한다. 소비자, 판매원, 조직 혹은 시장의 특성을 기술하거나, 일정한 행동양식을 보이는 집단의 비율을 추정할 때 사용할 수 있다. 또 브랜드의 인지도와 마케팅 변수들이 관련된 정도를 파악하거나 수요를 예측하고자 할 때도 사용된다. 기술적 조사는 조사자가 조사할 문제에 대한 기본지식을 가지고 있다는 전제 하에서 진행된다. 때문에 필요한 정보가 무엇인지를 명확하게 정의할 수 있고, 사전에 충분히 구체적이고 체계적으로 조사 설계를 계획하고 구조화할 수 있다는 장점이 있다. 기술적 조사의 주요 방법으로는 서베이, 패널조사, 관찰조사 등이 있다. 조사자들은 경우에 따라 하나의 방법이 아닌 여러 가지 방법을 함께 사용할 수도 있다.

인과적 조사는 원인과 결과의 관계를 알고자 할 때 주로 사용한다. 예를 들면, 광고 집행과 판매량 증가의 관계를 검증하여 광고가 판매량에 긍정적인 영향을 미친다는 타당성을 확보해 광고량을 확대할 것인지를 결정하는 것이다. 이와 같이 어떤 현상에 대한 원인변수(독립변수)와 결과변수(종속변수)를 이해하거나 예측하기 위해 인과적 조사를 활용한다. 따라서 인과적 조사는 조사 설계 단계가 매우 중요하다. 인과관계를 정확하게 검증하기 위해서는 비교적 통제가 잘된 환경에서 조사가 진행되어야 한다. 만약 원인변수 이외의 다른 변수에 의한 영향을 통제하지 못한 상태에서 조사 결과를 얻었다면 이 결과는 신뢰할 수 없게 된다. 인과적 조사는 무엇보다도 외적인 변수의 통제가 중요하기 때문에 주로 의도적으로 통제할 수 있는 실험조사 방법을 사용한다.

조사 목적에 적합한 자료 수집 방법

마케팅조사를 통해 수집되는 자료에는 정성적qualitative 자료와 정량적quantitative 자료가 있다. 정성적 자료는 마케팅 문제에 대한 인식과 이해를 제공하는 비수치적인 자료이고, 정량적 자료는 구체적인 의사결정을 할 수 있도록 돕는 수치 자료이다.

일반적으로 새로운 마케팅 문제를 해결하고자 할 때는 먼저 정성적 자료를 수집하여 현재 상황을 정확하게 이해하고, 이를 바탕으로 정량적 자료를 수집하게 된다. 이처럼 정성적 조사와 정량적 조사는 상호 보완적인 관계에 있다. 따라서 순차적으로 혹은 복합적으로 활용하여 상호 부족한 점을 보완하도록 해야 한다. 이를 정리하면 〈표 4-2〉와 같다.

정성적 조사는 응답자로부터 정보를 획득하기 위한 구조화되거나 공식적인 방법을 사용할 수 없는 경우에 사용한다. 다시 말해, 사람들이 어떤 질문에 답하는 것을 꺼려하거나 답을 할 수 없는 경우에는 정성적 조사 방법을 사용한다. 예를 들면, "당신은 국산품과 외제품 중 어떤 것을 선호하십니까?"와 같은 응답자들의

▼ 〈표 4-2〉 마케팅조사의 자료 수집 방법[14]

구분	정성적 조사	정량적 조사
목적	기초적인 원인이나 동기에 대한 질적인 이해를 얻음	자료를 계량화시키고 표본으로부터 모집단의 결과를 일반화시킴
표본	대표성 있는 소규모의 사례	대표성 있는 대규모의 사례
자료 수집	비구조화	구조화
자료분석	비통계적	통계적
주요 방법	표적집단면접법/심층면접/관찰면접법	설문조사(서베이)/스캐너데이터
결과	초기 이해의 전개	행동의 최종단계 권고

176

사생활을 침해하거나, 부끄러움을 자아내거나, 자아나 지위에 부정적인 영향을 미칠 가능성이 있는 민감한 질문 등이 여기에 해당된다.

대부분 사람들은 그들의 잠재의식을 건드리는 질문에 대해서는 정확하게 답하지 않으려는 경향이 있다. 잠재의식 속에 있는 가치, 감정적인 동기, 동기유발 원인 등에 대한 이야기는 자기합리화와 자기방어를 위해 꽁꽁 감춰두려는 것이다. 예를 들면, 어떤 사람이 열등감을 극복하기 위해 고급 스포츠카를 구매했다고 가정해보자. 만약 그 사람에게 "당신은 왜 이 스포츠카를 구매하셨습니까?"라

마케팅조사는 왜 표본조사가 대부분일까?

통계조사에서 모집단母集團, population 전부를 조사하는 방법을 전수조사라고 한다. 전수조사의 가장 대표적인 예는 10년에 한 번씩 시행하는 인구센서스조사이다. 인구센서스조사는 대한민국의 모든 가구를 대상으로 하는 엄청난 규모의 조사이다.

그러나 기업에서는 모든 고객들을 대상으로 조사를 시행할 수 없기 때문에 조사의 품질과 속도, 비용을 고려해서 표본조사를 주로 실시한다. 경우에 따라서는 전수조사보다 표본조사를 통해 더 좋은 품질의 조사 결과를 얻을 수 있다. 표본조사는 전수조사보다 전체 조사 과정을 통제하기가 훨씬 더 쉽다는 장점이 있다.

표본조사에서 가장 중요한 것은 모집단의 특성을 잘 반영하는 표본을 선택하는 것이다. 그래야만 통계량을 토대로 모집단을 추정하고, 나아가 일반화하는 데 어려움이 줄어든다. 또 오류를 줄일 수 있어 표본의 특성을 가지고 추론한 결과가 사실과 크게 벗어나지 않게 된다. 이러한 표본의 속성을 표본의 대표성representativeness이라고 한다. 표본조사에서는 대표성 있는 표본을 추출하는 것이 무엇보다도 중요하다.

통계청의 인구주택총조사 홍보 포스터

고 묻는다면 "구형 자동차가 고장이 나서 새 차가 필요했다." 혹은 "이 자동차의 성능이 뛰어나고 가격이 합리적이라 생각해서" 등의 다른 대답을 한다. 이런 경우에는 정성적인 조사를 통하여 정보를 획득하는 것이 바람직하다.

대표적인 정성적 조사 방법에는 3장에서 살펴본 바 있는 표적집단면접법[FGI], 심층면접법, 관찰면접법 등이 있다.

정량적 조사는 정성적 조사의 결과물을 바탕으로 보다 구체적인 정보가 필요할 때, 또는 과거의 조사 결과를 기반으로 조사 대상들의 행동이나 태도의 변화를 알고 싶을 때 실시한다. 정량적 조사를 위해서는 모집단을 대표할 수 있는 정도의 대규모 표본을 추출하고, 구조화된 설문지를 통해 체계적이고 객관적으로 조사하여 통계분석을 해야 한다.

대표적인 정량적 조사 방법으로는 설문조사[survey]가 있다. 최근 고객의 구매이력에 대한 데이터베이스 구축이 많은 기업에 잘 이루어져 있어 데이터 마이닝[data mining]● 과 통계분석을 통해 고객의 구매행동을 보다 정확하게 파악할 수 있다. 경우에 따라서는 데이터베이스와 설문조사 자료를 함께 분석함으로써 구매행동 뿐만 아니라 고객의 태도 및 선호도 등으로 보다 총체적으로 고객을 이해할 수 있다. 계량화된 자료는 통계분석을 다양하게 할 수 있다는 장점이 있다.

● 데이터 마이닝(data mining)은 대규모로 저장된 데이터에서 체계적이고 자동적으로 통계적 규칙이나 패턴을 찾아내는 것이다.

04

전략 수립을 위한
조사 방법은 따로 있다

시장을 좀 더 과학적으로 구분하자

소득 수준이 향상되면서 소비자의 욕구 또한 날로 다양화, 개성화, 고도화되고 있다. 그만큼 기업 간의 경쟁 또한 나날이 심화되고 있다. 이러한 마케팅 환경에서 전략의 중요성은 더더욱 높아지고 있다. 마케팅 전략을 수립하기 위해서는 시장 세분화와 표적시장의 선정, 포지셔닝 전략이 선행되어야 한다. 구체적인 방법에 대해서는 5장에서 상세하게 설명하기로 하고 여기에서는 각각의 전략 수립을 위한 분석 방법을 주로 살펴보자.

세분시장 도출을 위한 조사 설계

시장을 세분화하기 위해서는 특정 시장을 세분화하기 위한 기준을 먼저 정해야 한다. 예를 들어 구매 특성을 고려할 수도 있고, 라이프스타일을 기분으로 세분화할 수도 있다. 세분화를 할 수 있는 통계분석 방법으로는 군집분석이 있다. 따라서 군집분석을 할 수 있는 척도를 사용한 설문지를 만들어야 한다. 즉, 조사 목적과 설문 작성, 그리고 통계분석은 분리된 업무가 아니라 함께 고민해야 한다.

〈표 4-3〉은 구매 특성을 중심으로 TV시장을 세분화하기 위한 설문지이다. TV제품 보유자 중에서 임의표본추출convenience sampling을 통해 200명의 유효 표본을 확보했다. 그리고 구매선택의 속성별로 7점 등간척도를 사용했다. 통계분석은 전문 통계패키지SPSS를 활용했다. 리서처가 아닌 마케터가 통계분석까지 하기는 현

질문 현재 보유하고 있는 TV를 구입하실 때 다음의 사항들에 대하여 얼마나 중요하게 생각하고 구입하셨습니까?

	전혀 중요하지 않다		보통이다			매우 중요하다
1. 화질	①-----②-----③-----④-----⑤-----⑥-----⑦					
2. 음질	①-----②-----③-----④-----⑤-----⑥-----⑦					
3. 색상	①-----②-----③-----④-----⑤-----⑥-----⑦					
4. 다양한 기능	①-----②-----③-----④-----⑤-----⑥-----⑦					
5. 가격	①-----②-----③-----④-----⑤-----⑥-----⑦					
6. 화면 크기(인치)	①-----②-----③-----④-----⑤-----⑥-----⑦					
7. 사용(조작)의 편리성	①-----②-----③-----④-----⑤-----⑥-----⑦					
8. 사후 서비스	①-----②-----③-----④-----⑤-----⑥-----⑦					
9. 주변 제품과의 조화	①-----②-----③-----④-----⑤-----⑥-----⑦					
10. 고급스러움	①-----②-----③-----④-----⑤-----⑥-----⑦					
11. 세련미	①-----②-----③-----④-----⑤-----⑥-----⑦					
12. 견고해 보이는 정도	①-----②-----③-----④-----⑤-----⑥-----⑦					
13. 첨단으로 보이는 정도	①-----②-----③-----④-----⑤-----⑥-----⑦					

실적으로 어려움이 있다. 하지만 통계분석 결과를 이해하고 해석하여 통찰력을 발휘하기 위해서는 분석 결과를 읽을 수 있는 최소한의 능력은 있어야 한다.

세분시장 도출을 위한 통계분석

● 요인분석 : 일련의 변수들 간의 상호의존적인 관계를 자료의 감축과 요약을 통해 요인으로 도출해내는 방법
● 군집분석 : 비슷한 특성을 가진 집단을 확인하기 위한 분석
● 분산분석 : 둘 이상의 모집단에 대한 평균 검증을 통해 집단 간의 차이를 분석하는 방법
● 테이블분석 : 데이터를 간단하게 파악하고 분석 결과의 해석을 용이하게 한 사용자 정의 테이블을 활용하는 분석

시장을 세분화하는 분석 방법에는 여러 종류가 있다. 여기서는 제품을 선택하는 주요 속성들에 대한 요인분석factor analysis● 을 통해 요인을 추출하고, 산출된 요인점수를 이용하여 군집분석cluster analysis● 을 실시하는 방법으로 시장을 세분화하기로 한다.

그리고 분산분석ANOVA● 으로 집단 간의 차이를 검증한 다음, 소비자들의 특성을 파악하기 위해 테이블custom tables분석● 을 실시하기로 한다. 앞에서 설계한 TV시장

변수	집단	집단1(42명)	집단2(94명)	집단3(64명)
		품질과 판촉요인 중시	이미지와 판촉요인 중시	품질과 판촉요인 무관심
인구통계학적 특성	연령	• 30대 후반(35.7) • 30대 초반(26.2)	• 30대 후반(28.7) • 30대 초반(20.2)	• 30대 후반(43.8) • 40대 초반(29.7)
	직업	• 전업주부(64.3) • 사무/기술(14.3)	• 전업주부(53.2) • 자영업(19.1)	• 전업주부(56.3) • 자영업(20.3)
	학력	• 고졸 이하(57.1)	• 고졸 이하(52.1)	• 대졸 이상(65.6)
	월생활비	• 100~149만 원(28.6)	• 100만 원 미만(24.5)	• 150~199만 원(31.3)
구매행태	구매인치	• 28인치(52.4)	• 28인치(50.0)	• 32인치(51.6)
	정보습득 매체	• TV/Radio 광고(26.2) • 신문/잡지 광고(13.5)	• TV/Radio 광고(22.3) • 대리점 판매원(13.8) • 대리점 제품비교(13.8)	• TV/Radio 광고(25.0) • 대리점 제품비교(14.6)
	구매장소	• 대리점(59.5) • 대형백화점(23.8)	• 대리점(58.5) • 대형백화점(19.1)	• 대리점(45.3) • 전자상가(21.9)
	제품 비교	• 예(52.4)	• 아니오(54.3)	• 아니오(51.6)
	디자인 고려요소	• 집안 분위기(26.2) • 사용이 편리(26.2)	• 첨단제품(28.7) • 세련미(20.2)	• 첨단제품(25.0) • 집안 분위기(20.3)
	중요 선택요소	• 화질(28.6) • 가격(16.7) • 화면 크기(16.7)	• 화질(40.4) • 화면 크기(16.7)	• 화질(35.9)
고객 특성		• 30대 중산층 • 비교구매 성향 및 실용성을 추구하는 집단	• 30대 저소득층 • 대리점 이용빈도가 높고 화질과 외형을 중시하는 집단	• 30대 후반~40대 초반의 고소득, 고학력층 • 대형 제품을 선호하는 경향이 있는 집단

의 세분시장과 관련된 조사의 통계분석 결과를 설명하면 〈표 4-4〉와 같다.

세분화한 집단별로 소비자들의 특성을 자세히 살펴보도록 하자. 집단1은 30대 중산층이 다수이며 품질과 판촉요인을 중시하고, 비교구매 성향을 가지고 있으며, 실용성을 추구하는 집단이다. 집단2는 30대 저소득층으로 이미지와 판촉요인을 중시하며, 대리점 이용 빈도가 높고, 화질과 외형을 중시하는 집단이다. 집단3은 30대 후반에서 40대 초반의 고소득, 고학력자들로 품질과 판촉요인에는 그다지 관심이 없으며 대형 제품을 선호하는 집단이다. 이러한 결과를 토대로 마케터는 자사에 적합한 세분시장을 찾고, 이에 대한 마케팅 전략을 수립할수 있다.

소비자들은 우리 브랜드를 어떻게 생각할까

일반적으로 소비자의 인식을 가장 먼저, 그리고 가장 강력하게 점령한 브랜드가 최고의 브랜드라고 할 수 있다. 예를 들면, 소비자들이 볼보는 안전으로, 청정원은 정성으로 인식하는 것을 말한다. 이것이 포지셔닝positioning이다. 포지셔닝을 강력하게 만들기 위해서는 브랜드 콘셉트를 바탕으로 지속적이고 일관된 마케팅 활동을 전개해야 한다. 확실한 포지셔닝을 위해 마케터들은 먼저 우리 브랜드가 현재 소비자들에게 어떻게 인식되고 있는지를 알아야 한다. 그리고 소비자들이 원하고, 또 기업이 원하는 브랜드의 전략적 방향을 설정해야 한다. 브랜드의 전략적 방향을 설정하기 위해 가장 널리 쓰이는 방법은 포지셔닝맵positioning map을 그려보는 것이다. 즉, 소비자들의 인식 공간에 특정한 의미로 경쟁 브랜드 대비 강력한 차별화를 이루었는지를 확인할 수 있는 그림이 포지셔닝맵이다.

포지셔닝맵은 특정 제품군에 대한 소비자들의 심리적 공간을 나타낸 지도이다. 지각도 혹은 인식도라고도 한다. 소비자의 심리적 공간은 정적인 것이 아니라 시간의 흐름과 환경의 변화에 따라 끊임없이 변하는 매우 동적인 장소이다. 따라서 포지셔닝맵은 그러한 변화 과정 중 한 단면에 지나지 않는다는 한계가 있다. 그러나 주기적인 추적조사tracking survey를 통해 그 한계를 어느 정도 극복할 수 있어, 효과적인 마케팅 전략 수립을 위한 전략적 틀strategic frame로써 널리 활용되고 있다.

포지셔닝 전략을 수립하기 위해서는 가장 먼저 현재 소비자 인식의 포지셔닝맵을 작성해야 한다. 포지셔닝맵 작성에는 요인분석factor analysis, 다차원척도법MDS●, 다중대응일치분석MCA●, 경험법칙rule of thumb● 등이 주로 사용된다. 여기서는 우선 요인분석에 의한 포지셔닝맵 작성 방법과 미래의 목표 포지셔닝맵 작성을 위한 경험법칙에 대해서 살펴본다.

● 다차원척도법 : 개체들을 대상으로 특성(변수)을 측정한 후에 그 특성들을 이용하여 개체들 사이의 유사성과 비유사성을 측정하고, 개체들을 다차원 공간상에 점으로 표현하는 방법

● 다중대응일치분석 : 범주형 변수 간의 관계를 2차원 또는 3차원 공간에 표시함으로써 변수들 간의 내적구조나 패턴을 설명하는 방법

● 경험법칙 : 주먹구구식, 눈어림, 손대중 등과 같은 의미이며, 작성자의 주관적인 평가와 판단에 의해 결과가 크게 달라질 수 있다는 한계점이 있다. 그러나 시간과 비용을 많이 들이지 않으면서도 현실을 직시할 수 있는 의미 있는 시사점을 제공해준다는 장점이 있다. 마케터나 분석자의 통찰력이 크게 요구된다.

포지셔닝분석을 위한 조사 및 통계분석

영어 교재 브랜드에 대한 포지셔닝분석을 예로 들어 살펴보자. 모집단은 현재 영어 학습을 하고 있거나 할 계획이 있는 일반 성인으로, 표본 프레임은 수도권에 거주하는 영어 학습자로 정했다. 그리고 할당표본추출^{quota sampling}● 을 통해 서울 시내 거주자 중 500명을 추출해 이들을 대상으로 설문지를 이용한 개인면접을 실시했다.

> ● 할당표본추출 : 모집단이 여러 가지 특성으로 구성되는 경우, 각 특성에 따라 구성비로 표본을 배정해 추출하는 방법

비교 대상으로 설정한 브랜드는 S, N, A, D, H, M, 총 6개이다. 영어 학습 도서의 구매 속성으로는 주위의 평판, 출판사의 브랜드 이미지, 출판사에 대한 신뢰도, 표지 디자인, 편집 및 디자인, 저자의 명성과 신뢰도, 콘텐츠의 품질, 학습의 편의성, 도서 가격, 서점 판매원이나 주위 사람의 권유, 서평, 신문 광고 등으로 설정하였다. 그리고 탐색적 요인분석을 실시하여 요인 간에 상호 변별력이 적은 변수 및 적합하지 않은 변수 4개를 제거하였다. 또 구매속성에 의한 포지셔닝을 좀 더 구체적으로 도출하기 위해 최종적인 요인분석에 총 10개의 변수를 사용하였다. 여기에 사용된 변수는 출판사의 브랜드 이미지, 출판사에 대한 신뢰도, 표지 디자인, 저자의 명성, 저자에 대한 신뢰도, 콘텐츠의 품질, 학습의 편의성, 서점 판매원의 권유, 주위 사람의 권유, 서평에서의 호평이다.

요인분석을 통해 추출된 요인들을 살펴보면, 외형적 요인으로는 출판사에 대한 신뢰도, 출판사의 브랜드 이미지, 표지 디자인 등이다. 구전 요인으로는 서평에서의 호평, 주위 사람의 권유, 서점 판매원의 권유 등이다. 질적 요인은 콘텐츠의 품질, 학습의 편의성, 저자에 대한 신뢰도, 저자의 명성 등이다. 이처럼 분석자는 소비자의 인식과 태도를 고려하여 각 요인들을 '외형적, 구전, 질적' 등의 항목으로 명명해 구분할 필요가 있다. 만약 변수를 축약해 추출한 요인의 내용과 관계없이 명명을 한다면 자칫 이에 대한 해석과 포지셔닝에 많은 오해를 불러올 수 있으니 주의해야 한다.

포지셔닝맵을 작성하기 위해서는 브랜드별 좌표 값이 필요하다. 이 값을 구하기 위해 요인분석의 결과인 요인점수^{factor score}● 를 저장하여 평균분석의 투입변수

로 사용하였다. 요인점수 변수에서 브랜드별 평균으로
좌표 값을 구해 〈그림 4-4〉와 같은 포지셔닝맵을 작성
하였다.

포지셔닝맵에서 알파벳은 측정 대상이 된 브랜드들
이고, 숫자는 측정변수이다. 동그라미는 요인이 형성된 변수들을 묶은 것으로,
변수 1, 2, 3은 외형적 요인의 방향성을 나타낸 것이다. 이를 살펴보면, N은 외
형적 요인(0.06)과 구전 요인(0.06)이 교차하는 지점에 위치해 있고, H는 고객의
인식 속에서 가장 이상적인 위치에 존재하고 있는 것을 볼 수 있다.

만약 H브랜드가 추구하는 방향이 측정된 위치와 같은 곳이라면 그동안 해당 기
업이 시행한 마케팅 활동이 성과가 있었던 것으로 판단할 수 있다. N브랜드의 경
우, 지향했던 방향이 H브랜드보다 오른쪽 위에 위치하는 것이었다면 실제 그 위
치에 도달하지 못했기 때문에 그동안의 마케팅 활동에 문제가 있는 것으로 판단할
수 있다. 따라서 N브랜드는 마케팅 활동에 어떤 문제가 있었는지, 그 원인을 확인
해 새로운 전략 방향을 수립하고 실행계획을 다시 세워야 한다. 포지셔닝맵은 이
처럼 현재의 위치를 확인하고 나아갈 방향을 알려주는 등대와 같은 역할을 한다.

▼ 〈그림 4-4〉 요인분석의 결과물을 활용한 포지셔닝맵 작성 방법

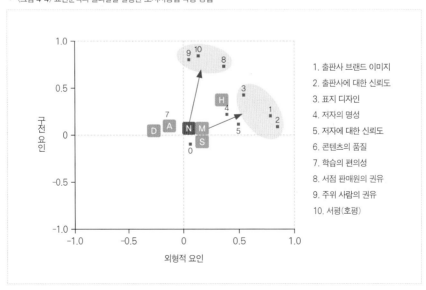

1. 출판사 브랜드 이미지
2. 출판사에 대한 신뢰도
3. 표지 디자인
4. 저자의 명성
5. 저자에 대한 신뢰도
6. 콘텐츠의 품질
7. 학습의 편의성
8. 서점 판매원의 권유
9. 주위 사람의 권유
10. 서평(호평)

포지셔닝맵을 활용한 전략 방향의 설정

통계분석을 바탕으로 작성하는 포지셔닝맵은 현재까지의 소비자 인식 공간을 나타내는 것이다. 이와 같은 포지셔닝맵을 작성하는 데 있어 마케팅조사와 통계분석은 보다 정밀한 결과를 얻을 수 있도록 도와주는 좋은 방법이다. 그러나 미래의 방향성을 결정하고자 할 때는 통계적인 접근만으로는 포지셔닝맵을 작성할수 없다. 왜냐하면 현재 시점에서의 소비자들의 인식 수준은 어느 정도 측정할수 있겠지만, 미래 시점에서의 소비자들의 인식 수준은 응답자들의 응답 가능성은 물론 측정의 정확성도 현저하게 떨어지기 때문이다.

따라서 미래의 포지셔닝맵은 마케터와 분석자의 통찰력을 바탕으로, 또 달성하고자 하는 목표를 중심으로, 경험법칙에 의해 작성할 수밖에 없다. 앞의 사례를 바탕으로 미래의 포지셔닝맵을 작성해본다면 〈그림 4-5〉와 같은 전략 방향을 설정할 수 있다.

1단계로 출판사의 이미지를 고양하고 신뢰성을 확보하며 표지 디자인 등의 외형적 요인의 향상을 추진한다. 그리고 2단계로 판촉(POP에서의 권유), 좋은 의견선도자 확보 등과 같이 구전 효과를 향상시키는 활동들을 전개한다. 그리고 마지

▼ 〈그림 4-5〉 미래 포지셔닝맵에 의한 전략 방향 설정

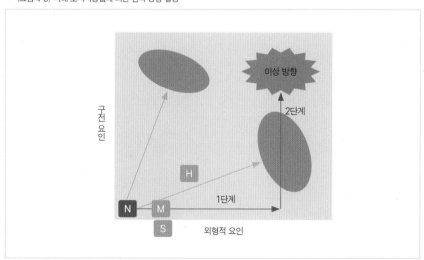

막으로 3단계에서는 좋은 저자를 발굴하고, 콘텐츠를 차별화하는 등의 품질 향상을 도모한다. 전략 방향을 잡고 관련 마케팅 활동을 전개한 후 목표로 하는 시점에 소비자들의 인식 속에서 원하는 포지셔닝이 되었는지 다시 확인하는 과정을 반복적으로 수행하는 것을 포지셔닝 전략이다.

소비자의 인식 속으로 들어가서 강력한 브랜드를 구축하는 것은 모든 기업과 브랜드 담당자가 열망하는 목표이다. 그 목표를 시각적으로 표현하는 도구가 바로 포지셔닝맵인데, "백문이 불여일견"이라는 말처럼 추상적인 목표를 시각화하면 가고자 하는 방향을 좀 더 명확하게 파악할 수 있다. 포지셔닝맵을 통해 전략적인 관점에서 소비자들이 추구하는 핵심가치요소(요인 혹은 차원)를 잘 파악한다면 새로운 시장을 만들고, 그곳에서 강력한 브랜드를 구축할 수 있다. 다만, 그것은 소비자가 원하는 것, 그리고 기업이 현실적으로 제공할 수 있는 것이어야 한다.

스마트폰은 마케팅조사 방법에 어떤 변화를 가져왔나?

모바일 쇼핑이 대중화되고, 모바일을 이용한 금융거래 역시 활성화되고 있다. 바야흐로 새로운 모바일 환경에서, 새로운 마케팅 기회가 창출되고 있는 것이다. 모바일 검색을 통해 어디에 갈지, 무엇을 할지, 그리고 제품과 서비스의 적절한 가격은 얼마인지 찾아보고 최종 결정을 내린다. 이제 모든 마케팅은 모바일로 통한다고 해도 과언이 아닐 정도로 모바일 세상이 되었다. 조사방법 역시 시장의 변화에 따라 모바일 중심으로 변하고 있다.

모바일조사가 모바일 세상으로 변화하는 마케팅 환경에서 기존의 오프라인 중심의 대면면접법을 대신할 수 있는 조사 방법이 될 수 있을까? 2000년대 초, 인터넷조사가 주를 이루던 때와 비슷하게 지금은 모바일조사를 통한 새로운 시도들이 계속 이루어지고 있다. 한때 인터넷 사용자가 많지 않던 때는 표본추출의 어려움이 있었으나 인터넷 사용이 일반화되면서 현재는 일대일 대면조사와 크게 다르지 않을 정도로 표본추출이 가능해졌다. 조사 결과의 품질 역시 굉장히 높아졌다. 마찬가지로 모바일조사도 이제는 이동전화 사용자 대부분이 스마트폰을 사용하게 됨으로써 보다 정교한 조사 방법이 될 가능성이 한층 높아지고 있다.

글로벌 시장에서는 '서베이스와이프SurveySwipe', 국내에서는 '오베이OVEY' 등이 전용앱을 통해 설문 생성과 응답 및 분석을 실시간 진행하는 서비스를 하고 있다. 전용앱을 다운로드 받은 후, 회원가입을 하고, 패널 자격을 얻기 위한 인구통계적인 기초 정보에 응답하면 바로 사용할 수 있다. 회원가입 정보는 통계분석을 위한 기초정보로 활용되며 조사의 품질을 담보하는 하나의 장치로 작용한다. 양질의 응답자들을 많이 확보해야 조사의 품질을 높일 수 있기 때문에 이들 서비스는 회원가입과 응답자의 동기부여를 위해 적절한 보상을 제공하기도 한다. 대부분은 적립금을 제공하는 방식인데 이는 기존의 조사 방법들과 크게 다를 바 없다.

모바일조사는 모바일에서 응답이 이루어지므로 복잡한 조사보다는 문항 수가 많지 않은 간단한 조사를 시행하는 데 적합하다. 적은 비용으로, 빠른 시간 내에 필요한 정보를 신속하게 확인하고자 할 때 효과적이다. 또 시사적인 정보나 영상물을 함께 제공할 수 있어 광고 시안이나 제품 디자인 등의 선

▼ 모바일조사 플랫폼 오베이의 앱스토어 캡처 화면[15]

호도를 조사하는 테스트 마케팅에 매우 유용하다.

마케팅조사의 수단이 시대에 발맞춰 계속 변해왔다는 점을 고려해볼 때 전화조사, 우편조사, 대면조사, 인터넷조사 등을 거쳐 앞으로는 모바일조사가 새로운 조사 수단으로 주목받을 것이라 생각한다. 여기에 전문조사기관까지 참여해 마케팅조사의 품질을 높일 수 있도록 다양한 정보와 통찰력을 제공해준다면, 모바일조사를 통해 지금보다 훨씬 더 높은 품질의 조사 결과를 얻을 수 있을 것이다.

맥카페는 왜 광고에 잘못된 실험장면을 사용했을까?

맥도널드의 '맥카페' 광고를 기억하는가? 이를 통해 조사의 목적과 한계, 그리고 조사 결과의 오용에 대해서 살펴보자.

맥카페 광고에는 여러 명의 피실험자들이 2천 원과 4천 원짜리 커피 중에서 고민을 하다가 모두 4천 원짜리 커피를 선택하는 장면이 나온다. 광고에는 '실제 실험 장면'이라는 자막을 노출함으로써 이를 본 소비자들이 '실험 장면을 광고에 사용했다'는 것을, 그리고 이것이 '객관적인 사실'임을 알 수 있도록 했다.

여기에 바로 실험 설계의 오류가 있었다. 맥카페 실험을 설계한 이들은 피실험자들이 자기 의지와는 달리 사회적인 정의(여기서는 4천 원짜리 커피 선택)에 부합하는 결정을 해야만 자신이 보편적인 사람으로 보일 것이라고 생각한다는 것을 인식하지 못했다. 이처럼 소비자들이 주변의 상황이나 여건, 분위기에 따라 자연스럽게 동조하고 따라가는 현상을 편승효과band-wagon effect라고 한다.

따라서 이 실험의 설계는 응답 오류를 일으킬 수밖에 없었고, 그로 인해 맥도널드에게 잘못된 전략을 도출하게 했다. 맥도널드가 제대로 된 실험 결과를 얻고자 했다면 일대일 비공개 실험을 했어야 했다. 만약 일대일 비공개 실험을 했다면 그 결과는 광고로 보여진

맥카페의 '2천 원 vs. 4천 원' 비교 광고

내용과 전혀 다르게 나타났을 가능성이 매우 높다.

2차적으로 만들어진 또 다른 광고에서는 여성들이 2천 원짜리 커피와 4천 원짜리 커피에 대한 맛을 평가한다. 조사에 참가한 피실험자들은 이번에도 모두 4천 원짜리 커피가 자신들의 입맛에 더 잘 맞고, 좋다고 평가했다. 그러나 사실 두 커피는 같은 커피였다. 이 광고 역시 소비자들이 맛과 향이 아닌 가격에 의해 커피를 평가하는 모습을 보여주면서 일반 소비자들의 잘못된 선택기준에 문제를 제기하였다. 이는 소비자들이 이성적인 판단보다는 다른 사람들보다 돋보이기 위해 보다 비싼 가격의 제품을 선택한다는 속물근성, 이른바 백로효과snob effect● 를 은근히 비꼰 것이었다.

> ● 백로효과는 다수의 소비자가 구매하는 제품을 구입하기를 꺼려하는 소비현상으로, 우아한 백로처럼 남들과 다르게 보이려는 심리에 의한 소비를 말한다.

이 실험 역시 블라인드 테스트를 하는 것처럼 보이지만 제품의 브랜드 대신 가격이 노출되어 있기 때문에 엄연한 브랜디드 테스트branded-test였다. 즉, 가격이 브랜드 역할을 함으로써 응답자들이 가격에 의해 품질을 평가하도록 한 것이다. 이는 전형적인 '가격-품질' 연상고리 현상을 보여주는 것으로 소비자들이 품질을 평가하기 어려운 경우, 가격이 높은 제품을 더 좋은 제품으로 인식하게 되는 일반적인 현상을 나타낸 것이다. 이러한 메시지를 전달하기 위한 의도로 전략적으로 설계된 실험이라면 성공적인 실험이었다고 할 수 있다. 그러나 소비자들에게 의미를 전달하는 것이 쉽지 않고 '실제 실험장면'이라고 자막을 노출시킨 이상, 이 실험은 설계부터 잘못된 것이었다고 할 수 있다.

지금껏 살펴보았듯이 조사 방법을 정확하게 알고 이를 악용하거나 혹은 잘 모르고 하는 경우 모두, 시장 혹은 소비자의 생각과는 전혀 다른 결과가 도출될 수 있다는 것을 유념해야 한다. 또 그 결과를 마케팅 및 경영 활동에 반영한다면 심각한 문제를 초래할 수 있다는 것도 명심해야 할 것이다. 따라서 마케터는 신중하게 마케팅조사 방법을 설계하고, 제대로 된 분석 결과를 도출해낼 수 있도록 각고의 노력을 기울여야 한다.

—

STP 전략

우리 브랜드만의
핵심가치를 찾아라

—

유럽의 최고 MBA스쿨로 평가받는 인시아드의 김위찬 교수는 블루오션을 '미개척 시장 공간'이자 '새로운 수요 창출과 고수익 성장을 향한 기회'로 정의한다. 그러나 제아무리 블루오션을 찾았다고 하더라도 강력한 브랜드 없이는 성공을 거두기 어렵다. 그리고 그 안에서 또 시장 세분화가 필요하고, 차별적인 포지셔닝을 해야 가치 있는 브랜드가 된다.

마케팅의 거장 잭 트라우트는 "고객의 뇌리에서, 고객의 마음속에서 어떻게 '차별화'할 것인가? 이것이 마케팅의 정수고, 전부이다."라고 말한 바 있다.[1]

이번 장에서는 우리 브랜드만의 핵심가치를 찾기 위해 시장을 재구축하는 접근 방법인 시장 세분화(S), 세분화된 시장에서 집중하고자 하는 표적시장을 선정하는 방법(T), 그리고 선정된 세분시장에 강력하게 포지셔닝(P)하는 방법에 대해 살펴본다.

탈모 방지 샴푸 '려'는
어떻게 시장을 장악하고 있을까?

국내 탈모 인구는 1천만 명이 넘는 것으로 추정되고 있다. 샴푸시장에서 한방 탈모 방지 샴푸가 2000년대 후반부터 지각변동을 일으키고 있다. 2016년 5월 개정된 화장품법에 따라 의약외품이 아닌 '기능성 화장품'으로 분류되고 유통망이 확대되면서 다시 지각변동이 일어나고 있다. 생활용품기업마다 한방 샴푸 브랜드 하나씩은 기본적으로 가지고 있는 상태이며, 탈모 방지 샴푸 시장이 지속적으로 확대되고 있다.

한방 탈모 방지 샴푸들 중에서도 가장 두각을 나타내고 있는 브랜드는 2008년 5월 출시된 아모레퍼시픽의 '려'다. 려는 2010년 9월 기준으로 한방 탈모 방지 샴푸시장에서 시장점유율 51퍼센트로 독보적인 1위를 차지했다. 그리고 출시 3년 만인 2011년에는 1,286억 원의 매출을 달성하여 한방 샴푸로는 처음으로 국내 전체 샴푸시장에서 16퍼센트의 시장점유율을 차지하며 업계 1위를 차지하기도 했다. 시장조사기관 닐슨코리아 자료에 따르면 2016년 말 기준으로 아모레퍼시픽의 '려'가 21.5퍼센트의 시장점유율로 부동의 1위 자리를 유지하고 있으며, LG생활건강의 '엘라스틴'이 19.9퍼센트의 점유율을 가지고 있다.[2]

▼ 한방 프리미엄 헤어케어 시장을 장악한 려[3]

아모레퍼시픽은 한방 탈모 방지 샴푸를 개발하는 일에 착수하기 전에 먼저 시장을 분석하여 탈모에 대한 인식에 큰 변화가 일어나고 있다는 것을 알아차렸다. 그들이 주목한 것은 탈모를 경험하거나 탈모 가능성이 있는 사람이 무려 1천만 명이나 되는데도 불구하고, 이 시장에 그들의 니즈를 충족시켜 줄 만한 마땅한 제품이 없다는 것이었다. 그리하여 아직 시장이 형성되지 않은, 비어있는 세분시장인 '탈모 가능성이 있는 젊은 여성'을 주 대상고객으로 개발된 한방 탈모 방지 샴푸가 바로 '려'였다.

려는 탈모 고민을 가지고 있는 고객들의 문제를 해결하는 것을 핵심가치로 삼아 출시 초기부터 주 고객층을 대상으로 다채로운 체험 이벤트를 진행하였다. 또 한방 약재 성분에 대한 연구 결과를 바탕으로 탈모를 방지할 수 있는 다양한 종류의 제품들을 지속적으로 개발, 출시하면서 시장에서 좋은 반응을 얻고 있다. 출시 이후 소비자 요구 등을 반영해 4차례나 리뉴얼을 단행했다.

려의 대표적인 히트 상품으로 꼽는 '자양윤모'는 두피 타입에 따른 제품 세분화로 전문적이고 차별화한 탈모 케어를 제공한다. 황금과 감초, 백자인 등 귀한 한방 성분을 함유한 '자양윤모' 라인은 탈모 방지 및 모근 강화 효과를 강조하는 제품이다. '자양윤모 샴푸액'과 '자양윤모 탈모방지 트리트먼트', '자양윤모 컨디셔너', '자양윤모 탈모방지 에센스', '자양윤모 두피 딥클렌저', '자양윤모 두피 쿨링 에센스' 등으로 구성돼 있다.[4]

이처럼 지속성장을 위해서는 표적시장을 중심으로 강력한 포지셔닝을 먼저 해야 한다. 이를 교두보 삼아 지속적인 신제품을 통한 확장으로 세분화되는 고객의 니즈를 충족시켜야 한다. 그 결과로 시장의 선도력을 계속 유지할 수 있다. 즉, 신시장은 소비자가 불편하게 생각하는 문제를 찾아 해결해주거나 새롭게 생겨난 욕구를 해소해줌으로써 창출할 수 있다. 마케터는 소비자들이 원하는 것을 제공해줄 수 있어야 하며, 담당하는 브랜드가 새로운 카테고리를 장악할 수 있도록 해야 한다. 다시 말해, 기업은 차별화된 포지셔닝을 통해 시장지배력을 확보해야 지속가능한 성장을 할 수 있다.

01

블루오션은
어디에나 있다

왜 꼭 시장을 세분화해야 하는가

시장 세분화 market segmentation 란 무엇일까? 시장 세분화는 다양한 욕구가 존재하는 전체 시장을 일정한 기준에 따라 동질적인 소비자 집단으로 나누는 것을 말한다. 시장을 작게 쪼개는 것뿐만이 아니라 비어있는 시장 또는 소외된 잠재시장을 찾는 것도 시장 세분화를 통해서 가능하다. 그렇다면 이러한 시장 세분화가 대체 왜 필요한 것인지 그 이유를 알아보자.

첫째, 소비자들의 욕구는 너무나 다양해서 전체의 욕구를 하나로 규정하고, 또 그것을 해결해준다는 것이 불가능하기 때문이다. 시장은 소비자들의 집합체이고, 개별 소비자는 다양한 욕구의 결집체라고 할 수 있다. 소비자들은 저마다 각기 다른 욕구와 그를 충족하기 위한 행동방식을 가지고 있다. 이 같은 소비자들의 다양한 욕구만큼이나 제품에 대한 요구사항과 구매 방식이나 습관도 제각각 다르다. 기업이 소비자들의 개별적인 욕구를 만족시키기 위해서는 소비자별로 특화된 맞춤형 제품을 제공해주어야 한다. 그러나 이렇게 할 경우, 기업은 투자비용이나 기대했던 만큼의 이익을 얻지 못할 가능성이 크다. 하지만 특정 욕구와 그것을 충족하기 위한 행동방식이 어느 정도 유사한 집단은 분명 존재한다. 기업은 비슷한 성향의 소비자 집단을 묶어서 이들의 욕구를 충족시켜줄 수 있는 제품을 만들어 투자 대비 효과를 높일 수 있도록 시장을 세분화하는 것이다.

둘째, 기업 경영 자원의 한계를 극복하기 위해서다. 기업이 모든 시장에 참여

194

할 수 있는 역량을 갖고 있다면 굳이 시장을 세분화할 필요가 없다. 그러나 기업이 전사적인 역량을 활용해 마케팅 부문에 모든 자원을 동원한다는 것은 어려운 일이기도 하고, 위험성도 크다. 따라서 가장 적합하다고 생각되는 세분 집단에 집중함으로써 보다 효율적으로 자원을 사용하여 좀 더 높은 성과를 얻기 위해 시장을 세분화하는 것이다.

셋째, 경쟁우위를 확보하기 위해서다. 시장에는 항상 경쟁자가 존재한다. 좀 더 큰 시장에 진출한다면 경쟁자도 더욱 많아지고, 싸움도 어려워지기 마련이다. 만에 하나 경쟁자에게 우리 기업의 약점이라도 노출된다면 집중 공격을 받다가 시장에서 사라지게 될 수도 있다. 기업의 시장 확대는 필연적으로 이런 문제를 가지고 있다. 그리고 전체 시장을 대상으로 하는 마케팅은 더 많은 약점을 경쟁자에게 공개하게 될 가능성이 높다. 이를 극복할 수 있는 방법은 특정 세분시장에 집중하여 경쟁자가 감히 넘볼 수 없도록 방어벽을 높게 쌓는 것이다. 이러한 방법 중 하나가 바로 시장 세분화이다.

넷째, 기업의 사업 포트폴리오 전략 차원에서 필요하기 때문이다. 일반적으로 전략은 선택과 집중 사이에서 하나를 선택해야 하는 '결정'을 요구한다. 그로 인해 어떤 부분을 포기하게 될 때도 생긴다. 모든 사업에 다 뛰어들 수는 없으므로 어떤 영역은 버려야 하는 것이다. 이때 시장 세분화는 다양한 선택사항 중에서 포기해야 할 것들을 가려내는 데 유용한 도구로 사용된다. 때로는 여러 가지 중에서 최선의 하나를 선택하는 것보다 하나씩 지우는 것이 더 쉬울 수 있다.

따라서 마케터는 동질적인 세분집단의 요구에 맞는 제품과 서비스를 개발하여 보다 효과적으로 대응할 필요가 있다. 마케팅 목표를 보다 쉽게 달성하는 방법이기도 하다. 시장을 세분화하면 수익의 증대, 시장에 대한 통찰력 획득, 새로운 사업 기회의 포착, 브랜드 간의 충돌 방지, 전략적 혁신의 모색 같은 추가적인 이점들이 많다. 이것은 시장 세분화가 필요한 이유라기보다는 시장 세분화를 통해 추가적으로 얻게 되는 효과라고 할 수 있다.

시장 세분화는 각 세분시장에 따른 고객의 니즈를 가장 잘 충족시켜줄 수 있는 차별적인 마케팅믹스를 개발할 수 있도록 돕는 검증된 마케팅 전략이다. 더불어 신시장을 창출할 수 있는 가장 좋은 방법이기도 하다. 그러나 신시장은 절대 쉽게 찾을 수 있는 것이 아니다. 그렇기 때문에 마케터는 새로운 시장에 대한 통찰력을 얻기 위해 보다 적극적이고 능동적이며 선제적으로 시장을 세분화하기 위해 노력해야 한다.

그러나 세분화의 정도가 지나치면 부작용이 생긴다. 각 세분시장별로 소비자의 특성을 파악하기 어렵고, 기존 시장 내에서 하위시장으로 세분화하는 경우에는 오히려 새로운 기회를 포착하지 못할 수도 있기 때문이다. 지나친 세분화로 인해 시장이 너무 작아지면 이익 창출의 기회가 감소될 수도 있다. 그러므로 시장 세분화는 새로운 카테고리를 창출할 수 있을 정도까지만 해야 한다. '과유불급'이란 말이 있듯 지나친 세분화는 오히려 시장에서의 실패를 자초할 수 있다.

시장 아래 또 시장을 만들어라

시장 세분화 전략을 가장 적극적이고 효과적으로 활용하고 있는 기업으로는 P&G와 아모레퍼시픽을 들 수 있다. P&G는 자체적으로 300개가 넘는 브랜드를 보유하고 있다. 이 브랜드들은 크게 세 가지 분야에 집중되어 있는데, 미용부문에 41개, 건강부문에 18개, 가정용품부문에 24개의 브랜드가 있다. 가정용품 중에서 세제 브랜드만 살펴봐도 타이드Tide, 치어Cheer, 게인Gain, 볼드Bold, 드래프트Dreft 등 무려 10여 개가 넘는다. 이 중에서 세탁세제 브랜드인 '타이드'는 제형, 성능, 특수용도 등으로 제품이 구분되고, 각각의 제품들은 향에 따라 또다시 종류가 나뉜다.

아모레퍼시픽은 아모레퍼시픽, 헤라, 설화수, 리리코스, 라네즈, 아이오페 등 16개의 화장품 브랜드를 보유하고 있다. 또 생활용품에는 미쟝센, 려 등 7개, 오설록 등 기타 5개 브랜드를 보유해 총 28개의 브랜드를 운용 중이다. 각 브랜드별로도 다양한 제품 라인업을 갖추고 있는데 한방 탈모 방지 샴푸 려만 해도 자양윤모, 진생보, 순한, 함빛, 청아, 화윤생, 흑운, 함초수 등 각기 다른 브랜드에 39개 제품으로 구성되어 있다(2018년 3월 홈페이지 기준).

시장 세분화를 통해
새로운 카테고리를 창출할 수 있을까?

오리온은 2008년 12월 '자연이 만든 순수한 과자'라는 콘셉트로 '마켓오^{Market O}'라는 브랜드를 출시했다. 마켓오는 세분화된 소비자층으로 트렌드에 민감하고, 값이 다소 비싸더라도 맛과 재료를 깐깐히 따지는 이들을 공략했다. 일반 대중들보다는 비교적 값이 저렴하면서도 감성적 만족을 얻을 수 있는 고급품을 소비하는 경향을 가진 '매스티지^{masstige} 시장'을 겨냥한 것이었다. 핵심 소비자들은 여대생, 20~30대 직장 여성, 초등학생 이하의 자녀를 둔 중산층 주부였다. 판매 중인 제품으로는 초콜릿 외에도 리얼 브라우니, 리얼 크래커, 순수감자 프로마지, 초코 클래식, 크래커, 투유, 워터크래커, 클래식 넛츠, 넛츠바, 클래식베리, 베리바, 리얼피넛브라우니 등이 있다. 2018년 1월에는 '마켓오 생초콜릿'을 출시했으며, 출시 후 한 달간 약 7만 개가 판매되었다.

시장 세분화를 통해 마켓오는 '프리미엄과자'라는 새로운 카테고리를 창출했으며, 이 시장을 선점했다. 프리미엄과자시장에서 후발자인 롯데제과는 2009년 '마더스핑거'를 출시했으나 매출 부진으로 철수했다가, 2014년 9월 '팜온더로드^{Farm on the road}'로 다시 진출했다. 해태제과는 2009년 프리미엄 브랜드 '뷰티스타일'을 출시했지만 시장의 외면으로 철수한 바 있다. 마켓오는 과대 포장, 표절 논란 등 일부 부정적인 이미지도 있지만 선발자의 프리미엄을 유지하고 있다. 또한 지속적인 신제품 출시와 개선으로 프리미엄과자시장을 선도하고 있으며, 이 카테고리를 장악한 킬러 브랜드가 되었다.

최근에는 프리미엄과자시장에 대한 한계가 노출되고 있다. 이제 소비자들이 카페나 디저트 전문점을 통해 고급 디저트를 소비하는 트렌드가 형성되고 있기 때문이다. 또한 여전히 과자에 대한 가격 저항도 있다. 이런 시장 상황을 보면 한때 블루오션시장이었던 프리미엄과자시장이 더 이상 새로울 것이 없는 전형적인 '레드오션'으로 변하고 있다. 이제는 프리미엄과자시장에 대한 새로운 관점이 필요하다. 시장은 계속 변하고 있고, 그런 시장에서 새로운 시장을 만들기 위한 시장 세분화는 다시 이루어져야 한다.

프리미엄과자 카테고리를 창출한 오리온의 마켓오[5]

이처럼 제품 종류를 복잡하고 다양하게 만드는 이유는 소비자층이 다양하고, 각 소비자들의 욕구도 제각각 다르기 때문이다. 한 브랜드 아래에 다양한 종류의 제품들을 만드는 이유가 바로 여기에 있다. 소비자가 원하고 바라고 중요시하는 것을 제공해, 즉 시장을 세분화하여 각 고객층의 욕구를 만족시켜줄 수 있어야 해당 카테고리의 지배력을 유지할 수 있다.

정리하면, 시장을 개척하기 위해서는 시장 세분화가 필요하고, 개척한 시장을 지배하기 위해서는 지속적으로 라인을 확장해 하위시장으로 세분화를 해야 한다. 그래야만 그 시장을 장악하고 지속가능한 경영 활동을 할 수 있다. P&G가 미국의 세제시장을 50퍼센트 이상 점유하고 있고, 아모레퍼시픽이 국내 한방 탈모 샴푸시장을 50퍼센트 이상 점유할 수 있었던 이유가 바로 여기에 있다.

세분시장은 시장성을 가져야만 의미가 있다

시장 세분화는 세분시장 내의 동질적인 소비자들을 대상으로 차별적인 마케팅믹스를 통해 그들의 니즈를 충족시키고 가치를 창출하려는 활동이다. 따라서 세분시장은 측정 가능하고, 충분한 시장성이 있고, 접근 가능해야만 의미가 있다. 이같은 세분시장의 기본적인 요건에 대해서 자세히 살펴보자.

첫째, 세분시장의 크기와 구매력은 측정이 가능해야 한다. 만약 세분시장이 있더라도 측정할 수가 없다면 그 크기를 알 수 없고, 또 그 시장이 어떤 의미를 가지는지 알 수 없기 때문이다.

둘째, 충분한 시장성이 있어야 한다. 세분시장 진출을 통해 어느 정도의 이익을 실현할 수 있는 시장 규모를 가지고 있어야 한다. 시장성의 유무를 알아야 이 세분시장에 진입할 것인지, 말 것인지를 판단할 수 있기 때문이다.

셋째, 접근 가능해야 한다. 잠재 소비자들에게 효과적으로 접근할 수 있는 수단이나 방법이 있어야 한다는 것이다. 세분시장이 있음에도 불구하고 도저히 접근할 수 없다면 이는 의미 없는 시장일 뿐이다.

예를 들어, 어떤 담배회사가 20대 초반의 독특한 개성을 지닌 사람들의 니즈를 충족시키는 제품을 출시한다고 했을 때, 과연 이 제품이 신시장을 개척할 수 있을지 살펴보자. 먼저 이 세분시장을 측정해보자. 담배는 성인을 대상으로 판매하는 제품이니 20대 초반을 대상으로 세분시장의 크기와 구매력을 측정하는 데는 문제가 없다. 그다음은 시장성을 확인해야 한다. 이 세분집단은 청소년과는 달리 공식적으로 담배를 피워도 되고, 새로운 것에 대한 호기심이 강한 연령층이므로 해당 제품은 충분한 시장성을 가질 수 있을 것으로 예상된다. 마지막으로 접근 가능성을 살펴보면, 이 세대는 다양한 마케팅 수단과 방법으로 접근하기에 어려움이 없는 집단으로 판단된다. 여기서 문제는 단지 젊은 연령층이 아니라 이 연령층에 속하면서도 '자신만의 독특한 개성'을 가진 이들이 소비자층이라는 것이다. 보다 더 세분화된 시장으로 분류했을 때도 충분한 시장성을 가지느냐는 것이다.

이러한 세분시장의 정보를 바탕으로 탄생한 브랜드가 바로 초저타르의 신시장을 개척한 KT&G의 '레종RAISON'이다. KT&G는 순한 담배를 선호하는 젊은 연령층들의 취향과 개성을 중시하는 라이프스타일을 고려하여 시장 세분화를 통해 이 제품을 개발했다. 그리고 고객층이 좋아하는 고양이 캐릭터를 사용하고, 독특한 개성을 가진 광고 모델을 통해 레종 브랜드의 상징성을 확보해 성공한 대표적인 브랜드이다.

세분시장을 구분하는 기준은 무엇인가

시장 세분화 기법이 마케팅 의사결정 및 전략 수립에 효과적으로 사용되기 위해서는 시장 세분화를 통해 세분시장에서 소비자들 행동방식의 차이점을 밝힐 수 있어야 한다. 즉, 세분시장마다 소비자들의 구매 및 사용 행동방식의 차이가 나도록 소비자의 행동에 초점을 맞춰 진행해야 하는 것이다. 그런 의미에서 시장 세분화 조사를 위해 그동안 주로 사용됐던 인구통계변수와 심리통계변수 등도 각 세분시장에서 소비자들의 행동 차이를 이해하는 정도로만 활용하는 것이 바람직하다. 또 시장과 소비자행동의 변화에 맞춰 세분화의 기준도 바꿔야 한다.

각 기업이 처한 상황, 시장의 여건, 소비자 욕구가 저마다 다르기 때문에 '시장을 세분화하는 데 가장 적합한 변수는 이것이다'라고 하나로 딱 규정해 말하기는 어렵다. 그러나 시장 세분화를 위한 좋은 변수의 기준은 분명 존재한다. 소비자들의 행동과 밀접하게 관련이 있고, 관찰 및 측정을 하기가 쉬워야 한다는 것이다. 가장 일반적인 관점에서 시장 세분화의 기준을 정리하면 〈표 5-1〉과 같다.

▼ 〈표 5-1〉 시장 세분화의 기준

구분		내용	기준
고객 특성 변수	지리적 세분화	시장을 상이한 지리적 단위로 분류	지역 도시 규모 인구밀도 기후
	인구통계적 세분화	인구통계적 변수에 기초하여 시장을 몇 개의 집단으로 분류	성별 연령/생애주기 소득 학력 직업 가족규모 사회계층
	심리적 세분화	소비자들이 지니고 있는 심리적 또는 라이프스타일의 특성에 따라 시장을 분류	라이프스타일 개성 가치
고객 행동 변수	행동적 세분화	소비자들이 제품에 대해 갖고 있는 지식, 태도, 사용법, 반응 등 행동에 기초하여 여러 집단으로 분류	사용 상황 편익 사용량 사용 경험 브랜드 충성도 태도

세분화 기준의 주요 변수는 무엇인가

세분화 기준의 변수는 크게 고객행동변수와 고객특성변수로 구분된다. 고객행동변수는 특정 제품에 대한 소비자의 행동을 예측할 수 있는 변수로, 이 변수를 파악하는 것이 시장 세분화의 출발점이다. 그러나 관찰과 측정이 어렵다는 문제점을 가지고 있다. 반면, 고객특성변수는 제품이 아닌 고객을 파악하는 데 집중하는 변수이다. 소비자의 행동을 파악하기 어렵다는 문제가 있으나, 대신 관찰과 측정이 쉽다는 특징이 있다. 고객특성변수는 다시 지리적, 인구통계적, 심리적 변수로 구분한다.

지리적 변수

지리적 변수에는 소비자들의 거주 지역, 도시 규모, 인구밀도, 기후 등이 있다. 소비자들이 거주하는 지역별로 특징이 제각각 다르기 때문에 그 지역의 특성에 맞는 제품을 필요로 하게 된다. 우리나라의 경우, 각 지역별로 소주 브랜드를 하나씩 갖고 있는 것이 여기에 해당한다.

글로벌 시장으로 진출할 경우에는 지리적 변수가 중요한 열쇠가 된다. 예를 들어, 승용차를 수출하고자 한다면 국가마다 사양에 대한 규정이 다르기 때문에 이 규정에 맞춰 관련 기술을 적용해야 한다. 또 추운 지역과 더운 지역, 비가 많이 내리는 지역과 눈이 많이 내리는 지역 등에 따른 세분화도 필요하다. 지리적 변수는 특정 지역에서의 마케팅 전략을 세우는 데 가장 폭넓게 사용된다.

인구통계적 변수

인구통계적 변수에는 소비자의 성별, 연령 및 생애주기, 소득, 직업, 교육 수준, 사회계층 등이 있다. 인구통계적 변수는 시장 세분화에 가장 빈번하게 사용되는 변수로, 소비자의 욕구나 구매행동과 밀접한 관련이 있다. 그러나 최근 들어서는 소비자의 욕구가 점점 복잡해지고 다양해지면서 인구통계적 변수에 대한 의존도가 점점 줄어들고 있다.

▼ '헤라 옴므'가 고급화 경향에 맞춰 출시한 프리미엄 제품 '블랙 라인'

일반적으로 화장품의 경우에는 여성용과 남성용으로 시장을 나눈다. 경우에 따라서는 연령을 세분화 변수로 사용하기도 하는데, 대체로 성별과 연령을 함께 사용하는 경우가 많다. 예를 들면, 나이가 들어서도 여전히 멋있고 섹시한 '미美 중년'들을 공략하는 40대 남성용 화장품시장을 생각해볼 수 있다. 이 시장은 미 중년들의 외모에 대한 관심이 커지면서 지속적으로 성장하고 있다. 화장품 업체들은 스킨, 로션 등의 남성 전용 기초화장품뿐만 아니라 주름 개선, 미백 기능을 갖춘 기능성 제품들을 앞다투어 출시하고 있다. 아모레퍼시픽의 남성 화장품 브랜드인 '헤라옴므'는 '블랙라인'을 통해 프리미엄시장을 공략하고 있다.

심리적 변수

심리적 변수에는 소비자들의 라이프스타일, 개성, 가치 등이 있다. 심리적 변수는 소비자들의 사고와 생활방식이 날로 다양해지면서 오늘날 더더욱 그 중요성이 강조되고 있다. 특히 라이프스타일은 개성과 함께 자신을 나타내는 수단으로써 최근 들어 더욱 중시되고 있다. 또 개성을 중시하고 자신만의 독특한 색깔을 나타내려는 욕구가 강해지면서 소비자들이 자신의 개성에 맞는 브랜드와 제품을 선호하는 경향이 높아지고 있다.

라이프스타일에 의한 시장 세분화의 결과를 하나 예시하면 〈표 5-2〉와 같다. 이 조사는 부엌가구 시장을 세분화하기 위해 주부 300명을 대상으로 라이프스타일 관련 문항에 대한 다항목 측정으로 이루어졌으며, 군집분석으로 시장을 세분

시장유형	I (N=85)	II (N=106)	III (N=68)	IV (N=41)
집단 성격	가격을 중시하고 외적인 미를 추구 (실속형)	개성을 중시하지 않고 소극적인 성향 (추종형)	내적인 미를 추구하고 가격을 중시하는 성향 (자기중심형)	적극적이고 개성을 중시하는 성향 (패션/유행 선도형)
연령	20대(35.0)	30대(45.6)	40대(28.9)	20대(21.7)
직업	정규직 직장인 주부 (33.8)	전업주부 (40.2)	비정규직 직장인 주부 (40.7)	비정규직 직장인 주부 (14.8)
가구주 직업	사무직 (31.3)	자영업 (40.2)	전문/경영/관리직 (37.5)	생산/기술/판매 서비스 (16.7)
주택 유형	연립/다가구 (42.0)	아파트 (41.0)	아파트 (28.0)	단독주택 (15.4)
월평균 가구소득	300~400만 원 미만 (29.9)	300~400만 원 미만 (39.6)	300만 원 미만 (35.4)	400만 원 이상 (17.6)
주택 크기	20평 대 (39.8)	20평 미만 (39.4)	20평 미만 (27.3)	40평 대 (29.4)

화한 다음 평균분석으로 시장의 특성을 정리한 것이다.

〈표 5-2〉의 결과를 바탕으로 집단 내에서는 동질성을 가지고 있는 반면에, 집단 간에는 이질성을 갖는 세분집단으로 실속형, 추종형, 자기중심형, 패션/유행 선도형 등으로 구분되었다. 마케터는 이 결과를 중심으로 어느 세분집단이 수익성이 높은지, 잠재시장의 성장 가능성이 큰지, 경쟁사의 진입 가능성이 낮은지 등의 의사결정 기준에 따라 하나 혹은 그 이상의 세분집단을 선택할 수 있다.

행동적 변수

행동적 변수에는 제품이나 서비스의 편익, 사용 상황, 사용량, 사용경험, 브랜드 충성도, 태도 등이 있다. 행동적 변수는 소비자들이 브랜드나 제품에 대해 가지고 있는 인식이나 태도에 따라 시장을 구분하는 것이다. 이 변수 중에서도 가장 보편적으로 사용되는 변수는 소비자들이 제품을 통해 얻고자 하는 가치를 뜻하는 '편익benefit'이다. 편익은 기능적 편익과 상징적 편익으로 구분된다.

예를 들어, 소비자가 양치질을 통해 얻고자 하는 편익이 어떤 것이냐에 따라 선택하는 제품은 달라질 수 있다. 충치 및 치주질환을 예방하고 싶은 소비자와

치아 미백을 원하는 소비자는 서로 다른 제품을 선택할 확률이 높다. 샴푸 역시 머릿결 보호를 중시하는 집단, 비듬이나 두피의 가려움을 없애는 기능을 선호하는 집단, 탈모를 예방하고 싶은 집단, 한 번에 샴푸와 린스를 사용하는 효과를 얻고 싶어 하는 집단 등으로 나누어질 것이다. 이외에도 사용량이나 사용 상황, 브랜드에 대한 태도에 따라서 선호하는 조건이 달라질 수 있다.

행동적 변수로 시장을 세분화하는 경우에는 하나의 변수, 또는 몇 개의 변수를 결합하여 세분화할 수 있다. 소비자의 욕구가 다양해지고 시장이 성숙되어 갈수록 여러 가지 변수를 함께 고려한 세분화가 필요하다. 예를 들어, 패션에 관심이 많고 개성이 강한 20대 직장인 여성을 위한 캐주얼 의류시장, 자신만의 개성을 표현하고 싶어 하면서도 건강에 신경 쓰는 30대 남성을 위한 저 타르의 순한 담배시장 등은 단일 변수로는 규정할 수 없는 세분시장이다.

여기서 한 가지 주의할 점은, 시장 세분화도 중요하지만 계속해서 쪼개고 또 쪼개다가는 시장성을 확보할 수 없게 되는 경우도 발생할 수 있다는 것이다. 그렇기 때문에 소비자가 기대하는 바를 충족시켜줄 수 있는, 즉 소비자의 구매 의사결정의 기준이 될 수 있는 세분화의 기준을 찾아내고 시장성을 기반으로 한 세분화를 통해 새로운 시장을 창출해야 한다. 새로운 시장을 찾아내기 위해 마케팅조사를 할 경우에는 세분화의 기준이 되는 변수를 먼저 찾아낸 다음에 조사를 해야 한다.

시장 세분화를 위한 방법과 관점

시장을 세분화하는 방법으로는 사전적 접근법과 사후적 접근법이 있다.

사전적 접근법 proactive approach 은 미리 결정한 세분집단의 특성에 따라 시장을 세분화하는 방법으로, 사용량이나 연령 등 세분집단의 특성을 분명히 알 수 있고, 또 구분이 가능한 경우에 실시한다. 이 방법은 대부분의 소비재와 산업재 부문에서 기존에 가지고 있는 자료들을 바탕으로 그리 어렵지 않게 분류할 수 있다. 특히 최근에는 고객관계관리 CRM 솔루션을 통해 고객의 구매이력을 세분화할 수 있는 단계로까지 발전했다. 그러나 이 방법은 이미 존재하는 시장을 분석하는 데는 문제가 없지만 새로운 시장을 창출하고자 할 때는 적합하지 않다.

사후적 접근법reactive approach은 세분집단의 특성을 모르는 상태에서 소비자조사의 결과를 분석하면서 세분집단을 찾아내는 방법이다. 이 방법은 마케터의 통찰력이 매우 중요하게 작용하며 새로운 시장을 찾을 때 매우 유용하게 쓰인다. 사후적 접근법을 이용하기 위해서는 사전에 세분화의 기준을 확정해둬야 한다. 편익으로 세분화할 것인지, 라이프스타일로 세분화할 것인지의 결정에 따라 새로운 시장을 창출할 수도 혹은 창출하지 못할 수도 있기 때문이다. 사후적 접근법으로 시장을 세분화하고자 할 때에는 〈그림 5-1〉과 같은 세분시장의 도출 과정을 거친다.

각 단계를 좀 더 자세히 살펴보면, 먼저 조사 단계에서는 탐색적 조사와 기술적 조사를 통해 세분화하고자 하는 제품과 고객에 대해 명확한 개념을 설정하게 된다. 그리고 분석 단계에서는 다양한 분석법을 활용해 세분화를 진행한다. 복합

▼ 〈그림 5-1〉 세분시장 도출의 단계

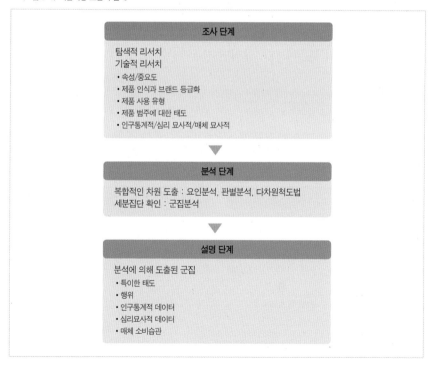

적인 차원을 분류하는 데는 요인분석, 판별분석, 다차원척도법 등이 사용되며, 세분시장을 확인하기 위해서는 군집분석이 주로 이용된다. 마지막은 세분집단에 대해 조사하고 취합한 자료들을 분석해 설명하는 단계이다. 이 단계에서는 도출된 군집에 대한 인구통계적 특성이나 심리적 특성, 구매태도 등으로 고객의 특성을 파악하는 프로파일 분석이 이루어진다.

여기서 중요한 것은 조사 결과 그 자체가 아니라 마케팅 목표를 달성하는 데 가장 적합한 세분집단을 찾는 것이다. 다시 말해, 시장 세분화는 마케터의 창의적인 아이디어를 반영해 세분집단을 찾을 때에만 전략적으로 의미가 있는 것이다. 그리고 그 결과를 해석하고 의미를 찾아내는 일이 바로 마케터가 해야 할 역할이다.

이미 주어진 경쟁구조 속에서는 새로운 시장을 발견하기 어렵다. 신시장은 기존 시장을 백지화하고 재구축하고자 하는 관점으로 접근할 때에만 보인다. 따라서 기존의 고정관념을 따르기보다는 이것을 깨뜨리는 전략적 혁신을 이루어야 한다. 이를 정리하면 〈그림 5-2〉와 같다.

기존의 구조화되어 있는 시장에서 치열한 경쟁을 하기보다는 재구축적인 관점에서 시장을 다시 분류해보라. 그러면 지금까지는 보이지 않았던 새로운 시장

▼ 〈그림 5-2〉 시장을 바라보는 두 가지 관점

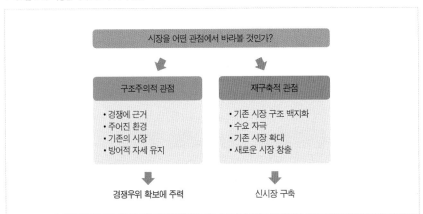

을 발견할 수 있다. 그리고 가장 먼저 소비자들의 욕구를 충족시켜줄 수 있는 제품을 개발해 선보인다면 경쟁이 없는 신시장, 블루오션에서 성공을 거둘 수 있다. 물론 시간이 지나면서 점점 더 많은 경쟁자들이 이 시장에 뛰어들 것이다. 그러나 이미 카테고리를 선점하거나 강력한 브랜드를 보유하고 있다면, 경쟁자들의 진입에도 상관없이 시장에서 막강한 지배력을 유지할 수 있다.

02

어떤 세분시장을
선택할 것인가

선택과 집중, 그것이 문제로다

각 세분시장별로 고객의 특성을 정리하였다면 이제는 세분시장을 결정해야 한다. 세분시장의 규모와 성장률, 구조적 매력, 기업의 목표와 자원 등을 감안하여 표적시장target market을 선정한 후 모든 마케팅 역량을 그 시장에 집중해야 한다. 표

▼ 〈그림 5-3〉 표적시장의 선정 절차

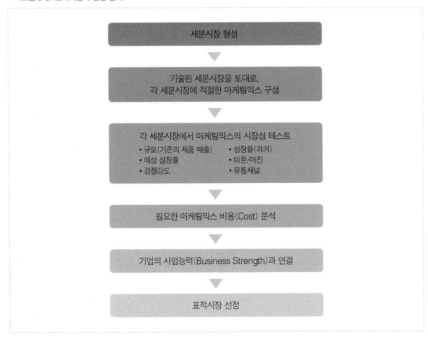

세분시장 형성

기술된 세분시장을 토대로,
각 세분시장에 적절한 마케팅믹스 구성

각 세분시장에서 마케팅믹스의 시장성 테스트
- 규모(기존의 제품 매출)
- 예상 성장률
- 경쟁강도
- 성장률(과거)
- 이윤/마진
- 유통채널

필요한 마케팅믹스 비용(Cost) 분석

기업의 사업능력(Business Strength)과 연결

표적시장 선정

적시장이란 판매자가 자신의 마케팅 노력을 특별히 기울이는 고객(사람과 기업) 집단, 즉 집중하고자 하는 시장을 말한다.

표적시장은 분리되지 않은 전체 시장이 될 수도 있고, 여러 개의 세분시장이 될 수도 있다. 여러 세분시장 가운데 단 하나의 세분시장만이 표적시장이 될 수도 있다. 표적시장 선정을 위한 절차를 정리하면 〈그림 5-3〉과 같다.

사실 중요한 것은 시장을 세분화하는 것 그 자체가 아니라 세분화된 시장 중에서 선택과 집중을 위한 의사결정을 내리는 것이다. 이 결정은 최고의사결정권자에게 보고되어 승인을 얻어야만 진행될 수 있다. 이런 측면에서 본다면 마케터의 가장 중요한 역할이자 사명은 기업 내부의 주요 의사결정권자들을 설득하는 것이라고도 할 수 있다. 물론 의사결정권자들을 설득하기 위해서는 반드시 객관적인 자료와 나름의 논리가 필요하다.

〈표 5-3〉은 논리적이고 체계적이면서도 구체적인 시장 세분화를 위한 세분시장의 평가기준과 방법을 예로 든 것이다. 이 표에는 3C 관점에서 정한 각 세분시장별 평가기준과 가상으로 구성한 마케팅믹스, 시장성 테스트 결과가 기재된다. 이를 바탕으로 5점 등간척도(긍정적인 경우 5점, 부정적인 경우 1점 부여)로 평점을

▼ 〈표 5-3〉 세분시장의 평가기준 및 평가 방법

3C	평가요소	평가기준	세분시장 평가		
			1	2	3
고객 (Customer)	시장 규모	해당 세분시장이 적절한 시장 규모를 가졌는가?			
	시장 성장성	성장 가능성이 높은 시장인가?			
	잠재수요	각 세분시장별 잠재수요는 어느 정도인가?			
경쟁사 (Competition)	현재의 경쟁사	경쟁사들의 역량은 낮은가?			
	잠재적 경쟁사	새로운 경쟁사의 진입 가능성이 낮은가?			
자사 (Company)	기업 목표	기업의 목표와 일치하는가?			
	자원	인적, 물적, 기술적 자원을 갖추고 있는가?			
	시너지 효과	기존 브랜드의 마케팅믹스 요소를 연계하여 시너지 효과를 가져올 수 있는가?			
전략적 우선순위(합계)					

매긴 다음 점수를 합산해 가장 높은 점수를 획득한 세분시장을 표적시장으로 선정하면 된다. 다만 경쟁사에 대한 평가에서 부정적으로 질문한 것은 5점 등간 척도에서 점수가 높을수록 긍정적으로 평가되기 때문에 반대의 결과가 나올 수 있는 부분을 예방하기 위한 것이다.

보다 객관적인 평가를 위해서는 해당 프로젝트에 참여하는 구성원뿐만 아니라 기업 내부의 마케터 및 외부 전문가들의 도움을 받아 좀 더 종합적으로 조사를 하고 그 결과를 취합하는 것이 좋다. 또 조사의 정확도를 높이고자 한다면 세분시장별로 마케팅믹스를 구현해보고, 이를 통해 달성할 수 있을 것이라 예상되는 기대성과를 추정해보는 것이 좋다.

이제 시장을 어떻게 공략할 것인가

세분시장을 도출했다면 이 시장을 어떻게 공략할 것인지에 대해서도 결정을 내려야 한다. 또 다른 의사결정이 필요해지는 순간이다. 가장 먼저 각 세분시장에 맞는 마케팅믹스를 구성할 것인지, 아니면 하나의 콘셉트로 모든 세분시장을 공략할 것인지를 결정해야 한다. 그리고 마케팅믹스를 통해 목표시장을 동시에 공략할 것인지, 아니면 순차적으로 혹은 일부만 공략할 것인지를 결정해야 한다. 세분시장을 공략하는 방법에는 크게 세 가지가 있다.

비차별화 마케팅

비차별화 마케팅은 전체 시장을 대상으로 하나의 제품과 하나의 마케팅믹스로 공략하는 방식이다. 소비자들이 일상적으로 사용하는 제품이나 관심을 많이 갖는 상품들에서 주로 쓰이는 방법으로, 자사 제품의 우수성을 강조하고 대량 유통이 가능하다는 장점이 있지만, 소비자들의 다양한 욕구를 충족시킬 수 없다는 단점이 있다. 제품의 라이프사이클에서 도입기에 해당하는 경쟁이 없는 초기시장에서 굉장히 유용한 방법이다.

대표적인 사례가 바로 포드자동차의 '모델 T'다. 모델 T는 1920년대를 전후로

18년 동안 1,500만 대나 판매되는 대기록을 세운 초대박 히트 상품이었다.[7]

그러나 하나의 모델, 하나의 색상에 만족하지 못한 소비자들은 다양한 세분시장에 차별적으로 대응한 GM으로 서서히 이동해갔다. 이것이 포드자동차가 아직까지 GM을 추월하지 못하

▼ 20여 년간 단일시장을 장악했던 포드 '모델 T'의 잡지 광고(1920년)[8]

는 이유이기도 하다. 이처럼 새로운 시장에 진입할 기회를 놓치지 않기 위해서는 차별화된 마케팅이 필요하다.

차별화 마케팅

차별화 마케팅은 여러 개의 세분시장에서 각기 다른 마케팅믹스를 구성하고, 각각의 세분시장에 대응하는 방식이다. 세분시장별로 소비자들의 다양한 욕구를 충족시켜 전체 시장을 장악할 수 있으며, 각 세분시장 간에 교차수요가 발생하지 않아 자기잠식이 발생하지 않는다는 특징이 있다.

현대자동차는 승용차 시장을 소형, 중형, 대형 등 차체의 크기에 따라 세분시장을 구분하고 엑센트부터 제네시스까지 14개의 브랜드로 세분시장을 공략하고 있다.[9] 이에 따라 제품, 가격, 유통, 촉진 등 마케팅믹스 요소들도 각각 다르게 구성하게 된다. 이렇게 하면 전체 고객들의 특화된 요구에 맞추어 만족을 줄 수 있다는 이점이 있다. 하지만 마케팅 비용이 증가하고, 순이익이 줄어든다는 단점도 있다. 이러한 문제를 극복하기 위해서는 집중화 마케팅이 필요하다.

집중화 마케팅

특정한 세분시장에 집중해 독자적인 지위를 구축하는 방식이다. 기업이 가진 자원이나 역량이 크지 않을 때 사용하기에 가장 효과적인 방법이다. 집중화 마케팅

은 특히 자원이 한정되어 있는 중소기업이나 특정 시장을 공략하는 기업들에게 유리한 마케팅 방법이다. 그러나 이 경우에도 시장의 잠재적인 규모는 커야 한다는 전제조건이 있다.

쌍용자동차는 다른 차종들도 보유하고 있지만 특히 SUV 차종에 집중해왔다. 그 결과, SUV와 RV시장에서 만큼은 다른 완성차 회사 브랜드들보다 더욱 막강한 경쟁력을 갖추고 강력한 포지셔닝을 할 수 있었다. 락앤락 역시 '밀폐용기시장'이라는 세분시장에 집중함으로써 글로벌 경쟁력을 갖추고 이 분야 최고의 기업으로 성장할 수 있었다.

지금까지 설명한 세분시장 공략 방법을 정리하면 〈그림 5-4〉와 같다. 그러나 이러한 세분시장 공략 방법이 절대적으로 옳다고 주장할 수는 없다. 최근에는 초세분화로 인해 더 이상 시장에서 성과가 나오지 않는 경우, 다시 시장을 통합해 비차별화 마케팅을 전개하기도 한다. 따라서 어떤 한 방법에만 고착되지 않는 유연한 사고와 대처가 요구된다.

▼ 〈그림 5-4〉 표적시장 공략 방법

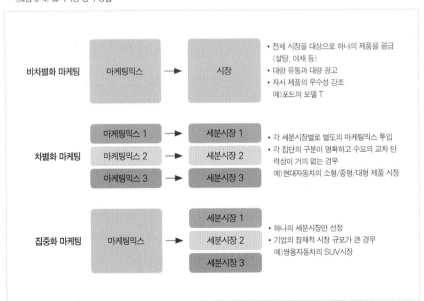

재빠른 2등보다 새로운 시장의 창조자가 되라

글로벌 컨설팅 회사인 올리버와이만^{Oliver Wyman}에서 발표한 시장보고서에 따르면 "기존 시장, 기존 고객과는 다른 새로운 고객층이 끊임없이 형성되고 있다. 과거에도 그랬지만 새로운 수요층을 찾는 데 성공하는 기업만이 도약의 주인공이 될 것이다."라고 한다.¹⁰

이는 시장은 계속 변화하고 있고, 변화를 선점해 새로운 시장을 만들어내는 기업만이 성공한다는 것을 시사한다. 과거에도, 그리고 현재도 새로운 시장은 끊임없이 등장하고 또 사라지고 있다. 또 미래라고 해서 이와 크게 다르지는 않을 것이라 예상된다. 시장의 변화에 능동적으로 대응하여 신시장을 개척하는 기업들은 상당 기간 동안 해당 시장을 지배하는 이점을 누릴 것이다.

'아마존'이 온라인 유통시장을, '이베이'가 경매 방식의 개인 간 물품거래시장을, 토요타의 '프리우스'가 친환경 자동차시장을, '아이폰'이 스마트폰시장을, '구글'이 검색연동형 광고시장을, '페이스북'이 소셜미디어시장을, 그리고 '테슬라'가 전기자동차시장을 장악하고 있는 것처럼 말이다.

이들의 공통점은 모두 처음 시장이 만들어질 당시에 가장 기본적인 세분시장에만 집중해 성공을 거두었고, 이를 바탕으로 오늘날에 이른 기업들이라는 것이다. 아마존은 온라인 도서 유통으로 시작해 온라인 종합유통기업으로 사업을 확장했고, 구글은 검색 서비스에서 광고, 지도, 사전, 이미지, 문서도구 등으로 다양한 서비스를 확대, 제공하고 있다.

사실 앞에서 열거한 기업들 모두 이 세상에 존재하지 않았던 사업을 처음으로 시작했던 것은 아니었다. 이들은 이미 존재하고 있던 시장에서 기존과 다른 방식으로 사업을 전개하여 신시장을 창출했다. 이들은 기존의 도서유통시장이, 경매시장이, 자동차시장이, 스마트폰시장이, 검색엔진시장이, 소셜미디어시장이 이미 포화 상태에 이르렀을 때 시대의 흐름을 재빠르게 읽어내 변화하는 소비자의 욕구를 충족시킬 수 있는 틈새시장을 찾아냈다. 그리고 이 세분시장에 집중함으로써 신시장을 창출했던 것이다. 다시 말하면, 이들이 구축하고 선점해놓은 이 시장 역시 언젠가는 누군가에 의해 다시 세분화 또는 통합되어 새로운 시장이 창출될 것이라는 의미이다. 중요한 것은 누가, 언제 이 신시장을 장악하는가이다. 이것이 바로 비즈니스 세계의 정글의 법칙이다.

그런데 왜 이런 성공적인 기업들의 대열에 우리나라의 기업들은 없는 것인지 생각해볼 필요가 있다. MP3플레이어시장은 한때 우리나라 기업들의 독무대였다. MP3를 최초로 개발한 것도(엠피맨닷컴), 줄곧 시장점유율 1위를 기록했던 것도(아이리버) 바로 우리나라의 기업이었다. 그러나 눈부셨던 지난날의 이야기는 이제 아주 먼 과거의 일이 되었다. 우리나라의 기업들이 시장의 최초 진입자이자 선도자였음에도 그 시장에서 지속적으로 성장하지 못했던 이유는 하드웨어 중심으로만 시장을 바라보았기 때문이다. 이미 소비자들은 소프트웨어에 관심을 기울이고 있는데 우리나라 기업들은 1등이라는 자만심과 승리감에 도취되어 새로운 시도, 즉 자기파괴를 통한 혁신을 하지 못했던 것이다.

대부분의 우리나라 기업들은 이미 누군가가 성공을 거둔 혹은 주목받고 있는 사업이나 분야에 진출해 차별화를 시도하려 하지, 전혀 새로운 발상의 사업을 처음부터 시도하려 하지 않는다. 이러한 생각을 아예 바꾸지 않는 이상 재빠른 2등 전략으로 살아남을 수 있는 기업은 얼마 되지 않을 것이다.

새로운 시장은 새로운 관점과 발상을 통해 창출하고 공략할 때 비로소 장악할 수 있다. 시장을 세분화하는 기존의 정형화된 방법들조차 경우에 따라서는 버릴 줄 알아야 하는 것이다. 그리고 이렇게 창출한 신시장에서 하나의 의미를 부여

▼ 1997년 MP3플레이어를 세계최초로 개발하였으나 2003년에 파산한 엠피맨닷컴의 광고 포스터[11]

하고 소비자들의 인식 속에 강력한 메시지를 전달하여 해당 카테고리의 대명사가 될 때 포지셔닝이 이루어지게 되는 것이다. 포지셔닝 방법을 제대로 활용하면 신시장 창출은 그리 어려운 일만은 아니다.

자기혁신을 통해 1인자가 된 넷플릭스

1997년에 설립된 넷플릭스^{Netflix}는 미국의 주문형 인터넷 엔터테인먼트 서비스 분야의 세계적 선도 기업이다. 국내에는 2016년부터 서비스를 시작했다. 넷플릭스는 190개 국가에 1억 400만 명의 회원을 두고 있다.[12]

넷플릭스의 성공비결에는 다양한 요금제, 편리한 배송체계와 함께 시장의 변화를 읽고 고객의 니즈를 충족시키기 위한 지속적인 혁신이 있었다. 그리고 소비자의 작은 불만을 눈여겨본 창업자의 혜안이 큰 역할을 했다. 넷플릭스의 창업자는 '월 회원이 되면 이용시간에 제약이 없는 헬스클럽처럼 DVD를 빌려볼 수 있는 곳이 있었으면 좋겠다.'라는 생각으로 사업 모델을 구상하고 직접 창업하면서 새로운 시장을 만들었다.

당시 시장 상황은 정보통신기술의 비약적인 발전으로 소비자들의 콘텐츠 소비 행태가 빠르게 바뀌고 있었다. 그러나 세계 최대 오프라인 콘텐츠 유통 업체였던 블록버스터^{Blockbuster}는 여기에 제대로 대응하지 못했고, 결국 2010년 파산하게 되었다.

넷플릭스는 이 같은 변화를 포착해 스트리밍 서비스에 집중적으로 투자하면서 기존의 무료 다운로드 및 스트리밍으로 동영상을 시청하던 고객들을 유료 콘텐츠 소비문화로 이끌었다. 이를 통해 넷플릭스는 기존 서비스 방식에 대한 혁신, 그리고 자기혁신을 통해 새로운 시장을 창출할 수 있었다.

넷플릭스의 사례를 통해 배울 점은 기존 관행에서 벗어나 새로운 시장을 바라보는 열린 시각을 가져야 지속가능한 성장을 할 수 있다는 것이다. 어느 날 갑자기 하늘에서 뚝 떨어지는 신시장은 없다. 새로운 시장, 새로운 고객층을 만들기 위해서는 매년 시장이 어떻게, 그리고 왜 변하는지를 끊임없이 연구해야 한다. 이러한 깊은 관심과 관찰이 있어야만 비로소 성공을 위한 혜안을 얻을 수 있다. 최고경영자뿐만 아니라 마케터 역시 이러한 통찰력을 가져야 신시장을 창출할 수 있다.

넷플릭스 국내 홈페이지 캡처[13]

03

고객에게 제안할 핵심가치를 찾아 포지셔닝하라

포지셔닝이 마케팅의 핵심일 수밖에 없는 이유

'포지셔닝의 창시자'인 알 리스 [Al Ries] 와 잭 트라우트 [Jack Trout] 는 일찍이 "진실은 무의미하다. 중요한 것은 마인드에 존재하는 인식이다. 포지셔닝의 핵심은 인식을 현실로 받아들이고 그러한 인식을 재구성해 원하는 포지션을 창출하는 것이다."라고 했다. [14]

포지셔닝의 핵심이 마인드에 존재하는 인식이라는 것이다. 포지셔닝을 정의하면, 자사 브랜드를 소비자들의 마음속에 효과적으로 인식시키기 위해 마케팅 커뮤니케이션을 펼치며 경쟁 브랜드와 차별화시키는 일련의 활동 및 그 과정이다. 포지셔닝은 소비자들의 다양한 욕구를 충족시키기 위한 마케팅 패러다임과 관련이 깊다. 그리고 오늘날 전략적 마케팅의 핵심으로 자리매김하고 있다.

포지셔닝에 대해 좀 더 자세히 알아보자. 소비자들을 세분화해 핵심타깃으로 삼을 특별한 소비계층을 찾아내고, 제품을 통해 이들의 욕구를 만족시키며, 지속적으로 그 제품이 그들의 생활행태에 꼭 맞는 것임을 알려주는 것이 바로 포지셔닝이다. 전략적이고 효과적인 포지셔닝을 위해서는 소비자가 원하는 방향으로 제품 또는 서비스의 차별화가 이루어져야 한다. 여기서 제품이나 서비스의 '차별화된 이점'은 반드시 소비자에게 편익을 제공해주는 것이어야 한다. 다시 말해, 소비자가 추구하는 핵심가치를 충족시켜주어야 한다는 것이다.

물론 소비자마다 중요하게 생각하는 부분이나 추구하는 바는 각기 다를 것이다. 그러나 소비자가 원하는 핵심가치를 충족시켜줄 때에만 그 브랜드가 소비자들의 인식 속에 확실히 자리를 잡을 수 있다는 것은 변치 않는 진리이다. 강력한 포지셔닝을 한 성공한 브랜드들은 그 브랜드를 '구입해야 할 이유$^{reason-to-buy}$'를 확실하게 소비자들에게 제안하고, 이를 반복적으로 주입함으로써 해당 카테고리를 장악할 수 있었다. 반면, 실패한 브랜드들은 '구입해야 할 이유'를 소비자들에게 제안하지 못했고, 또 이를 반복적으로 전달하지 못했기 때문에 실패할 수밖에 없었다.

소비자의 인식 속에 딱 한 단어만 심어라

브랜드 분야의 세계적인 권위자인 스콧 데이비스$^{Scott\ Davis}$와 마이클 던$^{Michael\ Dunn}$은 《브랜드 : 비즈니스를 움직이는 힘》이라는 저서에서 "훌륭한 비즈니스는 브랜드가 상징하는 바를 몇 단어로 요약할 수 있다. 이것은 내부적으로나 대외적으로나 기업의 존재 이유를 가장 효과적으로 알리는 방법이다."라고 했다.[15]

이 역시 어떤 브랜드가 속한 카테고리에서 강력한 하나의 키워드를 소유하고, 이를 포지셔닝하는 것이 중요하다는 것을 시사한다. 이를 '원 워드$^{one\ word}$ 마케팅'이라고 한다. 볼보^{Volvo}는 '안전'으로, 페덱스^{FedEx}는 '보증'으로, 사우스웨스트 항공$^{Southwest\ Airlines}$은 '저원가와 재미'로 포지셔닝해 큰 성공을 거두었다. 국내 기업들 중에서 대상의 청정원은 '정성'으로, 풀무원은 '자연'으로, 더페이스샵은 '자연지향'으로, 딤채는 '발효과학'으로, 락앤락은 '완벽한 밀폐'로 포지셔닝해 성공했다.

이러한 포지셔닝은 소비자들, 최고경영자, 임직원들에게 망망대해와 같은 시장에서 나아갈 길을 선택하는 데 도움을 주는 등대와 같은 기준점이 된다. 포지셔닝을 통해 소비자들은 어떤 제품을 구입함으로써 얻게 될 편익이나 결과를 즉각적으로 이해할 수 있다. 최고경영자는 브랜드가 제안한 약속에 대해 구체적으로 어떤 일을 해야 하며, 또는 어떤 일을 해서는 안 되는지 확실하게 인식하고 나아갈 방향을 구체화할 수 있다. 그리고 임직원들은 기업의 궁극적인 목표를 인지하고 이를 일상적인 업무의 선택기준으로 삼아 업무의 효율성과 성과를 높일 수 있다.

▼ 볼보의 광고(1970년, 2007년, 2012년)와 안전선언

▼ 볼보의 광고(1970년, 2007년, 2012년)와 안전선언

정리하면, 포지셔닝은 전략적으로 마케팅을 전개하고자 할 때 항상 그 중심에 두어야 할 브랜드의 방향성이다. 그리고 이 브랜드의 방향성인 포지셔닝은 절대 흔들려서는 안 된다. 만약 볼보 차량에서 급발진이나 차량 오작동 사고가 자주 발생한다면 어떻게 될까? 소비자들은 더 이상 볼보를 '안전의 대명사'라고 여기지 않을 것이다. 그리고 볼보는 더 이상은 다른 자동차 브랜드가 갖지 못한 안전이라는 핵심가치를 통해 소비자들을 설득하기 힘들 것이다. 이처럼 브랜드의 약속(볼보의 경우, 안전)이 깨진다면 소비자들은 더 이상 그 브랜드를 신뢰하지 않을 것이고, 해당 브랜드는 소비자들의 외면 속에서 시장에서 자취를 감추게 될 것이다.

물론 볼보 이외의 자동차들 역시 안전한 자동차들이다. 그러나 고객의 인식 속에 '안전'이라는 키워드는 볼보만 가진 볼보만의 무형자산이다. 볼보는 마케팅 활동에도 자사의 브랜드 약속인 '안전'을 소비자들에게 지속적으로 각인시키기 위해 노력한다. 볼보는 광고를 통해 볼보가 충돌 테스트를 위한 더미인형을 가장 많이 보유한 자동차 회사이고, 충돌 테스트에서 앞면은 물론 옆면, 뒷면까지 가장 좋은 등급을 받았다는 결과를 보여주면서 '안전한 자동차'라는 것을 강조한다. 그리고 볼보의 모든 것은 '사람 중심'에서 시작된다. "사람들의 생활을 더 간편하게, 더 안전하게, 더 풍요롭게 한다."는 볼보의 핵심가치를 선언하고 있다.[16]

소비자들 인식 속 사다리에 가장 먼저 올라라

소비자들의 마음은 종잡을 수 없다. 어떤 때는 뚜렷한 주관을 가지고 구매 의사결

정을 내리다가도, 또 어느 순간에 비이성적으로 구매를 하는 경우도 많기 때문이다. 과거에는 구매를 위한 정보를 얻는 것이 어려운 일이었지만, 오늘날에는 쏟아지는 정보의 홍수 속에서 알짜 정보를 찾아내기가 어려운 지경이 되었다. 이제는 기업이 소비자들의 마음속에 어떤 브랜드만의 차별화된 특성을 심고자 할 때, 그것이 '무엇'인지도 중요하지만 '어디에 심을 것인가'가 보다 중요해졌다. 제품을 중심으로 마케팅을 하던 과거에는 제품 그 자체가 소구의 대상이 되었으나, 이제는 소비자 마음속에서 인식되는 제품의 상징적인 속성이 더 중요한 시대가 되었다.

요즘은 거의 모든 제품들이 높은 수준의 품질을 가지고 있고, 다양한 기능을 제공하며, 구매 과정에서는 물론, 구입 이후에도 최고의 서비스를 제공한다. 그렇기 때문에 차별화를 위한 기업들의 수많은 노력에도 불구하고, 제품을 통한 차별화는 쉽게 이루어지지 못하고 있는 실정이다. 따라서 이제 포지셔닝은 제품 그 자체로서가 아니라 소비자와 제품 혹은 기업 간에 매개체 역할을 하는 '브랜드'를 중심으로 이루어져야 한다.

문제는 소비자들의 마음속에 들어가기가 갈수록 어려워지고 있다는 것이다. 또 브랜드가 소비자들의 마음속에 어렵게 진입해도 어느 날 갑자기 너무 쉽게 사라져버리는 경우도 허다하다. 소비자들에게 외면을 받다가 시장에서 사라지지 않기 위해서는 포지셔닝하고자 하는 브랜드의 핵심가치를 찾아내 소비자가 원하고, 또 기업이 원하는 방향성에 해당하는 단어를 찾아 지속적으로 일관성 있게 제안을 해야 한다. 그래야만 지속적이고 강력한 포지셔닝을 이룰 수 있다.

그런데 한 가지 궁금한 점이 있다. 소비자들은 일상생활에서 접하는 브랜드를 과연 몇 개나 기억할까? 사람들에게 특정한 범주를 정해주고 기억나는 브랜드를 열거해 써보라고 하면, 적으면 1개에서 많으면 3개 정도까지 이야기하고 더 이상 다른 브랜드를 떠올리지 못하는 경우가 많다. 맥주는 하이트, 오비, 카스 등, 소주는 참이슬, 처음처럼 등, 남성구두는 엘칸토, 탠디 등, 생수는 삼다수, 석수, 에비앙 등, 자동차는 그랜저, 소나타 등으로 대부분의 소비자들은 브랜드 충성도 및 선호도가 높은 2~3개 이상의 브랜드를 열거하지 못한다.

지금까지 알려진 바로는 소비자들이 기억할 수 있는 브랜드의 개수는 7개 정도라고 한다. 즉, 소비자들의 머릿속에는 7개의 칸을 가진 브랜드 사다리가 있다는 의미이다. 프린스턴대학의 인지 심리학 교수였던 조지 밀러[George Miller]는 보통 사람들이 한 번에 기억할 수 있는 범위는 5에서 9 단위 정도라고 주장하였다(이를 마법의 숫자 7±2 혹은 밀러의 법칙이라고 이야기한다).[17] 세계 7대 불가사의, 백설공주와 일곱 난장이, 7음계(도레미파솔라시), 7요일(월화수목금토일) 등이 바로 그러한 예이다.●

● 미주리대 심리학과 교수인 넬슨 코완(Nelson Cowan, 2001)에 따르면 젊은이의 작업 기억(workingmemory)은 대개 3~5개의 용량 한계가 있다고 한다.

마케터는 소비자들이 이처럼 한 번에 많은 것을 기억하지 못한다는 것을 유념해둬야 한다. 또 해당 카테고리에서 소비자 인식 속 첫 번째 사다리에 오르기 위해서는 소비자가 갖고 싶어 하고, 사지 않으면 안 되는 의미를 해당 제품이나 서비스에 확실히 부여해 그 자체로 하나의 상징이 될 수 있도록 해야 한다. 하나의 단어로 표현되고 회자될 수 있도록 해야 함은 기본이다.

선도자도 중요하지만 최후의 승자가 되어야 한다

포지셔닝을 하는 가장 좋은 방법은 '더 좋기보다는 최초가 되는 편이 낫다'는 선도자의 법칙을 따르는 것이다.[18] 그러나 시장에 맨 처음 출시되어 소비자 인식의 첫 번째 사다리를 차지했다고 하더라도, 그 자리를 굳건하게 지키지 못한다면 막대한 투자 손실만 입고 사라지게 될 가능성이 크다. 그런 의미에서 블루오션에 최초로 뛰어들기보다는 오히려 시장의 추이를 지켜보고 있다가 후발주자로 뛰어들어 위험 부담을 회피하면서 선발주자가 개척한 시장에서 새로운 영역을 개척하는 것이 더 좋은 방법이 될 수도 있다. 성공을 위해서는 해당 시장에 처음 진출하는 선도자가 되어야 하는 것이 아니라 최후의 승자가 되어야만 한다.

물론 소비자 인식의 사다리에서, 그것도 최상위에 포지셔닝되었을 때의 프리미엄은 대단하다. 소비자의 기억 속 브랜드들로만 대안이 고려되는 환기상표군 evoked set에 속한다면 구매대안으로서 항상 최우선적으로 검토될 것이고, 바로 매출로 이어질 가능성도 높기 때문이다. 그렇지만 첫 번째 사다리에 올랐다고 해서 절대 안주해서는 안 된다. 만약 후발주자가 그 시장에서 새로운 영역을 개척해 뛰어든다면 선발주자의 위상은 크게 흔들릴 수 있다.

선발주자의 실패와 후발주자의 성공 사이에는 타이밍의 문제도 있다. 시장을 창출한 선도자가 시장을 성장 및 성숙시키면, 후발주자는 해당 시장에 좀 더 쉽게 진출하고, 또 그 시장을 개척할 수 있다. 시장이 성숙되지 못한 상태에서는 선도자라 하더라도 시장에서 실패할 가능성이 높다. 이때 모든 상황을 지켜보고 있던 후발주자가 새로운 편익을 제공하면서 시장에 등장한다면 선발주자는 선도자로서의 지위를 잃게 되고, 후발주자가 그 시장을 장악하게 된다.

예를 들어, 미과즙음료시장의 선발자는 남양유업의 '니어워터'였으나 이후에 시장을 장악한 브랜드는 롯데칠성음료의 '2% 부족할 때'였다. 김치냉장고시장의 선발자는 LG전자의 전신인 금성사의 '금성싱싱냉장고 김장독'이었으나 이후에 시장을 장악한 브랜드는 위니아만도의 '딤채'였다. 소셜네트워크서비스SNS의 선발자는 '싸이월드'였으나 이후에 등장한 '페이스북'이 시장을 장악했다. 검색엔진시장에서는 '야후'와 '라이코스'가 선발자였으나 후발자인 '구글'이 시장을 장악했다. 스마트폰시장에서는 '노키아'가 선발자였으나 애플의 '아이폰'에 시장을 빼앗겼고 이후 삼성의 '갤럭시'가 가장 많은 점유율을 차지하고 있다. 앞의 사례들 모두 선발자가 제대로 자리 잡지 못한 시장에서 후발자가 소비자들의 니즈에 부합하는 핵심가치를 제공하면서 시장을 장악한 경우들이다. 다시 한번 말하지만 중요한 것은 누가 처음이 될 것이냐가 아니라 누가 최종 승자가 되느냐이다.

포지셔닝맵은 보물지도다

로버트 루이스 스티븐슨Robert Louis Stevenson의 소설 《보물섬》은 용감한 소년 짐 호킨스가 보물섬을 찾아 모험을 떠나는 이야기가 흥미진진하게 펼쳐진다. 그렇다면 《보물섬》에서 이야기를 이끌어가는 것은 무엇일까? 보물섬의 존재를 알려주고, 주인공들이 모험을 떠날 결심을 하게 만들고, 모든 스토리의 방향을 끌어가는 역

김치냉장고시장의
최종 승자는 누구일까?

김치냉장고 하면 가장 먼저 어떤 브랜드가 떠오르는가? 아마 '딤채'를 떠올리는 이들이 많을 것이다. 대유위니아(출시 당시 만도. 1999년 만도공조, 2003년 위니아만도, 2014년 대유위니아로 사명 변경)는 '발효과학'을 핵심가치로 최초의 김치냉장고인 '딤채'를 출시해 5년 동안 누적 판매량 500만 대를 돌파하는 대단한 성과를 보여주었다.

사실 김치냉장고의 최초는 따로 있었다. LG전자(당시 금성사)는 1984년 국내 최초로 45리터 용량의 '금성김치냉장고'(GR-063)를 출시한 바 있다.[19] 또한 딤채보다 2년 먼저 냉장고에 김장독 기능을 갖춘 '금성싱싱냉장고 김장독'이라는 제품을 1993년에 출시했다. 그러나 이 제품은 시장에서 크게 성공을 거두지 못했다. 딤채는 이 제품들이 간과했던 시장인 김치의 맛과 보관 기간에 특화된, 김치만을 위한 '김치냉장고'를 개발하여 새로운 카테고리를 창출했다.

만도가 성공에 잠시 안주하고 있는 사이, 후발주자였던 LG전자는 '디오스 김치톡톡'이라는 이름으로 스탠드형 김치냉장고를 출시했다. LG전자가 '스탠드형 김치냉장고'로 새로운 영역을 개척하면서 딤채의 시장지배력은 약화되었다. 스탠드형 김치냉장고 시장에서 후발주자로 나섰던 삼성전자는 냉장고 칸칸마다 쿨링 시스템을 갖춘 '지펠 아삭'을 출시해 소비자들에게 새로운 편익을 제공함으로써 LG전자의 시장지배력을 빼앗아갔다.

이 사례는 소비자들의 인식 속의 최상위에 한 번 포지셔닝되었다고 해서 영원히 포지셔닝되지는 않는다는 것을 보여준다. 즉, 일시적인 성과에 만족해 안주하다가는 후발주자에게 시장지배력을 빼앗길 수 있다는 시사점을 주고 있다.

LG전자(금성사)의 김치냉장고와 싱싱냉장고 김장독 광고

대유위니아의 딤채   LG전자의 디오스 김치톡톡   삼성전자의 지펠 아삭

할을 하는 것은 바로 '보물지도'다. 오늘날 마케터에게 필요한 것도 이 보물지도와 같은 소비자들의 인식의 방향성을 그림으로 나타내주는 지도(포지셔닝맵)와 그 지도를 갖고 용감하게 보물을 찾아 나서는 소년의 도전정신(마케터의 열정)이다.

우리는 이미 4장에서 브랜드의 상대적인 위치를 평면의 도면상에 나타냄으로써 브랜드에 대한 소비자들의 인식과 브랜드 간의 경쟁 상황을 한눈에 파악할 수 있도록 하는 포지셔닝맵positioning map에 대해 살펴봤다. 포지셔닝맵은 특정 카테고리에 대한 소비자들의 심리적 공간을 나타낸 지도라고 할 수 있다. 포지셔닝맵을 지각도perceptual map라고도 한다. 《블루오션 시프트》의 저자이자 유럽 MBA스쿨 인시아드Insead의 김위찬 교수와 르네 마보안Renee Mauborgne 교수는, 고객의 핵심가치를 경쟁요소로 다차원의 인식 상태를 그린 '전략 캔버스strategy canvas'의 중요성을 강조한 바 있다.[20] 이 역시 일종의 포지셔닝맵이라고 할 수 있다.

포지셔닝맵의 장점은 소비자가 브랜드를 평가하는 근본적인 인식들을 알려줌으로써 해당 기업이 보유한 브랜드들의 현재 위치와 경쟁 브랜드들의 위치를 보다 객관적으로 파악할 수 있다는 것이다. 또 시장의 전반적인 경쟁 구조와 소비자의 다양한 욕구들까지도 파악할 수 있다. 이를 통해 시장을 세분화하거나, 새로운 시장의 기회를 포착하거나, 경쟁적 마케팅 전략을 수립하는 데 유용한 기초자료를 얻을 수 있다.

가장 일반적인 포지셔닝맵은 2×2 매트릭스(일명 Magic Quadrant)로 〈그림 5-5〉와 같다. 2×2 매트릭스를 그려봄으로써 시장의 경쟁 상황과 이상적인 전략 방향을 알 수 있다. 포지셔닝맵을 작성하는 데 있어 무엇보다 중요한 것은 핵심가치(지도의 축)를 찾아 축으로 설정하는 것이다. 축이 달라지면 시장의 경쟁 상황과 이상적인 전략 방향 역시 그에 따라 달라지기 때문이다. 이 축을 다른 말로 표현하면 '고객이 원하는 브랜드에 대한 핵심가치'라고 할 수 있다. 즉, 차별화할 수 있는 요소이다.

포지셔닝맵을 작성하는 방법으로는 정량적인 방법과 정성적인 방법이 있다. 먼저 정량적인 방법에는 측정 대상들에 대한 속성별 평가 자료를 직접적으로 이

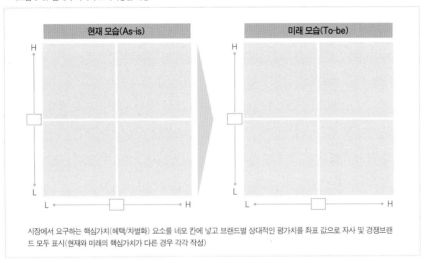

▼ 〈그림 5-5〉 현재와 미래의 포지셔닝맵 작성

시장에서 요구하는 핵심가치(혜택/차별화) 요소를 네모 칸에 넣고 브랜드별 상대적인 평가치를 좌표 값으로 자사 및 경쟁브랜드 모두 표시(현재와 미래의 핵심가치가 다른 경우 각각 작성)

용하는 요인분석 방법이 있다(4장 〈그림 4-4〉 요인분석의 결과물을 활용한 포지셔닝맵 작성 방법 참조). 그리고 측정 대상들에 대한 다양한 평가 자료를 토대로 응답자들이 측정 대상을 평가하는 데 있어 중요하게 생각하는 속성(기준) 및 해당 속성에서 각 측정 대상의 상대적 위치를 간접적으로 찾아내는 다중대응일치분석과 다차원척도법 등이 있다. 정량적인 방법은 객관적인 자료를 통해 일반화할 수 있기 때문에 의사결정권자들을 설득하는 데 필요한 논리를 갖출 수 있다는 장점이 있다. 그러나 통계적인 분석 과정이 복잡하고 많은 시간과 비용을 필요로 한다는 단점이 있다.

정성적인 방법으로는 경험법칙rule of thumb이 있다. 경험법칙은 기존의 자료 및 정성조사에 의한 통찰력을 바탕으로 결과를 도출하는 것이기 때문에 필연적으로 작성자의 주관적인 평가와 판단이 들어간다. 따라서 일반화하기에는 한계가 있다. 그러나 마케터의 통찰력에 따라 몇 분 만에 작성할 수도 있고, 마케터가 직접 판단을 내릴 수 있기 때문에 단기간에 적은 노력과 비용으로 결과를 얻을 수 있다는 장점이 있다. 또한 미래의 포지셔닝맵을 작성할 수 있는 최고의 방법이기도 하다. 미래는 마케터와 소비자 모두 상상으로 기획을 할 수밖에 없다. 우리 모두는 현재까지 일어나고 있는 어떤 것에 대한 질문에는 응답할 수 있으나, "5년 후 우리 브랜드가 어떤 핵심가치를 제공해드리면 좋을까요?"와 같은 질문에는 답할 수 없기 때문이다. 경험법칙이 좋은 점은 브랜드가 지향했으면 하는 미래모습을 작성할 수 있다는 것이다(4장 〈그림 4-5〉 미래 포지셔닝맵에 의한 전략 방향 설정 참조).

경험법칙으로 포지셔닝맵을 작성하는 절차는 먼저 소비자들이 원하는 핵심가치인 차원(축)을 도출하고, 이를 바탕으로 마케터의 인식 속에서 나름대로 정립된 각 브랜드의 위상을 평가하여 도표를 작성하면 된다. 이 방법은 일반화하는 데는 한계가 있지만, 현재 브랜드의 위상뿐만 아니라 지향해야 할 방향성까지 동시에 알아볼 수 있다는 이점이 있다. 현재와 미래의 포지셔닝맵을 작성할 수 있는 거의 유일한 방법이다. 통계적인 방법으로 현재의 맵을 작성하더라도 미래의 맵은 역시 경험법칙에 의해 작성할 수밖에 없기 때문이다.

정리하면, 모든 기업과 마케터가 열망하는 목표인 소비자의 인식 속으로 들어가서 강력한 브랜드를 구축하기 위해서는 브랜드의 '보물지도'인 포지셔닝맵이 필요하다. 기업이 강력한 포지셔닝을 원한다면 전략적인 관점에서 소비자들이 추구하는 핵심가치(차별적 혜택)를 제대로 파악하고, 이 핵심가치를 중심으로 브랜딩을 해야 한다. 다시 한번 강조하지만 그 방향은 소비자가 강력하게 원하고, 또 기업이 현실적으로 제공할 수 있는 것이어야 한다.

원하든 원하지 않든 포지셔닝은 바뀐다

리포지셔닝 : 경쟁과 변화, 그리고 위기 속에서 살아남기

기업은 경영 활동을 하면서 수많은 변수들로 인해 수시로 위험에 직면한다. 빠르게 변화하는 사회, 점점 더 다양해지는 소비자들의 욕구, 시장에서의 냉혹한 경쟁 상황 등 기업 활동에 위험을 초래할 수 있는 요소들은 셀 수 없이 많다. 기업들은 이런 상황에 맞서 늘 치밀한 분석과 끝없는 논의를 통해 해결책을 마련하고자 애쓴다. 그러나 그러한 노력들을 기울이기 전에 가장 먼저 살펴봐야 할 문제는 자사의 기업 브랜드, 또 제품 브랜드가 제대로 포지셔닝되어 있는가 하는 것이다.

만약 포지셔닝이 명확하게 되어 있다면 해결해야 될 문제들은 매우 단순해질 수 있다. 그러나 포지셔닝이 명확하게 되어 있지 않거나 무엇으로 포지셔닝을 해야 할지 모르는 경우에는 문제가 복잡해질 수밖에 없다. 이보다 더 큰 문제는 최고경영자가 이러한 상황의 심각성에 대해 인식하지 못하고 있거나, 이러한 문제를 마케팅 실무자에게 위임하고 뒷전으로 물러나 있는 경우다.

이와 같은 상황에서 가장 단순하면서도 명쾌한 해결책은 처음으로 돌아가 포지셔닝을 다시 생각해보는 것이다. 브랜드 포지셔닝의 문제는 비단 마케터만의 고민거리가 아니다. 이 문제는 최고경영자, 마케팅 임원들, 마케터 모두 머리를 맞대고 방책을 찾아야만 해결될 수 있다. 이런 총체적인 브랜드의 위기 상황을 극복하기 위해서는 리포지셔닝repositioning을 생각해봐야 한다.

어떤 브랜드를 시장에서 계속 살아남게 만들고자 한다면 기업은 자신이든, 경쟁기업이든 소비자들의 인식을 조정하면서 브랜드의 생명을 연장하는 방법을 강구해야 한다. 비 온 후 땅이 더욱 굳어지는 것처럼 브랜드도 위기를 극복하면 더욱더 가치 있는 브랜드로 재탄생할 수 있다. 이것이 리포지셔닝의 힘이다.

'에쎄'는 어떻게 시장을 장악했을까?

KT&G의 에쎄ESSE는 1996년 출시될 때만 해도 여성 흡연가들을 공략하기 위한 니치 브랜드로 출발했었다. 그러나 여성 담배시장은 기본적으로 시장 규모가 크지 않아 성장 가능성에 한계가 있었고, 처음에 의도했던 여성이 아니라 남성 흡연가로부터 더 호의적인 반응을 얻었다. 실제 사용자 조사를 해보니 중장년 남성들이 더 많이 구매하는 것으로 확인되었다. 그것도 초슬림의 형태적인 특성으로 인해 고급스럽고 순한 담배, 건강에 덜 해로운 담배로 인식하고 있었다.

그리하여 KT&G는 에쎄의 포지셔닝을 그대로 유지할 것인지, 새로운 포지셔닝을 찾을 것인지, 아니면 아예 브랜드를 철수시키고 새로운 브랜드로 다시 승부를 걸어볼 것인지 결정을 내려야 했다. 결국 에쎄를 남성 담배 브랜드로 리포지셔닝하기로 결정하고, '부드럽고 순한 고급 초슬림 담배'라는 브랜드 콘셉트를 설정했다. 이후 여러 서브브랜드를 출시하여 시장을 확대했다. 이를 통해 소비자들의 변화하는 니즈를 적극적으로 제품에 반영하면서 초슬림 담배시장뿐만 아니라 전체 담배시장에서 점유율 1위를 유지하고 있다.

필립모리스가 여성용 담배로 출시했던 말보로를 남성용 담배로 리포지셔닝한 경우도 같은 맥락의 사례이다. 여성 흡연시장에 대한 한계를 극복하기 위해 남성용 담배로 이미지를 바꾸고자 했다. 당시 미국 남성들이 서부 개척 시대를 동경하고 있다는 점에 주목하여 서부 영화에 나오는 거친 이미지의 카우보이를 상징으로 활용해 변신에 성공했다. 말보로가 상징적인 이미지를 통해 리포지셔닝을 했다면, 에쎄는 이런 광고를 집행할 수 없는 법적인 요소로 인해 지속적인 라인 확장으로 신제품을 시장에 투입하면서 변신을 했다.

에쎄의 최초 잡지광고, 리포지셔닝 및 라인 확장, 그리고 세계 1위

애써 구축한 소비자들 마음속 인식을 바꿔야 할까

제록스는 복사기로 세계 최고의 기업으로 인정받았다. 그러나 제록스가 만든 개인용 컴퓨터는 어느 누구 하나 사고 싶어 하지 않았다. 코카콜라는 대대적인 소비자조사를 통해 새로운 맛의 뉴코크를 시장에 내놓았지만, 소비자들은 이를 철저히 외면하고 기존 제품만을 찾았다. 이와 같이 어떤 제품이나 서비스에 대한 소비자들의 각인된 이미지는 좀처럼 바뀌지 않는다. 그렇다면 기업은 이런 문제를 어떻게 해결해야 될까?

리포지셔닝은 사람들의 마음속 '인식'을 조정하는 것이지, 사람들의 '마음'을 변화시키는 것이 아니다. 사실 리포지셔닝의 본래 의도는 우리 기업, 우리의 제품과 서비스만의 긍정적 측면을 부각시키기 위해 경쟁기업과 경쟁브랜드 및 제품에 대한 부정적인 인식을 심는 것이다. 이를 역(逆) 포지셔닝이라고 한다. 한마디로 역공을 펼 수도 있고, 반대로 역으로 당할 수도 있다.

밀폐용기 시장에서 강력한 밀폐력으로 포지셔닝한 락앤락에 비해, 유리를 전문적으로 생산하고 있던 삼광글라스의 '글라스락'은 내열강화유리로 특허 받은 제품을 개발했으나 시장의 반응은 미미했다. 마침 플라스틱 용기에서 환경호르몬이 검출되는 등 사회적으로 문제가 제기될 때, 이를 놓치지 않고 플라스틱 용기를 문제 삼았다. "플라스틱 용기 찜찜하셨죠? 이젠 강화유리 밀폐용기로 바꾸세요. 환경호르몬에 안전한 글라스락"이란 문구가 들어간 광고를 보는 순간 바로 락앤락 브랜드가 연상될 수밖에 없었다. 락앤락은 비방광고로 법정소송까지 벌였지만, 결과적으로 소송에서도 지고 강화유리 밀폐용기 시장도 글라스락에 내주었다.

시장의 변화, 산업의 변화, 고객의 변화, 경쟁사의 변화를 잘 읽어내지 못한다

▼ 비방광고 논란을 일으킨 글라스락의 광고[21]

플라스틱용기 찜찜하셨죠? 이젠, 강화유리밀폐용기로 바꾸세요

환경호르몬에 안전한 글라스락

글라스락은 내열 강화유리로 만들어 전자레인지 사용은 물론,
뜨거운 음식도 식히지 않고 바로 보관할 수 있습니다.

면 아무리 해당 브랜드가 포지셔닝이 잘되어 있다 해도 경쟁사로부터 역포지셔닝 공격을 받을 수 있다. 그러므로 기업은 항상 더 나은 아이디어를 찾고, 지속적으로 제품 개선을 하며, 시장의 변화를 살펴야 한다. 또한 주기적으로 보유한 브랜드를 점검하고 고객이 원하는 방향으로 리포지셔닝을 할 수 있어야 한다.

방향이 명쾌하면 소비자들도 쉽게 받아들인다

리포지셔닝이란 대중의 인식을 조금씩 재조정하는 것이지, 완전히 송두리째 바꾸는 것이 아니다. 실제로 소비자들은 새로운 것보다 익숙한 제품을 더 선호하는 경향이 있다. 그만큼 리포지셔닝은 익숙한 듯 새로움을 추구해야 하는 매우 어려운 작업이다.

그러나 방향이 명쾌하면 소비자들도 쉽게 받아들이기 마련이다. 즉, 제시된 아이디어가 장황한 설명과 설득 없이도 소비자들이 거의 즉각적으로 공감하거나 동의할 수 있는 것이라면 리포지셔닝의 성공 가능성도 높다. 리포지셔닝을 통해 제시하는 아이디어는 확실하고 분명해서 오래 생각할 필요가 없어야 한다.

리포지셔닝은 절대 하루아침에 이루어지지 않는다. 많은 시간과 노력을 통해서만 성공적인 리포지셔닝을 할 수 있다. 리포지셔닝을 위해서는 먼저 홍보를 통해 씨를 뿌린 후 광고로 거두어들여야 한다. 그리고 광고, 홍보뿐만이 아니라 다양한 커뮤니케이션 수단을 통해 일관성 있게 지속적으로 전개할 때 비로소 리포지셔닝이 성공할 수 있다.

이를 위해서는 최고경영자의 리더십이 중요하다. 리포지셔닝은 기업이 나아갈 새로운 방향을 제시하는 것이기 때문에 경영진이 함께 뜻을 모아야 성공 가능성을 높일 수 있다. 즉, 포지셔닝과 리포지셔닝은 전사적으로 노력해야 할 전략적 요소이다. 포지셔닝과 리포지셔닝은 시장의 변화와 소비 상황에 따라 시시각각 변화하는 상대적인 개념이고 소비자의 마음속에 있는 시장이기 때문에 언제, 어떻게 변할지 예측하기 힘들다. 그러나 이 모든 어려움들을 이겨내고 먼저 소비자의 마음속을 점령하는 브랜드만이 최종 승자가 된다는 것은 변하지 않는다.

따라서 마케터는 숫자만이 아니라 가슴으로 소비자의 마음속 깊은 곳까지 읽을 수 있는 통찰력을 가져야 한다. 그러기 위해서는 더 이상 제품 속에서만 차별점을 찾으려 하지 말고 소비자와 시장에 더욱더 관심을 기울여야 한다. 여기서더 나아가 소비자들에게 핵심적인 가치를 제공하고, 새로운 라이프스타일과 개성을 제시하며, 새로운 문화를 선도함으로써 소비자들의 마음속에 잠자고 있는니즈를 일깨워야 한다.

초연결 시대, 언택트 마케팅이 뜨고 있다[22]

어느 날 아침 택배기사로부터 문자가 왔다. 무인 택배함에 제품을 보관해놓았으니 찾으라는 메시지였다. 출근길에 주유소에서 셀프주유를 했다. 맥도널드에 들어가서 디지털 키오스크에서 주문을 했다. 여유를 가지고 뒷사람의 눈치를 보지 않으면서 주문할 수 있어서 좋았다. 오피스빌딩 1층에 있는 무인우편창구에 가서 등기를 보냈다. 멀리 떨어져 있는 우체국을 찾아가야 하는 번거로움이 사라졌다. 스마트폰의 사이렌 오더를 통해 라테 한 잔을 주문했다. 기다리지 않고 바로 찾아서 좋았다. 출장 갔을 때는 스마트폰으로 자동차를 예약하고 자동차 문을 열고 바로 운전을 시작했다. 반납도 주차장에 차량을 두고 스마트폰으로 문을 잠그면 끝이었다. 이와 같이 거래 현장에서 직원의 개입이 없이 비대면으로 이루어지는 서비스가 최근 급속하게 증가하고 있다. 이런 트렌드를 언택트(un+tact) 마케팅이라고 한다. 주문, 구매, 결제, 전달 등 구매 과정에서 직원과 대면하지 않고도 업무 처리가 가능한 기술의 발전과 장치의 보급으로 우리의 구매 행동에 큰 변화를 일으키고 있으며, 갈수록 증가할 것으로 전망된다.

왜 지금 언택트 마케팅 트렌드인가

일상생활 속에서 찾아보면 이미 우리는 상당히 많은 영역에서 언택트 마케팅을 이용하고 있다. 언택트라는 용어는 접촉을 의미하는 '콘택트(contact)'에 부정의 뜻인 '언(un)'을 조합한 신조어로, 서울대 소비트렌드분석센터에서 사용하기 시작했다. 소비자와의 대면 접촉을 최소화하거나 비대면으로 관련 기기를 사용하는 경우는 대체로 언택트 마케팅이라고 할 수 있다. 언택트라는 신조어 때문에 새로운 트렌드로 보이지만, 사실 비대면 서비스는 오래전부터 있었던 방식이다.

기존의 무인서비스와 언택트 마케팅의 차이점은 스마트폰 등 다양한 최신 기술과 기기를 활용하고 있다는 점이다. 쇼핑도, 식사도, 여행도 혼자 하며, 점원과의 소통을 불편하게 생각하는 나홀로 가구나 밀레니얼 세대의 영향으로 그 확산 속도가 매우 빠르다는 점이 특징이다. 또한 직원보다 소비자가 상품에 대해 더 많은 정보를 가지고 있어서 굳이 직원의 도움이 필요 없는 경우도 많아지고 있다. 결과적으로 기업과 고객 모두 대면 접촉에 의한 상거래보다 혜택이 크기 때문에 언택트 마케팅이 트렌드가 되고 있다. 물론 기술과 정보격차가 있는 일부 소비자들은 언택트로 인해 더욱 불편한 서비스가 될 수 있다는 점을 마케터는 고려해야 한다.

언택트 마케팅으로 시장은 어떻게 변하고 있는가

언택트 마케팅으로 새로운 변화를 만들고 있는 사례를 몇 가지 구체적으로 살펴보자. 스타벅스의 사이렌 오더는 누적 주문건수가 무려 3천만 건을 돌파했다. 스타벅스 코리아의 조사에 따르면, 사이렌 오더의 주 연령층은 20~30대이며(86%), 주로 출근시간대(오전 8~9시, 24%)에 이용하는 것으로 나타났다.[23]

 스타벅스 코리아 전체 매출의 10퍼센트 정도가 사이렌 오더에 의해 발생하고 있다. 이 서비스는 2014년에 최초로 국내에서 도입되었다. 현재 미국 등 여러 나라의 스타벅스 매장에서도 서비스되고 있다. 최근에는 2천여 개의 가맹점이 있는 국내 최대 규모의 커피전문점 이디야에서도 스마트 오더라는 이름으로 주문 및 자동 적립 서비스를 시작했다.

▼ 언택트 기술을 이용한 스타벅스의 사이렌 오더[24]

국내 대표적인 카셰어링 업체인 쏘카는 2012년 서비스 이후 5년 만에 300만 명의 회원 수를 돌파했으며, 이는 국내 운전면허증 소지자의 10퍼센트에 해당하는 숫자이다. 2011년 국내 최초 카셰어링 서비스를 시작한 그린카도 240만 명의 회원 수를 가지고 있으며, 주 이용 연령층은 20~30대가 80퍼센트 이상을 차지하고 있다.

2017년 7월 서비스 이후 4개월 만에 435만 명이 가입한 카카오뱅크도 대표적인 언택트 마케팅 기업이다. 가입자 중 30대가 약 40퍼센트로 다른 연령층에 비해 가장 많다. 은행업무가 온라인화된 이후 혁신이 없던 금융시장에 돌풍을 일으키고 있다. 기존 은행 서비스가 복잡한 절차와 상품으로 불편했던 반면에 카카오뱅크는 절차가 간단해지고 몇 가지 핵심 제품에 집중하고 있어 상대적으로 매우 편리하게 이용할 수 있다. 간편하고 편리한 서비스를 원하는 고객들이 선호하는 게 당연하다.

예시한 사례 이외에도 올리브영, 스타필드에 입점한 하우디, 이마트의 수입 맥주 코너 등에서도 언택트 마케팅을 전개하고 있다. 최근에는 대형 유통 매장을 중심으로 쇼핑 도우미 로봇도 등장했다.

언택트 마케팅으로 무엇을 얻을 수 있나

언택트 마케팅은 대체로 정보시스템과 스마트기기가 연동되고 접점 직원이 없기 때문에 오류에 의한 문제가 언제든지 발생할 가능성이 있다. 실제로 김천구미역에서 쏘카를 이용하기 위해 주차장에 도착했지만 예약 차량을 찾을 수 없었다. 전화를 하고, 문제를 설명하고, 다른 차량으로 다시 요구하는 과정이 만족스럽지 못했다. 사람이 있었다면 즉시 대응할 수 있는 내용이었다. 그렇다고 이런 언택트 서비스가 불편한 것은 아니다. 오히려 기존의 렌터카를 이용할 때보다 더 편리하게 이용했다. 이용시간 10분 연장이 몇 번의 터치로 가능했다.

언택트 마케팅으로 인해 마케터는 고객의 정보를 수집하고 분석하여 마케팅에 활용할 수 있다. 정보 수집에 따른 고객의 불편을 최소화하면서 고객이 필요한 시점에 프로모션 정보를 제공할 수 있다는 점은 대단히 큰 장점이다. 고객 취향이나 생일에 맞추어 프로모션을 할 수도 있고, 제품 개발을 위한 데이터로도 활용할 수 있다. 거래 과정에서 발생하는 모든 데이터를 빅데이터 분석을 해 새로운 가치로 만들 수도 있다.

언택트 마케팅은 앞으로 어떻게 될까

언택트 역시 하나의 고객 경험이다. 최근 각광을 받고 있는 O2O 서비스 역시 언택트 기술이 적용된 마케팅이다. 언택트 기술이 하나의 방향성이라면 인간을 위해 그 기술을 어떻게 활용할 것인가를 고민해야 한다. 삶의 질을 높이고 소비행동의 편리성을 제공해주는 방향으로 계속 진화할 필요가 있다. 일본에서는 저출산과 고령화 문제로 우리보다 앞서 심각한 일손 부족을 겪고 있다. 이를 해결하기 위한 방법으로 인공지능과 로봇, 사물인터넷, 그리고 스마트폰을 연결한 기술로 편의점을 무인 계산 점포로 운영하려는 시도를 하고 있다. 국내에서도 저출산, 고령화, 최저임금 부담 등으로 인해 무인점포, 무인계산 등 비대면, 비접촉 등 언택트 마케팅에 대한 관심은 더욱 높아질 것이다. 언택트 마케팅으로 고객이 기대하는 추가적인 혜택을 주고, 즐거운 경험을 제공한다면 이는 메가트렌드로 지속될 것이다.

마켓 4.0 시대, 기업은 어떻게 브랜딩을 해야 하나?[25]

얼마 전 제주에서 카셰어링 브랜드인 '쏘카'를 이용한 적이 있다. 모바일로 예약하고, 차량이 주차되어 있는 곳에 가서 예약 차량을 확인하고, 스마트폰으로 자동차 문을 열고, 바로 운전을 시작했다. 주차장에 도착 후 채 3분이 걸리지 않았다. '죠스 어묵티'는 어묵 국물을 보다 쉽고 간편하게 마실 수 있도록 티백으로 만든 제품이다. 없어서 못 팔 정도로 인기가 높다. 죠스떡볶이가 페이스북에 재미 삼아 어묵 티백 이미지를 올렸는데, 이를 본 소비자들의 반응이 뜨거워 실제 한정판 제품으로 출시했다. 요즈음 소셜미디어에서 가장 뜨거운 브랜드가 되고 있다.

쏘카는 어떻게 단기간에 업계 1위의 강력한 브랜드를 구축했을까? 죠스 어묵티는 어떻게 며칠 만에 소셜미디어에 화제가 될 정도로 유명한 브랜드가 되었을까? 이렇게 짧은 기간에 구축한 브랜드에는 문제가 없을까?

인류가 그동안 개발하고 사용한 수많은 도구들 중에서 사회생활과 소비 행동을 획기적으로 바꾼 최고의 기계는 단언컨대 스마트폰이 아닐까 생각한다. 앞에 나온 두 브랜드의 성공은 모바일 플랫폼이 있었기 때문에 가능했다. 최근 OECD에서 발간한 〈디지털 경제전망 2017〉 보고서에 따르면, OECD 회원국의 모바일 데이터 사용이 최근 몇 년 동안 빠르게 증가하고 있다(증가율 약 37%). 한국은 월평균 모바일 데이터 사용량이 2016년 3.8GB로 전년 대비 46퍼센트 증가했다.[26] 이 추세는 지속될 것으로 전망된다. 바야흐로 모바일 시대인 것이다. 그리고 그 기반에는 디지털이 있다. 쏘카는 가입에서부터 사용 과정과 사후 프로모션까지 고객의 데이터를 기반으로 운영된다. 죠스떡볶이는 소셜미디어로 소비자들의 반응을 파악하고 분석해 상상을 현실로 만들었다. 디지털과 모바일로 무장한 고객과 기업이기에 가능한 결과다.

죠스떡볶이의 죠스 어묵티[27]

그런데 최근 쏘카에서는 배터리 방전과 관련해 비용 전가나 패널티 요금 부과 등으로 고객들의 불만을 사고 있다. 문제는 차량 인도 과정에 직원이 개입하지 않기 때문에 누구의 잘못인지 가려내기 어렵다는 점이다. 이럴 때 입증 책임이 업체가 아니라 고객이 해야 하는 상황에 처한 경험자들이 늘어날수록 해당 브랜드에 대한 신뢰는 깨진다.

죠스떡볶이는 퇴직을 강요한 직원 대상 갑질과 점포 리뉴얼 비용을 떠넘긴 가맹점 대상 갑질 논란을 빚은 바 있다. 기업에서 의도하지 않은 이런 메시지들이 온라인에 한 번 유포되면 브랜드에 치명적인 위협이 된다. 좋은 이미지의 브랜드를 만들기는 어렵지만, 훼손하는 것은 한순간이다. 그래서 기업 브랜드의 진정성을 유지해가는 것은 생각보다 어렵다.

모바일과 디지털로 바뀐 마켓 4.0의 시대는 이미 모두가 연결되어 있기 때문에 짧은 시간에 비용을 거의 들이지 않고도 강력한 브랜드를 구축할 수 있다. 특히 기업과 고객, 기업과 임직원, 그리고 고객과 고객들이 함께 브랜드를 만들어갈 때 브랜드는 보다 큰 힘을 가질 수 있다.

따라서 모바일과 디지털 중심의 사업 환경에서 브랜딩은 진정성과 고객의 경험을 극대화하는 데서 방법을 찾아야 한다. 스티븐 판 벨레험 Steven Van Belleghem은 저서 《디지털과 인간》에서 "소비자는 진심으로 소비자를 돕고 싶어 하는 마음이 드러나는 기업을 신뢰하게 될 것이다."라고 했다.[28]

백패킹 전문 브랜드인 '제로그램'은 항상 지구에 미안하고 그래서 흔적을 남기지 않으려는 사람들을 돕기 위한 활동과 제품들로 인해 수많은 브랜드 옹호자를 만들고 있다. 자신들이 경험한 브랜드의 진정성을 스토리로 퍼뜨리는 것은 하나의 즐거움이고 놀이가 되고 있다. 스마트폰으로 연결되기 때문에 가능한 시대이다. 고객의 목소리로 전달되는 스토리는 보다 높은 신뢰와 파급력이 있다.

06

제품과 가격

혁신을 통해 차별화된 가치를 제공하라

세계에서 가장 혁신적인 기업 중 하나라고 평가받는 3M은 매년 평균적으로 1,200개의 신제품을 내놓는다. 더욱 놀라운 점은 최근 5년 동안 개발된 제품을 통해 얻는 매출이 전체 매출에서 무려 31퍼센트를 차지한다는 것이다. 3M이 지속가능한 성장을 하는 데는 신제품 개발을 통한 차별화와 혁신이 절대적인 요소라는 것을 알 수 있다. 그러나 일반적으로 신제품의 성공률은 그다지 높지 않다. 세계적인 컨설팅 기업인 부즈알렌앤드해밀턴이 조사한 자료에 따르면, 신제품의 35퍼센트가 실패한다고 한다. 신제품의 성공률이 낮은 이유는 경쟁 제품과 크게 차별화되지 않았기 때문이다.

마케팅 활동은 수많은 요소들이 복합적으로 작용하여 하나의 성과를 만들어낸다. 브랜드 관리, 광고, 홍보, 영업, 유통, 판촉 등의 모든 마케팅 활동은 해당 제품이 차별화되어 있다는 전제로 전개된다. 즉, 차별화가 이루어져야 효과적인 마케팅 활동이 가능하고 이를 통해 성공과 혁신을 이끌 수 있다. 이번 6장에서는 마케팅믹스의 주요 요소인 제품과 가격의 차별화에 대해 살펴보고자 한다.

락앤락이 세계시장을
석권할 수 있었던 이유는?

1978년 국진화공으로 설립된 락앤락은 1998년에 '4면 결착형 흐름 차단공'으로 특허를 획득하고, 이를 상품화하여 세계 최초의 날개 달린 밀폐용기를 시장에 내놓았다. 2001년 미국 QVC 방송에서 락앤락 속에 지폐를 넣은 후 수조 속에 담갔다 꺼냈는데도 불구하고 조금도 젖지 않은 지폐를 두 눈으로 본 소비자들의 뜨거운 반응으로, 준비한 5천 세트가 순식간에 판매된 이후로 밀폐용기 시장을 석권했다.[1]

 다시 말해 락앤락은 뚜껑 네 귀퉁이에 날개를 달아 밀폐력을 높인 제품으로 차별화를 이루었다. 제품의 특성을 강조해 '두 번 잠근다'는 뜻의 브랜드네임인 'Lock&Lock'을 통해 락앤락만의 차별점을 널리 홍보하고 이를 소비자들이 바로 인지할 수 있도록 하였다.

락앤락은 전 세계 120여 개국에 수출하고 있으며, 연간 700여 가지 신제품을 출시하며, 세계 각국에서 1천여 건이 넘는 특허와 상표, 의장을 획득하고 있다. 연간 4천억 원대의 매출을 올리고 있으며, 중국, 베트남, 태국, 중동 등에 진출해 있다. 락앤락은 2018년에 세계적으로 권위 있는 영국 매거진 〈무미Mumii〉가 실시한 '패밀리 어워즈 2018Family Awards 2018'에서 2년 연속 '골드위너GOLD WINNER' 브랜드로 선정되었다.[2]

▼ '패밀리 어워즈 2018'에서서 2년 연속 골드위너로 선정된 락앤락[3]

세계시장에서의 성공비결은 현지 음식 문화에 맞춰 다양한 용도의 밀폐용기를 선보인 데 있다. 락앤락의 제품은 세계시장에서 공통적으로 쓰일 수 있는 제품이 80퍼센트, 지역별 특성을 가진 제품이 20퍼센트로 구성되어 있다. 지역별 특성을 가진 제품들로는 인도의 향신료와 밀전병을 담을 수 있도록 설계된 '로티 마살라' 도시락, 우리나라의 김치통, 유럽의 스파게티 보관 용기, 계란 보관 용기, 중국의 차茶통, 미국의 시리얼 용기 등이 있다.

락앤락의 성공비결을 하나의 키워드로 정리하면 '차별화'이다. 용기 안에 어떤 내용물이 들어있는지 훤히 들여다볼 수 있고, 내용물이 흘러나오지 않는 완벽한 밀폐력을 갖춘 제품으로 차별화를 꾀했다. 또 제품의 특성을 강조한 브랜드네임과 유통채널(TV, 홈쇼핑)을 통한 홍보 활동으로 차별화를 시도했다. 그 결과 락앤락은 국내시장에서뿐만 아니라 세계시장으로 뻗어나가고 있다. 락앤락은 세계적인 기업들이 이미 장악하고 있고, 또 비슷비슷한 제품들로 넘쳐나는 시장에서 소비자들이 진정으로 바라는 니즈가 무엇인지를 파악하고, 신제품 개발을 통해 이런 니즈를 충족시켰다.

01

차별화된 제품으로 소비자를 사로잡아라

왜 계속해서 신제품을 개발해야 하는가

변하지 않는 것은 없다. 중요한 것은 변화를 받아들일 것인가, 아니면 변화를 주도할 것인가를 결정하는 것이다. 물론 기업은 변화를 추구할 수도 있고, 또 거부할 수도 있다. 섬유회사였던 듀폰DuPont은 섬유사업을 접고 농업, 재료 과학 및 특수 제품 분야의 과학회사로 변신했다. 필름회사였던 코닥Kodak은 디지털카메라 기술을 개발하고도 과감한 변신을 하지 못해 결국 2012년 파산 보호 신청을 했고, 2013년 필름 및 카메라 사업부를 매각했다. 물론 변화를 추구하면 성장하고, 거부하면 몰락한다고 단정할 수는 없지만 인류의 역사상 변화를 거슬러 성공한 예를 찾아보기는 어렵다.

그렇다면 기업이 변화를 추구하는 가장 확실한 방법은 무엇일까? 바로 신제품을 통해서 혁신을 하는 것이다. 보쉬BOSCH 전동공구는 리튬 이온 배터리, 무선충전 시스템, EC 브러시리스 모터 등 혁신적인 기술력을 세계 최초로 전동공구에 적용해 전동공구의 패러다임을 바꿔왔는데, 출시된 지 채 2년이 되지 않은 신제품의 매출 비중이 35퍼센트 이상을 차지하고 있다.[4]

한편 3M은 전체 매출에서 최근 5년 이내에 출시한 신제품 비중이 40퍼센트에 이르는 것으로 나타났다.[5] 심지어 듀폰은 지속적으로 추구해야 하는 목표로 '최근 4년 내 출시한 신제품으로 매출 30퍼센트를 채운다.'는 일명 '30퍼센트 룰'을 세우고 있다.[6]

이처럼 혁신을 이룩한 세계적인 기업들은 신제품의 매출 비중을 중요한 경영지표로 관리하고 있다. 신제품의 매출 비중이 기업의 신진대사가 얼마나 활발한지를 측정하는 바로미터인 것이다. 신제품을 통해 새로운 고객을 지속적으로 확대함으로써 기업은 계속해서 성장할 수 있다.

기업이 지속적으로 신제품을 개발해야 하는 이유를 좀 더 구체적으로 살펴보면 크게 여섯 가지로 정리할 수 있다.

첫째, 신제품 개발을 통한 시장 규모의 확대가 필요하기 때문이다. 기업이 존속하기 위해서는 기본적으로 매출과 이윤이 안정적으로 확보되어야 하고, 또 지속적으로 증대되어야 한다. 지금껏 매출과 이윤은 기업의 성장 과정에서 가장 중요한 경영지표의 역할을 해왔다. 만약 기존 제품으로 계속해서 매출과 이윤을 창출할 수 있다면 굳이 신제품을 개발하지 않아도 될 것이다. 기존 제품만으로 지속적인 성장을 하는 기업을 찾기는 현실적으로 어렵다. 이럴 때 가장 선호되는 전략이 신제품 개발을 통한 시장 확대 전략이다.

둘째, 신제품은 시장에서 선도력을 확보할 수 있는 가장 좋은 수단이다. 경쟁력 있는 신제품의 출시를 통해 해당 시장을 장악할 수 있다. 특히 경쟁사보다 한 발 앞서 신제품을 출시하면, 선발주자의 프리미엄을 얻을 수 있어 소비자들에게 '앞선 기업'이라는 이미지를 줄 수 있다.

셋째, 신제품으로 혁신적인 기업이미지를 창출할 수 있다. 앞서 언급했던 보쉬, 3M, 듀폰 등 수많은 기업들이 해마다 신제품을 출시한다. 신제품을 혁신의 지표로 관리하고 있는 이들 기업들은 다른 기업들에 비해 보다 강한 혁신적인 이미지를 가지고 있다.

넷째, 신제품으로 계속 변화하는 소비자들의 욕구를 충족시켜 줄 수 있다. 잠재된 소비자들의 욕구를 충족시켜주기에 기존 제품이 한계가 있을 때, 신제품을 통해 새로운 욕구를 충족시켜줄 수 있다. 사실 태블릿PC는 이미 오래전에 만들어진 제품이었고, 소비자들은 애플에서 아이패드를 출시하기 전까지 태블릿PC를 사용할 필요성을 느끼지 못했다. 그러나 애플은 이동하면서도 쉽고 편리하게 컴퓨터의 기능을 사용할 수 있길 바라는 소비자들의 잠재욕구에 주목해 아이패드를 개발, 출시하여 큰 성공을 거두었다. 이로써 쇠퇴하던 태블릿PC시장은 다시 급속히 성장하게 되었다.

다섯째, 신제품으로 진정한 차별화를 만들 수 있다. 기업들이 치열하게 경쟁을 하다 보면 자연스럽게 제품과 서비스의 차별화가 이루어질 것이라 생각하지만, 실상은 그와 정반대인 경우가 많다. 차별화를 위한 다양한 시도가 이루어지고 있지만, 막상 출시되는 제품들은 선발주자의 제품을 모방한 것이 대부분이다. IT제품이나 가전제품에서 특허 전쟁이 발생하는 것도 이와 무관하지 않다. 이는 제품을 통한 차별화가 그만큼 어려운 일이라는 증거다. 신제품을 차별화한다면 진정한 경쟁우위를 확보할 수 있다. 사실 애플의 제품들이 특별히 차별화된 가능을 갖고 있지는 않다. 애플은 특별한 기술 없이도 사용자 친화성과 디자인 차별화를 통해 혁신적인 이미지를 만들었다.

여섯째, 신제품으로 기업의 경쟁력을 대내외적으로 보여줄 수 있다. 기업은 신제품을 통해 현재 소비자들이 느끼는 부족함에 대한 해결책을 제시해줄 수 있다. 파버카스텔^{Faber-Castell} 제품 중에 연필에 지우개와 연필깎이가 결합된 '퍼펙트 펜슬^{Perfect Pencil}'이란 것이 있다. 이름 그대로 완벽한 이 제품은 연필을 사용할 때 필요한 문구용품들을 하나로 결합해 제품에 경쟁력을 부여한 것이다. 그 누구도 연필을 사용하는 소비자들의 불편에 관심을 기울이지 않았을 때 파버카스텔은 소비자들에게 편의성을 제공할 수 있는 방법에 주목했다. 그리고 이를 통해 독보

▼ 파버카스텔의 퍼펙트 펜슬 매그넘⁷

242

적인 경쟁력을 갖게 되었다.

신제품은 기업이 고객을 다시 만날 수 있는 기회를 스스로 만드는 과정이다. 특히 전체 매출액에서 신제품이 차지하는 비중을 30퍼센트 이상 유지하기 위한 도전을 계속해야 한다. 그래야 살아남는다. 신제품을 통해 고객을 만나고 혁신적인 기업 이미지를 자연스럽게 제시할 수 있는 기업들이 바로 지속가능한 기업이고 초일류 기업이다.

아이디어만 좋으면 신제품이 만들어질 수 있는가

경영자들과 마케터들에게 신제품 개발은 영원한 딜레마이다. 신제품을 개발했다가 자칫 실패한다면 막대한 손실을 입을 수 있고, 기존 제품에만 계속 의존할 경우에는 소비자들로부터 진부하다는 평가를 받으며 외면당할 수도 있기 때문이다. 이러한 딜레마를 극복하기 위해서는 신제품 개발 프로세스를 철저히 관리해 성공적으로 신제품을 출시해야 한다. 그러나 좋은 아이디어만 있다고 해서 신제품을 개발할 수 있는 것은 아니다. 체계적인 과정을 통해 신제품을 기획하고 제품을 개발하여 차별적인 경쟁우위를 확보해야만 성공 가능성을 높일 수 있다.

대부분의 산업 분야에서 가장 많이 사용되는 신제품 개발 프로세스는 크게 7단계로 구성된다. 각 단계에 대해 자세하게 살펴보도록 하자.

▼ 〈그림 6-1〉 신제품 개발 프로세스

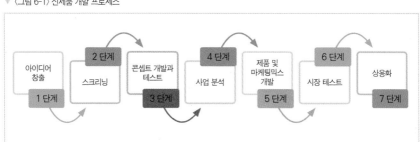

1단계 : 아이디어 창출^{Idea Generation}

신제품 개발의 첫 단계는 아이디어를 수집하고 도출한다. 아이디어는 기업 내부 및 외부에서 지속적으로 찾아야 한다. 이 단계에서는 사내의 마케팅 및 영업 인력들과의 브레인스토밍, 유통채널을 통한 의견 수렴, 그리고 고객의 행동과 불만, 혜택 등에 대한 고객 인터뷰나 관찰 등을 통해 가능한 다양한 아이디어를 수집해야 한다. 그리고 이를 제품화할 수 있도록 구체화하는 작업이 필요하다.

2단계 : 스크리닝^{Screening}

1단계를 통해 얻어진 아이디어들 중 매력적이면서 실제 적용 가능한 아이디어들

왜 고객의 고통과 불만에 관심을 기울여야 하는가?

사업 아이템을 고민할 때 어디서부터 시작해야 할까? 경우에 따라 다양한 접근이 있을 수 있겠지만, 핵심은 고객의 고충 혹은 불편한 문제를 해소하는 것에서 출발해야 한다. 사업자의 관점이 아닌 고객의 관점으로 문제를 바라보면 해결해야 할 본질이 쉽게 보인다.

예를 들어, 화재가 발생했을 때 소방관이 직접 들어가기 어려운 상황에 화재를 진압할 수 있는 방법으로 드론을 생각한 기업이 있다. 이 기업은 수년간 드론 관련 기술개발에 몰두해 소화액을 직접 투하해 화재를 진압하는 드론 기술로 특허를 받았다. 개발자나 엔지니어 관점에서는 기술이 중요하다. 개발자는 그동안 이 기술을 개발하기 위해 겪었던 자신의 고통과 기술이 우수하다는 점을 강조하고자 한다. 대부분 기술이 뛰어나고 세계에서 유일하다는 점을 내세워 그동안의 고생을 보상받고 싶어 한다. 하지만 고객은 이러한 개발자의 고통에 관심이 없다.

익히 잘 알고 있다시피 애플은 '아이팟'을 MP3 기술이 아니라 바지 주머니 속에 쏙 들어가는 편리성을, '맥북에어'는 노트북 기술이 아니라 대봉투에 들어갈 정도의 크기와 무게로 이동성을 강조해 고객들이 그동안 표현하기 어려웠던 고충을 해결해주었다. 만약 화재진압용 드론을 소개한다면 그 제품을 사용할 소방서의 고객이 어떤 혜택을 얻을 수 있는지, 고객의 어떤 고충을 해결할 수 있는지 설명해야 한다.

우리 제품이 과연 고객의 어떤 고충을 해결하고자 했는지, 어떤 문제를 해결해줄 수 있는지, 그리고 제품의 핵심가치를 고객에게 어떻게 제안할 것인가에 대해 고객 관점에서 다시 고민해봐야 한다. 고객 관점에서 문제의 본질은 고객이 그동안 받았던 고통을 이 제품으로 해소할 수 있는가 하는 것이다.

을 분리해내는 작업이다. 생산 비용, 예상 이익, 시장 환경, 경쟁사 제품의 경쟁력 등을 기준으로 상품 개발의 가능성을 심사한다. 이를 통해 걸러진 아이디어를 가지고 다음 단계로 이동하게 된다.

3단계 : 콘셉트 개발과 테스트 Concept Development and Testing

어느 정도 가능성이 있는 아이디어는 콘셉트로 정리해 고객, 협력사 및 직원들의 초기 피드백을 얻어야 한다. 이 단계에서는 대개 제품의 콘셉트를 스토리보드로 제작하여 표적 집단을 통해 평가하게 된다. 마케터는 이를 통해 제품의 가격, 제품에 대한 소비자들의 관심 수준, 예상 구매 빈도, 좋아하거나 혹은 싫어하는 요소 등의 추가적인 정보를 얻어 콘셉트를 더욱 구체화한다.

4단계 : 사업성 분석 Business Analysis

신제품의 콘셉트가 시장에서 어느 정도의 사업성이 있는지를 분석해 제품화에 대한 최종적인 결정을 내린다. 이 단계의 주요 목적은 시장의 규모, 생산 및 운영비용, 마케팅 비용, 판매량 및 예상 수익 등을 예측하여 충분한 시장성이 있는지를 확인하는 것이다. 또한 신제품이 기업의 사명과 전략에 부합하는지도 확인해야 한다. 이를 위해 마케터는 외부 마케팅조사와 경쟁분석 등을 실시해 시장에 대한 통찰력을 얻고, 이를 바탕으로 사내의 생산 및 구매 인력들과 최종적인 의사결정을 해야 한다.

5단계 : 제품 및 마케팅믹스 개발 Product and Marketing Mix Development

사업성 분석을 통과한 아이디어는 연구팀과 개발팀에서 제품이나 서비스의 초기 디자인 또는 프로토타입을 개발하고, 마케팅팀에서 마케팅 계획을 수립하게 된다. 프로토타입이 준비되면 마케팅 담당자들은 다양한 조사 활동을 통해 가격, 유통, 촉진 등에 대한 소비자들의 반응을 살핀다. 프로토타입을 통한 조사는 특히 소비자들이 해당 제품을 어떻게 사용하는지, 예상 구매 가격을 얼마로 생각하는지 등을 제품 출시 전에 파악하는 데 중요한 정보를 제공해준다. 경우에 따라서는 소비자들의 반응에 따라 마케팅믹스의 요소를 조정할 수도 있다. 이 단계는 소비자들의 피드백을 확보하는 것 외에 신제품 생산과 마케팅 활동 등에 사용될 예산을 계획하는 데도 많은 도움을 준다.

6단계 : 시장 테스트 Market Testing

실제 제품으로 시장에서 테스트를 하는 단계이다. 대부분은 실험실에서 제한된 인원으로 테스트를 하는 경우가 많다. 이 조사 방법은 정보의 정확성을 확보하기 어렵다는 단점이 있으나 짧은 시간 안에 고객의견을 보다 심층적으로 알아볼 수 있다는 장점이 있다. 경우에 따라서는 실제 시장에서 직접 테스트를 할 수도 있다. 이러한 경우에는 정보 유출, 시제품의 낮은 완성도에 따른 소비자의 평가 절하 등의 문제가 발생할 수도 있다. 그러나 실제 상황에서 고객의 반응을 직접 관찰할 수 있어 좀 더 정확한 정보를 얻을 수 있다는 장점이 있다.

7 단계 : 상용화 Commercialization

상용화는 신제품 개발 프로세스의 마지막 단계로, 테스트 결과를 반영하여 생산한 신제품을 시장에 정식으로 출시하는 일이다. 이때부터는 실제 시장에서 소비자들의 반응과 판매 성과를 반영하면서 지속적으로 제품에 대한 사후 관리를 해야 한다.

이처럼 신제품 개발은 아이디어 도출 단계에서부터 출시, 그리고 이후의 모니터링까지 전체 프로세스를 체계적으로 관리해야 한다. 또 프로세스별로 통과 요건(게이트 관리)을 명확히 마련해두고 모든 의사결정을 해야 한다. 예를 들어, 아이디어를 스크리닝을 하는 단계에서는 '기술적 완결성과 상업화 가능성은 누가, 어떤 기준으로 평가할 것인가?' 등의 검토요건들을 미리 정해놓는 것이다. 프로세스가 진척될수록 투자비용은 증가하기 마련이다. 한정된 자원을 효율적으로 사용하기 위해서는 이 같은 철저한 검증이 필요하다. 지금껏 살펴본 신제품 개발 프로세스는 보다 체계적으로 신제품을 개발하기 위한 과정으로 기업에 따라서는

5단계 혹은 6단계 프로세스를 채택할 수도 있다. 그러나 절차와 단계의 수보다 중요한 것은 프로세스의 중심에 항상 고객이 있어야 한다는 것이다. 고객이 원하는 가치를 제품에 구현해야만 비로소 성공할 수 있다.

차별화가 불가능한 제품은 없다

신제품의 성공 여부는 차별화를 통해 고객에게 새로운 가치를 제안하느냐, 그렇지 못하느냐에 달려있다고 해도 과언이 아니다. 고객이 가치를 느끼는 것은 차별화된 편익을 제공받을 때이다. 일부 경영자들 중에는 비록 제품은 형편없더라도 마케팅만 잘하면 성공할 수 있다고 생각하는 이들이 있다. 분명한 것은 제품이 쓰레기면 아무리 광고와 홍보를 잘하고 마케팅 비용을 쏟아부어도 소용이 없다. 소비자들은 바보가 아니다. 품질은 머지않아 곧 드러나게 된다. 그러므로 처음부터 잘 팔릴 수 있는, 차별화된 제품을 기획하기 위해 노력해야 한다. 첫째도 차별화, 둘째도 차별화, 그리고 셋째도 차별화에 힘써야 한다.

하버드 경영대학원의 시어도어 레빗 Theodore Levitt 교수는 그의 저서인 《마케팅 상상력》에서 "모든 제품과 서비스는 차별화할 수 있다."라고 했다.[8]

▼ 〈표 6-1〉 차별화 변수들

제품	서비스	종업원	유통	가격	브랜드
형태	주문 용이성	능력	커버리지	매우 높은 가격	네임
특징	배송	친절함	전문성	높은 가격	상징/의미
성능	설치	신용	성과	중간 가격	컬러
일관성	고객교육	신뢰성	점포	낮은 가격	로고
내구성	고객상담	반응성	주문 방법	매우 낮은 가격	징글
신뢰성	유지보수	커뮤니케이션			분위기
적합성					이벤트
스타일					
포장					
디자인					

물론 기업 간의 기술 격차가 줄어들면서 차별화할 수 있는 요소들이 줄어들

고 있고, 차별화하기가 점점 더 어려워지고 있는 것은 사실이다. 그러나 하나의 변수만으로 안 된다면, 여러 변수를 동시에 고려해 차별화를 이뤄낼 수도 있다. 앞 페이지에 위치한 〈표 6-1〉은 차별화를 할 수 있는 변수를 정리한 것이다.

차별화를 할 수 있는 가장 확실한 요소 중 하나는 브랜드이다. 제품과 서비스는 모방이 가능하지만 브랜드를 모방하는 것은 불가능하기 때문이다. 그러나 차별화를 위해서 브랜드보다 더 우선적으로 고려해야 하는 것은 바로 카테고리이다. 만약 신제품이 확실한 차별점을 가지고 있고, 기업이 열심히 마케팅 활동을 통해 이를 소비자들에게 알린다고 하더라도 이 제품이 기존의 카테고리에 흡수된다면 이미 그 카테고리를 선점하고 있는 킬러 제품에 의해 그 가치가 희석될 가능성이 높다. 따라서 기존 카테고리가 아닌 새로운 카테고리에 신제품을 포지셔닝하는 것이 좀 더 시장을 장악하기 쉽다.

예를 들어, LG전자의 트롬 스타일러는 세탁기도 아니고 의류건조기도 아닌 '의류관리기'라는 새로운 카테고리를 제안했다. 2011년에 출시된 스타일러는 세탁기의 스팀 기술, 냉장고의 온도관리 기술, 에어컨의 기류 제어 기술 등을 융·복합한 제품으로 매일 빨 수 없는 옷 속의 세균과 먼지를 제거하고 미세한 스팀으로 주름까지 펴주는 기능성 의류관리를 제안하여 필수 가전으로 자리를 잡아가고 있다.[9] 김치냉장고라는 새로운 카테고리를 제안했던 딤채와 같은 차별화를 이루고 있다.

02
신제품은
가치의 원동력이다

고객 행동을 관찰하여 고객이 원하는 제품을 만들어라

기업이 치열한 경쟁에서 살아남기 위해서는 파괴적 혁신을 이뤄내야 한다. 이러한 혁신은 소비자들의 생활방식이나 습관과 같은 외부적인 요인을 바꾸려 하기보다는 기업 내부에서 먼저 이루어져야 한다. 그리고 이를 위해 마케터들과 상품기획자들은 책상머리에만 머물러 있지 말고 적극적으로 소비자들과 소통하고 그들에게 관심을 기울여 관찰해야 한다.

　일본의 유명한 제품 디자이너인 후카사와 나오토^{Fukasawa Naoto}는 사람들의 습관을 관찰해 지극히 평범해 보이지만 굉장히 실용적이고 창의적인 디자인을 한다. 후카사와 나오토는 비가 오는 날에 우산과 짐을 힘들게 들고 다니는 사람들을 보

고, 잠시나마 그들이 손에 들고 있는 무거운 짐을 우산에 걸 수 있도록 우산의 둥근 손잡이 부분에 살짝 홈을 판 우산을 고안해냈다. 무의식적으로 행동하는 사람들을 관찰한 결과를 바탕으로 특정한 행동을 유도하는 행동유도성^{affordance} 디자인을 한 것이다. •

● 어포던스(affordance)는 '행동 유도성'이라는 심리학 용어이다. 대상이 가지고 있는 특징이나 속성이 상대로 하여금 특정한 행동이나 사고를 하게끔 유도하는 성질을 말한다. 사용자가 딱히 사용법을 익히지 않아도 무의식적으로 올바르게 사용할 수 있도록, 사용자의 행동을 유도하는 힌트가 있다. UI 디자이너들에겐 익숙한 개념이다.

　역발상 아이디어를 통해서도 차별화를 이룰 수 있다.

예를 들면, 구멍이 송송 뚫린 고무 신발 '크록스^{crocs}'는 비가 내릴 때 물에 젖어도 통풍이 잘되게 구멍을 뚫은 역발상 제품이다. 일반적으로 신발은 '젖으면 안 되는' 제품이다. 그러나 우리 일상에서 신발이 젖을 수 있

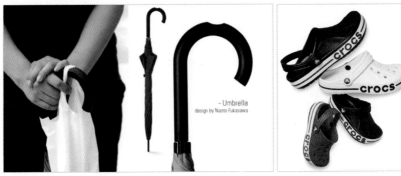

▼ 후카사와 나오토가 디자인한 우산[11]

▼ 크록스 신발

- Umbrella
design by Naoto Fukasawa

는 상황은 많다. 특히 물놀이가 많은 여름철 같은 때는 신발을 신기가 쉽지 않다. 그래서 슬리퍼를 신지만 이 역시 편리한 활동성을 갖추지는 못했다. 특히 물속에서는 착용하는 것 자체가 힘들 정도다. 반면에 크록스는 '신발은 물에 젖으면 안 된다'는 고정관념을 깨고 '물에 젖기 위해 만든 신발'이다. 초등학생들의 '필수 아이템'으로 손꼽힐 정도가 되었다.[12]

신제품은 독창적인 아이디어만으로는 성공하는 데 한계가 있다. 체계적인 개발 프로세스를 거치며 수많은 논의와 검토가 필요하다. 그 중심에는 고객 행동을 관찰하고, 그들의 불편을 해소하여 만족할 수 있는 가치를 제안해야 한다. 차별화는 다름 아닌 독특한 가치 제안이 고객에게 받아들여질 때 이루어진다.

왜 신제품의 80퍼센트 이상은 실패하는 것일까

에이씨닐슨코리아의 조사에 따르면, 새로 출시된 신제품 중 약 80퍼센트가 시장에서 실패한다고 한다.[13] 닐 마틴도 《Habit 해빗Habit》에서 새로 출시되는 신제품 중 약 80퍼센트는 시장에서 실패한다고 했다.[14] 이처럼 신제품의 실패율이 높은 것은 다 그만한 이유가 있다. 어떤 신제품이 '성공했다'라고 이야기할 수 있으려면, 일반적으로 그 신제품이 이루고자 했던 마케팅 목표를 달성하거나, 신제품 출시 후 해당 제품라인의 매출이 신제품을 출시하기 전의 제품라인의 매출보다 증가해야 한다. 이를 기준으로 신제품의 성공과 실패의 이유를 살펴보면

성공요인	실패요인
소비자들의 잠재욕구에 부합	좌측에 나열된 성공요인들의 결핍
본질적인 편익을 제공	잘못된 마케팅조사
성장 잠재력이 있는 시장	기술의 진부화
회사 내부 능력에 부합	사용자 인터페이스 부족
최고경영자의 적극적인 지원	새롭지 않은 제품
부서 간 원활한 협조	차별화되지 않은 제품
기술적 우위와 혁신	유통업자들로부터의 지원 부족
체계적인 신제품 개발 과정	부정확한 예측과 지나친 투자
유리한 시장 환경	A/S 부족
적절한 출시 타이밍	

〈표 6-2〉와 같다.

앞에서 언급된 실패요인들 중에서 중요하지만 쉽게 간과되고 있는 요인들 몇 가지에 대해서 살펴보도록 하자.

첫째, 마케팅조사를 제대로 하지 않은 탓이다. 조사가 전혀 이루어지지 않았거나, 조사 설계를 잘못했거나, 조사가 불충분하게 이루어졌거나, 조사를 통해 정확한 결과를 도출하지 못한 경우 모두 여기에 해당된다. 때때로 마케팅조사의 무용론이 제기되기도 하지만 여전히 많은 기업들이 마케팅조사를 적극 활용하고 있다. 마케팅조사를 잘만 한다면 충분히 의미 있는 결과를 얻을 수 있다. 시장에 없는 혁신 제품을 개발하는 데는 마케팅조사가 한계가 있지만, 기존 제품을 개선하거나 차별화하는 데는 매우 유용한 방법이다.

앞서 살펴봤던 '야채랑 과일이랑'과 '뉴코크'의 사례는 제대로 된 마케팅조사가 얼마나 중요한 것인지를 잘 보여준다. 시장에 출시된 신제품이 실패하는 경우, 이에 대한 원인을 분석하는 것도 조사에 포함된다. 철저한 원인분석이 이루어져야만 이후에 실수를 범할 가능성을 줄일 수 있다.

둘째, 기술의 발전 정도가 소비자의 욕구를 따라가지 못할 때이다. 물론 기술적인 문제는 시간이 지나면서 어느 정도 극복될 수 있다. 하지만 신제품이 기존 제품이 제공하는 기술 수준 정도만을 제공한다면, 소비자들로부터 진부한 제품으로 평가받아 외면을 받다가 시장에서 사라지게 된다.

▼ 삼성전자의 스마트폰, 애니콜 울트라메시징(일명 블랙잭)

삼성전자의 스마트폰이었던 애니콜 '울트라메시징'이 바로 그러한 대표적인 예다. 일명 '블랙잭'으로 불리던 이 스마트폰은 윈도 모바일 6.0 운영체제를 탑재하고, 쿼티QWERTY 자판을 갖추었으며, 무선랜Wi-Fi을 지원했다. 또 워드, 엑셀, 파워포인트의 문서 편집 기능, PDF 파일 뷰어, 블루투스 등을 지원하고 200만 화소 카메라와 외장 메모리를 탑재하는 등 출시 당시의 기준으로 봤을 때 각종 첨단 기능을 제공했다. 2006년에 미국시장에서 먼저 출시된 울트라메시징은 100만 대 이상이 팔리며 선풍적인 인기를 끌었으나, 국내에는 2007년 5월에 출시되어 10만 대 정도 판매되는 데 그쳤다.

블랙잭의 판매 부진 원인은 이 제품이 범용 제품이 아니라 얼리어답터와 일부 비즈니스맨들을 위한 제품이었다는 데 있었다. 더 큰 문제는 소비자들이 기대했던 기술과 기능의 수준에 비해 블랙잭의 품질이 현저히 떨어졌기 때문이었다. 이후에 출시된 '울트라메시징Ⅱ' 역시 기대에 미치지 못하는 기술력으로 소비자들로부터 외면을 받았고, 이로써 영원히 시장에서 사라지고 말았다. 즉, 소비자들의 높아진 기대 수준에 미치지 못하는 제품은 더 이상 시장에서 살아남기 어렵다. 이런 실패를 통해 얻은 교훈을 바탕으로 삼성에서 후속으로 출시한 '갤럭시'는 아이폰을 능가하는 혁신을 거듭하면서 글로벌 스마트폰 시장을 장악했다.

셋째, 제품의 디자인과 기능이 트렌드를 따라가지 못하는 경우이다. 특히 IT 분야에서는 사용자 인터페이스user interface가 매우 중요한 요소가 되고 있다. 사용자 인터페이스는 터치가 가능한 액정화면이나 단축키 버튼 등, 사용자와 시스템의 상호작용이 원활하게 이루어지도록 돕는 장치나 소프트웨어를 말한다. 제품은 소비자들이 편리하게 사용할 수 있도록 단순하고 사용자 친화적으로 디자인되어야 한다.

LG전자는 2004년에 세계 최초로 혈당 측정 기능을 갖춘 '당뇨폰'을 출시했다.

▼ 혈당 측정 기능을 갖춘 'LG싸이언 KP8400' 휴대전화

이 제품은 배터리팩에 혈당측정기와 만보계(칼로리미터)를 내장해 사용자가 쉽고 편리하게 자신의 혈액을 채취해 혈당을 측정할 수 있도록 만든 핸드폰이었다. 분석한 혈당 정보를 무선 데이터베이스를 이용해 전송하면 '개인별 주치의 서비스'를 통해 온라인 맞춤 상담도 제공받을 수 있었다. 사실상 모바일 헬스케어 서비스 시대를 활짝 연 매우 획기적인 제품이었다. 그러나 이 제품은 겨우 2천여 대 정도 판매되는 데 그쳤다. 기능적인 측면을 중시하다 보니 디자인에 신경을 쓰지 못했고, 커다란 배터리팩과 측정장치로 인해 휴대폰의 가장 중요한 요소인 휴대성마저 떨어져 소비자 입장에서 선뜻 구매할 마음이 생기도록 만들지 못했던 것이다.

넷째, 부정확한 예측과 지나친 투자는 실패의 지름길이다. 신사업을 기획하거나 신제품을 기획할 때 가장 먼저 시장의 상황을 예측forecasting하고자 노력한다. 그러나 예측은 현재 기준으로 시장을 분석하는 것이 아니라 먼 미래의 수요를 파악하는 것이기 때문에 정확하기가 쉽지 않다. 그럼에도 불구하고 미래에 도래할 위험 부담을 줄이기 위해 예측을 하고 이를 바탕으로 투자를 함으로써 실패를 줄이고자 한다. 문제는 예측의 정확성이 어느 정도인지 지금 수준에서는 알 수 없다는 점이다. 그래서 예측의 정확성을 높이기 위한 노력이 절대적으로 요구된다.

● 이리듐 컨소시움은 모토롤라에서 이리듐 커뮤니케이션으로 이름을 바꾸고 지금도 이리듐 관련 사업을 하고 있다. 기존 위성을 신형 위성으로 교체하는 '이리듐 넥스트'가 2018년 말 구축되었다.

모토로라는 전 세계 어디에서라도 자유롭게 통화할 수 있는 시스템인 '이리듐 프로젝트iridium project'를 구상하고, 이를 운영할 이리듐 컨소시엄을 출범시켰다.● 통신시스템 구축을 위해 무려 42억 달러(약 4조 3천억 원)를 투입하여 인공위성 66개를 띄웠다.[15] 북극, 남극, 사막, 밀림, 고산지대 등 극한의 오지와 비행기, 원양어선 등 일반 휴대폰을 사용할 수 없는 곳에서도 통신이 되는 서비스이다.

1998년 121개국에서 서비스를 시작했으나 서비스 개시 후 채 1년이 되지 않은 1999년, 44억 달러 상당의 부채를 갚지 못하고 자발적 파산을 신청했다.[16] 이유는 예측한 사용자를 확보하지 못했기 때문이다. 이리듐 서비스를 이용하기 위해서는 1대당 3,200달러나

▼ 통신위성으로 어디에서나 통화가 가능한 이리듐 서비스[17]

하는 전용 단말기와 분당 4~7달러에 이르는 사용 요금을 내야 했다.

결과적으로 예상 가입자 50만 명의 2퍼센트 정도인 1만 명 정도에 그치면서 사용자 확보에 실패했다. 해외출장이 잦은 비즈니스맨이 목표였지만, 이미 로밍서비스를 통해 대부분의 출장지에서 자신이 사용하던 휴대폰으로 통화가 가능해졌다. 사용할 이유가 없었던 것이다. 오지 탐험가나 원양어선, 군사적 목적으로 어느 정도 필요한 수요를 과대하게 예측한 결과였다.

실패한 신제품에서 무엇을 배워야 할까

어떻게 해야 신제품의 실패율을 줄이고 성공률을 높일 수 있을까? 신제품 개발의 성공률이 높은 회사들의 특징은 신제품이 성공했든 실패했든 간에 반드시 결과에 대해 분석을 한다는 점이다. 왜 성공을 했는지, 또는 왜 실패를 했는지를 분석하여 그 성공이나 실패에서 시사점을 얻고자 한다. 그리고 여기서 정리된 성공 혹은 실패와 관련된 정보와 지식을 데이터베이스로 구축해 기존의 제품을 개선하거나 다음 신제품을 개발할 때 중요한 참고자료로 사용한다.

이처럼 신제품의 성공률을 높이기 위해서는 신제품 출시 이후에도 반드시 공식적이든 비공식적이든 혹은 형식적이든 비형식적이든 간에 자체적인 성과 분석을 통해 그 결과를 공유해야 한다. 신제품의 출시 이후에 제품 개발 프로젝트의 전 과정을 꼼꼼히 돌아보고, 이를 통해 얻은 시사점을 학습하는 기업의 경우, 신제품 개발의 성공률을 30~50퍼센트 정도까지 향상시킬 수 있다.

위대한 혁신은
실패를 통해 만들어진다![18]

"창의적이지 않다면 제품으로 만들 이유가 없다."는 명언을 남기며 위대한 혁신가로 추앙받던 스티브 잡스. 하지만 그의 창의적인 제품들 모두가 세상에서 열렬한 환호를 받았던 것은 아니다. 스티브 잡스에게도 실패작은 있었다는 말이다. 물론 이 실패작들이 후에 그가 아이맥, 아이팟, 아이폰, 아이패드와 같은 21세기 혁신의 아이콘들을 개발하는 밑거름이 되긴 했지만 말이다.

스티브 잡스가 혁신과 창의력의 대명사로 칭송받는 진정한 이유는 거듭된 실패에도 굴하지 않고, 결국에는 '팔리는' 제품을 만들어냈기 때문이다. 그의 통찰력도 중요한 성공요인이었겠지만, 그보다 더 중요한 것은 거듭된 실패 속에서도 좌절하지 않았던 그의 강한 의지 덕분이라 생각한다.

애플Ⅲ는 1980년에 출시된 개인용 컴퓨터였으나 심각한 안정성 문제로 논란을 겪다가 곧 시장에서 사라졌다. 1983년 출시된 스티브 잡스의 실패작인 애플 리사Apple Lisa는, 당시로서는 획기적인 그래픽 사용자 인터페이스GUI를 기반으로 만들어진 제품이었다. 그러나 무려 1만 달러에 달하는 가격 때문에 소비자들로부터 차갑게 외면받았고, 결국 시장에서 쓸쓸히 사라졌다. 넥스트NeXT는 스티브 잡스가 잠시 애플을 떠나 설립했던, PC 운용체제와 워크스테이션을 제작하는 회사였다. 넥스트의 제품들은 다소 성공을 거두었지만, 일부 얼리어답터들 사이에서 사용되는 데 그쳤다.

스티브 잡스가 실패했던 제품들에는 이밖에도 20주년 기념 매킨토시, 파워맥 G4 큐브, 휴대폰 락커, 모바일미 등이 있다(사진 위에서부터). 그러나 이러한 실패작들에서도 스티브 잡스가 평생토록 강조한 사용자 편의성(편리한 사용자 인터페이스), 뛰어난 기능성이라는 두 가지 공통점은 여전히 발견할 수 있다.

스티브 잡스의 실패작들[19]

256

3M은 매년 전사적 차원의 기술포럼technical forum을 개최해 실패한 프로젝트에 대해서 심도 있게 토의하고 평가하는 자리를 가진다. 3M은 '제품은 사업부에 소속되어 있지만 기술은 특정 사업부가 아닌 기업 전체의 것이다.'라는[20] 공감대와 조직문화가 잘 형성되어 있어서 실패의 원인과 이를 해결하기 위한 방안에 대해 동료들 간에 자유롭게 의견을 교환하며 많은 도움을 주고받는다고 한다.

그동안 우리나라의 기업들이 실패에 대한 분석과 공유를 제대로 하지 못한 것은 문화적인 특성 때문이라고 해도 과언이 아니다. 해당 신제품에 대한 냉철하고도 객관적인 분석보다는 이 일에 관여한 사람들과의 관계를 중시해 '뭐가 잘못되었는가?' 하는 실패분석의 의미가 희석되고, '이미 끝난 일인데 굳이 잘잘못을 따져서 뭐하겠는가?' 하는 좋은 게 좋다는 식의 문화가 있기 때문이다.

신제품 개발에 실패했다고 해도 이를 통해 배우고자 노력하는 조직은 언제가 되었건 간에 성공할 가능성이 높다. 이를 위해서는 최고경영자와 임원진의 적극적인 후원과 전사적인 노력을 통한 조직문화가 구축되어야 한다. 이는 치열한 경쟁 환경 속에서 지속가능한 기업의 경영 활동과 성장을 위해 필수적인 요소이다. 이제는 좀 더 열린 시각과 마음으로 구습과 고정관념을 떨쳐버려야 할 때이다.

03

가격 속에 숨어있는 가치를 드러내라

가격이 아니라 가치로 승부해라

마케터에게 매출이나 시장점유율을 올리는 일만큼 중요한 일이 바로 가격 결정이다. 마케팅과 관련된 수많은 의사결정이 기업의 수익 창출 활동에 영향을 주지만, 가격만큼 직접적이고 결정적인 영향을 미치는 요인은 드물다. 그러나 가격을 결정하는 일은 지금껏 미시적이고 또 전술적인 부분으로만 인식되어 그동안 크게 주목을 받지 못했던 게 사실이다. 하지만 최근 들어 브랜드의 가치가 점점 더 중요해지고, 또 가치 구매를 하려는 소비자들이 크게 늘어나면서 기업과 경영자들의 가격결정에 대한 인식이 크게 달라지고 있다. 또 전략적인 관점에서 가격을 책정하고자 하는 경향도 높아지고 있다.

경영 및 마케팅 활동에서 가격결정의 중요성은 아무리 강조해도 지나치지 않다. 글로벌 컨설팅사인 맥킨지에 따르면, 글로벌 기업 1,200개 사의 평균 수익 구조에서 가격이 1퍼센트 올라갈 때 영업이익은 11퍼센트 상승한다고 한다.[21]

즉, 1퍼센트의 가격 차이가 11퍼센트의 이익을 추가적으로 창출한다는 것이다. 따라서 경영자나 마케터는 제조원가에 기초하여 가격 변화의 범위를 미리 정해놓거나 전략적으로 가격을 책정할 필요가 있다.

기업이 전략적 가격결정 능력을 가지려면 해당 기업만의 독특한 가치를 보유하고 있거나 또는 독점적인 위치를 확보하고 있어야 한다. 다시 말해, 독보적인 경쟁력이나 독점적 지위에 있는 기업은 전략적으로 가격정책을 하는 데 용이하다. 가격결정 능력은 기업의 진정한 힘을 종합적으로 판단할 수 있는 가장 손쉽고도 확실한 판단기준이다.

따라서 기업은 가격이 아니라 고객에게 제공할 가치를 기준으로 가격을 책정해야 한다. 1장에서 설명했듯이 가치투자의 창시자인 벤저민 그레이엄은 "가격은 당신이 지불하는 것이고, 가치는 그것을 통해 당신이 얻는 것이다."라고 했다. 즉, 가치는 어떤 행위를 수행했을 때 그 행위 주체가 제공한 유·무형의 비용에 비해 자신이 얻게 되는 효용^{utility}의 정도라고 할 수 있다. 그렇기 때문에 제품과 서비스에 가격을 책정할 때는 고객에게 제공할 가치를 먼저 생각해야 한다. 기업이 생존하기 위한 기본적인 원칙이다.

가격에 브랜드를 입혀라

만약 제품이나 서비스의 가격을 올려도 소비자들이 반발하거나 이탈하지 않는다면 해당 제품과 서비스는 가격에 대한 차별적인 경쟁우위를 가졌다는 것을 뜻한다. 소비자들로 하여금 습관적인 구매를 유도하기 위해서는 제품이나 서비스에 책정된 가격이 브랜드의 가치와 일치해야 한다. 그러려면 소비자들이 어떤 제품을 최초로 구매해 사용하면서 가격 대비 제품의 가치가 매우 높다고 인식하도록 만들어야 한다. 그래야만 소비자들의 의사결정을 '자동화'시킬 수 있다. 그리고 만약 가격을 올려야 한다면 소비자들이 인내할 수 있는 범위 내에서 올리거나, 가격 상승의 근거가 될 수 있는 새로운 가치를 추가적으로 제공해야 소비자들의 반발과 이탈을 막을 수 있다. 그러한 예를 살펴보자.

세계 최대의 화장품 기업인 로레알$^{L'Oreal}$은 '최고의 가치와 품질을 가진 제품을 제공한다'는 기업의 철학을 담아 "나는 소중하니까요$^{Because\ I'm\ worth\ it}$, 당신은 소중하니까요$^{Because\ you\ are\ worth\ it}$" 슬로건을 활용한 마케팅 활동을 펼쳐왔다. 로레알은 이 슬로건을 통해 소비자들에게 '당신은 가치 있는 사람이다. 그러니 당신 스스로에게 아낌없이 투자하라'는 명확한 메시지를 던지며 로레알 제품들을 그 대안으로 제안해왔다. 로레알은 속눈썹을 기존에 비해 80퍼센트 이상 길어 보이도록 연출할 수 있는 '더블 익스텐션 뷰티 튜브 마스카라'를 출시했다. 이 제품은 속

▼ 로레알에서 출시한 더블 익스텐션 뷰티 튜브 마스카라 지면 광고

눈썹이 길고도 풍성하게 보였으면 하는 여성들의 욕구를 충족시켜주면서, 미온수만으로도 깨끗하게 지울 수 있다는 부가적인 가치를 제공함으로써 2만 2천 원이라는 적지 않은 가격에도 여성들로부터 뜨거운 호응을 얻었다.

로레알처럼 소중한 나를 위해 돈을 좀 더 들이더라도 좋은 제품을 사용하고 싶어 하는 소비자들의 욕구를 자극하고, 여기에 지속적으로 혁신적인 신제품을 출시해 브랜드 가치를 높여나가면 소비자들은 해당 브랜드를 습관적으로 구매하게 된다. 그렇게 되면 소비자들은 점점 더 해당 브랜드의 제품 가격에 둔감해지고 가격보다는 가치를 더 우선적으로 추구하게 된다. 이로써 기업은 보다 전략적으로 가격정책을 운영할 수 있고 높은 가격을 매겨 브랜드 가치를 고양할 수 있게 된다.

이익을 가져다주는 가격은 얼마인가

일반적으로 기업들은 수익이 극대화되는 지점을 찾아 제품과 서비스의 가격을 결정한다. 그러나 수익을 극대화할 최적의 가격을 찾는 것은 결코 쉬운 일이 아니다. 너무 높은 가격을 책정하면 가격이 낮을 때 구매할 가능성이 있는 잠재고객을 잃을 수 있다. 반대로 너무 낮게 가격을 책정하면 더 높은 가격을 지불하고도 구입할 가능성이 있는 고객을 놓치게 된다. 이러한 문제를 해결할 수 있는 가장 좋은 방법은 소비자들에게 직접 적정한 가격을 물어보고 이를 반영해 가격을 책정하는 것이다. 마케팅조사를 통해 소비자들이 지불할 수 있는 금액을 찾고자 할 때, 신제품은 제품의 콘셉트나 시제품으로 조사를 하고, 이미 출시된 기존 제품은 본제품을 직접 보여주며 조사하는 것이 좋다. 그러나 조사를 통해 도출된 소비자들의 희망가격을 실제 가격에 어느 정도 반영해야 할 것인지는 여전히 마케팅 담당자의 숙제로 남는다.

기본적으로 소비자들은 가격이 낮으면 낮을수록 좋다고 이야기한다. 물론 일부 제품에 한해서는 가격이 높아야 더 좋은 것이라 생각하기도 한다. 소비자들의 적극적인 구매 의지가 들어가지 않은 조사 결과를 바탕으로 가격을 책정한다는 것은 어떤 측면에서는 매우 무모한 시도일 수 있다. 특히 소비자들에게 구입의향을 질문하는 경우에는 긍정적이고 과대평가된 의견을 수렴할 가능성이 높다. 때문에 소비자들의 구입의향에 따른 희망 지불 금액 역시 허수가 많을 수밖에 없다.

경우에 따라서는 가격민감도[PSM; Price Sensitivity Measurement] 분석을 통해 제품의 적정한 가격을 찾을 수도 있다. 가격민감도는 너무 싸서 소비자가 제품의 품질을 의심하여 다른 제품을 선택할 수 있는 가격과 너무 비싸기 때문에 다른 상품을 구입하고자 하는 가격 사이의 값을 결정하여 제품의 적정한 가격대를 결정하는 방법이다. 〈그림 6-2〉는 가격민감도 분석을 통해 적정가격을 찾은 사례이다.

혼수용 침대에 대한 소비자들의 희망가격을 알아본 결과, 약 70만 원 선이 적절한 것으로 조사되었다. 최적가격[OPP]을 제품의 가격으로 선정하면, 구입고객의 비율이 최대화된다. 무관심가격[IDP]은 고객이 통상적으로 생각하는 평균가격이다. 수용 가능 범위[RAP]는 적정가격을 포함하는 구간으로 한계저가[PMC]와 한계고가[PME] 사이에 존재한다.

그러나 가격민감도 분석은 순전히 소비자들의 의견으로, 기업의 이익을 고려하지 않은 것이기 때문에 실제 가격으로 책정하기에는 여전히 무리가 있다. 특히 새로운 시장에 진출하는 신제품인 경우에는 소비자들이 제품 자체의 편익을 제대로 알 수 없기 때문에 가격 평가 자체가 매우 어렵다는 특징이 있다.

이런 마케팅조사의 한계를 어느 정도 보완하고, 기업의 이익을 고려해 가격을 결정할 수 있는 방법으로는 이익지수측정[PIM; Profit Index Measurement]이 있다. 이 방법 역

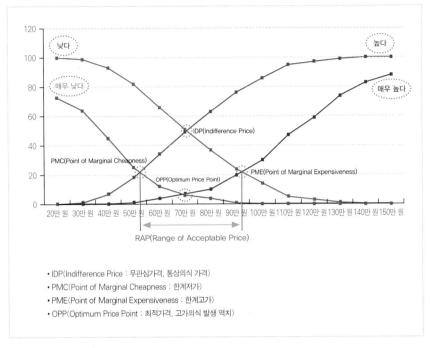

- IDP(Indifference Price : 무관심가격, 통상의식 가격)
- PMC(Point of Marginal Cheapness : 한계저가)
- PME(Point of Marginal Expensiveness : 한계고가)
- OPP(Optimum Price Point : 최적가격, 고가의식 발생 역치)

▼ 〈표 6-3〉 이익지수측정(PIM) 예시(LCD 모니터)

소비자가격(조사)	15만 원	14만 원	13만 원	12만 원
a. 출고가격	12만 원	11만 원	10만 원	9만 원
b. 구입의향률(%)	10	20	25	30
c. 불변가격(원가)	8만 원			
d. 이익지수(PIM)	40	60	50	30

*동일 제품에 대한 가격대가 12만 원에서 15만 원 선이라고 가정

시 소비자조사를 통해 진행하나 〈표 6-3〉과 같이 각각의 가격대를 제시한 다음
에 "이 가격으로 시판된다면 구입하시겠습니까?"라는 질문을 던져 소비자들에게
직접적인 구입의향률을 조사한다는 것이 다르다. 조사 결과를 가지고 이익지수
[PIM=(a−c)×b/100]가 가장 높은 것을 찾아내 가격을 결정하면 된다.

LCD 모니터의 소비자가격이 15만 원인 경우에는 구입의향률이 10퍼센트이
고, 14만 원인 경우에는 구입의향률이 20퍼센트로 조사되었다면, 어떻게 가격

을 책정하는 것이 좋을까? 얼핏 생각하면 더 높은 가격을 책정해야 더 많은 이익을 올릴 수 있을 테니 15만 원으로 가격을 책정하는 것이 좋을 것이라 생각될 것이다. 그러나 이익지수를 고려하면, 15만 원(40)보다는 14만 원(60)으로 가격을 책정해야 좀 더 많은 이익을 얻을 수 있다. 여기서는 이익지수가 가장 높은 14만 원으로 결정할 수 있다.

　그러나 이익지수측정을 통한 가격 결정도 응답자마다 각기 다른 평가 기준으로 지불하고자 하는 가격을 이야기하고, 또 기꺼이 지불하고자 하는 금액 역시 주관적이고 제각각이기 때문에 정확한 결과를 얻기 어렵다. 이렇게 소비자들이 생각하는 적정가격이 모두 제각각이라는 점이 기업의 가격결정을 어렵게 만드는 요인이다. 이것이 꼭 나쁜 것만은 아니다. 이로 인해 가격을 차별화할 수 있고, 추가적인 이익을 얻을 수도 있다. 극장에서의 조조할인이나 슈퍼에서의 시간대별 품목할인 등은 소비자들의 적정가격 기준에 따른 기업의 이익 극대화를 위한 것이다.

시장의 역설,
비쌀수록 잘 팔린다?

프랑스 럭셔리 브랜드 샤넬과 에르메스, 루이비통 등은 값이 오를수록 수요가 늘어나는 대표 브랜드다. 이들 브랜드는 본사방침이라는 이유로 매년 1~2회 가격을 올린다. 샤넬의 2.55 빈티지, 그랜드샤핑, 보이백 등 인기 핸드백 가격은 최근 최대 7퍼센트 올랐다. 샤넬은 매년 1, 2회는 가격을 조정하고 있다. 해마다 반복되는 가격 인상에도 인기 핸드백 모델은 현재 국내 매장에서 대부분 품절상태다.[22]

최근 한국수입자동차협회에서 발표한 '2017 수입차시장 결산자료'를 보면 지난해 판매된 수입차는 총 23만 3,088대다. 이 중 7천만 원 이상 가격대에 속하는 차량은 7만 5,141대로 2016년보다 1만 5,411대, 약 25퍼센트 증가했다. 특히, 7천만 원부터 1억 원 미만에서 가격이 형성된 차량의 점유율은 2016년 대비 4.2퍼센트 상승해 전체 시장점유율 22퍼센트를 차지했다.[23]

토르스타인 베블런의
《유한계급론》표지

일반적으로 가격이 올라가면 수요는 줄어든다(수요곡선 A). 그러나 유명 브랜드는 가격을 올려도 수요가 줄어들기는커녕 더 증가하는 경우가 많다(수요곡선 B). 이를 '베블런 효과veblen effect'라고 한다. 미국의 경제학자인 토르스타인 베블런Thorstein Veblen이 《유한계급론》에서 "상층계급의 두드러진 소비는 사회적 지위를 과시하기 위해 지각없이 이루어진다."고 말한 데서 유래되었다.[24]

그의 이야기를 정리하면, 유명 브랜드 제품의 가격이 비싸면 비쌀수록 더욱 잘 팔리는 이유는 이러한 제품을 소유함으로써 자신의 존재감을 과시하려는 소비자들의 과시욕을 더 크게 촉발시키기 때문이라고 한다. 그러나 가격 인상의 폭이 커지면 커질수록 매출액이 증가하는 현상은 모든 브랜드와 제품에 동일하지 않다.

제품과 소비자의 특성을 고려하지 않고, 고가정책이 보다 많은 매출을 보장해줄 것으로 생각하고 가격을 인상했다가는 기대 이하의 결과를 얻게 될 수도 있다. 고가의 가격정책은 해당 제품이나 서비스가 그 이상의 가치를 제공해줄 수 있을 때 의미가 있다는 것을 유념해야 한다.

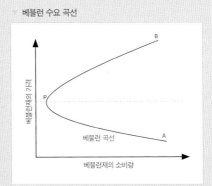

베블런 수요 곡선

베블런 곡선

베블런재의 소비량

264

04

전략적으로
가격을 책정하라

가격결정을 위해 반드시 고려해야 할 세 가지

기업은 효율성을 추구하는 조직이다. 따라서 같은 자원으로 보다 많은 이익을 얻을 수 있는 방법을 고민해 제품과 서비스의 가격을 결정한다. 반면, 소비자들은 자신들이 지불하는 가격 이상의 가치를 제공받는다는 느낌이 들어야만 구매를 결심한다. 즉, 소비자들은 해당 제품을 구매함으로써 가치를 느끼고, 기업은 그 가치로 인해 추가적인 이익을 얻을 수 있는 선에서 가격을 결정해야 한다. 그렇다면 기업이 가격을 결정할 때 가장 우선적으로 고려해야 할 요소들은 무엇일까?

첫째, 그 제품에 대해 고객이 느끼는 가치를 파악하고, 이를 반영해 가격을 결정해야 한다. 대부분의 기업들은 생산원가와 경쟁사의 제품 가격을 비교해 자사 제품과 서비스 등의 가격을 결정한다. 이렇게 하면 시장에서 무난하게 통용되는 가격을 결정할 수 있다. 그러나 고객에게 제공하는 가치보다 마진을 우선적으로 고려해 계속해서 가격을 결정하다가는 소비자들로부터 그 제품의 가치를 제대로 인정받지 못하는 결과를 낳을 수도 있다.

예를 들어 살펴보자. 주머니 사정이 가벼운 단기 투숙객들이 가장 중요하게 생각하는 호텔에 대한 가치는 무엇일까? 많은 이들이 아마 '저렴한 가격'이라고 생각한다. 그러나 이들이 원하는 것이 단지 저렴한 가격뿐일까? 아무리 가격이 저렴하다고 해도 기본적으로 원하는 가치가 충족되지 않는다면 사람들은 그 호

▼ 프리체오텔의 내부 모습(홈페이지 캡처)[26]

텔을 찾지 않을 것이다. 호텔 투숙객들이라면 누구나 깨끗한 시설은 말할 것도 없고, 편안한 휴식 공간과 질 좋은 서비스를 제공받으면서도 가격이 합리적인 호텔을 선호하기 마련이다.

2009년 독일 브레멘에서 2성급 호텔로 문을 연 '프리체오텔Prizeotel'의 1일 숙박료는 대략 59유로(9만 원)밖에 되지 않는다. 그러나 호텔 내부는 웬만한 4성급 호텔들보다 훨씬 더 세련됐다. 세계적인 디자이너인 카림 라시드Karim Rashid가 디자인했다. 프리체오텔을 이용해본 투숙객의 추천 의향은 무려 96퍼센트에 달하고, 재방문율 또한 매우 높다. 2018년 현재 9개 지역에서 10개의 호텔을 운영하고 있다.[25]

이 호텔은 고객들이 원하는 호텔에 대한 가치를 제공해주기 위해 불필요한 서비스(유선전화, 미니바, 유료 채널 등)를 과감하게 없애 투숙 비용을 낮추는 대신, '세계 최고 수준의 멋진 건축 및 인테리어를 자랑하는 호텔'로 포지셔닝해 성공할 수 있었다. 고객은 가격이 아니라 가치에 만족하여 재방문하고 다른 사람들에게 추천까지 하는 것이다.

둘째, 전략적이고 장기적인 차원에서 브랜드 가치와 포지셔닝이라는 마케팅 목표를 고려해 가격을 결정해야 한다. 제품의 매출 증대는 단기적인 과제이고 브랜드의 가치 향상은 장기적인 과제이다. 그러다 보니 마케터들은 늘 단기적인 실적을 높이기 위해 제품의 가격을 할인해 판매하여 매출을 증대하고픈 유혹을 받는다. 그러나 저가 브랜드라면 모를까 고급스런 이미지의 고가 브랜드로 포지셔닝되었다면 잦은 가격 할인은 브랜드 가치를 훼손할 수도 있다는 것에 주의해야 한다.

스와치Swatch는 저가시장을 공략하고 있지만, 그저 값싼 제품이 아닌 '디자인과 품질이 뛰어난 시계 브랜드'로 포지셔닝하고 있다. 이를 위해 필요 없는 부품의 수를 줄여 생산원가를 절감하고, 전략적으로 가격을 책정했다. 또 정확한 시간을 알려줘야 하는 시계의 1차적인 목적인 기능성 외에도, 패션 아이템으로 손색이 없도록 화려한 색상과 초현대적 감각의 예술적인 디자인을 적용하고 있다. 'Second watch'를 줄여서 만든 'Swatch'라는 브랜드명도 스와치의 차별적인 가

▼ 스와치의 Voice of Freedom 컬렉션(홈페이지 캡처)[27]

치를 잘 보여준다. 예물시계가 아닌 패션시계라는 새로운 카테고리를 창출했다.

셋째, 가격을 결정하는 데 활용되는 다양한 전술을 통해 가격을 차별화해야 한다. 가격 차별화는 영화관에서 대인과 소인, 조조와 평일, 주말의 영화 티켓값을 달리하여 판매하는 것처럼 동일한 제품의 가격을 달리해 제공하는 것을 말한다. 가격 차별화를 위해서는 판매자가 확실한 시장지배력을 갖고 있어야 하고, 시장이 2개 이상으로 구분될 수 있어야 하며, 구매자끼리 상품을 전매(샀던 것을 되파는 행위)하거나 구매 가격보다 높은 가격으로 다시 판매할 수 없어야 한다. 또 가장 중요한 요건으로 소비자가 제품이나 서비스의 가격이 다른 이유를 충분히 납득할 수 있어야 한다.

예를 들어, 동일 제품의 가격을 국가마다 다르게 책정해 판매할 수도 있다. 이런 현상은 특히 자동차와 스마트폰에서 쉽게 찾아볼 수 있다. 대체로 자동차는 국가별 규제사항이나 사양에 따라 다르게 책정될 가능성이 높다. 현대자동차의 내수용과 수출용에도 가격 차이가 발생하고, 수입차들도 마찬가지다. 스마트폰은 국가별 규제나 사양에 따른 차이가 거의 없음에도 불구하고 국가별로 가격 차이가 발생하고 있다. '아이폰X'의 미국 소비자 출시 가격은 64GB 모델의 경우에 999달러(약 112만 원)다. 아이폰은 통상 미국 출시가격보다 전 세계의 출시가격이 높은 편이다. 국내에서는 142만 원에, 유럽연합은 1,376달러(약 155만 원)로 더 비싼 가격을 책정하고 있다.[28] 해

▼ 애플의 아이폰X(Computerworld에서 캡처)[29]

당 출시 국가의 세금이나 환율 등으로 인해 가격차이가 발행하기도 한다.

이 같은 가격 차별화는 시장지배력을 갖고 있고, 자국시장과 전 세계시장이 분리되어 있어서 역수입에 의한 재판매가 어려울 때 가능하다. 만약 동일한 제품의 가격이 지역, 성별, 연령, 시간 등의 조건에 따라 달라진다면 이를 고객들이 충분히 납득할 수 있도록 해야 문제가 발생하지 않는다. 그러나 아이폰에서 보듯이 국가별 가격 차이를 납득하기 어려운 측면이 있음에도 불구하고, 구매력이 높은 탁월한 제품은 문제가 있어도 시장에서 판매가 된다. 결국은 소비자들이 가격이 아니라 가치를 구매한다는 것을 알 수 있다. 따라서 가격을 책정할 경우에 가격 자체보다는 가치에 더욱 신중할 필요가 있다.

코카콜라의 가격 책정은 왜 실패했을까?

코카콜라는 한때 자동판매기에 온도감지센서를 달아 기온이 올라가면 평소보다 콜라 값을 더 올려 받는 가격책정을 고려한 적이 있다. 이는 제품의 가격을 수요와 공급의 법칙에 맞게 실시간으로 반영하고 조정해, 기업의 이윤을 극대화하고자 한 나름의 가격차별화정책이었다. 하지만 '똑똑한' 자판기에 대한 소비자들의 반감은 거셌다. 결국 코카콜라는 "단순한 아이디어였을 뿐 여름철 추가 요금을 부과해 판매할 계획은 전혀 없다."며 황급히 진화에 나섰다.[30]

소비자들의 이 같은 비난은 이율배반적인 측면이 있다. 동네 편의점에서 500원에 살 수 있는 콜라를 고급 레스토랑에서 5,000원에 판다고 해서 비난하는 소비자는 거의 없기 때문이다. 우리 주변에는 이미 가격 차별화가 일상화되어 있다. 그런데도 왜 소비자들은 코카콜라의 가격 차별화 아이디어에 분노했던 것일까?

이유야 여러 가지가 있겠지만 소비자들이 날씨에 따른 가격차별에 익숙하지 않았고, 이를 통해 얻게 될 추가적인 혜택이 크지 않았음에도 가격이 인상된다는 것에 반감을 가졌던 것으로 보인다. 또한 소비자들이 날씨와 코카콜라의 가격 사이에 관련성을 찾기 어렵고, 따라서 가격 인상의 이유에 대해 공감하지 못했기 때문이다. 가격을 차별적으로 책정하고자 한다면 그러한 가격결정의 이유와 그에 따른 가치를 소비자들이 충분히 공감할 수 있도록 해야 한다. 예를 들어, 설악산 중청대피소에서 생수 2리터 한 병을 3천 원에 구입한 적이 있다. 시중가격보다 3배 정도 비쌌지만 충분히 공감할 수 있는 가격이었다. 갈증과 식수를 해결하는 가치는 3천 원 그 이상이었다.

위대한 기업을 만드는 생존공식

한국에서 '경영학의 구루'로 불리는 윤석철 교수는 저서 《삶의 정도》에서 기업의 '생존부등식 이론[가치(V)〉가격(P)〉원가(C)]'을 알기 쉽게 설명했다.[31] 제품의 가치value가 제품의 가격price보다 크고, 제품의 가격은 제품의 원가cost보다 커야 한다. 또 소비자가 혜택을 보려면 제품의 가치가 가격보다 커야 하고[(V-P)〉0], 공급자는 제품의 가격이 최소한 원가보다 높아야 이윤을 남긴다[(P-C)〉0]는 것이다. 소비자가 누릴 수 있는 혜택과 공급자가 얻을 수 있는 혜택 사이의 견제와 균형을 의미하는 것이 바로 생존부등식이다. 이를 나타내면 〈그림 6-3〉과 같다.

　윤석철 교수가 말하는 라면의 생존부등식을 살펴보자. S라면 한 봉지의 소비자 가격이 700원일 때, S라면을 즐겨 먹는 한 소비자에게 다음과 같은 질문을 했다고 하자. "만약 S라면의 가격이 1,000원으로 오른다고 해도 계속 S라면을 드시겠습니까?" 소비자가 이 질문에 대한 답을 하려면 먼저 자신이 왜 S라면을 즐겨 먹는지, 즉 S라면에서 느끼는 '가치(V)'가 무엇인지를 생각한다. 반찬 걱정, 설거지거리 걱정 없이 한 끼 식사를 해결하고, 따끈한 국물 맛에서 우리나라 고유의 '얼큰하고 시원한' 맛을 즐길 수 있다는 것이 이 소비자가 느끼는 S라면의 가치라고 하자. 그리고 그 이후에 이 소비자는 '1,000원으로 S라면 말고 다른 어떤 식품에서 이런 가치를 얻을 수 있을까'를 생각한다. 만약 마땅한 다른 제품이 없다면

▼ 〈그림 6-3〉 기업의 생존부등식[32]

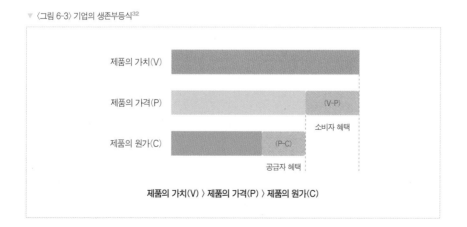

제품의 가치(V) 〉 제품의 가격(P) 〉 제품의 원가(C)

그는 비록 가격이 1,000원으로 오른다고 해도 계속 S라면을 먹을 것이다.

　그러면 이 소비자가 느끼는 S라면의 가치는 최소한 1,000원 이상이 되므로 그가 지불한 가격 700원보다 300원(1,000원-700원) 이상 더 크다. 따라서 S라면은 생존부등식의 좌측 부등호, 즉 '가치(V)〉가격(P)'을 충분히 만족시킨다. 이 경우 기업은 S라면 한 봉지를 팔 때마다 300원만큼의 순가치를 소비자에게 무상으로 제공하게 된다. 이렇게 되면 S라면의 수요는 자연히 증가할 것이고, 수요의 증가는 대량 생산의 경제성, 즉 규모의 경제economy of scale를 불러들여 생산원가 절감으로 이어질 것이다. 생산원가가 절감되면 생존부등식의 우측 부등호, 즉 '가격(P)〉원가(C)'를 만족시키고, 가격에서 원가를 뺀(P-C) 만큼이 기업의 순이익으로 돌아가게 된다.

　반대로 생존부등식을 만족시키지 못하면 어떤 결과가 나타날까? 수년 전 어느 유명 건설회사가 휴양지에 콘도를 건축했다. 이후 분양실적이 저조하자 건설현장 소장회의를 소집해 소장들에게 지시사항을 전달했다. 지시 내용은 소장 1명당 콘도 10계좌씩을 판매하라는 것이었다. 현장소장들은 대개 휘하에 레미콘, 미장, 목공, 도배 등의 하청업체와 납품업자들을 거느리고 있다. 때문에 건축회사는 이들에게 10계좌씩을 가입시켜 부족한 분양실적을 조금이나마 채우고자 했던 것이다.

　한국 굴지의 건설회사가 왜 이렇게까지 했을까? 알고 보니 이 회사가 건설한 콘도는 17평형 1계좌에 2천만 원씩을 투자해 20명이 공유하는 방식이었다. 콘도 한 채의 가격(P)이 '2천만 원×20계좌=4억(원)'인 셈이다. 소비자들은 이 콘도가 그만한 가치가 되지 않는다고 생각해 구매를 하지 않았을 것이다. 그리고 저조한 분양실적에 당황한 회사는 건설현장의 소장들에게 하청업체들을 대상으로

10계좌씩을 판매하라는 무리한 요구를 했던 것이다.

　만약 하청업체들이 현장소장의 요청으로 콘도를 구입했다면 어떻게 됐을까? 콘도 구입으로 인한 하청업체들의 경제적 부담은 다음 납품에서의 품질 부실로 이어질 것이다. 이런 부실은 이 건설회사 제품의 품질 저하, 즉 가치(V) 저하로

이어지는 수순을 밟을 것이다. 기업이 생존부등식을 만족시키지 못하면 이런 악순환이 계속해서 발생하고 급기야는 가치 저하, 매출 감소, 적자 누적으로 생존마저 위태롭게 된다.

앞에서 살펴봤던 스와치는 시계를 패션 액세서리로 생각하는 소비자들에 주목해 금속과 가죽 대신 플라스틱을 사용해 제품의 원가를 낮추고, 다양한 디자인의 제품들을 선보였다. 소비자들이 중시하는 제품에 대한 가치를 구현하기 위해 전략적인 가격을 책정했다. 이 가격을 충족시킬 수 있도록 내부적인 혁신을 통해 원가를 절감하여 소비자와 기업 모두 만족할만한 성과를 거둘 수 있었다. 스와치처럼 고객 혜택(V-P)과 기업 혜택(P-C)을 모두 창출한다면 성공은 그리 어려운 일이 아니다. 성공적인 가격결정을 위해서는 기업의 생존부등식을 점검해봐야 한다.

가격을 차별화하는 일곱 가지 방법

소비자가 추구하는 가치에 따라서도 가격이 달라지지만 구매 상황 및 시간적인 요인에 따라서도 가격이 달라질 수 있다. 예를 들어, 인천에서 LA까지 항공요금에 대해 생각해보자. 한 달 전에 예약하면 좀 더 저렴한 가격으로 표를 구입할 수 있다. 그러나 만약 내일 LA에 가야할 일이 생긴다면 평소보다 비싼 돈을 주고서라도 표를 구하는 것이 중요하므로 가격은 부차적인 문제가 될 수 있다.

마찬가지로 동일 제품을 서로 다른 소비자들에게, 서로 다른 가격으로 판매해 소비자와 기업 모두가 높은 가치를 얻을 수도 있다. 가격결정 분야의 전문가, 라피 모하메드Rafi Mohammed는 《가격결정의 기술》에서 기업의 마케팅 담당자들에게 소비자의 특성, 가격 저항선(쿠폰/할인판매/회원제 등), 시간, 대량 구매 할인, 유통, 묶음 판매, 개별 협상 등의 방법으로 가격 차별화를 고민해야 한다고 권고한 바있다.[33]

첫째, 개인별로 제품을 생각하는 가치가 다르므로 성별, 연령, 거주 지역, 라이프스타일 등 다양한 소비자들의 특성에 따라 가격을 차별화할 수 있다. '여성들이 가장 갖고 싶어 하는 속옷 브랜드'로 유명한 빅토리아 시크릿$^{Victoria's\ Secret}$은 가격보다 스타일에 더 큰 가치를 두는 여성들의 구매패턴에 주목해 비싼 가격을 책정하고 고급화 전략을 추구했다. 경기도 광명도시공사에서 운영하는 도덕산 캠핑장의 경우 관내 주민에게는 사용료의 30퍼센트 감면해주는 거주지에 따른 가격정책을 시행하고 있다.

둘째, 대부분의 소비자들은 가능하면 원하는 제품을 저렴한 가격으로 구입하고 싶어 한다. 가격에 민감한 소비자들을 유인하기 위해서는 할인쿠폰이나 할인혜택을 제공해 가격 저항선^{hurdle}을 낮춰주는 것이 좋다. 할인쿠폰은 소비자들 스스로 구매 행위에 자부심을 가질 수 있도록 하고, 주변 사람들 역시 합리적인 소비에 동참하도록 이끌 수 있다는 특징이 있다.

회원제 역시 그러한 방법 중 하나이다. 생활협동조합인 한살림은 회원제로 운영하면서 시중가보다 저렴한 가격으로 야채와 과일을 판매한다. 지역 단위 생활협동조합별로 조금씩 다르긴 하지만 기본적으로 3만 원의 조합비를 내면 전국 217여 개 매장은 물론 온라인 쇼핑몰에서 회원가로 모든 제품을 구입할 수 있다. 회원제를 통해 일정한 수요와 공급처를 확보하고, 이로써 보다 저렴한 가격으로 거래할 수 있도록 해 소비자들이 가격 저항요인을 가볍게 넘을 수 있도록 한 것이다.

셋째, 신제품에 열광하는 소비자들은 그렇지 않은 소비자들보다 높은 가격으로 제품을 구매한다는 것을 염두에 둬야 한다. 얼리어답터들은 남들보다 빨리 어떤 제품을 구매해 사용한다는 것에 큰 가치를 둔다. 따라서 이들에게는 프리미엄 가격을 제시해도 된다. 즉, 시간에 따라 가격을 차별화하는 것이다. 제품의 라이프사이클이 짧은 패션 분야를 예로 살펴보자. 패션 의류 기업들은 시즌 초기에는 신제품의 가격을 높게 책정해 판매한다. 유행을 선도하는 데 가치를 두는 소비자들은 가격보다도 유행을 앞서가는 것을 중요하게 생각하므로 가격이 높더라도 얼마든지 구매할 의사가 있다. 그리고 어느 정도 시간이 지나면 다소 가격을 할인해 판매한다. 유행에 뒤처지고 싶어 하지 않는 소비자들을 위해 가격 장벽을 낮추는 것이다. 이후 시즌이 끝나면 제품들을 상설할인매장으로 보내 시간에 가치를 두지 않는 소비자들을 위해 가격을 좀 더 할인해서 판매한다. 이처럼 동일 제품이라도 시간에 따라 얼마든지 가격을 달리 책정할 수 있다.

넷째, 고객들이 더 많은 양을 소비할 수 있도록 더 저렴한 가격으로 제공할 수 있다. 많은 커피숍들이 고객카드를 발급해주고, 10잔을 구매하면 1잔을 무료로 제공해주는 프로모션을 진행한다. 최근에는 종이카드의 불편을 해소하기 위한 디지털 기반의 포인트 적립 서비스가 도입되고 있다. 도도포인트는 전국 1만여 개의 점포에 제공하고 있으며, 고객은 휴대폰번호로 편리하게 등록한 후 포인트를 적립해서 사용할 수 있다.[34]
이런 마일리지 제도는 지속적으로 재구매를 유도하고, 경쟁 점포에 고객을 빼앗기지 않도록 해 단골고객을 유치할 수 있다는 장점이 있다. 당장 눈앞의 이익을 따져보면 커피 한 잔당 10퍼센트를 할인해주는 것이기 때문에 손해를 보는 것 같지만, 실질적으로는 얻게 되는 이익이 더 크다.

다섯째, 동일한 제품이라도 판매처에 따라 가격이 달라질 수 있다. 유통채널별로 가격이 다른 것은 소비자들이 느끼는 가치가 저마다 다르기 때문이다. 동일한 가전제품이라 해도 백화점, 대형 가전제품 유통점, 전문 매장, 홈쇼핑별로 가격은 다르다. 책도 교보문고, 영풍문고 등의 오프라인 매장에서는 정가에 구매해야 하지만 온라인 서점에서는 일반적으로 최소 10퍼센트 할인된 가격에 구매할 수 있다. 항공사별 비행기 티켓도 예약센터, 웹사이트, 여행사 등 어떤 경로를 통해 구매하느냐에 따라 가격이 달라진다. 유명 브랜드의 의류도 일반 매장과 도심에서 멀리 떨어진 곳에 위치한 아울렛에서 판매하는 제품의 가격이 다르다. 이는 동일한 제품이라 해도 소비자가 추구하는 가치의 우선순위에 따라 각기 다른 차별적인 가치를 제공하고, 그에 부합하는 가격이 매겨지기 때문이다.

여섯째, 하나의 제품을 다른 제품과 같이 할인된 가격으로 판매하는 묶음판매bundling가 가능하다. 묶음판매는 마케터들이 선호하는 가격결정 방법 중 하나이다. 묶음판매를 통해 가격 할인혜택을 제공하면 소비자들은 애초에 구매하려고 생각하지도 않았던 제품까지 구입하게 되는 경우가 많다. 묶음판매는 제품을 구입할 때 하나를 공짜로 더 주는 '덤'과는 다르다. 소비자 입장에서는 어떤 상품을 사는 김에 다른 제품이나 서비스까지 보다 저렴한 가격으로 이용할 수 있어 좋고, 판매자는 어느 한 제품의 매출이 발생할 때 다른 제품이나 서비스까지 함께 판매하는 데 유리하다. 주요 통신사들은 휴대전화, 집전화, 초고속 인터넷, IPTV 등의 요금제를 묶음상품으로 결합해 할인된 가격으로 제공하고 있다. 이로써 소비자들은 약정한 기간만큼 가격 할인을 받고, 기업은 소비자들이 약정 기간 동안 계속해서 해당 제품과 서비스를 이용하도록 유도해 지속적이고 안정적인 매출을 확보할 수 있다.

일곱째, 소비자와 개별적으로 가격을 협상해 최상의 조건으로 거래를 한다는 기분이 들도록 만들 수 있다. 이 방법은 정가가 표시되어 있고 공개적으로 계산이 이루어지는 상황에서는 적용이 어렵다. 그러나 자동차, 아파트, 가구, 요트, 골프용품의 매매와 B2B 거래 등에서는 흥정, 즉 가격 협상을 통해 소비자와 기업 모두 만족스런 결과를 얻을 수 있다. 예를 들어 포스코가 국내에서 유일하게 열연코일을 생산·판매하던 시절에는 공평한 가격과 투명한 가격을 원칙으로 가격을 결정해왔으나, 국내 철강시장이 경쟁체제로 전환되면서부터는 가격 협상을 통해 열연코일의 가격을 결정하고 있다. 열연코일시장도 이제는 거의 완전경쟁에 가까운 철근시장처럼 운영될 가능성이 높아진 것이다. 철근의 경우 리스트상의 가격은 제강사의 의지가격일 뿐, 실질 거래가격과는 차이가 크다. 이는 치열한 경쟁시대를 맞아 가격정책 또한 변하고 있음을 보여준다.

지금 아니면 안 되는! '한정판 마케팅'은 과연 이득이 있는 방법일까?

한 켤레의 농구화가 온라인과 SNS를 뜨겁게 달궜다. 이 신발을 '정가'에 구입하려면 공식 온라인 판매 사이트에서 응모를 한 뒤 당첨 여부를 기다려야 했다. 심지어 물량이 얼마나 풀리는지도 비공개인 한정판^{limited}으로 판매됐던 이 제품을 구매하기 위해 수만 명의 고객들이 구매 신청을 했다. 구매에 성공한 이들은 정가로 120달러(약 14만 원)인 이 신발을 최소 70만 원에서 100만 원이 넘어가는 금액으로 판매하기도 했다. 신발 마니아들 사이에서 '진리'로 불리는 이 신발은 바로 나이키 에어조던 1 : 브레드 밴드^{Air Jordan 1 : Bred Banned}다.[35]

왜 한정 수량만 판매했을까? 그 이유는 바로 희소성 때문이다. 한정된 수량만 판매하기에 더 높은 가치를 부여하게 만든다. 소비자들은 수량이나 시간, 장소 등으로 구매에 제약을 받을 경우 그렇지 않은 상태일 때보다 특정 제품에 대해 더 큰 가치를 느끼게 된다. 이런 경우에는 높은 가격을 책정하더라도 소비자들의 구매 욕구를 더욱 자극하게 되어 이익을 증대할 수 있게 된다. 특히 '발매 O분만에 매진'이라는 결과를 2차적으로 활용할 수도 있어, 브랜드 이미지를 제고하는 데 유용한 방법이 되기도 한다. 그러나 한정판만으로는 경제적 이득을 얻기에 한계가 있다. 이런 한정판은 기간에 대한 한정, 가격에 대한 한정, 장소에 대한 한정 등 상황에 따라 구분하기도 한다.

나이키 에어조던 1 : 브레드 밴드[36]

마케팅이 필요 없는
혁신 제품을 만들어라[37]

최근 몇 개 기업의 회사 대표를 만나봤다. 제품의 품질은 최고이나 잘 팔리지 않는다고 한다. 제품은 나무랄 데 없이 잘 만들었지만 마케팅을 잘 못해서, 혹은 마케팅을 할 수 있는 사람과 비용이 없어서라고 한다. 이 말을 곧이곧대로 믿는다면 이제부터 마케팅만 하면 될 것이다. 과연 그럴까? 마케팅에 대한 정의부터 고민스럽다. 마케팅을 프로모션으로 오해하고 있다는 느

▼ 한경희생활과학이 출시한 초고압 스팀 다리미 '듀오스팀'[38]

낌이다. 판매를 위한 현란한 수단쯤으로 생각하는 것이다. 몇 가지 질문을 해보면 대체로 광고나 판촉, SNS 마케팅, 판로개척 등 현실적인 고민이 쏟아진다. 충분히 이해할 수 있는 내용이다. 그동안 소셜미디어에서 번쩍이는 아이디어로 대박을 터트린 사례들을 자주 접해왔기에 어쩌면 당연하다고 생각된다. 그러나 곰곰이 생각해보면, 어느 날 갑자기 일어난 대박이 아니다. 시장에 대한 철저한 이해와 고객의 잠재 욕구를 충족시킬 만한 혁신 제품을 위해 치열한 마케팅 전략과 기획이 있었기에 가능했던 성과이다.

한경희생활과학● 은 주부들의 힘든 손걸레질을 힘들이지 않고 청소할 수 있도록 스팀청소기를 발명했다. 시장에 존재하지 않았던 혁신적인 제품으로 주부들의 불편을 해소해 가치를 창출했다. 2003년에 출시한 스팀청소기는 10여 년간 1천만 대 이상 판매되면서 주부들의 필수품이 되었다. 스팀다리미 역시 인기를 끌었다. 그러나 2009년 976억 원의 매출액을 달성한 이후 하향세에 있으며, 2014년부터 적자가 누적되고 있다. 그 사이 화장품, 정수기, 음식물 처리기, 전기 프라이팬,

● ㈜한경희생활과학은 2017년 ㈜미래사이언스로 사명을 변경한 바 있으나 최근 다시 원래의 사명을 사용하고 있다. 2017년 1월에는 자금난으로 재무구조개선작업(워크아웃)에 들어갔다. 2018년 3월 법원의 기업 회생절차(법정관리)를 조기 졸업하고 경영정상화를 꾀하고 있다.

식품건조기, 카 매트, 자세교정 책걸상 등 30여 가지의 품목으로 제품 확장과 다각화를 했다. 그리고 가격 할인과 매장 확장, 해외진출 과정에서 다양한 판매촉진 활동도 했다. 하지만 제대로 된 마케팅 전략과 기획은 사라졌다. 이 과정에서 스팀 기술로 주부들의 청소 문화를 바꿨던, 청소 이면에 숨어

있던 고객 가치를 찾아주었던 혁신과 마케팅은 사라지고 말았다. 다행스러운 것은 회생절차를 졸업하고 다시 초심으로 돌아가 스팀기술을 기반으로 하는 '듀오스팀' 다리미로 신제품을 통한 혁신을 시작했다.

전기자동차 시장을 개척하고 있는 테슬라Tesla의 CEO 일론 머스크Elon Musk는 여러 인터뷰에서 진정 혁신적인 제품만 만들어낸다면 마케팅은 저절로 된다고 했다. 마케팅을 하지 않아도 되는 혁신적인 제품을 만들어내는 활동이 바로 마케팅이라는 뜻이다. 테슬라의 모델 S는 가격이 싸지도 않다. 제대로 된 광고도 하지 않았다. 그럼에도 불구하고 2009년 모델 S 시제품 공개 후 1주일도 채 되지 않아 500대 이상을 주문받았다. 2016년 한 해 동안 모델 S는 2만 7천여 대가 판매되었다. 그리고 미국 내 전기차 판매 순위에서 테슬라의 모델 S와 모델 X가 1, 2위를 차지했다. 앞으로도 전기자동차에만 집중해 대량생산을 통해 보다 많은 고객들이 가치를 얻도록 할 것으로 생각된다.

혁신적인 제품은 고객의 잠재된 욕구를 충족시켜줄 통찰력을 바탕으로 제품을 개발하기 때문에 굳이 광고나 판촉과 같은 마케팅의 실행 수단을 사용하지 않아도 된다. 전략을 담당하는 인력이 많고 적고의 문제가 아니다. 가용할 수 있는 마케팅 예산이 많고 적고의 문제도 아니다. 더 좋고 더 뛰어난 혁신 제품을 만드는 데, 그리고 고객의 잠재된 가치를 찾는 데 사활을 걸어보면 어떨까.

기업의 생존은
지속적인 혁신에 달려있다?[39]

1935년에 기업의 평균 수명은 90년이었다. 이 수명이 1975년에 30년으로, 2015년에는 15년으로 줄었다. 맥킨지의 분석이다. 기업 생존은 그만큼 어려워졌다. 전문가들은 생존의 필수 조건으로 변화 또는 변신을 꼽는다. 변신은 이어지는 혁신 제품이 있을 때만 가능하다. 찰스 홀리데이^{Charles Holliday} 전 듀폰 회장은 "변신을 시도하면 생존할 확률이 60~70퍼센트지만 변신하지 않으면 반드시 죽는다."고 했다. 국내 스타 중소·중견기업이 위기를 딛고 '두 번째 혁신'을 통해 변신할 수 있을지 관심이다.

휴롬은 2008년 스크루를 이용해 저속으로 지그시 짜내 원재료의 맛과 영양을 보존하는 착즙기를 선보여 대박을 쳤다. 2009년 300억 원이던 매출은 2015년 2,300억 원으로 8배 가까이로 급증했다. 하지만 '스타벅스 같은 주스카페'는 늘어나지 않았다. 휴롬이 카페 확장에 공들이는 사이 주력 제품인 착즙기 시장에서 밀려나기 시작했다. 경쟁자들은 착즙기보다 세척이 쉽고 성능이 개선된 핸드블렌더, 초고속블렌더 등을 들고 나왔다. 주방용품업체 해피콜이 홈쇼핑에서 초고속블렌더를 팔아 점유율을 높였다. 해외업체도 시장을 잠식했다. 휴롬의 인기는 시들해졌다. 2016년 1,600억 원대로 줄어든 매출은 2017년에 900억 원대로 쪼그라들었다. 10년 만에 200억 원대의 영업적자도 냈다.

레이캅은 2007년 침구살균청소기를 세계에서 처음으로 선보였다. 의사 출신인 이성진 대표는 자외선으로 침구 살균을 해주고 집먼지진드기까지 잡아주는 제품을 내놨다. 청결을 중시하는 일본에서 대박을 쳤다. 그 덕분에 매출은 2011년 300억 원대에서 2014년 1,800억 원대로 껑충 뛰었다. 그런데 매출의 80퍼센트를 차지했던 일본에서 문제가 생겼다. 다이슨을 비롯해 도시바, 샤프, 파나소닉, 히타치 등이 비슷한 제품을 내놨다. 레이캅은 다이슨과 마케팅 전쟁을 벌였으나 패했다. 다이슨은 "청소기에선 흡입력이 가장 중요하다."며 밀어붙였다. 국내에서도 LG전자 등이 침구청소기 기능이 있는 진공청소기를 선보였다. 판매량은 급감했다. 작년 레이캅 매출은 200억 원대로 주저앉았다. 진입장벽을 쌓지도, 새로운 제품을 내놓지도 못한 결과였다.

알톤스포츠는 로드 자전거시장이 폭발한 2014년에 스타기업으로 떠올랐다. 국내 자전거시장이 더 커질 것으로 보고 중국 공장의 생산능력을 크게 늘렸다. 하지만 이듬해인 2015년부터 국내 판매량이 줄었다. 중국산 저가 자전거가 밀려들었기 때문이다. 2016년엔 미세먼지 여파로 타격을 입었다. 미세먼지로 국내 자전거시장까지 축소됐다.
자이글도 하나의 제품에만 의존하다가 위기를 겪었다. 자이글은 연기가 나지

휴롬, 자이글, 레이캅, 알톤스포츠의 매출과 영업이익 추이[40]

않고 옷에 냄새가 배지 않는 그릴 제품으로 입소문이 났다. 홈쇼핑 등에서 히트를 쳤다. 2013년 200억 원대였던 매출은 2년 만인 2015년에 1천억 원을 넘어섰다. 하지만 2017년 매출은 800억 원대로 내려앉았다. 영업이익은 반토막이 났다.

기업이 지속적인 성장을 하려면 지속적인 혁신이 필요하다. 신제품을 통해 고객들에게 혁신을 보여줘야 한다. 신제품의 성공 확률이 갈수록 낮아지고 있는 상황에서 기업의 딜레마가 아닐 수 없다. 마케터의 고민이 깊어지게 된다. 이때 어떤 기업은 기존의 성공한 제품에 안주하고, 어떤 기업은 혁신을 통해 새로운 제품을 제안한다. 시장은 항상 움직인다. 고객은 항상 변한다. 당연히 마케터는 시장의 움직임과 고객의 변화를 감지하고, 이런 변화에 대응하면서 고객이 원하는 혁신적인 제품을 기획하고 적극적인 마케팅으로 위기를 돌파해야 한다. 마케터라면, 경영자라면, 좀 더 멀리 내다보면서 시장의 변화에 대응하기 위한 플랜 B, 플랜 C 제품 포트폴리오를 구상해야 한다.

07

유통과 촉진

어떻게 고객과
소통할 것인가

기업이 소비자들에게 좀 더 높은 가치를 제공하기 위해서는 소비자들이 원하는 곳에서 바로 제품을 구매할 수 있도록 해주어야 한다. 오늘날 소비자들은 인터넷과 모바일을 통해 보다 편리하게 제품을 구매할 수 있게 되었다. 그러나 제품에 내재된 본질적인 가치까지 이해하기에는 여전히 어려운 점이 많은 것이 사실이다. 이는 과거 대부분 소비자들과 직접 대면하면서 매매가 이루어지던 때는 발생할 일이 없었던 문제였다. 그러다가 점점 더 비대면 접촉이 많아지면서 소비자가 감성적으로 제품을 경험할 수 있는 새로운 유통채널과 공간에 대한 필요성이 대두되고 있다.

마케팅 커뮤니케이션의 중요성도 더욱 커지고 있다. 넘쳐나는 정보 속에서 광고, 홍보 등과 같은 다양한 커뮤니케이션 수단들을 통합적으로 활용해 소비자들에게 하나의 메시지를 일관되게 전달하는 일이 중요해진 것이다. 따라서 이번 장에서는 제품에 내재된 본질적인 가치를 체계적으로 전달하여 소비자들이 보다 높은 가치를 느낄 수 있도록 하는 유통과 촉진에 대해 살펴보고자 한다.

애플은 '애플 가로수길' 매장을
왜 만들었을까?

국내 1호 애플스토어가 2018년 1월 서울 신사동 가로수길에서 개장했다. 정식 명칭은 '애플 가로수길'로, 지상 2층 건물에 면적 1,297㎡(약 392평) 규모다. 애플스토어는 세계 22개국에 498개의 매장이 있다. 아시아에서는 일본이 지난 2003년, 중국이 2008년 문을 열었고 중국에만 약 40개 애플스토어가 있다. 우리나라는 이번이 처음이다(2018년 1월 기준).

애플 관계자에 따르면, 매장 가운데 테이블에는 방문객들이 직접 체험해볼 수 있는 애플 제품 약 100여 대가 전시됐다. 매장 뒤쪽에는 앉을 수 있는 작은 의자들과 커다란 대화면에서 영상이 나오는 공간이 마련돼 있다. 매장 양쪽에는 애플 액세서리 제품들과 해당 분야 전문가들로부터 사진, 음악, 코딩 등을 배울 수 있는 교육 공간도 있다.

이번 개장으로 국내 애플 이용자들은 애플 제품을 이동통신사 대리점이나 애플 체험형 매장 프리스비[Frisbee]가 아닌 애플스토어에서 직접 구매 · 교환 · 수리 등 각종 서비스를 받을 수 있다. 한국 소비자들은 애플 제품을 세계 어느 나라 못지않게 애용하고 있다. 아이폰은 한국에서만 약 1천만 대 이상 판매된 것으로 추산되고 있다.[1]

한발 늦은 감은 있지만 애플에서 정식 매장을 개장함으로써 국내 고객들에게 좀 더 높은 고객서비스를 할 것으로 기대된다. 2001년 처음 뉴욕에 애플스토어를 개장한 이후 18년 만이다. 2009년 11월

▼ 애플 가로수길[2]

KT에서 아이폰 3GS를 공급하면서 애플의 역사가 국내에서 새로 시작되었다고 해도 과언이 아니다. 아이폰 도입 이후 아이패드, 맥북 등의 제품으로 프리스비, 에이샵, 윌리스, 케이머그 등 총판 역할을 한 리셀러를 통해 시장을 확대했었다. 애플은 애플의 아이덴티티를 제품뿐만 아니라 유통 매장에도 적극적으로 적용했었다. 프리미엄 리셀러 매장에 일정한 규정을 준수하도록 했다. 정식 매장인지 프리미엄 리셀러 매장인지 언뜻 보면 구분이 안 될 정도였다. 이런 리셀러와의 갈등이 일어날 수 있음에도 불구하고 애플은 왜 애플스토어를 개장했을까?

국내 고객들의 요구도 많았고 고객서비스에 대한 불만도 많았지만 이제야 직영 매장을 만든 이유는, 아마도 디지털 변혁이 일어나는 시대적인 변화에 고객의 경험을 총체적으로 제공하기 위해서가 아닐까 생각해본다. 바야흐로 디지털 기반의 마케팅 환경이 조성되면서 제품을 구입하기 이전부터 구입하는 과정 및 이후 서비스까지 고객을 총체적으로 대응하는 데 디지털만으로는 한계가 있다. 고객에게 가장 가깝게 다가가는 방법은 역설적이게도 아날로그 형태의 점포다.

소비자들은 애플스토어에서 제품을 체험해보고 직원들의 도움을 받아 직접 문제를 해결할 수 있다. 이는 매장에서 소비자들과 직접 대면하면서 제품에 내재된 가치를 직접적으로 커뮤니케이션할 수 있는 장점이다. 결과적으로 애플 브랜드를 더욱 옹호하게 만들어 애플 브랜드 가치를 더욱 높이는 전략이다. 제조 기업은 자신들의 브랜드 아이덴티티를 유지하고 고객 경험을 총체적으로 디자인하기 위해 새로운 관점에서 유통 매장을 살펴봐야 한다.

01

혼자 가지 말고
파트너와 함께 가라

경영 환경이 바뀌면 유통채널도 변해야 한다

제품을 어떻게 시장에 공급하고 유통시킬 것인가 하는 것은 언제나 중요한 비즈니스 문제였다. 하지만 유통 문제는 좀 더 시급하고 중요한 다른 문제들로 인해 항상 의사결정 순위가 뒤로 밀리기 일쑤였다. 여기에는 기존에 구축된 유통채널이 있다는 안도감과 마케터 입장에서 통제하기 힘든 협력업체의 문제를 건드려야 한다는 부담감이 한몫을 했다. 또 제조 기업과 유통 기업이 협력한다고 해도 각자의 이익을 추구할 수밖에 없는 근본적인 문제를 안고 있기 때문이었다.

급속한 경영 환경의 변화는 기업과 고객이 접촉하는 경로와 방법인 마케팅채널을 다양화하면서 유통부문의 문제들을 더욱 복잡하게 만들었다. 전통적인 유통구조는 제조업에서 중간 유통상과 소매상을 거쳐 소비자에게 전달되는 것이었으나 가격파괴형 대규모 소매업체의 등장으로 소매시장에도 많은 변화가 일어났다. 이마트, 홈플러스, 롯데마트 등의 대형할인점들이 소매시장을 장악하면서 다른 소매업체들과 기업체 간의 갈등이 높아졌고, 유통업체들의 힘은 날이 갈수록 더욱 강해지고 있다.

여기에 인터넷을 통한 전자상거래가 가능해지면서 기존의 유통채널과 새로운 유통채널 간의 갈등도 더욱 커졌다. 인터넷쇼핑몰은 일물일가一物一價의 가격체계를 일시에 무너뜨리고 일물다가一物多價의 다양한 가격 차이를 소비자들이 자연스럽게 수용하게 하면서 소비자들에게 구매 선택의 폭을 넓혀주었다. 과거 기업은 출고가격이 동일한 제품이 왜 소매점에 따라 가격이 다른지 기존의 유통업체들과 소비자들에게 이해시키고자 많은 노력을 기울였지만, 이제는 이러한 어려움도 많이 줄어들었다.

아닌디야 고즈^{Anindya Ghose} 뉴욕대 교수는 저서 《탭^{TAP}》에서 "우리의 삶을 더 효율적이고 즐겁게 만들어줄 수 있는 기술은 이미 존재한다. 그리고 이를 실현해줄 가장 큰 도구는 우리 손 안에, 보통은 주머니 안에 있다. 바로 스마트폰이다."라고 했다.[3] 손 안의 모바일혁명이 시작되면서 소비자들의 라이프스타일에도 혁명적인 변화를 가져오고 있다.

마크로밀엠브레인의 2017년 조사에 따르면, 스마트폰이 없으면 일상생활에 지장이 있을 것 같다는 응답비율이 64.3퍼센트에 달한다. 또한 컴퓨터로 웹 서핑을 하는 것보다 스마트폰으로 웹 서핑을 하는 것이 더 편하다는 응답이 2014년 23.4퍼센트에서 2배 정도 높은 43.4퍼센트로 나타났다.[4]

한국인터넷진흥원의 〈2017년 인터넷이용실태조사〉에 따르면, 만 6세 이상 인구의 89.5퍼센트가 스마트폰을 보유하고 있는 것으로 나타났다. 만 12세 이상 인터넷이용자 중 최근 1년 내 인터넷쇼핑을 이용한 사람의 비율은 59.6퍼센트이며, 모바일기기를 통한 이용률(54.0%)이 컴퓨터(PC)를 통한 이용률(45.4%)보다 높다.[5]

모바일 혁명이라고 할 만큼 소비자들이 스마트폰을 보유하고 또 이를 통해서 쇼핑을 하는 시대로 접어들었다. 이처럼 인터넷이나 모바일은 기존의 유통채널에 새로운 활력소가 되기도 하고, 경쟁을 더욱 심화시키기도 한다. 그리고 소비자들은 보다 다양해진 유통채널을 통해 더 높은 가치를 추구할 수 있게 되었다. 일부 유통 기업들은 발 빠르게 새로운 업태로 진출하여 기업의 경쟁력을 높여나가고 있다. 제조 기업들은 달라진 유통 환경에 빠르게 적응하기 위해 고군분투하고 있으며, 다양한 유통채널을 적절하게 활용해 이익을 최대화할 수 있는 방안을 모색하고 있다.

이제 기업은 제품에 내재된 본질적인 가치를 전달할 수 있는 가장 적합한 유통채널을 찾고, 고객 한 사람, 한 사람의 구매력을 높이기 위해 각 구매량의 평균

화장품 회사들은
왜 유통채널을 확장할까?

국내 화장품 로드숍들이 홈쇼핑, 헬스앤드뷰티(H&B) 스토어 등으로 유통 채널을 다각화하고 있다. 잇츠스킨 등을 운영하는 잇츠한불은 근래 대형마트 입점을 늘린 데 이어 2018년 중 편의점·H&B 스토어 등 신채널 입점을 검토하고 있다. 라비오뜨또 로드숍·백화점 중심의 유통 방침을 2017년 말부터 수정했다. 수익성 낮은 백화점 매장을 일부 정리하고 그 공백을 홈쇼핑·H&B로 메우기로 했다. 새로 선보인 서브브랜드 '틴크러쉬'에 대해서는 처음부터 H&B 스토어를 메인 유통 채널로 내세웠다. 이미 시코르 일부 매장에 입점했으며 조만간 랄라블라(옛 왓슨스) 매장에 진출할 예정이다. 토니모리도 뉴비즈사업부를 신설하고 '신규 채널 확대'를 핵심 키워드로 내세웠다. GS25와 손잡고 론칭한 편의점 전용 라인 '러비버디' 입점 점포를 2018년 하반기까지 1천여 곳으로 늘릴 예정이다. 에이블씨엔씨는 서브 브랜드 어퓨를 통해 신규 채널 공략에 주력할 방침이다. 최근 시코르에 입점한 데 이어 다른 H&B 스토어 입점도 추진하고 있다.[6]

2000년대 화장품 기업의 신화를 만들었던 브랜드 로드숍 시대가 저물고 있다. 화장품 유통에 대한 대안으로 헬스앤드뷰티(H&B) 스토어가 조명을 받고 있다. 로드숍을 가지고 있는 기업들이 채널의 갈등이 예상됨에도 불구하고 새로운 채널로 확장을 모색하는 데는 그만한 이유가 있다. 시장이 변하고 고객이 변하면 그 시대의 필요를 충족시킬 새로운 대안이 요구된다.

올리브영 등이 이미 오래전부터 이 영역에서 사업을 하고 있지만 최근의 흐름은 시장을 바꿀 정도로 강력한 트렌드를 형성하고 있다. 특히 밀레니얼 세대들이 주 소비층을 형성하면서 다양한 종류의 화장품과 브랜드를 한 번에 체험할 수 있는 환경이 조성된 H&B는 자연스러운 선택이 되고 있다. 비교 구매 성향이 강한 젊은 소비층의 소비행태에 잘 맞아 앞으로도 H&B의 성장은 지속될 것으로 보인다. 시장의 변화에 적극적으로 대응해야 하는 제조 기업은 당연히 이런 변화를 주시하며 새로운 유통채널을 개척할 필요가 있다. 특히 로드숍 매장을 내기 힘든 중소 화장품기업은 H&B 스토어가 좋은 유통 플랫폼이 될 수 있다.

헬스&뷰티 스토어 올리브영[7]

액수를 증가시키는 데 가장 적합한 유통채널을 선택하여 소비자들에게 보다 높은 가치를 제공해줄 수 있어야 한다. 또 이렇게 선택된 다양한 유통채널들을 하나로 통합해 효율적으로 관리할 수 있도록 해야 한다.

굴러온 돌이 박힌 돌을 빼낼 수 있다

일반적으로 제조업체와 유통업체는 우호적인 협력관계를 유지하나, 상호 이해관계가 충돌할 때는 갈등을 유발해 문제를 일으킬 수도 있다. 제조업체가 다양한 유통채널을 보유하게 되면 시장의 변화에 보다 유연하게 대처할 수 있다. 인터넷이든 모바일이든 제조업체의 내부 판매원이든, 신규 유통채널의 추가는 제품의 판매량 증가에 기여한다. 유통채널의 확대는 가격 할인과 마찬가지로 일시적으로 판매량을 증가시키는 효과가 있기 때문에 마케터 입장에서 가장 손쉽게 선택하는 마케팅 수단이기도 하다.

그러나 가격 할인이 가져오는 브랜드 가치의 저하와 마찬가지로 유통채널의 추가에 의한 혼란이 발생하기도 한다. 유통부문에서의 문제들은 대부분 새로운 유통채널이 추가됨으로써 발생한다. 물론 유통채널의 다양화로 인한 이점도 많다. 그러나 채널 간의 이해관계가 충돌하는 경우에는 갈등을 해결하기 어렵다는 단점도 있다. 특히 기존의 유통채널들은 동일한 소비자들과 동일한 브랜드를 놓고 신규 채널과 경쟁을 하게 된다고 생각하기 때문에 신규 채널의 등장에 반감을 가질 수밖에 없다.

신규 채널의 등장으로 기존 채널의 영향력이 점점 약화되면 머지않아 신규 채널이 기존 채널을 대체해버리는 상황도 발생하게 된다. 예를 들어 해당 기업의 가전제품 대리점에서 에어컨을 구매하던 고객이 인터넷 쇼핑몰을 이용하면서 자연스럽게 대리점을 멀리하게 되는 것이다. 그러나 반대로 신규 채널이 기존 채널을 잘 보완하게 되면, 기업은 새로운 고객을 창출하고 고객들에게 새로운 가치를 제안할 수 있다. 새롭게 각광을 받고 있는 모바일채널 역시 기존의 채널을 완전히 대체하기보다는 보완하는 형태로 가고 있다. 특히 온라인 유통업체는 PC 버전과 모바일 버전을 동시에 운영하면서 고객의 접점을 확대하고 있다.

모바일 사용 환경으로 자연스럽게 이동하는 고객의 이용행태에 발맞추는 것은 당연한 선택이다. 시간과 공간의 제약 없이 소비자들이 보다 편리하게 제품이나 서비스를 구매할 수 있도록 하는 최대의 강점을 지닌 모바일 채널은 소비자들에게는 더욱 뛰어난 편의성을 제공하고, 기업들에게는 판매를 확대할 수 있는 새로운 기회의 장이 될 것이다. 제조 기업들도 마찬가지로 모바일 채널에 관심을 가지고 적극적인 대처를 할 필요가 있다.

유통채널 간의 갈등은 어떻게 해결할 것인가

유통채널에서 발생하는 갈등의 주요 원인은 제조업체와 유통업체 간의 목표의 불일치에 있다. 예를 들어, 제조업체는 시장 침투 및 점유율 증대를 위해 저가격 정책을 추진하고자 하지만, 유통업체는 이로 인해 단기 이익이 감소하는 불이익을 얻을 수 있으므로 썩 내켜하지 않는 것이다. 시장점유율 증대와 단기 이익 창출과 같은 제조업체와 유통업체의 목표가 일치되지 않을 때 갈등이 발생할 가능성은 매우 높다.

2011년 농심이 라면 가격을 인상하자 일부 슈퍼마켓 주인들이 가격 인상률에 불만을 제기하며 농심 제품의 판매를 중단했다. 소비자 가격은 6퍼센트 정도 인상되었지만 지역 대리점의 신제품 출고가는 13퍼센트 이상 올라, 결과적으로 소매업체만 불이익을 받게 되었다는 것이 이들이 불만을 가지게 된 이유였다. 이런 경우 제조사는 대리점, 소매점 간의 상호이익을 침해하지 않도록 갈등을 조정해야 한다.

일반의약품 중 일부 제품을 약국이 아닌 슈퍼에서도 판매가 가능하도록 하는 법률의 제정 여부가 논란이 되었던 것도 이와 비슷한 사례이다. 제조사인 제약업체 입장에서는 유통채널이 다양해지면 전보다 더 많은 매출을 올릴 수 있게 되니 이 법률의 제정을 반겼다. 그러나 기존의 유통채널인 약국을 운영하던 약사들은 슈퍼마켓에서 의약품을 판매하게 될 경우 판매 감소에 따른 불이익이 발생할 것을 우려해 거세게 반발했다.

유통채널 간의 갈등을 막기 위해 고려해야 할 네 가지 요소들

첫째, 세분시장별로 적합한 유통채널을 선택한다. 시장을 세분화하고, 세분시장에 맞는 마케팅믹스를 구성할 때 유통채널 역시 전략적으로 세분시장의 특성에 맞추어 설계해야 한다.

삼성전자는 통합 브랜드인 하우젠을 출시하면서 고급스러운 이미지의 브랜드 콘셉트에 맞추어 백화점을 주요 유통채널로 삼았다. 그러나 매출 증대를 위해 할인점 및 양판점으로도 제품을 출하하면서 전략적 세분시장의 의미가 희석되었고, 프리미엄을 추구한 하우젠의 브랜드 이미지가 훼손되면서 결과적으로 브랜드의 실패를 가져왔다. 가치를 우선시하고, 고품격 이미지를 제시했던 백화점과는 달리 할인점 및 양판점에서는 가격 소구를 통해 시장에 침투하면서 유통채널 간에 갈등이 발생했었다.

제조업체는 자사에서 관리할 수 있는 세분시장의 규모와 자사의 역량을 고려하여 유통채널 및 유통점의 수를 조정·운영해야 한다. 이것이 바로 유통채널의 운영 전략이다. 스타벅스는 특정 상권에 집중적으로 출점하는 반면에 대부분의 커피 전문점은 상권보호 차원에서 일정한 거리를 두고 개설된다. '제주 삼다수'를 생산하는 제주특별자치도개발공사는 제주도 내에서는 직접 유통까지 담당하지만 제주도 외 지역에서의 유통 및 판매는 위탁하고 있다. 제주삼다수의 소매용 제품 유통은 2012년부터 광동제약이 맡고 있으며, 비소매용 및 업소용 유통은 2018년부터 LG생활건강이 맡고 있다. 이처럼 제조 기업의 역량에 따라 직접 유통을 할 수도 있고 경우에 따라서는 간접 유통으로 설계할 수도 있다.

둘째, 특정 유통채널 전용으로만 취급하는 제품 및 브랜드는 별도로 관리한다. 유통채널 간의 갈등을 관리하기 위해 가장 일반적으로 쓰이는 방법은 전용 제품 및 전용 브랜드 라인을 만드는 것이다. 예를 들어, 아모레퍼시픽은 브랜드별 유통채널 전략을 운영하고 있다. 아이오페, 마몽드, 라네즈, 한율 등은 멀티브랜드숍인 아리따움을 통해, 설화수, 혜라 등은 방문판매를 통해, 리리코스, 베리떼 등은 직접판매를 통해 유통한다.

온라인에서만 취급하는 전용 브랜드를 가진 기업들도 있다. 현대리바트의 '이즈마인'은 온라인 전용 가구 브랜드다. LG생활건강의 '오센틱'은 온라인 전용 코스메틱 브랜드다. 토탈 리빙 디자인 기업 체리쉬의 '체리쉬 크래프트'도 온라인 전용 브랜드다. 최근 유통환경이 모바일 환경으로 바뀌고 있어서 갈수록 온라인 전용 브랜드들의 성장도 높아질 것으로 예상된다.

유통채널 간의 갈등을 사전에 방지하기 위해 전용 제품이나 브랜드를 제공하는 방법도 있지만 이것만으로 원천적인 갈등을 해결하지는 못한다. 특정 채널을 통해 구매하려는 고객이 증가하거나 전용 브랜드의 대중적인 인기가 높아지면서 다른 유통망이 이 시장에 진입하려고 하는 경우에는 얼마든지 다른 신규 유통채널이 추가, 확장될 수 있기 때문이다. 방문판매 전용 브랜드였던 리리코스가 백화점으로 유통채널을 확장하고, 온라인 전용 화장품 브랜드였던 DHC가 오프라인으로 진출한 것이 대표적인 사례이다.

셋째, 판매량이 증가하면 유통채널도 함께 확장될 수 있다는 것을 고려해야 한다. 광동제약의 '비타500'은 일반유통용으로 마트나 편의점 등에서 판매한다. 약국용은 '비타 500 ACE', '비타 500 골드', '프리미엄 비타500'으로 따로 있다. 비타500 ACE와 골드는 일반유통용과 같은 100ml 용량에 비타민C 500mg이지만 비타민A와 비타민E 등의 함유에 따라 다른 구성으로 차별화했다. 프리미엄 비타500은 비타민C 750mg을 넣고 아미노산 3종을 추가 함유해 용량도 150ml로 일반유통용보다 크다. 같은 맥락에서 동아제약의 '박카스'는 약국용 '박카스D'와 마트용 '박카스F'로 구별되며, 일동제약의 '아로골드D'는 마트용으로, '아로골드D 플러스'는 약국용으로 채널에 따라 다른 제품을 유통시키고 있다. 이런 사례들은 대체로 한 채널에서 판매되었으나 인기가 높아지면서 다른 유통채널로 확장하게 되고, 그 과정에서 유통 채널 간의 갈등이 발생하자 용량과 함유량을 달리해 문제를 해결한 것이다.

넷째, 과잉 유통을 피해야 한다. 대부분의 기업들은 판매를 증대하기 위해 유통채널을 확대한다. 그러나 특정 브랜드의 유통채널을 계속 늘리는 것이 능사는 아니다. 제조업체가 늘어난 유통채널을 지원하는 데도 한계가 있고, 매장이 난립하면 점포 단위의 수익성이 나빠질 수도 있기 때문이다. 대리점의 수가 많다는 것은 유통커버리지가 넓다는 측면에서는 경쟁력 요소가 되지만, 대부분 자영업자인 대리점주 입장에서는 동일 브랜드 내에서도 점포 간 경쟁을 해야 한다는 약점이 있다. 즉, 직영점과 대리점 간에도, 대리점과 대리점 간에도 갈등이 발생한다. 특히 주유소나 가전은 직영점과 대리점 간에, 건강기능식품은 대리점과 대리점 간에 자주 갈등이 발생한다.

이런 갈등은 프랜차이즈 시스템에서도 동일하게 나타난다. 프랜차이즈 본사와 가맹점 간의 갈등뿐만 아니라 가맹점과 가맹점 간에도 갈등이 발생한다. 일반적으로 관리 가능한 300개 정도의 가맹점 수를 넘어서는 프랜차이즈에서는 자주 발생하는 현상이다. 가맹점의 수가 많아지면서 본사의 서비스가 약해지고, 매출 감소로 인한 가맹점 직원들의 사명감이 떨어지면서 고객의 만족도 또한 더욱 나빠지는 악순환이 일어난다. 이런 갈등을 근본적으로 개선할 수 있는 방법은 모든 점포를 직영체제로 운영하는 것이다. 대표적으로 스타벅스는 점포수가 많아도 점포 간의 갈등은 일어나지 않는다.

02

제품만 팔지 말고
고객의 문제를 해결하라

제품은 항상 소비자들이 원하는 그곳에 있어야 한다

시장은 항상 변한다. 그리고 그 변화의 중심에는 유통채널이 있다. 유통 전략은 소비자들의 니즈를 반영해 수립되어야만 의미가 있다. 그러나 사실 그동안 고객의 '니즈'라 하면 유통은 배제하고 대부분 제품에 대해서만 생각을 해왔던 게 사실이다. 새로운 가치를 제안하는 과정에는 유통채널도 매우 중요한 영향을 끼친다는 것을 마케터들이 제대로 인식하지 못했기 때문이다. 시장의 변화를 따라가기 위해서는 이제 유통의 방법도 달라져야 한다. 소비자들의 곁으로 다가가야 새로운 시장을 창출할 수 있는 가능성을 보다 높일 수 있다.

'KogiBBQ'는 멕시코 음식 타코에 한국식 바비큐를 넣어 만든 메뉴를 판매하는 이동식 트럭이다. KogiBBQ의 성공은 트위터로 트럭의 위치를 실시간으로 알리고, 소비자들이 원하는 바로 그 장소에서 원하는 제품을 제공해줘 소비자들

▼ 2008년 이후 여전히 인기를 누리고 있는 KogiBBQ 트럭[8]

292

의 입맛을 사로잡았기 때문이다.

하나, 신한, KB, 우리은행 등의 금융지주회사들은 증권과 은행 점포, PB센터 등을 한곳에 모아 전문 금융 서비스를 제공하는 복합점포BWB; Branch with Branch를 운영하고 있다. 예금, 보험, 대출, 주식 등을 한자리에서 종합적으로 처리하기를 원하는 고객들의 니즈를 반영해 유통채널을 복합적으로 구성하여 신시장을 창출한 것이다. 물론 새로운 유통채널의 등장은 해당 기업, 경쟁사, 기존의 유통채널, 고객들 간의 새로운 갈등을 유발할 가능성이 있다. 그러나 시장 확대가 목적이라면 어느 정도의 위험성을 감안하고라도 선택을 해야 한다.

소비자들이 있는 그 장소가 바로 고객이 원하는 유통채널이다. 중요한 것은 시장의 변화만큼이나 소비자들의 취향도 빠르게 변하기 때문에 새로운 유통채널을 구축할 때는 반드시 이러한 변화의 속도를 고려해야 한다. 기업 내부의 변화 속도와 소비자들의 유통채널 선호도의 변화 속도를 잘 맞추어야 효과적인 유통채널 전략을 수립하고 운영할 수 있다. 새로운 유통채널을 도입하기 위해서는 고객들의 구매행동 양식과 선호하는 유통채널에 대한 사전 정보를 얻어 이를 유통 전략에 반영해야 한다. 그리하여 기업이 판매하고 싶은 곳이 아니라, 소비자들이 사고 싶어 하는 곳에서 그들이 원하는 제품과 서비스를 제공할 수 있어야 한다. 물론 유통채널 구축도 신제품 출시와 마찬가지로 타이밍이 가장 중요한 고려항목이다.

2017년 7월 영업을 시작한 카카오뱅크는 모든 은행 업무를 모바일 앱으로 진행한다. 카카오뱅크는 출범 165일 만에 계좌개설 고객 수 500만 명을 돌파했다. 가입자 수는 우리나라 전체 경제활동인구인 2,771만 9천 명의 18퍼센트에 해당한다.[9]

카카오뱅크는 가입자 4,200만 명의 모바일 메신저 카카오톡을 기반으로 이용자들에게 친근함과 편의성을 제공했기 때문에 이런 성과를 낼 수 있었다. 또한 이미 앞에서 살펴보았듯이 스마트폰 보유율이 89.5퍼센트에 이른 국내 시장 상황과 타이밍이 절묘하게 잘 맞은 결과라고 할 수 있다. 소비자들은 이용하기 쉽고 편리한 새로운 채널에 반응한 것이다. 이런 돌풍에 기존의 주요 시중은행들도 새로운 도전에 직면하게 되었고, '디지털 금융' 채널을 강화하는 계기가 되고 있다.

유통에도 역발상을 통한 차별화가 필요하다

제조업에서 소매점으로 이어지는 전통적인 유통채널이 여전히 존재하긴 하지만, 새로운 채널들이 나타나고 사라지면서 유통 분야에도 큰 변화가 일어나고 있다. 유통채널 역시 전략적인 마케팅 관점에서 통합적으로 구축되어야 한다는 대전제는 변함이 없으나 소비자들의 니즈와 라이프스타일의 변화에 따라 새로운 채널

소비자는 사람들로 붐비는 매장을 싫어한다?

호주 퀸즐랜드기술대학교의 브렛 마틴Brett Martin 교수는 영국 남부지역에서 매장 내의 혼잡이 소비 행동에 미치는 영향을 실험했다. 그 결과, 매장의 통로에서 다른 사람과 신체접촉이 있는 경우, 그렇지 않았을 때보다 소비자의 구매력이 떨어진다는 결론을 얻게 되었다. 즉, 소비자들은 자신이 물건을 살펴보거나 고르고 있을 때 낯선 사람이 자신을 건드리면 재빨리 그 장소를 떠나버리려고 하며, 이로 인해 그때 쳐다보던 물건에 대해서도 부정적인 인상을 갖게 된다는 것이었다. 마틴 교수는 "따라서 가게 안을 물건으로 가득 채워 통로를 좁게 만들지 말고, 고객이 낯선 사람들과 부딪치는 일 없이 물건을 살펴볼 수 있도록 해야 한다."고 조언했다.[10]

이 내용을 정리하면, 매장의 제품 진열 방식과 통로 공간, 그리고 고객의 동선을 어떻게 구성할 것인가 하는 것은 소매업자들에게 대단히 중요한 사안이다. 제품의 진열 방법, 매장의 위치 및 분위기 등을 고객의 편의성에 맞춰 개선하고 적당한 간격을 유지하면서 고객들이 편안하게 쇼핑을 할 수 있도록 한다면 최상의 쇼핑 환경을 제공할 수 있을 것이다. 대표적인 예로 지오다노를 들 수 있다. 지오다노는 비록 저가 제품을 많이 판매하지만 대형 가두매장이나 백화점에서 고가의 브랜드들과 유사한 진열 및 공간 배치로 고급스런 이미지를 전달해 성공할 수 있었다.

사람들로 붐비는 매장의 모습[11]

을 도입할 필요성이 제기되기도 한다. 최근에는 기존의 통념을 깨는 발상의 전환을 시도하는 역발상 유통 전략이 대세를 이루고 있는데 이에 대해 살펴보자.

몰링

소비자들의 소득 수준의 향상과 라이프스타일의 변화가 가져온 가장 대표적인 유통업계의 변화는 바로 몰링^{Malling}이다. 몰링은 쇼핑뿐만 아니라 식사, 게임, 영화 관람 등의 다양한 여가 활동을 함께 즐길 수 있는 복합쇼핑몰에서의 소비형태를 말한다. 세계적으로 유명한 복합쇼핑몰로는 미국의 몰 오브 아메리카$^{Mall of America}$, 일본의 커낼시티$^{Canal\ city}$, 홍콩의 하버시티$^{Harbour\ City}$ 등이 있다.

국내에도 용산의 아이파크, 영등포의 타임스퀘어, 부산의 신세계 센텀시티 등의 대형 복합쇼핑몰들이 있다. 그리고 신세계는 새로운 성장 동력으로 복합쇼핑몰에 집중하며, 스타필드 하남, 스타필드 코엑스, 스타필드 고양 등을 연이어 개장했다. 이런 복합쇼핑몰들은 집객효과가 매우 커 다른 지역의 관광객들뿐만 아니라 외국인들까지 유치할 수 있는 핵심 상권이 되고 있다.

복합매장

소매 유통을 하는 생계형 자영업자들은 커피숍에서 가방도 팔고, 카페에서 꽃도 파는 복합매장을 운영하기도 한다. 한 매장에서 두세 개의 품목을 동시에 취급하면 매출의 시너지 효과를 일으킬 수 있다는 장점이 있다. 예를 들어, 꽃과 커피를 동시에 판매하는 카페를 운영함으로써 커피뿐만 아니라 꽃 매출도 동반 상승하는 효과를 거둘 수 있다.

그러나 매장 내에 또 다른 매장이 있는 '숍인숍'과는 달리 복합매장은 한 명의 주인이 두 가지 이상의 품목을 판매하기 때문에 취급 품목에 대한 전문성을 갖추지 못하면 서비스 품질을 유지하기 어렵다는 단점이 있다.

복합매장의 운영을 고려하는 경우에는 취급 품목에 대한 전문성과 함께 취급 품목들이 시너지효과를 일으킬 수 있는 것인지를 신중히 검토해봐야 한다. 복합매장을 새로운 유통채널로 추가하고자 할 때에는 시간과 공간의 효율성을 높일 수 있다는 장점과 더불어 경우에 따라서 역효과가 더 클 수도 있다는 점을 주의해야 한다.

특별한 매장으로 새로운 시장을 창출하라

매장의 진열방식을 차별화해 기존의 유통채널과는 다른 접근을 할 수도 있다. 룩옵티컬은 기능성이 강조되었던 동네 안경점을 "안경은 얼굴이다"라는 슬로건과 함께 감성 중심의 안경점으로 탈바꿈시켰다. 이로써 프랜차이즈 안경점의 새로운 모습을 제안하면서 전국 60곳에 가맹점이 개설되어 있다. 깨지거나 부러지거나 시력이 급격히 나빠지지 않는 이상, 한 번 안경을 구입하면 오래도록 사용해 오던 게 일반적이었다. 그러나 룩옵티컬은 안경을 옷과 같은 하나의 패션 아이템으로 포지셔닝하고, 기능성보다 감성적인 측면을 중시해 소비자들로 하여금 하나의 패션 아이템으로 인식하게끔 해 다양한 안경을 구매하도록 만들었다.

같은 안경점이지만 매장을 신비주의로 꾸며 인기를 끌고 있는 곳도 있다. 서울 청담동에 위치한 '레트로스펙스^{RetroSpecs}'는 진열장에 쫙 깔린 안경들 중 하나를 꺼내 소비자들에게 보여주는 일반 안경점들과 달리 육중한 철문이 달린 금고를 열고, 또 그 속의 서랍장을 열어 안경을 꺼내 보여준다. 이곳에서 판매하는 안경들은 1870년대부터 1970년대까지 생산되었던 빈티지 안경으로 100만 원 이상을 호가하는 고가 제품들이다.[12]

▼ 특별한 매장으로 꾸민 레트로스펙스 청담점[13]

이처럼 소비자들과 직접 대면하는 유통채널인 매장과, 매장에서의 제품 진열 방법을 달리해 제품의 차별적인 특성을 표현하고 또 강조할 수도 있다.

떠오르는 유통채널인 편집숍

한 매장에서 여러 브랜드의 제품들을 모아놓고 판매하는 편집숍(멀티숍 혹은 셀렉트숍)이 새로운 유통채널로 인기를 얻고 있다. 편집숍은 개성이 강한 소비자들의 취향에 맞는 다양한 제품들을 한 매장 안에서 비교해보고 구입할 수 있다는 특징이 있다. 편집숍은 1980년대 초 미국에서 처음 등장해 완구용품, 스포츠용품, 가전제품 등 제품 범주별로 여러 브랜드를 한곳에 모아놓고 판매하는 전문 매장인 카테고리 킬러와 유사한 면도 있지만 제품의 범주가 더욱 다양하다는 점이 다르다.

편집숍은 소비자들이 한 번에 다양한 브랜드의 제품들을 살펴보며 비교구매를 할 수 있다. 소매점 입장에서는 끼워 팔기를 통해 좀 더 많은 매출을 일으킬 수 있다. 또한 기존의 유통채널들이 소비자들에게 제공하기 힘들었던 가치인 경험과 스토리를 전해줄 수 있다는 이점이 있다. 이런 점들이 편집숍이 꾸준한 인기를 끌고 있는 이유이다.

최근에는 편집숍 자체가 브랜드화되고 있는 추세다. 삼성물산 패션부문의 편집숍 '10 꼬르소 꼬모 서울^{10 Corso Como Seoul}'이 바로 그러한 사례다. 10 꼬르소 꼬모 서울은 론칭 10주년을 기념해 10개의 브랜드와 협업 제품을 출시하기도 했다. 감각적인 인테리어와 다양하게 구성된 상품들로 큰 인기를 끌며 서울 청담동의 랜드마크로 자리 잡았다. 이처럼 편집숍도 이제는 하나의 브랜드가 되고 있다. 카테고리 킬러의 형태로까지 진화하고 있는 편집숍들도 많다. 신발 편집숍인 'ABC마트' 등이 바로 그러한 예다.

편집숍은 타깃으로 하는 소비자들이 자주 찾아올 수 있는 지역에 위치해야 하고, 그들이 매장에서 새로운 경험을 할 수 있도록 제품의 특성에 맞춰 특화된 인테리어가 필요하다. 또 매장의 규모를 대형화해 그 지역의 랜드마크가 될 수 있어야 한다. 편집숍도 이제는 소비자들에게 하나의 브랜드로 인식되고 있는 추세이므로 브랜드 정체성을 확립하고, 장기적인 관점에서 브랜드 관리를 해야 막강한 유통채널로 살아남을 수 있을 것이다.

편집숍에 입점하기 적합한 제품들은 독특한 아이템이지만 유행에 민감하지 않고, 소비자들에게 생소하지 않으며, 가격이 터무니없이 비싸지 않아야 한다.

또 편집숍에 입점한 브랜드라면 지속적으로 신제품을 출시하면서 소비자들이 반복적으로, 계속해서 찾을 수 있도록 해야 한다.

최근 들어 유통채널에만 전적으로 의지하지 않고 자체적으로 유통채널을 구축하는 데 힘쓰고 있는 제조 기업들도 증가하고 있다. 매장을 테마화하거나 임시 매장인 팝업스토어를 통해 제품이나 서비스의 정식 출시 이전에 브랜드를 소개한다. 이렇게 소비자들의 관심을 유발하고 직접 해당 제품이나 서비스를 체험할 수 있도록 하는 경우도 점점 늘어나고 있는 추세다.

고객 경험을 강화하고 판매를 증대시키는 옴니채널

옴니채널Omni-Channel은 고객을 중심으로 모든 채널을 통합하고 연결하여 일관된 커뮤니케이션을 제공해 고객 경험 강화 및 판매를 증대시키는 채널 전략이다.[14] 옴니채널은 IT기술의 발전과 더불어 스마트폰 등 온라인 연결성이 높아지면서 자연스럽게 필요한 제품에 대한 온라인 검색을 먼저하고, 제품에 대한 정보를 얻은 다음 실제 매장에서 제품을 확인하고, 경험한 내용을 바탕으로 가격과 배송 등에 대한 유리한 점을 따져 온라인에서 구매하는 이른바 쇼루밍showrooming족● 의 등장과 함께 주목을 받기 시작했다.

● 쇼루밍(showrooming) : 상품 가격에 민감한 소비자들이 오프라인 매장에서 제품의 이모저모를 살펴보고 실제 구매는 값이 싼 온라인에서 해 오프라인 매장이 온라인쇼핑몰을 위한 전시실(showroom)로 전락하는 현상을 가리키는 용어이다. 이런 고객을 쇼루밍족이라고 한다.

온라인 비즈니스가 활성화된 이후 기업들은 싱글채널에서 멀티채널로 채널을 확대해왔다. 오프라인 기업이 온라인 채널을 추가하는 것은 시대적인 흐름이 되었다. 이미 앞에서 살펴본 바와 같이 채널 간 혹은 채널 내 갈등은 이러한 채널 확대에 따른 불가피한 상황이었으며 그 갈등을 해결하는 방법을 소개했었다.

디지털 기반의 비즈니스가 강화될수록 고객 접점은 다양화되기 때문에 기업에서 원하는 메시지를 고객에게 전달하고 통제하는 것이 갈수록 어려워진다. 오프라인 매장과 온라인 채널을 동시에 구축하는 멀티채널을 통해 고객 접점을 확대하고 판매를 증대시키고자 했으나 곧 한계점을 노출하게 된다. 즉, 채널의 특성과 고객의 구매행태에 따른 개별화가 쉽지 않고, 채널 간 연계나 고객별로 일관성 있는 대응이 어렵기 때문에 특정 고객의 경험을 극대화시키는 데는 역부족이었다.

이러한 문제점을 극복하기 위한 대안으로 옴니채널에 대한 관심이 높아지고 있다. 온라인과 오프라인 채널 간의 유기적인 연계를 통해 동일한 고객이 일관성 있는 고객 경험을 할 수 있도록 하는 방법이다. 오프라인 매장과 온라인 고객 정보를 연결하는 기술의 수준과 스마트폰 보유율 등을 감안하면 옴니채널을 구축하는 것은 어려운 문제가 아니다. 제조 기업과 유통 기업 간의 협력도 매우 중요하다. 고객은 제품과 유통점 브랜드에 대한 총체적 경험을 한다.

옴니채널은 기존의 유통망을 가지고 있는 유통 기업에서 먼저 관심을 가졌다. 대표적으로 미국의 메이시스Macy's 백화점이 있는데, 2009년부터 옴니채널 비즈니스 전략을 실행중이다. 매장 안에 뷰티스폿Beauty Spot이라는 대형 키오스크를 설치하여 해당 제품의 정보 및 사용 후기, 온라인 정보 검색 서비스를 무료로 제공한다. 고객은 이런 정보 수집을 통해 제품 구매 과정에서의 리스크를 줄이고 보다 수월하게 제품을 구입할 수 있게 된다. 메이시스의 옴니채널 전략은 발전을 거듭하고 있으며 연평균 6퍼센트의 성장률을 달성하고 있다.[15]

국내에서는 오프라인 유통 강자로 입지를 굳혀온 롯데가 유통 채널별로 따로 운영됐던 8개 온라인몰을 통합하는 등 온라인 사업에 자원을 집중시키면서 옴니채널을 강화하고 있다.

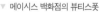
▼ 메이시스 백화점의 뷰티스폿

유통 기업만이 아니라 제조 기업에서도 옴니채널을 도입하고 있다. 영국의 의류 브랜드인 버버리[Burberry]는 자신들의 핵심가치인 영국적인 것과 핵심 제품인 코트에 집중하면서 젊은 소비자를 공략하기 위해 디지털 미디어를 적극적으로 활용한다. 이를 통해 오프라인 매장, 런웨이, 온라인을 통합하고 연결하여 누구나 쉽게 접근할 수 있는 옴니채널을 추진하고 있다.[16]

버버리는 온라인 경험을 오프라인 매장에서도 느낄 수 있도록 했으며, 고객이 원할 경우 매장에서 온라인으로 주문하고 구매할 수 있도록 했다. 플래그십 스토어의 대형스크린에서 패션쇼나 콘서트 같은 공연이 방송되며, 패션쇼도 실시간으로 중계한다. 매장의 옷에는 RFID 태그가 부착되어 있어, 거울이 모니터로 바뀌면서 제품에 관한 정보를 바로 확인할 수 있다.

03

수단은 달라도
메시지는 하나여야 한다

메시지는 군더더기 없이 단순명료해야 한다

사람들은 TV와 신문뿐만 아니라 인터넷과 휴대폰, 전광판과 입간판 등에 이르기까지 원하거나 원하지 않거나 하루 동안 수많은 광고에 무의식적으로 노출된다. 국내의 한 연구에 따르면, 소비자의 일일 평균 광고 노출량은 평균 193개로 나타났다.[18]

한마디로 현대인들은 광고의 홍수 속에 살아가고 있다. 중요한 것은 이렇게 많은 광고물에 노출되지만 소비자들은 잘 기억하지 못한다는 것이다. 설령 기억하더라도 내용을 신뢰하지 않는다. 올리버 와이만Oliver Wyman 보고서에 따르면 소비자가 광고 등 마케팅 활동을 통해 기업이 전달하고자 하는 브랜드 가치를 알고 신뢰하게 되는 경우는 20퍼센트 미만이라고 한다.[19]

이 같은 광고의 홍수를 넘어 엄청난 정보의 홍수 속에서 기업들이 소비자들을 설득하는 일은 갈수록 어려워지고 있다. 마케팅 커뮤니케이션의 목표는 설득을 통해 소비자들의 태도를 변화시키는 것이다. 그러기 위해서는 소비자들에게 제공되는 메시지가 간결하면서도 강력해야 한다. 간결함은 메시지의 가장 중요한 요건이다. 잭 트라우트는《단순함의 원리》에서 "단순함이야 말로 가장 큰 성공 전략이다."라고 말했다.[20]

이는 복잡함이 줄어들면 불확실성이 최소화되고 의사결정에 책임을 지기도 더 쉬워진다는 뜻이다. 예를 들어, 사우스웨스트항공Southwest Airlines은 '가장 저렴한 항

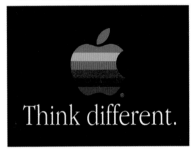
▼ 단순하지만 강력한 애플의 슬로건

공사'를 표방해 '가장 성공한 항공사'가 되었다. 사우스웨스트항공은 교통수단으로서 항공 운송의 본질적인 특성을 강조하고 서비스를 최소화해 가격 경쟁력을 높였다. 그리고 이런 전략을 "언제라도 당신이 원할 때, 자동차로 여행할 비용으로 비행기의 속도를 즐겨라The speed of a plane at the price of a car-whenever you need it."라는 확실한 슬로건으로 '가장 저렴한 항공사'라는 메시지를 소비자들에게 효과적으로 전달했기 때문이다.

브랜드의 핵심가치를 간결하게 표현하여 성공적으로 메시지를 전달한 예는 수없이 많다. 애플의 'Think different', BMW의 'The ultimate driving machine', 나이키의 'Just do it', 딤채의 '발효과학', 청정원의 '자연에 정성을 더합니다', 풀무원의 '자연을 담은 큰 그릇', 유한킴벌리의 '우리강산 푸르게 푸르게', 에이스침대의 '침대는 가구가 아니라 과학입니다' 등이 바로 그러한 사례이다.

결국 경쟁력 있는 메시지는 브랜드의 핵심을 간결하게 표현한 것이라 할 수 있다. 간결한 하나의 메시지를 만들어 이 메시지를 신문, 잡지, 웹사이트, 전광판 등 다양한 커뮤니케이션 수단으로 일관되고 지속적으로 전한다면 그 브랜드, 그리고 그 기업은 제대로 브랜딩을 하고 있는 것이다.

일관된 메시지를 통합적이고 지속적으로 전하라

소비자들의 마음속에 브랜드를 심기가 갈수록 어려워지고 있다. 이런 상황에서 기업이 특정 브랜드를 효과적으로 포지셔닝하기 위해서는 통합적인 마케팅 커뮤니케이션을 전개해야 한다. 전략적인 마케팅 계획을 수립하고 이를 바탕으로 일관되고 지속적인 커뮤니케이션 활동을 전개해야, 소비자들 마음속에 확실히 브랜드를 심어 강력한 브랜드 자산을 형성하고 기업의 목표를 달성할 수 있다.

소비자의 마음속에 브랜드를 확실히 심기 위해서는 기획의도라고 할 수 있는 브랜드 아이덴티티를 명확하게 규정해야 한다. 그리고 이 브랜드 아이덴티티를 바탕으로 브랜드 콘셉트와 포지셔닝을 효과적으로 전달할 수 있는 다양한 커뮤니케이션 수단들을 통해 통합적인 커뮤니케이션 활동을 전개해야 한다. 그러면 어느 순간 소비자들은 그들이 원하고, 기업이 원하는 하나의 이상적인 이미지를 연상하게 될 것이다. 일관되고 지속적으로 하나의 콘셉트, 하나의 메시지, 하나의 목소리one concept, one message, one voice로 이어지는 커뮤니케이션 활동을 전개할 때

마케팅 커뮤니케이션과
오케스트라의 공통점은?

명지휘자로 이름 높은 헤르베르트 폰 카라얀Herbert von Karajan이 지휘하는 베를린필하모닉의 오케스트라 연주를 들어본 적이 있는가? 이들처럼 멋진 오케스트라가 되기 위해서는 훌륭한 지휘자와 예술적 열정을 가진 실력 있는 연주자들이 있어야 하고, 또 좋은 악기가 뒷받침되어야 한다. 지휘자는 오케스트라의 리더이다. 단원들은 지휘자의 지휘를 따라 자신의 소리를 내면서도 오케스트라 속에서 전

헤르베르트 폰 카라얀[21]

체와 조화를 이루어야 한다. 그래야 불협화음이 아닌 아름다운 음악을 만들어낼 수 있다.

마케팅 역시 훌륭한 경영자와 직원들이 있어야 하고, 열정과 혼을 불어넣을 제품이나 서비스가 있어야 하며, 경영자의 지시에 따라 임직원들이 열정적으로 업무를 수행할 때 성과를 높일 수 있다. 즉, 전사적인 차원에서 브랜드 전략에 의한 효과적인 커뮤니케이션 계획(악보)을 수립하고 하나의 메시지(음악)를 전달해야 마케팅에 성공할 수 있는 것이다.

여기서 지휘자는 최고경영자, 마케팅 담당자, 브랜드 담당자 등이고, 단원들은 각 부서에서 근무하고 있는 직원들이며, 악보는 마케팅 계획서가 될 것이다. 또 통합적인 마케팅 커뮤니케이션의 도구로 보면, 지휘자는 브랜드이고, 단원들은 광고, 홍보, 판촉 등의 커뮤니케이션 수단으로 비유할 수 있다.

만약 기업이 광고를 통해 전하는 메시지와 홍보, 판촉을 통해 전하는 메시지가 다르다면 거의 모든 미디어에 노출되고 있는 소비자들에게 하나의 목소리를 전하기 어렵다. 모든 이들이 '한 목소리one voice'로 일관되게 브랜드를 주장할 때에만 강력한 브랜딩이 된다.

브랜드는 비로소 소비자와 관계를 형성하게 되고, 이로 인해 기업은 강력한 브랜드 자산을 구축할 수 있게 된다.

오케스트라는 지휘자의 지휘에 맞춰 악보에 있는 선율을 따라 모든 연주자들이 집중해 열정적으로 연주할 때 아름다운 음악을 만들어낸다. 마케팅 역시 마케팅 책임자의 지휘에 따라 마케팅 전략 기획에 맞춰 모든 임직원들이 열심히 실행에 옮겨야 비로소 성공할 수 있다. 마케팅 조직들은 기업 외부의 대행사들과 함께 광고, 판촉, 다이렉트 마케팅, 홍보 활동 등을 기획하고, 경우에 따라서 각기 다른 메시지를 개발해 커뮤니케이션 활동을 전개하기도 한다.

즉, 하나의 메시지를 일관되게 지속적으로 전달해야 브랜드 인지도도, 마케팅 커뮤니케이션의 효율성도, 성공 가능성도 높일 수 있다는 것을 기억해야 한다. 이는 기업의 모든 부서가 반드시 동일한 카피와 슬로건만을 부르짖어야 된다는 의미가 아니다. 하나의 콘셉트에서 나오는 일관된 메시지를 통해 핵심가치를 공유해야 된다는 것이다.

마케팅 활동에도 진정성이 필요하다

이제는 더 이상 많은 지식과 정보를 바탕으로 구매 의사결정을 내려야 보다 합리적일 것이라는 가정이 유효하지 않다. 과거에는 소비자들이 정보를 탐색하는 과정에서 어느 정도의 장벽이 존재했기 때문에 기업들이 정보를 통제할 수 있었다. 그러나 오늘날은 인터넷과 스마트폰의 발달로 인해 거의 모든 소비자들이 아주 짧은 시간에 손쉽게 정보에 접근할 수 있게 됨으로써, 기업은 더 이상 거짓 정보로 시장에서 살아남을 수 없게 되었다. 즉, 이제는 정보의 양이 아니라 정보의 질이 중요해진 것이다.

제임스 길모어 James Gilmore 와 조지프 파인 2세 Joseph Pine II 는 "사람들은 더 이상 그럴듯하게 포장된 가식적인 내용을 받아들이지 않으며, 투명한 진실을 원한다."고 했다.[22] 소비자들은 왜 진실을 원할까? 그 이유는 넘쳐나는 정보의 홍수 속에서 보다 쉽고 현명하게 의사결정을 내릴 수 있는 근거를 필요로 하기 때문이다.

'디자인이 예쁘다', '품질이 좋다', '맛이 최고다' 등과 같은 추상적인 메시지는 사람마다, 상황에 따라 생각하는 바가 다르기 때문에 정보의 진실성을 확인하기 어렵다. 반면 제품의 역사, 구체적인 기능과 효용, 원산지 등은 사실적인 근거를 갖고 있기 때문에 비교적 판단이 쉽다. 기업이 진실성이 담보된 구체적이고 객관적인 정보를 제공해 제품을 강요한다는 인상을 주지 않을 때, 소비자들은 해당 브랜드에 대해 호감을 갖게 되고 보다 쉽게 그 브랜드를 선택하게 된다.

성공한 브랜드들의 진정성 마케팅 사례

미국의 유명 화장품 브랜드인 키엘Kiehl's은 1851년에 뉴욕에서 약국으로 출발했다는 사실을 강조해 마케팅 활동을 펼친다. 또 약학 지식을 바탕으로 천연성분의 원료를 엄선해 제품을 생산하고, 광고 대신 고객 추천에 대한 입소문으로 마케팅 활동을 한다. 수수한 디자인의 용기에 제품의 재료와 성능을 상세하게 기술하는 것도 그러한 노력의 일환이다. 키엘은 '기업의 이윤은 반드시 그 지역사회에 환원해야 한다'는 기업철학을 바탕으로 꾸준히 사회공헌 활동을 이어오고 있다.[23]

최근에는 도심 속 자연을 보호하고 가꾸는 사회 공헌 캠페인인 네이처앤더시티 캠페인을 진행했다. 또한 다 쓴 화장품 공병을 화분으로 재활용해 나만의 정원으로 가꾸는 마이리틀가든 프로젝트로 진행했다. 이를 통해 도심 속 자연을 가꾸는 데 함께하자는 메시지를 전하고 있다.

미국의 프리미엄 생수인 '피지워터FIJI Water'의 수원지는 남태평양 피지제도에서도 환경이 가장 잘 보존된 비티레부Viti Levu 섬이다. 화산섬인 피지의 500년 된 암

▼ 약사 가운을 통해 진정성 이미지를 구축한 키엘 ⓒ 구자룡

▼ '인간의 손이 닿지 않는' 피지워터[25]

반에서 공기에 접촉하지 않고 대수층에 직접 연결해 물을 채취하는 최첨단 시설을 통해 만들어져 병마개를 돌리기 전까지 인간의 손이 닿지 않은 천연상태 그대로의 물로 보존하고 있다는 점을 강조하고 있다.[24]

즉, 피지워터는 실제로 피지에서 생산된다는 것과 알칼리 천연 화산 암반수라는 제품의 특성을 강조해 마케팅 활동을 펼친다. 그리고 "인간의 손이 닿지 않는"이라는 슬로건으로 통합적인 커뮤니케이션 활동을 한다. 제품에 내재된 본질적 가치를 표현하기 위해 브랜드와 제품의 지리적 특성을 강조하는 것이다. 또 광고보다는 주로 게릴라 마케팅과 바이러스 마케팅으로 커뮤니케이션하면서 매년 1,500여 개의 환경보호와 관련 있는 행사를 지원한다. 피지워터는 현재 미국에서 수입 생수 1위를 차지하고 있으며, 전 세계 60여 개국에 공급하고 있다.

백패킹 장비를 중심으로 새로운 아웃도어 라이프스타일을 만들어가는 브랜드로 '제로그램ZEROGRAM'이 있다. 2011년 출시 이후 오로지 더 가볍고 혁신적인 장비로 '보다 가볍게, 보다 멀리Go Light, Get More' 가려는 장거리 하이커들의 열망으로 가득 찬 브랜드다. 전체 아웃도어 시장에서 본다면 비록 좁은 시장이라고 할 수 있지만, 그 좁은 시장에는 강력한 로열티를 가지고 있는 열렬한 옹호자들이 있다. 이러한 결과를 만들어내는 근본은 바로 진정성에 있다. 제로그램의 경영철학, 기업문화, 그리고 고객들이 함께 만들기에 가능하다.

제로그램은 출시 이후 지금까지 "우리는 지구에 미안하다We are sorry to earth"고 한다. 왜 미안할까를 생각해보자. 백패킹이나 트레킹은 주로 산을 찾게 된다. 산은 자연(지구)이고, 우리는 자연을 온전한 상태로 후손들에게 물려줘야 한다. 산을 걷는다는 것은 우리의 체중과 음식으로 지구에 부담을 준다. 그곳에 살고 있는 동식물에게도 위협이 된다. 조금이라도 생태계에 부담을 덜 줄 수 있는 방법은 무게를 줄이는 것이다. 제로그램(0g)은 아웃도어 장비를 개발할 때 0그램에 도달하고자 하는 개발자의 철학이 담겨있다. 가능한 가볍고 안전한 장비야 말로 제품 개발자가 실현할 수 있는 가장 적극적인 친환경 행동이라고 할 수 있다. 쉽게 도전할 수 있는 콘셉트가 아니기에 도전할 만한 가치가 있다.

▼ 1.19kg의 제로그램 엘찰텐 1.5인용 텐트[27]

하나의 사례로 최근에 출시된 '엘찰텐' 1.5인용 텐트는 기존의 엘찰텐 2인용에 비해 약 300g이 경량화된 1.23kg이다. 여기에 2018년 모델은 1.19kg으로 0.04kg 더 가벼워졌다. 가벼울수록 자원의 소비를 줄일 수 있고 자연에 미치는 영향을 줄일 수 있다. 제로그램의 경량성은 물질적인 질량이 아니라 자연에 대한 생각과 자세, 철학에서 완성된다.[26]

이렇듯 제로그램이 무게에 집착하는 것은 브랜드의 철학이기에 어쩌면 너무나 당연하다. 여타 아웃도어 브랜드와 다른 점이다. 제로그램은 대중적인 브랜드는 아니다. 하지만 백패킹, 트레킹 등 아웃도어 중에서도 자연에 온전히 몸을 맡기고 장기간, 장거리 활동을 하는 시장에서는 이미 세계적으로 유명한 브랜드가 되고 있다. 스타트업이나 신규 브랜드를 출시하는 마케터에게는 학습하기 좋은 사례다.

마케터라면 일반적으로 광고를 통해 대중적인 커뮤니케이션을 전개할 것이다. 가장 쉽고 효율적인 방법이다. 그러나 스타트업이고 제조업인 경우에는 소비재라도 이런 대중적인 커뮤니케이션은 자원의 제약이 있을 수밖에 없다. 이 문제를 극복하는 방법 역시 진정성에 답이 있다.

윤석철 교수는 저서 《윤석철 : 문학에서 경영을 배우다》에서 '적나라한 힘naked strength'을 길러야 한다고 이야기했다.[28] '네이키드 스트랭스'는 총칼, 돈, 물질적인 것들을 다 버린 후에도 남아있는 근본적인 힘을 뜻한다. 그 뜻을 풀이하면, 남 앞에 알몸으로 섰을 때도 진정한 가치를 가진 존재가 되어야 한다는 것이다. 마찬가지로 기업이 진심을 다해 자신들의 제품과 서비스의 품질을 높이고 고객을 배려하는 데 힘쓴다면, 화려한 마케팅 활동을 하지 않고도 그 자체만으로 경쟁력을 가질 수 있을 것이다.

반대로 기업이 진정성을 상실하거나, 고객을 속였다는 사실이 드러난다면 치명적인 결과를 가져올 수 있다. 농심의 '신라면 블랙'은 '우골 설렁탕 한 그릇 그대로'라는 메시지로 소비자들에게 소구하여, 한때 프리미엄 라면으로 라면시장에서 돌풍을 일으켰다. 그러다가 공정거래위원회로부터 허위과장 광고로 징계를 받으면서 매출이 급감하고 소비자들로부터 냉담한 반응을 얻어 결국은 시장에서 철수하게 되었다. 신라면 블랙은 2011년 4월 출시 이후 5개월 만에 시장에서 철수했다. 그러나 2012년 10월에 나트륨 함량을 줄이고 얼큰한 맛을 더 살린 리뉴얼 제품으로 재출시해 보름 만에 300만 개를 판매했다. 최근에는 글로벌 시장에서 인기를 얻고 있다.

이처럼 이제 더 이상은 똑똑한 소비자들을 속일 수 없다는 것을 명심해야 한다. 한때 기업이 독점할 수 있다고 생각했던 정보와 권력은 이제 모두 소비자에게로 넘어갔다. 마케터들은 이것을 확실히 인지해야 할 것이다.

커뮤니케이션믹스를 통해 고객의 지갑을 열어라

개성 강한 마케팅의 커뮤니케이션 수단

마케팅 커뮤니케이션^{communication}의 역할은 브랜드를 알리고, 설득하고, 상기시키는 것이다. 마케터는 기존 고객 또는 잠재 고객에게 기업의 브랜드와 제품에 관한 정보를 주고^{inform}, 이 정보를 통해 소비자들을 설득^{persuade}하여 특정 브랜드의 제품을 구매하도록 만든다. 그리고 소비자들이 해당 브랜드와 제품에 대해 잘 알고, 긍정적 태도를 가질 수 있도록 계속해서 상기^{remind}시킨다.

다양한 커뮤니케이션 수단들을 통합적으로 운영할 때 커뮤니케이션의 효과는 배가 된다. 마케팅 커뮤니케이션 수단들을 권투시합에 비유할 수 있다. 광고^{advertising}의 역할은 잽^{jab}처럼, 비록 영향력은 약하지만 반복적으로 전하면서 소비자들의 인식 속에 서서히 브랜드를 알리는 누적 효과를 얻고자 하는 것이다. 그러나 마케팅은 단기적이 아니라 장기적으로 승부를 겨뤄야 하는 것이므로 광고만으로는 역부족이다. 잽만으로는 라운드 수가 많은 권투시합에서 승리하기 어려운 이유와 같다. 그래서 훅^{hook}과 같은 강한 펀치인 판매촉진^{sales promotion}이 필요하고, 어퍼컷^{upper cut}과 같은 결정적 한 방(KO펀치)이 될 수 있는 인적판매^{personal selling}도 필요하다. 인적판매란 직접적으로 소비자들과 접촉해 즉각적인 반응을 일으켜 구매로 연결될 수 있도록 하는 활동을 말한다.

통합적인 마케팅 커뮤니케이션의 궁극적인 목표는 소비자들에게 명확한 브랜드 이미지를 제공함으로써 강력한 브랜드 자산을 구축하기 위한 것이다. 또 소비자들로부터 호감과 신뢰를 얻어 해당 브랜드에 대한 습관적인 행동을 만들어내려는 것이다. 이를 위해 기업들은 광고, PR, 판매촉진[SP], 인적판매 등 다양한 커뮤니케이션 수단의 특징을 검토하여 고객 및 잠재고객의 행동에 직간접적으로 영향을 미칠 수 있도록 하고 있다. 이러한 마케팅 커뮤니케이션 수단의 특성을 비교하면 〈표 7-1〉과 같다.

▼ 〈표 7-1〉 마케팅 커뮤니케이션 수단의 특성 비교

구분	광고	PR(홍보)	판촉	인적판매
기본 목적	인지도 제고 선호도 제고 포지셔닝	신뢰 형성	실판매 증대	관계형성 및 판매
소구 방법	감성적	감성적	이성적	이성적
기간	장기	장기	단기	단/장기
이익 기여도	보통	낮음	높음	높음

광고 : 반복적으로 알려 좋은 이미지를 만들어라

광고는 자신의 이름을 밝힌 광고주가 정보전달 매체를 이용하여 어떤 브랜드나 제품을 특정 대상에게 소개하거나 알리는 활동이다. 광고의 가장 중요한 목표는 특정 소비자들로 하여금 광고주인 기업이나 광고의 대상이 되는 브랜드와 제품에 대한 긍정적인 감정을 가지도록 만드는 것이다. 광고는 한때 '마케팅의 꽃'이라는 말을 들을 정도로 각광을 받던 마케팅 커뮤니케이션의 대표적인 수단이었다. 오래전부터 소비자들의 습관을 형성하는 데 많은 영향을 주었다.

광고가 성공하기 위해서는 사다리를 오르듯이, 표적 소비자들을 한 목표에서 다음 목표로 자연스럽게 이동시켜야 한다. 즉, 소비자들을 미인지 상태에서 해당 브랜드나 제품에 대해 인식하게 하고, 이해를 시킨 다음, 호의적인 태도를 형성하게 만들고, 궁극적으로 구매행동으로 옮기도록 해야 하는 것이다. 또 광고는 단순히 제품과 브랜드의 인지도만 높이는 것이 아니라 기업에 대한 좋은 이미지를 형성하고 소비자들의 욕망을 자극하는 등의 여러 가지 효과를 동시에 추구한다.

성공적인 광고는 전략 연계성이 높고 소비자들로부터 공감을 이끌어낼 수 있어야 한다. '전략 연계성이 높다'는 것은 마케팅 전략, 브랜드 전략, 광고 전략 등 시장 세분화, 표적시장의 선정, 포지셔닝으로 이어지는 전략적 마케팅의 핵심인 브랜드의 콘셉트와 포지셔닝 방향이 잘 연계되어 하나의 메시지로 제시되는 경우를 말한다. 소비자 공감이란 제시된 메시지에 소비자들이 관심과 흥미를 보이고, 감정적으로 몰입되거나 혹은 감명을 받는 것을 말한다. 이런 광고를 접한 소비자들은 대부분 주변 사람들에게 호의적으로 구전을 하는 경향이 있다.

예를 들어, 대웅제약의 우루사는 '간 때문이야' 광고를 통해 간과 피곤을 전략적으로 연계하고, 메시지에 유머를 결합하여 자연스럽게 소비자들로부터 공감을 불러일으켜 성공했다. 우루사는 광고를 통해 브랜드 인지도가 크게 증대되었을 뿐만 아니라 실제 매출의 증가로까지 연결되는 성과를 거두었다.

브랜드 자산을 구성하는 요소 중 하나인 브랜드 인지도는 소비자들이 그 브랜드를 알고 있는가와 밀접한 관련이 있다. 소비자들이 어떤 브랜드를 알고 있다는 것은 그 자체만으로 매우 중요한 의미가 있다. 브랜드 인지도가 높다는 것은 해당 브랜드가 소비자들로부터 선택될 확률 또한 높다는 것을 의미한다. 일반적으로 소비자들이 구매 의사결정을 내릴 때는 자신이 알고 있는 범위 내에서 선택을 하기 때문이다.

브랜드 인지도를 제고하는 데 가장 효과적인 방법은 광고다. 광고를 통해 동일한 내용을 반복적이고 지속적으로 소비자들에게 알림으로써 소비자들의 인식에 파고들 수 있기 때문이다. 최근에는 사람들의 일상생활이 광고로 시작해서 광고로 끝날 정도로 많이 노출되고 있고, 경우에 따라서는 광고가 더 이상 정보가 아니라 공해가 되기도 한다. 이제는 브랜드 인지도가 구매 의사결정에 절대적으로 작용하는 것도 아니다. 경우에 따라서는 브랜드 인지도가 높다는 이유로 오히려 소비자들로부터 외면을 당하기도 한다. 패션 및 럭셔리 브랜드 중에서 희소성이 강한 브랜드들이 이에 해당한다.

광고는 마케팅 커뮤니케이션 수단들 중에서 가장 많이, 그리고 널리 활용되고, 정교성 역시 대단히 높은 방법이다. 그러나 광고에 대한 부정적인 인식이 증가하고, 새로운 미디어의 출현으로 계속해서 다양한 시도들이 이뤄지고 있다. 광고가 여전히 중요한 마케팅 커뮤니케이션임에는 틀림없지만, 그 위상이 과거에 비해 크게 약화되고 있는 것이 사실이다. 특히 스마트폰의 대중화로 공중파를 통한 광고의 효과는 갈수록 줄어들고 있다. 이제는 대중매체를 이용한 비대면 커뮤니케이션 수단의 대표적인 방법인 광고보다는 비대중매체이면서 대면 커뮤니케이션이 가능한 판매촉진, 이벤트, 바이럴 커뮤니케이션 등을 통한 브랜드 체험 마케팅의 중요성이 더욱 커지고 있다.

PR : 소비자들과 신뢰관계를 형성하라

오늘날 기업의 사회적 책임이 요구되는 경영 환경 속에서 기업들은 자신들의 사회공헌 활동을 소비자들에게 전달함으로써, 소비자들과 장기적으로 우호적인 관계를 형성하고 싶어 한다. 이때 가장 적합한 방법이 PR[Public Relation]이다. PR은 공중관계라고도 하는데, 여기서 공중[public]이란 불특정다수인 대중[mass]과 달리 비슷한 이해관계나 관심을 가진 집단, 즉 기업의 주된 관심 대상인 소비자를 말한다.

다시 말해, PR은 소비자와의 신뢰 형성을 통해 브랜드에 대한 호의적인 이미지를 만들기 위해 사용하는 방법이다. 기업은 자사의 이미지를 제고하고, 자사에 대한 호의적인 평판을 얻거나 비호의적인 평판을 제거 또는 완화시키려는 목적으로 PR을 이용한다. PR은 신뢰성 있는 정보의 전달, 관련 이벤트 후원, 사회에 이익을 환원하는 등의 기능을 가지고 있다. 기업은 PR을 통해 직간접적으로 관련된 여러 유형의 소비자 집단들과 좋은 관계를 유지하고, 선도적 혹은 전문적이라는 이미지를 부각시키며, 소비자와의 신뢰관계를 형성하고자 한다.

PR의 대표적인 방법인 홍보[publicity]는 언론을 이용하여 기업의 활동들을 알리는 것이다. 광고와 달리 매체를 구매해 이용하지 않기 때문에 직접적인 매체 집행 비용이 발생하지 않는다는 특징이 있다. 홍보의 결과로서 언론의 보도는 기업의 의지와 관계없이 언론사의 의지로 게재되는 것이므로 소비자들은 광고보다 언론

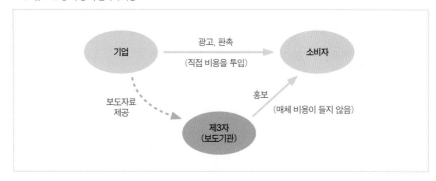

▼ 〈그림 7-1〉 광고, 홍보, 판촉의 특징

의 보도를 더욱 신뢰하는 경향이 높다. 그림 〈7-1〉은 홍보, 광고, 판촉의 특징을 정리한 것이다.

가장 성공적인 PR의 사례로는 1982년 존슨앤드존슨Johnson & Johnson의 '타이레놀 사건'을 꼽을 수 있다. 존슨앤드존슨은 진통제시장의 대표 브랜드인 타이레놀을 캡슐 형태로 만든 'Extra Strength Tylenol'이라는 신제품을 출시하였다. 그러나 새로운 제품을 복용한 소비자 7명이 사망하는 사건이 발생하면서 타이레놀 매출 은 곤두박질쳤다. 이에 존슨앤드존슨은 전사적인 차원에서 신속히 사건을 해결 하고자 노력하였다. 사장이 직접 TV에 출연하여 사건에 대해 유감을 표명하고, 제품에 문제점이 없다는 것과 사건의 진상을 적극적으로 알렸다. 또 독극물을 투 여한 범인에게 거액의 현상금을 걸고 수사에 적극 협조하는 등 사건을 해결하고 자 하는 강한 의지를 표명하였다.

아울러 타이레놀 제품에 대한 신뢰를 호소하는 광고를 대대적으로 내보냈고, 기존 포장 형태로는 독극물 투입이나 제품의 훼손 여부를 소비자들이 알아차리 기 어렵다는 점을 고려해 새로운 포장법을 고안, 개발하기도 하였다. 이를 통해 타이레놀은 최대의 위기를 기회로 전환하여 독극물 사건 이전으로 기업과 제품 에 대한 신뢰를 빠르게 회복할 수 있었다. 이는 단순한 위기관리 차원이 아닌 브 랜드를 보호하고 브랜드의 가치를 높이는 전사적인 마케팅 활동 덕분이었다.

소비자들은 진정으로 신뢰할 수 있는 기업을 원한다. 그리하여 많은 기업들이 소비자들과 신뢰를 구축하기 위한 수단으로 PR을 적극적으로 이용하고 있다. 그러나 PR은 그 내용에 진정성이 있을 때에만 효과가 있으며, 만약 그렇지 않다면 오히려 PR을 하지 않은 것만 못한 결과를 얻게 된다. 거짓된 내용으로 하루이틀은 소비자들을 속일 수 있을지 모른다. 그러나 오늘날과 같이 전 세계가 소셜네트워크로 연결된 시대에는 거짓은 언제라도 밝혀진다는 것을 명심해야 한다.

PR의 한 방법이기도 한 입소문 또는 구전^{WOM: word-of-mouth} 커뮤니케이션은 그동안 마케터들로부터 지속적인 관심을 받아왔다. 이는 소비자들이 자발적으로 메시지를 전달하면서 브랜드나 제품에 대한 긍정적인 입소문을 내게 하는 마케팅 활동이다. 꿀벌이 윙윙거리는 것처럼 소비자들이 제품에 대해 말하게 한다고 하여 버즈 마케팅^{buzz marketing}이라고도 한다. 바이러스가 자연스럽게 퍼지듯 소비자들의 입을 통하여 자연스럽게 퍼져나간다는 의미에서 바이럴 마케팅^{viral marketing}이라고도 한다.

입소문 마케팅을 통해 사용자의 경험이 다른 소비자들에게 직접적으로 전달되면 해당 제품 혹은 브랜드를 사용하지 않았던 잠재고객들도 간접적인 경험을 하게 된다. 이는 다른 소비자들의 구매 의사결정에 매우 중요한 선택기준이 된다. 만약 입소문의 출처가 영향력 있는 인물이거나 신뢰성이 높은 기관에 의한 것이라면 그 효과는 더욱 커지게 된다. 그러나 입소문 커뮤니케이션이 항상 긍정적인 효과만을 가져오는 것은 아니다. 만약 부정적인 내용이 입소문을 타게 되면 손 쓸 수 없는 상황까지 기업을 몰고 갈 수도 있다. 만약 해당 기업이 신속하게 부정적인 입소문을 잠재우지 못한다면 개별 제품이나 서비스의 실패를 떠나 기업의 존폐까지도 위협받을 수도 있다.

정보의 홍수 속에서 사용자의 경험을 바탕으로 하는 정보는 그 자체만으로 순수성을 갖기 때문에 입소문은 소비자들과 신뢰를 형성할 수 있는 최고의 방법으로 자리매김하고 있다. 실제로 입소문은 모든 구매 의사결정의 20~50퍼센트를 좌우하는 요인으로 조사됐다.[29] 특히 최초 구매 시 혹은 상대적으로 고가품을 구입할 경우 소비자들은 더 많은 정보와 의견을 구하며, 더 오랜 시간을 들여 심사숙고하는 경향이 있어서 입소문의 영향도 최대에 달한다.

글라소 비타민워터는 어떻게
광고 한 번 안 하고도 성공했을까?

음료 제품은 다양한 소비자를 공략해야 하는 제품의 특성상 일반적으로 빅 모델을 활용한 TV 광고를 많이 한다. 하지만 코카콜라의 글라소 비타민워터는 2009년 6월 국내에 출시되자마자 그해 매출 목표를 200퍼센트 초과 달성한 데 이어 2010년도에는 매출이 2009년보다 190퍼센트나 증가했다. 2014년 10월에는 60.3퍼센트(닐슨데이터 · 한국리서치 통합기준)의 시장점유율을 기록했다. 현재 국내 유통은 LG생활건강에서 맡고 있다.

코카콜라는 까다로운 한국 소비자의 눈에 들기 위해 컬러 마케팅, 스토리텔링 마케팅, 팝업스토어(임시매장), 셀렙(유명인사) 마케팅 등 다양한 마케팅 기법을 채택했다. 글라소 비타민워터는 제품 진열대에서부터 시각적 효과를 주기 위해 런칭 당시 8종이었던 8가지 색상의 제품을 판매 진열대에 모두 전시하는데 공들였다. 8종 가운데 소비자가 자신의 라이프스타일에 맞는 제품을 선택할 수 있도록 제품 특성을 알리기 위해 '스토리텔링 라벨'로 스토리텔링을 전개했다. 이와 함께 업계 최초로 시도해 음료 마케팅의 판을 바꾼 팝업스토어를 운영했다. 2009년 코카콜라가 도입할 당시에는 해외 유명 패션 브랜드에서만 시도되던 '길거리 마케팅' 기법이었다. 또 음료 브랜드에서 잘 시도하지 않는 셀렙 마케팅으로 글라소 비타민워터를 유행 아이템으로 만들어갔다. 예를 들어 지드래곤이 연습한 뒤나 콘서트 백스테이지에서 마시는 음료로 널리 알리는 식이다.[30]

코카콜라는 글라소 비타민워터를 뉴욕 오리지널 액티브 라이프스타일 브랜드로 소개했다. 산뜻한 맛과 저칼로리의 수분 공급이 특징이다. 패셔니스타들이 즐겨 마시고, 패션쇼에 자주 등장해 '뉴욕 패션 아이콘' 음료로도 유명하다. 세련된 병 디자인과 함께 과일맛에 어울리는 비타민과 다양한 컬러를 더해 일상을 더 활력 있게 만들고자 했다. 이런 브랜드의 정체성을 국내 시장에서도 유지하고 있으며, 다양한 커뮤니케이션 수단들을 활용하여 국내 시장을 장악하고 있다. 글라소 비타민워터는 젊은이들 사이에서 입소문을 타면서 빠르게 성공할 수 있었다. 글라소 비타민워터의 성공은 고객과 보다 친밀한 관계를 형성하는 데는 광고보다 입소문이 더 효과적이라는 것을 증명하는 대표적인 사례이다.

글라소 비타민워터[31]

글라소 비타민워터

7가지 산뜻한 맛과 비타민, 미네랄, 칼슘 등
다양한 영양성분을 함유하고 있으며,
하루 필요한 영양 요소들을 공급해 줍니다

소셜미디어의 영향으로 입소문의 영향력은 점차 더 커질 것이다. 입소문을 제대로 활용하기 위해서는 먼저 입소문의 이야기가 고객과 관련성이 있어야 한다. 둘째, 흥미로운 이야기여야 한다. 셋째, 진정성 있는 이야기여야 한다. 예를 들면, 한국 가수 최초로 빌보드 음반 차트 1위에 오른 방탄소년단(BTS)은 학교폭력, 입시처럼 자신들이 경험하고 고민한 것을 가사로 쓰고 노래를 불렀다. 블로그, 트위터, 유튜브, 페이스북 등 소셜미디어에 자신들의 일상을 중계하면서 자신들만의 콘텐츠를 만들었다. 기성세대의 모순을 거침없이 지적하는 노래에 팬들은 열렬히 호응한 것은 그들의 활동에 흥미와 진정성을 느꼈기 때문이다.

판촉 : 매출 증대를 위한 결정적 한 방

판매촉진, 줄여서 판촉은 고객의 구매 욕구를 자극하고 유통의 효율성 향상을 위한 마케팅 활동이다. 다수의 기업들은 매출 또는 시장점유율 증대와 같은 단기적인 성과를 얻기 위해 판촉 활동을 벌인다. 다양한 방법의 판촉은 소비자들의 이목을 끌어 제품과 브랜드의 실제 판매량을 증대시키는 유용한 수단이다.

많은 소비자들이 일반적으로 접하게 되는 판촉 활동을 **소비자 판촉**이라고 한다. 이는 끌기pull 전략의 일부로 고객의 즉각적인 구매를 유도하기 위해 사용된다. 제조업체가 유통업체를 대상으로 행하는 **유통업자 판촉**은 밀기push 전략의 일부다. 유통업자 판촉은 크게 두 가지로 구분한다. 하나는 제조업체가 유통업체로 하여금 적극적인 판매 활동을 유도하기 위하여 중간상을 대상으로 하는 중간상 판촉이고, 다른 하나는 중간상이 소비자를 대상으로 독자적으로 행하는 소매상 판촉이다. 이를 정리하면 〈그림 7-2〉와 같다.

소비자 판촉의 이점은 기업의 고정비 부담을 줄이고, 매출 증대를 도모하며, 해당 제품을 사용해보지 못한 소비자들에게 자사 브랜드의 제품을 사용해보도록 하는 기회를 줄 수 있다는 것이다. 그러나 무분별한 판촉 활동은 장기적으로 브랜드 가치와 로열티를 감소시킬 수도 있다. 또 소비자들이 판촉을 할 때만 해당 제품이나 브랜드를 구매할 가능성이 있고, 유통업체나 중간 상인들이 가격 혹은 비가격

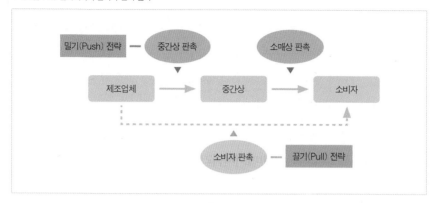

적인 판촉 행사를 하는 기업들의 브랜드만을 진열해 판촉을 하지 않으면 매출이 발생하지 않게 되는 폐해가 생길 수도 있다. 이런 경우 단기적인 판매 효과 측면에서는 어느 정도의 수익성을 보장받을 수 있지만, 장기적으로는 브랜드 이미지 훼손 문제가 발생할 수 있으므로 판촉을 무차별적으로 사용해서는 안 된다.

판촉은 비가격 판촉과 가격 판촉으로 분류하기도 한다. **비가격 판촉**은 프리미엄(무료선물), 견본품, 컨테스트, 시연회 등을 통해 제공되고, **가격 판촉**은 가격할인이나 할인쿠폰 등을 통해 진행된다. 판촉의 기본적인 목적은 실제 판매를 증대시키는 것이므로 소비자 판촉과 아울러 중간상 및 소매상 판촉을 함께 병행해야 보다 효과적인 판촉 활동의 결과를 얻을 수 있다.

마케팅 성과를 높이기 위해 고려해야 할 세 가지 판촉 요소

1. 판촉도 전략적으로 해야 한다

실제 마케팅 현장에서는 전략적 마케팅이 간과되는 일이 매우 흔하다. 예를 들면, 매출액이 떨어지는 경우 그 원인이 어디에 있는지 살펴보고 그에 따른 처방을 내려야 함에도 불구하고 단기적으로 매출을 올릴 수 있는 가장 쉬운 방법인 가격할인이나 이벤트를 실시하는 경우가 많다. 그 결과, 기업의 매출이 일시적으로 올라가기는 하지만 할인으로 인해 순이익은 감소하는 악순환이 되풀이된다.

판촉을 위해 가장 먼저 고려해야 하는 것은 '우리의 표적고객이 누구이며 그들이 바라는 것은 무엇인가?'이다.[32] 소비자의 관점에서 그들에게 무엇을 제공할 것인지를 최우선적으로 생각해야 된다는 말이다. 표적고객을 알고 그들이 원하는 것이 무엇인지를 파악했다면, 이를 마케팅 관계자들이 정확하게 이해할 수 있도록 정리할 필요가 있다. 마케팅 전략을 전술로 연결한 판촉 개요서를 작성하여 브랜드 매니저, 마케터, 판촉대행사 직원, 공급업체 종사자 등 모든 관계자들과 공유하여 판촉 활동을 통해 이루고자 하는 목표를 달성할 수 있도록 해야 한다. 특히 판촉 방법은 되도록 상세하게 계획을 세워야 하며 모든 과정이 체계적으로 진행될 수 있도록 해야 한다. 즉, 판촉도 전략적으로 기획해야 한다는 것이다.

2. 판촉 활동에 재미를 더하라

초콜릿을 사면서 슬프거나 괴로운 사람은 거의 없을 것이다. 이는 제품이나 서비스를 구매할 때도 마찬가지이다. 소비자들에게 구매행위 자체만으로 즐거움을 준다면, 그리고 여기에 재미까지 더해진다면 이보다 더 좋은 판촉 방법은 없을 것이다. 사실 마케터가 판촉 활동에서 사용하는 모든 마케팅 커뮤니케이션 수단은 고객에게 재미를 줄 수 있어야 한다. 그중에서도 재미있는 이벤트는 기대 이상의 마케팅 성과를 달성할 수 있는 매우 효과적인 판촉 수단이 된다.

'배달의민족'이라는 앱을 운영하는 '우아한 형제들'은 2015년부터 '배민신춘문예' 이벤트를 매년 진행한다. 재미있고, 공감되고, 소셜미디어에서 공유되기 쉬운 콘텐츠를 이용해 고객들의 참여를 유도, 큰 바이럴을 일으키는 방식이다. 예를 들면, 2017년 배민신춘문예의 대상으로 "치킨은 살 안쪄요"라는 문구가 뽑혔다. 이 작품을 포스터로 만들어 지하철역과 버스 옆면 광고가 집행되었다.

이것을 보고 '런치백'이란 밴드가 영감을 받아 같은 제목의 노래를 만들었다. 이 곡이 네이버 뮤지션리그에 주목을 받았고, 네이버가 정식 음원 제작을 지원하자 배달의민족은 뮤직비디오 제작을 지원했다. 소셜미디어를 타고 소문날 만한 영상을 만들기 위해 독특한 율동을 만들고 뮤직비디오 출연만으로도 주목을 받을 수 있는 배우인 김혜자, 김창렬의 참여로 재미를 한층 더 높였다.[34] 2018년 총 응모작은 12만 3,657개이고, 이 중에서 46편이 선정되었다.

2018년 6월 기준으로 '배달의민족' 앱의 누적 다운로드는 3,600만 건으로 업계 1위이며, 등록 업소 수는 24만 곳, 월별 주문 수는 1,900만 건으로 한국사람 3명 중 1명이 이용하고 있다.[35] 재미있는 이벤트를 만들고, 그 결과를 버스 광고와 옥외 광고로 알리고, 그것을 보고 재미있

▼ 배달의민족의 "치킨은 살 안쪄요" 버스 광고[33]

어서 노래를 만들고 이를 확산하기 위해 뮤직비디오를 만들어 다시 이슈를 일으키는 콘텐츠를 통해 판매촉진이 이루어졌다. 가격 할인과 같은 직접적인 판촉 활동도 있지만 이와 같이 콘텐츠 확산을 일으키는 이벤트를 통해서도 지속적인 판촉을 이어갈 수 있다.

3. 적합한 판촉 수단을 찾아라

제품이나 서비스에 대한 선택의 폭이 크게 늘어난 요즘 같은 세상에서 고객의 손길과 발길을 사로잡을 수 있는 확실한 방법으로 사실 판촉만한 것이 없다. 이것이 바로 대형 슈퍼마켓에서 매일 '1개 가격에 1개를 더 드리는 행사'를 진행하고, 무료 추첨이나 경연대회 또는 프리미엄을 제공하는 행사 등의 판촉 활동이 우리 주변에서 여전히 많이 실행되고 있는 이유이다. 다음 페이지에 〈표 7-2〉는 다양한 판촉 수단들을 정리한 것이다.

소비자들은 어떤 제품은 구매할 것인지를 결정하기 전에 요즘 가장 잘나가는 브랜드가 무엇인지, 그리고 현재 할인 판매되고 있는 제품이 무엇인지를 찾아보는 경향이 있다. 이때 '1+1 행사'가 진행된다면 많은 소비자들이 귀가 솔깃하여 해당 제품을 구매할 확률이 높다. 즉, 소비자들이 실제 구매를 고려하는 시점에 가장 적합한 판촉 수단을 찾아내는 것이 마케터가 고민해야 될 문제이다.

광고가 황소를 물가로 데리고 가는 역할을 한다면, 판촉은 그 황소에게 물을 먹이는 역할을 하는 것이라고 비유할 수 있다. 그러나 강제로 황소에게 물을 먹일 수 없듯이 소비자들에게 강제로 구매를 하게 만들 수는 없다. 소비자들이 스

▼ 〈표 7-2〉 다양한 판촉 수단

소비자 판촉 수단	중간상 판촉 수단
• 캐릭터 • 카드회원제 • 도박성 판촉 • 견본 : 신제품 도입 시 효과적 • 쿠폰 : 준가격의 성격, 귀인효과 주의 • 리베이트 : 유통의 마진 유지 • 소액포장할인 : 단기판매 증가에 효과적 • 경품 : 우리나라에서 특히 효과적 • 무료 시용 • 품질보증제도 : 인지부조화 방지 • 구매시점 전시 및 입증 : 차별적 주의 유도 • 연계촉진 : 여러 기관과의 공동 판촉 • 경연 : 관여도 증대에 효과적 • 특별할인 • 보너스팩 : 다수의 제품을 사용하게 하는 데 효과적	• 구매공제 • 제품공제 • 광고공제 • 후원금 • 전시공제 • 기념품 증정 • 무료 제품 증정 • 점원 파견

스로 지갑을 열 수 있도록 하는 가장 적합한 판촉 수단을 찾아서 기발한 아이디어와 연결할 때 소비자는 스스로 지갑을 열게 된다.

소비자들은 판촉을 통해 구매한 어떤 제품을 사용하는 동안에는 경쟁업체의 제품을 구매하지 않는다. 또 특정 제품이나 서비스를 사용해본 경험은 이후의 구매 활동에 영향을 주기 마련이다. 그러므로 소비자가 첫 번째 판촉행사 때문에 어떤 제품이나 서비스를 구입했다면, 이 경험이 두 번째 구매로 이어지도록 만들 수 있다. 이것이 판촉의 효과이다.

인적판매 : 소비자들에게 신뢰받는 조언자가 되라

기업의 영업사원들이나 유통채널의 판매원들은 소비자들과의 쌍방향 커뮤니케이션을 통해 자사 또는 제조 기업의 제품이나 서비스를 구매하도록 유도하는 역할을 수행한다. 이런 판매원을 일반적으로 '영업사원'이라고 하며, '접점 서비스 요원'이라고도 한다. 직접적으로 고객을 만나서 판매를 하는 판매원에 의해 이루지는 커뮤니케이션을 '인적판매'라고 한다.

인적판매는 잠재고객과 직접적으로 접촉해 그들이 원하는 것이 무엇인지, 또 어떠한 도움을 필요로 하는지를 파악하고, 문제를 해결해줄 수 있는 효과적인 대안을 제시해주는 방법이다. 이를 통해 소비자들의 구매를 일으킬 수 있다. 인적판매에서 중요한 것은 일회성 판매에만 머무르지 않고, 고객과 장기적으로 관계를 구축하는 것이다. 인적판매는 가장 직접적으로 판매 증대를 꾀할 수 있는 커뮤니케이션 수단이므로 판매원은 소비자들에게 신뢰받는 조언자가 되어야 한다. 판매원의 신뢰도는 기업의 현재 매출뿐만 아니라 미래의 매출에까지 막대한 영향을 끼칠 수 있다. 물론 소비자들이 판매원에 의해서 전적으로 구매 의사결정을 내리는 것은 아니다. 광고나 PR과 같은 다양한 커뮤니케이션 수단들에 의해 어느 정도 브랜드 인지도가 구축된 상태라면 제품을 선택할 확률이 높다.

소비자들은 브랜드와 접하는 매 순간 다양한 경험을 하고 이를 통해 해당 브랜드에 대한 이미지를 만들고 기억한다. 따라서 소비자들과의 쌍방향 커뮤니케이션이 이루어지는 브랜드 접점인 인적판매를 통해 브랜드에 대한 좋은 이미지를 계속해서 구축한다면, 소비자들과 장기적으로 우호적인 관계를 형성해나갈 수 있다. 소비자들과의 직접적인 접촉을 통해 제품과 브랜드에 대한 보다 많은 정보를 전달할 수 있고, 소비자들이 가지고 있는 잘못된 오해에 대해 해명을 할 수 있는 기회도 생기며, 이들의 욕구를 실시간으로 파악하여 해결책을 제시해줌으로써 긍정적인 감정과 호응을 이끌어낼 수도 있다.

반대로 판매원들이 전문성과 제대로 된 지식을 갖추지 못해 소비자의 문제를 해결해줄 수 없거나, 불성실한 태도를 보이는 경우에는 소비자들의 제품에 대한 만족도와 브랜드 이미지는 급격히 떨어지게 된다. 따라서 기업의 내부 마케팅 측면에서는 브랜드 접점에 있는 판매원들에게 적절한 보상을 제공하고, 이들의 사기를 진작시킬 수 있는 동기부여 프로그램을 갖춰야 한다. 또한 소비자들이 제기한 문제를 판매원들이 현장에서 바로 해결해줄 수 있도록 권한을 적절히 위임empowerment하는 것도 필요하다. 또한 체계적인 교육과 훈련을 통해 판매원들의 전문성과 커뮤니케이션 스킬을 증대시키고, 보다 고객지향적인 관점을 가질 수 있도록 해야 한다.

마켓 4.0 시대에 더욱 중요해진
입소문과 스토리의 힘!

소비자들은 특정 브랜드의 제품을 구매할 때 주로 인터넷상에서 포털사이트, 가격비교사이트, 브랜드사이트, 온라인쇼핑몰 등을 검색하여 필요한 정보를 탐색한다. 이때 가장 중요하게 살펴보는 내용이 바로 사용자 후기이다. 미국 뷰티전문시장조사 기관인 벤치마킹컴퍼니[TBC]는 〈핑크 리포트 : 10년간의 뷰티 벤치마크〉 보고서를 통해 2006년과 2016년의 구매성향을 설문 조사했다.[36]

제품 후기 확인 비율은 2006년에 26퍼센트, 2016년에 69퍼센트로 나타났으며, 제품 후기를 구매의 가장 중요한 요소로 여기는 소비자 비율은 55퍼센트에 달했고 이 중 37퍼센트는 긍정적인 후기로 충동구매를 했다.

즉, 소비자들은 인터넷과 모바일로 웹사이트들을 서핑하며 생생한 '고객의 소리'를 듣고 구매 결정을 내린다는 것이다. 소비자들은 기업에서 제공하는 정보보다 고객의 소리를 훨씬 더 신뢰한다. 따라서 소비자가 소비자에게 좋은 정보를 의도적으로 알리도록 하는 마케팅이 필요한 것이다. 최근에는 소셜미디어의 발달로 보다 넓은 범주의 특정 혹은 불특정 다수에게 일시적으로, 또 실시간으로 소문이 전파될 수 있게 되었다. 따라서 앞으로는 소셜미디어를 통해 이전까지와는 차원이 다른 입소문 마케팅이 전개될 것으로 생각된다.

세계적으로 가장 유명한 사례는 싸이의 '강남 스타일' 뮤직비디오다. 2012년 7월 입소문이 퍼지면서 매일 조회수가 기하급수적으로 늘어나더니, 마침내 하루에 1천만 뷰 이상의 조회수를 기록했다. "이 비디오는 너무 놀라워서 정말이지 말로 설명하기 힘들 지경입니다." 처음에 강남 스타일을 많은 미국인들에게 소개한 사람들 중 하나인 가수 티페인[T-Pain]이 트위터에 올린 글이다. 4개월 뒤에는 유튜브 사상 가장 조회수가 많은 비디오가 되었고, 2012년 12월에는 조회수 10억 뷰를 돌파한 최초의 비디오가 되었다.[37]

싸이의 '강남 스타일'은 2018년 말 기준으로 32억 5천만 조회수를 기록하고 있다. 이러한 성과는 한 장소에서 어떤 비디오를 포스팅하면 즉시 다른 곳에서도 볼 수 있는 기술 덕분이다. 유튜브와 같은 플랫폼이 있기에 가능하다. 기업의 정교한 마케팅에 의해 이루어진 결과가 아니라 연결된 우리들의 행동, 즉 서로 공유하고 조회하고 즐기는 사람들의 입소문에 의한 것이다. 기업이든 개인이든 유튜브

▼ 유튜브에 포스팅 되어 있는 싸이의 '강남 스타일' 뮤직 비디오[38]

와 같은 플랫폼을 이용하는 데 추가적인 비용이 발생하지 않는다. 유튜브, 인스타그램, 페이스북 등의 이런 미디어를 오운드 미디어^{owned media}라고 한다. 입소문을 일으키는 데 이보다 더 좋은 미디어는 없다.

미디어를 소유하는 것은 이제 중요하지 않다. 진짜로 중요한 것은 미디어에 실어 보낼 콘텐츠에 대한 고민이다. 만약 김치 냉장고인 '딤채'가 없었다면, 뮤직 비디오인 '강남 스타일'이 없었다면 입소문은 일어나지 않았을 것이다. 탁월한 제품과 강렬한 메시지를 개발하고 일관된 전개를 하는 커뮤니케이션의 기본은 입소문이라고 다를 게 없다.

양보 없는 무선청소기
비교 광고 전쟁

비교 광고^{comparative advertising}는 자사 제품의 속성들을 경쟁 브랜드와 직접 또는 간접적으로 비교하여 자사 브랜드의 우월함을 보여주고자 하는 광고이다. 비교 광고는 소비자들에게 보다 객관적인 정보를 제공해 구매 선택을 도울 수 있다는 점에서 긍정적인 평가를 받고 있다. 또 신규 브랜드나 신제품을 출시하는 기업들이 선발 브랜드를 공격하는 용도로도 많이 사용되고 있다.

비교 광고는 미국에서는 1972년부터, 일본에서는 1987년부터 허용되고 있다. 국내에서는 2001년 9월, 공정거래위원회가 비교 광고의 정당성 여부 심사 기준이 되는 '비교 표시·광고에 관한 심사지침'을 제정하여 시행하면서부터 허용되었다. 2002년 7월에는 한 번의 개정을 통해 객관적 측정이 가능한 특성을 비교 표시·광고만을 허용하도록 수정, 시행되고 있다. 하지만 이런 규정에도 불구하고 비교 광고는 객관적인 증거자료 없이 광고주의 일방적인 주장을 통해 특정 기업의 유리한 점만 부각시키거나, 경쟁 브랜드를 비방하는 경우가 많아 문제가 되기도 하고 있다.

영국 가전 업체인 다이슨은 2018년 7월 LG전자의 '코드제로 A9' 무선청소기의 일부 표시·광고 문구가 제품 성능을 허위, 과장 설명해서 소비자를 오인하게 할 수 있다면서 소송을 제기했다. 앞서 광고 금지 가처분 신청을 냈으나 법원에서 기각되자 같은 내용으로 본안 소송을 제기한 것이다. 당시 재판부는 "코드제로 A9의 성능 표현은 전문 인증기관이 객관적인 방법에 따라 측정한 시험 결과를 인용했고, 소비자 오인을 초래한다거나 공정한 거래질서를 해한다는 사정도

324

보이지 않는다."며 LG전자의 손을 들어줬다.[39]

다이슨은 LG전자 광고에서 등장하는 '항공기 제트엔진보다 16배 빠른 속도로 회전하는 초고속 스마트 인버터 모터', '오래도록 강력한 흡입력' 등의 문구를 문제 삼았다.[40]

한국소비자원은 2018년 1월 "국내에서 판매 중인 고가형 무선청소기 중 LG전자 코드제로 A9의 청소 성능이 가장 뛰어나다."는 평가 결과를 내놨다. LG전자, 다이슨, 삼성전자, 테팔 제품을 비교 평가한 결과였다. 소비자원의 보고서에 따르면, 바닥먼지(최대·최소모드), 바닥틈새(최대·최소모드), 큰 이물, 벽 모서리 6개 항목에 걸쳐 청소성능을 평가했는데, LG전자가 매우 우수 5개와 우수 1개로 가장 좋은 평가를 받았고, 다이슨은 매우 우수 4개와 우수 2개를 받았다.

다이슨이 LG전자의 무선청소기 '코드제로 A9'이 과장·왜곡된 표현으로 주장하며 소송을 제기하는 이유는 단순하다. 다이슨은 핸디 스틱형 무선청소기 시장을 선도하고 있으며, 세계 시장에서 60퍼센트 이상의 점유율로 1위 자리를 차지하고 있다. 프리미엄 무선청소기 시장에서 절대 강자였던 다이슨에게 도전장을 내민 LG전자의 '코드제로 A9'가 출시된 이후 국내에서 약 40퍼센트의 점유율을 차지하자, 코드제로 A9의 점유율 상승세를 막아보겠다는 방법으로 대응하고 있으나 막지는 못하고 있다.

비교를 통해 큰 효과를 얻을 수도 있지만, 오히려 독이 될 수도 있다. 2016년

한국소비자원의 무선청소기 비교평가[42]

구분	브랜드	제조·판매원	모델명 (제품명)	제조국	청소성능(마룻바닥)						사용시간 [분]		소음 [dB]		충전시간	안전성		제품특성			무게 [kg]	구입가격 [원]
					바닥먼지		바닥틈새		큰 이물	벽모서리	최대모드	최소모드	최대모드	최소모드		감전보호(누설전류)	표시사항	브러시종류	부속품	구조 및 보유기능		
					최대모드	최소모드	최대모드	최소모드														
고가형	다이슨	다이슨코리아(주)	SV10 (V8 플러리 프로)	말레이시아	★★★	★★	★★★	★★	★★★	★★★	9	35	78	74	4:11	○	○	가장	ⒷⒹⒻⒼⒾⓁⓂⓃ		2.6	795,720
	삼성전자	삼성전자(주)	VS80MB030KR (파워건)	베트남	★★	★	△(주2)	△(주2)	★★	★	7	41	82	72	3:38	○	○	-	ⒶⒹⒻⒼⓀⓁⓂⓃ		3.1	799,000
	테팔	(유)그룹세브코리아	TY9086KO (에어포스 360)	중국	★★★	★★★	★★★	★	★★	★★	15	30	86	85	2:30	○	○	ⒷⒼⒾⒶⓍⒾⒶ	가장	ⒷⒹⒼⓀⓃ		2.9	619,000
	LG전자	LG전자(주)	S96SFSH (코드제로 A9)	한국	★★★	★★	★★★	★★★	★★★	★★★	6	30	84	76	2:53	○	○	ⒸⒾ	ⒺⒻ	ⒶⒸⒺⒻⒼⒽⒾⓁⓂⓃ		2.8	757,580

에는 다이슨이 서울에서 국내 언론인과 블로거를 초청해 무선청소기 성능 비교 시연 행사를 했다. LG전자는 당시 행사에서 100만 원이 넘는 다이슨 제품과 20만 원대의 LG 제품이 비교 대상이 된 것에 대해 부당하다고 지적하며 재발 방지를 요구했으나, 다이슨이 이를 받아들이지 않자 업무방해·공정거래법 위반표시광고법 위반 등의 혐의로 고소했다. 이와 관련, 다이슨은 "LG 제품을 깎아내릴 의도는 없었으나 부정적인 영향을 준 데 대해 유감스럽다."는 입장과 함께 재발 방지를 약속했으며, LG전자는 고소를 취하했다. 비교의 근거가 부족한 자료를 통한 비교 광고는 소비자들에게 경쟁 브랜드를 비방하는 것으로밖에 보이지 않아 역효과를 볼 수도 있다.

진정으로 소비자가 원하는 것은 경쟁 브랜드 간의 '흠집내기'가 아니라 정확한 근거 자료에 의한 비교를 통해 소비자들에게 돌아갈 실질적인 혜택을 제시해주는 광고이다. 또 품질 향상과 같은 본질적인 노력을 통해 소비자들의 마음을 움직이는 광고이다. "지나치면 아니하느니만 못하다"는 말은 진정성 마케팅뿐만 아니라 비교 광고에도 해당된다. 제시된 근거 자료가 허위이거나 진부하게 느껴진다면 광고의 의도가 아무리 좋아도 소비자들은 외면할 것이다.

08

브랜드 관리

브랜드 가치를 높여 기업을 성장시켜라

강력한 브랜드는 하루아침에 뚝딱 만들어지는 것이 아니다. 기업의 지속적인 투자와 지원, 전략적 브랜딩 기획, 그리고 마케터나 브랜드 매니저의 통찰력과 부단한 노력에 의해 서서히 만들어지는 것이다. 간혹 스스로 만들어지는 경우도 있지만, 이는 하늘의 별을 따는 일만큼 어려운 일이다. 나이키와 스타벅스의 브랜드 매니저였던 스콧 베드베리는 "훌륭한 브랜드를 만들기 위해서는 몇 년, 또는 몇 십 년이 걸릴지 모릅니다."라고 이야기한 바 있다.[1]

이는 지금 아무리 잘나가는 브랜드라 할지라도 지속적으로 관리하지 않으면 금방 생명력을 잃게 된다는 의미이다. 세계 최대의 광고회사인 WPP의 CEO 마틴 소렐Martin Sorrell도 "마케팅은 비용이 아니라 투자다. 그것도 한시적인 투자가 아니라 장기적인 투자다."라고 이야기하면서 장기적인 관점에서 접근해야 함을 강조하였다.[2]

본 장에서는 브랜드와 브랜딩에 관한 기본적인 방법과 내용을 이해하고, 또 최근에 제기되고 있는 브랜드 관련 주요 이슈들에 대해 살펴보고자 한다.

브랜드의 미세한 차이가 거대한 차이를 만드는 이유는 뭘까?

삼성전자는 기존의 윈도 운영체제인 '옴니아' 스마트폰을 대신하여 안드로이드폰인 '갤럭시A'를 2010년 4월에, 야심작인 '갤럭시S'를 2010년 6월에 발표했다. 갤럭시S의 'S'는 '수퍼 스마트(Super Smart)'의 약자로 '수퍼'라는 형용사에 걸맞게 2010년 기준 안드로이드 스마트폰 중 최고의 사양을 자랑했다. 이후 '세상이 만만해진다' 갤럭시S(2010년), '당신이 스마트해지는 가장 스마트한 방법' 갤럭시S2(2011년), '사람을 위해 디자인되다' 갤럭시S3(2012년), '삶의 동반자' 갤럭시S4(2013년), '당신의 새로운 감각' 갤럭시S5(2014년), '눈부시게, 모든 것을 새롭게' 갤럭시S6(2015년), '스마트폰, 그 새로운 가능성' 갤럭시S7(2016년), '완성이자 새로운 시작' 갤럭시S8(2017년) 등으로 갤럭시S 시리즈를 운용하고 있다.[3]

LG전자는 2011년 2월에 기존의 'LG 싸이언'을 폐지하고 스마트폰에 'LG 옵티머스'를 적용했다. 2013년 8월에는 LG G2를 시작으로 제품명에서 옵티머스 브랜드를 전부 빼기 시작했다. LG G 시리즈와 LG Vu 시리즈로 플래그십 라인업을 구성했다. 2014년, LG L시리즈와 LG F시리즈로 보급

▼ 세계 스마트폰 활성 사용자 숫자[5]

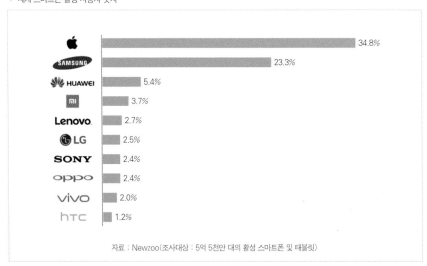

자료 : Newzoo(조사대상 : 5억 5천만 대의 활성 스마트폰 및 태블릿)

형 라인업까지 완전히 개편을 했다. 2015년부터 LG G 시리즈, LG G Pro 시리즈, LG G Flex 시리즈로 구성했다. 2016년, CES 2016에서 LG K 시리즈와 MWC 2016에서 LG X 시리즈로 보급형 라인업을 정리했다. 2018년 현재 LG전자의 스마트폰 라인업에서 플래그십은 LG G와 LG V, 보급형은 LG K와 LG X, LG 스타일러스로 운용되고 있다.[4]

시장조사기관인 뉴주^{Newzoo}의 최신 데이터에 따르면 스마트폰 활성 사용자 숫자에서 애플은 34.8퍼센트로 1위이며, 삼성은 23.3퍼센트로 2위, LG는 2.5퍼센트로 6위로 나타났다. 비즈니스 인사이더는 모건 스탠리의 조사를 바탕으로 만든 통계를 근거로 1년 안에 애플의 아이폰을 재구입하겠다는 의사를 표시한 소비자의 비율은 92퍼센트, 삼성은 77퍼센트, LG는 59퍼센트로 나타났다고 발표했다. "삼성 스마트폰은 안드로이드 진영에서는 선두를 차지했지만 애플과의 차이가 꽤 난다."고 분석했다.

'브랜드를 어떻게 운영할 것인가?' 하는 문제는 모든 기업들의 고민거리이다. 많은 기업들이 필요에 따라 브랜드를 개발하고, 투자하고, 그리고 경우에 따라 폐지하고 있다. 기업의 구조조정, 신규사업 진출, 혁신 등 외부에서는 잘 모르는 속사정이 있을 것이다. 당시 의사결정자들은 수없이 많은 고민을 통해 브랜드 전략을 세우고, 그에 따른 브랜드네임을 결정하고, 또 기존의 브랜드를 폐기했을 것이다. 이러한 결정에 과연 고객을 생각했을까? 고객들이 사랑한 브랜드는 고객의 브랜드이지, 기업의 브랜드가 아니다. 비록 브랜드의 소유권은 기업에 있을지 모르나 그 브랜드를 직접 소유하는 이들은 바로 고객이기 때문이다.

▼ 1년 내 스마트폰 재구입 희망 브랜드 선호도⁶

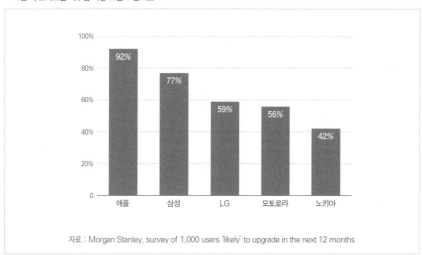

자료 : Morgan Stanley, survey of 1,000 users 'likely' to upgrade in the next 12 months

삼성전자와 LG전자는 국내에서 가전부분에서 가장 치열한 경쟁관계에 있고 대부분의 영역에서 브랜드 전쟁을 치르고 있다. 그중에서도 스마트폰 시장에서만큼은 한쪽이 일방적으로 우위에 있다. 이미 스마트폰 제품은 일반화되어 차별화를 이루기 어려운 실정이다. 삼성은 옴니아를 버리고 개별브랜드인 '갤럭시S'를 통해 지속적으로 브랜딩을 하고 있다. 반면에 LG는 옵티머스 이후 브랜드 수식어로 사용하던 G, V 같은 영어 스펠링 하나를 브랜드화함으로써 실제적으로 소비자들이 불러볼 수 있는 이름이 없는 상황이 되었다. 이 또한 하나가 아니라 여러 개를 나열하였기에 그 의미를 구별하기 더욱 어려워졌다. 실무자들은 구별할까? 소비자들이 아이폰과 갤럭시를 이야기할 때 G와 V를 이야기하지 않는다는 점이 극명하게 드러난 전략적 차이라고 할 수 있다. 왜 LG전자는 별도의 개별브랜드를 도입하지 않았을까?

브랜드를 구축한다는 것은 전략적으로 브랜드를 개발하고 관리하면서 보다 장기적으로 의미 있고 가치 있는 브랜드를 만들어가는 것을 말한다. 스콧 베드베리[Scott Bedbury]는 "브랜딩은 평범한 것을 보다 가치 있고 의미 있는 것으로 바꾸는 작업이다."라고 했다.[7] 그 미세한 차이가 거대한 차이를 만들어낸다. 전략적이면서도 체계적으로 브랜드를 관리한다면 보다 가치 있는 브랜드로 구축할 수 있다.

01

요람에서 무덤까지 브랜드와 함께하라

브랜드 매니지먼트는 최고의 경영 전략이다

기업의 비전이나 경영이념으로 '브랜드 가치'에 대한 언급이 갈수록 많아지고 있다. 롯데그룹은 경영방침에 "고객에게 장기간 신뢰받는 롯데로서 브랜드 가치를 높여라."는 브랜드 경영을 선언하고 있다.[8] 신세계그룹은 "우리는 신세계의 브랜드 가치를 높여 우리만의 차별성을 갖는다."는 신세계가치를 선언하고 있다.[9] 애경은 "브랜드 기반의 기업 미래가치 창출"이라는 경영방침을 정하고 있다.[10] 이제 브랜드 가치를 높이는 것이 최고경영진의 최대 고민이자 책임이 되었다.

부즈앨런앤드해밀턴의 연구에 따르면, 전략적 의사결정과 기업 운영 방식의 초점을 브랜드에 맞춘 기업의 수익 마진이 경쟁사보다 무려 2배나 상승했다고 한다.[11] 브랜드 가치를 창출하기 위한 브랜드 매니지먼트brand management는 이제 선택의 문제가 아니라 필수적인 경영 활동의 일환이 되고 있다. 브랜드 매니지먼트는 마케팅 전략을 넘어서 경영 전략 측면에서 다루어야 한다. 기업의 비전을 달성하기 위한 관점에서 브랜드 전략의 체계를 정리하면 〈그림 8-1〉과 같다.

일반적으로 경영 전략은 '전략사업단위SBU; Strategic Business Unit'와 관련된 전략을 말한다. 전략사업단위는 기업이 전략적 사업영역을 설정하여 기업 차원에서 이를 효율적으로 관리하고자 만들어지는 부서로, 최고경영자로부터 생산과 판매에 관한 권한을 위임받고 경영성과에 대한 책임을 지는 독립적 사업 단위를 말한다. 최근에는 하나의 브랜드가 하나의 전략사업단위를 형성하거나, 여러 개의 제품

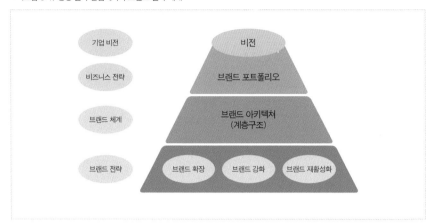

범주를 포괄하는 패밀리 브랜드 전략(현대자동차의 제네시스, LG전자의 시그니처, 대상의 청정원, 에이션패션의 폴햄 등)을 도입하기도 한다.

한 기업의 사업 조직이 해당 기업의 장기적인 비전을 달성하기 위해 설치되고 운영되다가 폐지되기도 하듯이, 브랜드 역시 해당 기업의 비전을 달성하기 위해 개발되고 유지되다가 강화되거나 폐기된다. 이런 경우 브랜드 매니지먼트는 해당 브랜드에 대한 의사결정이 아니라 해당 기업의 전략적 의사결정이 된다. 브랜드의 중요성이 높아지면서 한 브랜드의 운명이 그 회사의 운명을 좌우할 수도 있기 때문에 브랜드 전략은 경영 전략이 될 수밖에 없다. 따라서 경영 전략에서는 사업 포트폴리오와 마찬가지로 어떻게 브랜드 포트폴리오를 구성할 것인가 하는 것도 함께 다루어야 한다.

예를 들어, 아모레퍼시픽은 2018년 현재 화장품에 '설화수', '이니스프리' 등 16개, 생활용품에 '려', '미쟝센' 등 8개, 그리고 기타 5개의 개별브랜드로 총 29개의 브랜드 포트폴리오를 구축하고 있다. 설화수는 2015년 국내 뷰티 단일 브랜드 최초로 매출 1조 원을 돌파했다. 이니스프리는 2016년 매출액 1조 원을 돌파했다. 아모레퍼시픽그룹은 2016년 매출 기준으로 세계 100대 뷰티기업 중 7위 자리에 올랐다.[12] 이러한 성장은 1990년대 중후반부터 모든 브랜드를 타깃층과 브랜드 콘셉트별로 세분화하고 선택과 집중을 통해 브랜드 포트폴리오를

▼ 아모레퍼시픽의 브랜드 포트폴리오[13]

구축하고 브랜드 아이덴티티[identity]를 명확하게 설정한 결과라고 할 수 있다. 특히 5대 글로벌 챔피언 브랜드(설화수, 라네즈, 마몽드, 이니스프리, 에뛰드하우스)를 전략적으로 설정하고 집중적으로 육성한 차별화된 브랜드 포트폴리오 구축이 중요하게 작용했다.

브랜드 체계와 브랜드 전략

브랜드 체계[brand system]는 수평적인 브랜드 포트폴리오 전략과 수직적인 브랜드 계층구조를 뜻한다. **브랜드 포트폴리오 전략**은 기업이 전략적이고 효율적으로 브랜드를 관리하기 위해 몇 개의 브랜드를 운용하는 것이 적합한가를 결정하는 것이다. **브랜드 계층구조**는 브랜드 내의 서열, 즉 위계구조[hierarchy]이다. 일반적으로 기업 브랜드, 패밀리 브랜드, 개별 브랜드, 하위 브랜드 혹은 브랜드 수식어 등으로 계층화한 것을 말한다. 이렇게 수평적으로, 그리고 수직적으로 체계화하여 브랜드 매니지먼트를 하면 브랜드의 도입과 운영이 보다 원활해진다. 나아가 소비자들도 브랜드 간의 관계를 쉽게 인식할 수 있어 구매결정에 보다 용이한 측면이 있다.

협의의 브랜드 전략은 기존 브랜드의 자산을 활용하여 신규 브랜드를 출시하는 브랜드 확장 전략, 더욱 강력한 브랜드를 만들기 위한 브랜드 강화 전략, 그리고 죽어가는 브랜드를 다시 살려 새롭게 포지셔닝하는 브랜드 재활성화 전략 등으로 구분할 수 있다. 브랜드 확장 전략에 대해서는 8장의 3번째 주제 '브랜드 확장은 왜 항상 뜨거운 감자인가'에 자세히 설명되어 있다.

브랜드 강화 brand reinforcement 는 소비자들에게 해당 브랜드의 의미를 지속적으로 전달해주는 마케팅 활동을 통해 브랜드 인지도를 높임으로써 보다 강력한 브랜드 자산을 구축하기 위한 전략이다. 브랜드를 강화하기 위해서는 우선 해당 브랜드가 어떤 제품을 대표하는지, 어떤 편익을 제공하는지, 어떤 소비자들의 욕구를 충족시키는지, 어떻게 차별화할 수 있는지, 강력하고 호의적이며 독특한 이미지를 가지고 있는지, 연상되는 느낌은 무엇인지 등을 확인해야 한다. 그리고 기존의 핵심적인 의미 혹은 콘셉트의 일관성을 유지해야 한다.

예를 들어, 유한킴벌리는 브랜드의 핵심가치이자 슬로건인 "우리 강산 푸르게 푸르게"를 1984년 이후 지속적으로 활용하여 브랜드를 강화하고, 친환경 브랜드 이미지를 구축했다. 이 캠페인을 통해 푸른 숲을 주제로 신혼부부 나무 심기, 여고생 그린 캠프 등 다양한 활동을 펼쳤으며, 1984년부터 현재까지 5,200만 그루의 나무를 심었다.

브랜드 재활성화 brand revitalization 는 자사 브랜드가 쇠퇴하는 것을 막고자 원래 가지고 있었던 아이덴티티를 변화시키는 전략이다. 손상된 브랜드를 재활성화하기 위해서는 혁명에 가까운 변화를 주는 마케팅 활동을 실행해야 한다. 이때 가장 먼저 해야 할 것은 해당 브랜드가 차별적인 경쟁력을 가진 자산이 있는지, 그것이 무엇인지, 그중 어떤 것부터 재활성할 것인지를 결정해야 한다.

예를 들어, 농심의 새우깡은 1971년 '먹어도 먹어도 물리지 않는 스낵'이라는 콘셉트로 출시된 후, 1996년에는 DHA를 첨가하여 품질을 향상시켰으며, 1998년에는 IMF의 영향으로 인한 매출 감소를 극복하기 위해 신세대 스타를 내세운 광고를 통해 브랜드를 재활성화한 바 있다. 2018년에는 새로운 맛을 찾는 스낵시장 트렌드에 발맞춰 '깐풍새우깡'을 출시했다. 기존의 익숙한 제품에 색다른 맛을 더하는 제품 개발 방식으로 신제품을 통해 재활성화를 시도한 것이다.

334

브랜드 재활성화의 방법으로는 새로운 사용 상황을 설명해주거나(아침에 커피와 함께 먹는 제크 크래커, 자기 전에 씹는 자일리톨 껌), 브랜드의 소비 빈도를 증대시키거나(하루 세 번 칫솔질), 브랜드의 새로운 용도를 알려주는(동영상을 찍고, 편집하고, 메일로 바로 보낼 수 있는 아이폰) 방법들이 있다. 그중에서도 브랜드 재활성화를 위해 가장 빈번하게 사용되는 방법은 브랜드 리뉴얼brand renewal이다. 이는 브랜드의 구성요소인 브랜드 네임, 로고, 캐릭터, 포장, 심벌, 슬로건 등의 변화를 통해 브랜드의 이미지를 개선하는 마케팅 활동이다.

브랜드도 포트폴리오 전략이 필요하다

경영 전략을 수립하고, 사업부별 사업계획을 세우고, 신규 투자분야를 결정하는 등의 경영 의사결정은 결국 '브랜드 전략을 어떻게 가져갈 것인가'와 같은 이야기일 수 있다. 예를 들어, ㈜대상에서 '청정원'이라는 패밀리 브랜드를 도입하느냐, 도입하지 않느냐 선택하는 것은 청정원 브랜드에 관한 의사결정을 넘어 전사적인 의사결정이 될 수밖에 없다. ㈜미원이 '청정원' 브랜드를 도입할 당시인 1996년에 ㈜미원의 조미료 브랜드인 '미원'의 시장점유율은 50퍼센트 이하로 추락하고 있었다. 또 미원이 갖고 있는 '화학 조미료'라는 이미지로 인해 다른 사업부의 사업에까지 좋지 않은 영향을 미치고 있었다. '청정원' 브랜드의 도입은 조미료 브랜드인 미원만의 문제가 아니라 주식회사 미원이라는 기업의 문제였던 것이다. 이를 해결하기 위해 ㈜미원은 청정원이라는 패밀리 브랜드를 도입하고, 이후 사명도 ㈜대상으로 변경했다.

2015년 현대자동차는 프리미엄 세단 시장에 '제네시스Genesis'를 별도 브랜드로 독립시키고, 최고급 승용라인인 '에쿠스' 브랜드를 제네시스에 편입했다. 제네시스는 연구개발, 디자인, 영업, 마케팅 등 전 부문에서 별도의 전담 사업부 조직을 통해 운영하고 있다.

이와 같이 각 사업부별로 브랜드를 어떻게 운영할 것인가를 기획하고 결정하는 것을 브랜드 포트폴리오 전략이라고 한다. 일반적으로 브랜드 포트폴리오에는 출시된 제품들의 모든 브랜드와 하위 브랜드, 그리고 다른 기업과 함께 만든 공동 브랜드 등이 포함된다. 다시 말해, 브랜드 포트폴리오 전략은 기업이 보유한 제품군 내에서 얼마나 많은 숫자의, 그리고 어떤 특성의 브랜드들을 내놓아야 하는가에 대한 의사결정이다.

예를 들어, ㈜대상의 브랜드 계층구조와 포트폴리오를 정리하면, 〈그림 8-2〉와 같다. 기업 브랜드인 '대상'이 있고 그 아래에 패밀리브랜드로 식품 통합 브랜드인 '청정원', 신선식품 전문 브랜드인 '종가집', 케이터링 전문브랜드인 '쉐프원' 등이 있다. 그 아래에 개별브랜드로 청정원의 '순창', '햇살담은', '카레여왕' 등이 있다. 청정원 순창 아래에 수식어로 '태양초찰고추장', '미소된장' 등이 있는 구조이다. 수직적인 구조는 브랜드 계층구조이며, 수평적인 구조는 사업 단위의 개별 브랜드이자 브랜드 포트폴리오이다.

브랜드 포트폴리오 전략을 구상할 때는 다음과 같은 고민을 하게 된다. '최고의 브랜드 포트폴리오 전략은 무엇일까?' '브랜드 포트폴리오의 역할은 무엇일까?' '여러 브랜드를 둔다면 각 브랜드 간의 자기잠식cannibalization은 일어나지 않을

▼ 〈그림 8-2〉 브랜드 계층구조와 포트폴리오[14]

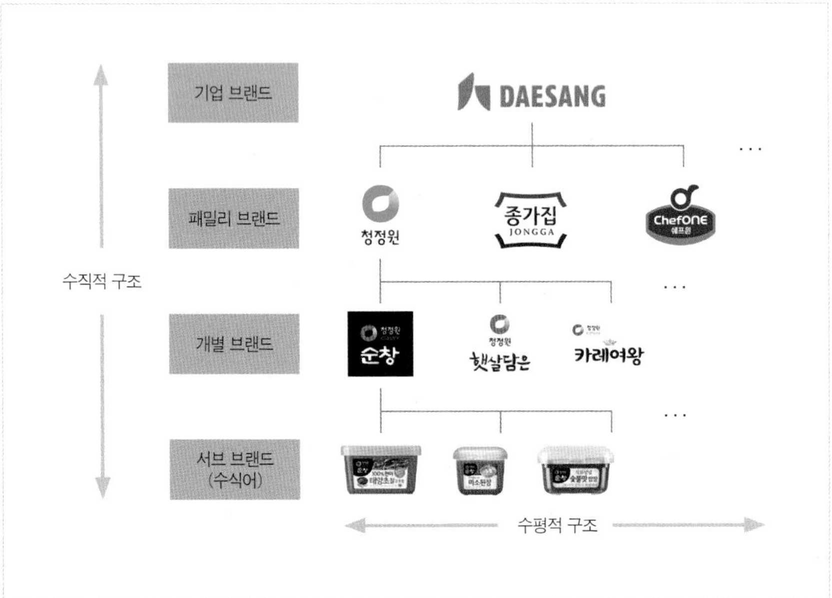

현대자동차의 '제네시스'는 왜 독립했고,
과연 성공할 수 있을까?

현대자동차는 급성장하고 있는 고급차 시장에 대한 대응력을 높여 세계적인 명차 브랜드와 경쟁하고자 에쿠스를 폐기하고 제네시스로 통합했다. 토요타의 '렉서스', 닛산의 '인피니티' 등과 같은 브랜드로 만들겠다는 전략이다. 2008년 고급 세단시장을 겨냥해 출시했던 제네시스가 그동안 구축했던 좋은 이미지를 살리고 프리미엄시장에서 2개의 브랜드를 운용하는 데 따른 어려움을 줄이는 의사결정이었다. 제네시스로 독립시킨 것은 글로벌 자동차 시장에서 제네시스의 인지도가 상대적으로 높다는 점도 고려했다. 그리고 제네시스의 성능, 디자인 등 모든 면에서 진보와 혁신을 지속해 브랜드의 신기원을 열겠다는 의지도 담겨있다.

현재 제네시스에는 EQ900(해외명 G90), G80, G80 스포츠, G70 등으로 구성되어 있으며, 2020년까지 6종의 제품 라인업을 구성한다는 계획이다. 제네시스는 '진정한 럭셔리를 향유하길 원하는 고객에게 가장 훌륭한 자동차와 최상의 드라이빙을 선사하겠다.'고 한다. 브랜드는 약속이다. 브랜드가 제안하는 약속에 대해 소비자들이 같은 의미를 갖는다면 브랜드 관계를 쉽게 만들 수 있다. 강력한 브랜드는 이런 의미와 가치를 소비자들로부터 획득하고 있다.

제너시스도 강력한 브랜드가 될 수 있다. 그러기 위해서는 지금과는 다른 전략적 의사결정이 필요하다. 현대는 벤츠나 아우디나 캐딜락에 비해 럭셔리한 이미지가 약하다. 제네시스는 럭셔리를 향유하길 원하는 고객을 타깃층으로 설정했다. 그래서 타깃층이 갖고 싶어 하는 브랜드가 되도록 하기 위해서는 가장 현대자동차답지 않아야 한다는 역설이 성립한다. 국내뿐만 아니라 해외에서도 판매망부터 현대자동차에서 분리해야 한다. 통합마케팅에서 가장 어려운 부분이 유통이다. 제품, 가격, 촉진 활동은 브랜드별로 충분히 독립적으로 운영할 수 있지만 유통망은 비용과 구성원과 효율성 측면에서 결코 가벼운 문제가 아니다. 제품의 혁신뿐만 아니라 유통의 혁신이 따라줄 때 소비자들은 기존과는 다른 새로운 브랜드로 인식하게 된다.[16]

제네시스 EQ900의 외관[15]

까?' '각 브랜드의 경쟁력을 어떻게 유지할 수 있을까?' 브랜드 포트폴리오를 매니지먼트 하는 목적은 브랜드 수익을 최대화하기 위해서다. 이를 위해 기업 내 최고브랜드책임자 CBO; Chief Brand Officer는 브랜드가 당면한 문제들을 두루 살피고, 브랜드 시스템을 조율할 수 있는 책임과 권한을 가져야 한다. 또한 전체적인 브랜드 포트폴리오의 성장을 목표로 새로운 브랜드를 추가하거나 경우에 따라서는 제거함으로써 위험을 최소화할 수 있도록 하는 전략적인 마인드를 가져야 한다.

전략적으로 매니지먼트해야 강력한 브랜딩이 된다

브랜드의 가치를 창출하고 소비자들과 장기적으로 우호적인 관계를 형성하기 위해서는 거시적인 측면에서 브랜드의 큰 그림을 그리고, 더불어 미시적인 측면에서도 해당 브랜드의 개별적인 특성을 중심으로 브랜딩 활동을 전개할 필요가 있다. 개별 브랜드를 통해서 브랜드 가치를 보다 더 쉽게, 효율적으로 창출할 수 있기 때문이다.

일반적으로 경영 전략 차원에서의 브랜드 매니지먼트는 기업 및 패밀리 브랜드의 성격을 가진 브랜드를 매니지먼트 하는 것이다. 그리고 사업부 관점에서의 브랜드 매니지먼트는 개별 브랜드를 대상으로 한다. 경영 전략 차원에서의 매니지먼트가 꼭 기업 혹은 패밀리 브랜드만을 대상으로 하는 것은 아니다. 전사적인 관점에서의 브랜드 매니지먼트와 개별 브랜드 관점에서의 매니지먼트를 조화롭게 운용해야만 브랜드 매니지먼트 활동의 시너지 효과를 얻을 수 있다.

개별 브랜드 관점에서의 전략적인 매니지먼트는 개별 브랜드의 콘셉트, 즉 브랜드의 핵심가치를 중심으로 브랜드와 관련된 다양한 마케팅 활동들을 전개하는 것을 말한다. 성공적인 브랜딩을 위해서는 브랜드 아이덴티티 요소들을 중심으로 광고, PR, 판촉, 이벤트 등을 통해 브랜드의 일관성을 유지하는 통합적인 커뮤니케이션 활동이 필요하다.

아모레퍼시픽의 '설화수' 브랜드는 '깊은 아름다움을 담아낸 정성의 한방 미학'이라는 콘셉트로 정통, 한방, 한국의 미, 자음단滋陰丹 등과 같은 핵심가치를 전한다.

그리고 서체, 용기 디자인 등과 같은 시각 아이덴티티 요소 등을 통해 소비자들에게 한국적인 아름다움을 제시하며 '한국의 대표 화장품'으로 인식시키고 있다. 또 모델 대신에 악기, 옥, 누비, 사기 등 고급스러우면서도 전통적인 이미지를 이용한 광고로 브랜드 이미지와 제품에 대한 연상 작용을 일으키는 효과적인 커뮤니케이션 활동을 전개하고 있다.

최근에는 '아시아의 지혜를 담은 Holistic Beauty' 콘셉트로 자연과 인간, 몸과 마음을 따로 떼지 않고 곧 하나라고 여기며 조화와 균형을 중시하는 아시아의 지혜를 설화수의 출발점으로 강조하고 총체적인 피부 솔루션을 제시하는 홀리스틱 뷰티를 제안하고 있다.[17]

이처럼 개별 브랜드의 콘셉트와 아이덴티티를 중심으로 전략적인 매니지먼트를 통해 브랜드의 가치를 향상시킬 수 있다. 개별 브랜딩 활동은 기업의 전사적인 브랜딩 활동과 반드시 조화를 이루어야 한다. 특히 우리나라는 기업 브랜드의 신뢰성이 개별 브랜드에 대한 품질 인식에 많은 영향을 미치기 때문에 반드시 상호 시너지 효과를 낼 수 있도록 해야 한다. 이를 기업 브랜드의 보증 효과라고 한다.

소비자와 브랜드 간의 관계 구축하기

사람이 저마다의 독특한 성격적 특징이나 성향, 즉 개성personality을 가지고 있듯이 브랜드도 고유한 개성을 가진다. 브랜드 개성은 보통 사용자의 이미지라고 할 수 있다. 즉, 브랜드는 그 브랜드를 선택한 사람의 개성을 표현하는 수단이다. 소비자는 특정 브랜드에 대한 태도에 의해 자신과 브랜드와의 내면적 관계self-image를 형성한다. 소비자 자신을 대변하는 의인화된 모습이 바로 브랜드 개성으로 나타나는 것이다.

브랜드를 의인화하여 개성을 부여하는 것처럼 소비자와 브랜드 간에도 의인화된 관계를 설정할 수 있다. LG생활건강의 '라끄베르Lacvert'는 "라끄베르와 상의하세요"라는 광고 카피를 통해 라끄베르를 소비자들의 피부관리에 도움을 주는 조언자로 설정한 바 있다. 이러한 소비자와 브랜드와의 관계는 소비자가 브랜드를 인지하고, 구매하고, 사용 및 경험하는 전 과정에 걸쳐 맺어지는 것이다. 소비자와 브랜드가 동등한 위치에서 브랜드에 대한 소비자 태도와 소비자에 대한 브랜드 태도를 주고받는 상호작용이라고 할 수 있다.

브랜드와 소비자 간의 긍정적인 관계는 소비자에게 제공된 브랜드 가치를 통해 형성된다. 브랜드가 소비자에게 제공하고자 하는 가치를 소비자들이 긍정적으로 받아들이고, 또 이를 직접 경험한다면 소비자들은 해당 브랜드를 신뢰하게 된다. 그리고 이를 통해 소비자와 브랜드 간의 관계가 구축된다. 이러한 관계 형성을 통해 브랜드 마케팅의 최종적인 성과인 브랜드 로열티loyalty를 높임으로써 강력한 브랜드 자산을 구축할 수 있게 된다. 즉, 브랜드 관계는 소비자가 제품의 기능을 사용하는 것뿐만이 아닌 사용자의 자아를 표현하는 상징적인 이미지이자, 의인화된 아이덴티티이다. 브랜드 전략 전문가인 쟈코 발피스Tjaco Walvis는 "고객은 우리가 상상하는 것 이상의 가치와 의미를 브랜드에 부여한다."고 했다.[18]

예를 들어, 스마트폰의 브랜드와 소비자와의 관계를 알아보자. 스마트폰의 핵심적인 기능은 통화 품질과 인터넷 접속이다. 최근 출시된 스마트폰들은 이 핵심 기능을 모두 충족시킨다. 국내 스마트폰 시장은 이미 포화 상태로 신규 구매가 아니라 대체 혹은 재구매가 일어나는 시장이다. 따라서 브랜드 로열티가 높은 경우는 재구매가 일어나겠지만 낮은 경우에는 브랜드 전환brand switching이 일어날 가능성이 높다. 이러한 이유로 스마트폰의 경우에는 시장점유율의 싸움이 아닌 마인드 점유율 즉, 소비자의 인식의 싸움이다.

애플의 아이폰을 구매하는 소비자와 삼성의 갤럭시를 구매하는 소비자의 브랜드 관계는 어떻게 다를까? 대체적으로 아이폰 사용자들은 세련된 디자인을 추구하며, 애플에 대한 강한 애착을 가지고 있으며 브랜드 로열티가 높다. 반면에 갤럭시 사용자들은 주로 기능, 가격, 사후 서비스 등의 측면을 고려해 좀 더 이성적으로 구매를 하는 합리적인 소비자들이다.

소비자들이 인식하는 브랜드의 이미지는 디자인과 기능, 시대 상황에 맞는 적절한 광고 콘셉트 등에 의해 만들어진다. 소비자들은 브랜드의 이미지, 자신과의 관계, 브랜드 경험을 통해 브랜드 관계를 만들어간다. 따라서 마케터는 브랜드, 제품, 광고의 콘셉트를 잡을 때 소비자들의 개성과 지향하는 브랜드 관계에 대해 미리 파악해둘 필요가 있다. 소비자들이 원하는 방향과 그 브랜드가 가고자 하는 방향을 일치시킨다면 보다 쉽게 소비자와 브랜드와의 관계를 구축할 수 있을 것이다.

소비자-브랜드 관계는 소비자의 직접적인 브랜드 경험에 의해 형성되는 것이기 때문에 브랜드와의 상호작용이 매우 중요하다. 마케터는 소비자들에게 브랜드의 아이덴티티를 효과적으로 전달하는 것뿐만 아니라 쌍방향 커뮤니케이션으로 소비자들과 교감할 수 있어야 한다. 브랜드 관계는 기업이 소비자들의 신뢰를 얻어 강력한 브랜드 자산을 구축할 수 있는 핵심도구이다. 또한 온라인과 오프라인에서의 브랜드 커뮤니티를 적극적으로 활용해야 한다. 브랜드 커뮤니티들은 기업의 큰 자산이다. 기업은 온·오프라인에 구축된 커뮤니티를 통해 소비자들의 솔직한 이야기를 듣고, 소비자들과의 우호적인 관계를 구축할 수 있다.

브랜드를 살아 펄떡이는
생물처럼 관리하라

신규 브랜드의 개발과 출시를 위해 고려해야 할 사항

해마다 수많은 브랜드들이 장밋빛 희망을 품고 시장에 출시된다. 하지만 신규 브랜드가 성공할 확률은 그리 높지 않다. 단기적으로도 성공할 뿐만 아니라 장수하는 브랜드가 되기 위해 고려해야 할 사항들을 알아보자.

첫째, 고객의 니즈 충족과 시장 기회의 발견 차원에서 브랜드 네임을 결정해야 한다. 신제품의 특성에 따라 브랜드 네이밍을 할 것인지, 아니면 기존의 브랜드 네임을 그대로 사용할 것인지를 결정해야 한다. 기업은 브랜드 네임 운영에 대한 전략적인 의사결정의 원칙을 반드시 가지고 있어야 한다.

둘째, 차별적인 브랜드 콘셉트를 개발하고 관리할 수 있어야 한다. 콘셉트는 일반적으로 기능적 콘셉트, 경험적 콘셉트, 정서적 콘셉트로 구분한다. 어떤 콘셉트로 설정하느냐에 따라 브랜드 포지셔닝을 달리해야 하기 때문에 브랜드 콘셉트를 결정하는 일은 매우 중요하다. 기능적인 브랜드는 생활에 필수적이며 기본적인 욕구를 충족시켜줄 수 있는 세탁기, 에어컨 등의 제품에 적합하다. 경험적인 브랜드는 경험을 통해 해당 브랜드를 인식하게 되는 것으로 호텔, 항공기, 백화점, 테마파크 등의 서비스 브랜드가 여기에 속한다. 정서적인 브랜드는 브랜드의 개성을 소비자의 개성과 일치되게 함으로써 감성을 자극하는 것으로 상징성을 내포하는 패션, 자동차, 화장품 등의 제품에 적합하다.

모든 브랜드가 정서적인 브랜드가 될 수는 없지만, 정서적인 브랜드로 콘셉트를 설정하면 브랜드 가치를 보다 분명하게 구축할 수 있다. 예를 들어, 자동차는 기능적 콘셉트를 중심으로 개발되어 왔지만 지금은 경험적인 브랜드를 거쳐 정서적인 브랜드로 발전해가고 있다. 즉, 자동차는 이제 이동의 수단만이 아니라 신분과 지위, 성공을 나타내는 상징적인 의미까지 갖게 되었다는 것이다.

셋째, 브랜드 아이덴티티를 정교하게 다듬어야 한다. 브랜드의 아이덴티티는 마케터의 기획의도에 따라 다양하게 개발 및 부여될 수 있다. 물론 기업의 핵심 역량을 중심으로 핵심 아이덴티티를 설정하여 전달해야 하지만 대부분은 확장된 여러 아이덴티티를 소비자들에게 전달함으로써 자연스럽게 브랜드의 이미지를 창출하기도 한다. 또 브랜드의 본질적인 요소뿐만 아니라 주변적인 요소들도 중요하게 다룰 필요가 있다. 브랜드 콘셉트, 핵심가치, 포지셔닝, 슬로건 등의 언어적인 표현요소와 함께 심벌, 로고타입, 패키지, 징글 등의 시청각적인 표현요소들도 함께 개발해서 커뮤니케이션을 해야 그 효과를 더욱 높일 수 있다.

넷째, 전략적 프로모션과 일관된 브랜드 커뮤니케이션 활동을 전개해야 한다. 브랜드를 출시하는 경우에는 출시 전 프로모션과 출시 프로모션, 그리고 출시 후 프로모션으로 구분하여 각 단계별 프로모션 목표와 적합한 방법들을 계획한다. 출시 전에는 티저광고를 통해 기대감을 심어주며 새로운 브랜드의 탄생을 알린다. 출시될 때는 실제 제품 및 브랜드를 접할 수 있는 접점에서 다양한 이벤트로 새로운 브랜드의 출시와 사용 혜택을 표적 고객에게 전달한다. 그리고 6개월 내지 1년 정도의 출시 기간이 경과한 후에는 소비자들에게 지속적으로 재인식시키기 위해 출시 후 프로모션을 진행한다. 이러한 프로모션의 전 과정을 통틀어 가장 중요한 요소는 일관성과 지속성이다. 하나의 브랜드 콘셉트를 지속적이고 일관되게 커뮤니케이션해야만 하나의 목소리를 낼 수 있다. 소비자들이 브랜드에 대해 하나의 목소리로 이야기할 때 그 브랜드는 강력한 힘을 가질 수 있다.

다섯째, 장기적인 관점에서 브랜드 자산brand equity을 구축하기 위해 전략적으로 브랜드 매니지먼트를 해야 한다. 브랜드 도입에 따른 성과는 단기적으로 매출액이나 수익으로 나타날 수 있다. 그러나 장기적으로는 매출이나 수익뿐만 아니라 브랜드 자산의 증대를 통해 가치를 극대화할 수 있어야 한다. 이는 상당한 시간과 비용이 든다. 기업이 신규 브랜드를 도입하는 목적은 브랜드 가치를 극대화해 고객의 가치를 증대시키고, 이를 통해 브랜드로 인한 추가적인 가치를 획득하기 위함이다. 따라서 단기적인 시각에 머무르지 않고 장기적인 관점에서 브랜드를 전략적으로 매니지먼트 할 필요가 있다. 이를 위해 브랜드의 성과를 평가하고 그 결과에 대한 피드백을 통해 지속적으로 브랜드를 관리하며 브랜드 투자수익률ROBI; Return On Brand Investment을 관리해야 한다. 브랜드도 투자의 대상으로 보고 전사적인 포트폴리오 전략 측면에서 관리해야 하는 것이다.

브랜드의 수명주기를 관리하라

제품은 시장과 소비자의 필요에 의해 탄생하고 사용자에 의해 쓰여지다 어느 순간 쓰임새가 다하면 폐기된다. 일반적으로 어떤 제품이 시장에 도입되면 소비자들의 관심을 받으며 성장하고, 많은 소비자들이 찾으면서 성숙 단계로 접어든다. 그리고 어느 정도 시간이 지나 진부해지면 더 이상 찾는 사람이 없어져 일생을 마치게 된다. 이를 제품수명주기PLC; Product Life Cycle라고 한다. 브랜드도 마찬가지로 소비자의 구매 경험 확산과 함께 도입, 성장, 성숙, 쇠퇴의 4단계로 이루어진 브랜드수명주기BLC; Brand Life Cycle를 가진다. 이를 정리하면 〈그림 8-3〉과 같다.

▼ 〈그림 8-3〉 브랜드수명주기

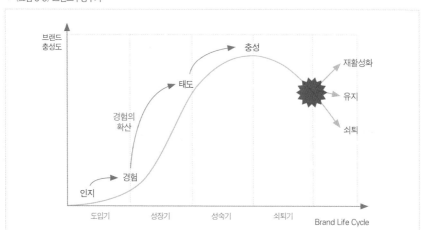

344

기업은 브랜드가 쇠퇴기에 접어드는 순간 브랜드수명주기를 고려해 해당 브랜드를 다시 살려야 할지, 아니면 폐기해야 할지 결정하게 된다. 폐기 대신 재활성화를 선택한다면 단계별로 브랜드 아이덴티티를 정립하고 적절한 마케팅믹스활동과 리포지셔닝을 통해 브랜드의 수명을 계속 연장시켜나갈 수도 있다. 물론 수명이 다했다고 판단된다면 과감하게 폐기하기도 한다. 그러나 너무 쉽게 브랜드를 도입하고, 또 너무 쉽게 브랜드를 폐기해서는 안 된다는 것을 명심해야 한다.

현대자동차는 중형 세단인 쏘나타를 1985년에 처음 출시한 이후 쏘나타Ⅱ, 쏘나타Ⅲ, EF쏘나타, NF쏘나타, YF쏘나타, 그리고 2014년부터 현재까지 LF쏘나타 등으로 꾸준히 제품을 개선하면서 쏘나타 브랜드에 새로운 수식어를 붙여 제품을 차별화하고 포지셔닝을 바꾸어왔다. 평균적으로 4~5년마다 리포지셔닝을하여 기본 브랜드의 가치를 그대로 이어가면서 브랜드를 재활성화한 것이었다. 이로써 쏘나타는 많은 소비자들에게 큰 사랑을 받는 브랜드로 자리매김하게 되었다. 그리고 2019년부터는 8세대 쏘나타(프로젝트명 DN8)를 예정하고 있다.

브랜드 운영을 위한 전략적 분석틀을 갖춰라

신규 브랜드가 시장에서 성공을 거두기 위해서는 가장 먼저 기업의 시장에 대한 전략적인 관점, 즉 시장을 바라보는 전략적 분석틀framework이 필요하다. 경영 전략의 구루로 불리는 이고르 앤소프Igor Ansoff는 '앤소프 매트릭스Ansoff Matrix'를 통해 기업이 시장을 확장할 때 어떻게 브랜드 전략을 운영해야 하는지를 제시했다.[19]

앤소프 매트릭스는 시장 상황에 따른 성장기회를 발견하기 위해서 어떻게 시장과 제품에 대한 전략을 구상해야 하는지에 대해 설명하고 있다. 기존 시장 대신시장, 기존 제품 대 신제품의 관계에 따라 어떤 전략을 채택할 수 있는지를 보여준다. 이 전략적 프레임에 맞추어 살펴보면 어떻게 브랜드를 운영할 것인지를보다 잘 결정할 수 있다. 이를 정리하면, 다음 페이지 〈표 8-1〉과 같다.

구분		제품	
		기존	신규
시장	기존	1. 시장 침투 전략 (브랜드 리뉴얼 전략)	3. 신제품 개발 전략 (라인 확장 전략)
	신규	2. 신시장 개척 전략 (브랜드 유지 전략)	4. 다각화 전략 (신규 브랜드 혹은 브랜드 확장 전략)

앤소프 매트릭스를 통해 도출한 네 가지 브랜드 운영 전략

첫째, 기존 시장에 기존 제품으로 진입하는 경우에는 **시장 침투 전략**이 효과적이다. 이때는 기존 브랜드의 노후화를 해소하고 새로움을 부여하기 위해, 또 브랜드 파워가 약화된 브랜드의 재활성화를 위해 기존 브랜드를 리뉴얼하는 전략을 사용할 수 있다. 브랜드 리뉴얼과 패키지 리뉴얼이 있다.

1952년 설립된 '대한제분'은 '곰표' 브랜드로 더욱 친숙한 기업이다. 주로 B2B 비즈니스를 하고 있었으나, 최근 여러 B2C 비즈니스 영역(카페&베이커리 '아티제', 반려동물서비스 '이리온', 해양심층수 '딥스' 등)으로의 확장을 통해 종합식품전문회사를 지향하고 있다. 이에 대한제분은 2016년 그룹사로서의 규모감 및 인지도 제고와 계열사 간 시너지 창출을 위한 브랜드 아이덴티티 및 체계를 정립하고 CI와 곰표 BI를 리뉴얼했다.

또한 하이트진로는 주류의 저도화 트렌드와 소비자 요구를 반영하여 2018년 4월 '참이슬' 브랜드 패키지를 리뉴얼했다. 리뉴얼 이후 99일 만에 판매량이 5억 병을 넘어섰고, 전년 동기 대비 판매량이 약 7.5퍼센트 증가했다고 한다.[22]

둘째, 신시장에 기존 제품으로 진입하는 경우, **신시장 개척 전략**을 사용하는 것이 좋다. 기존 브랜드를 그대로 유지하면서 시장 세분화에 의해 새로운 시장을 개척하기 위한 것이다. 이 방법은 기존

▼ 대한제분과 곰표 리뉴얼[21]

브랜드의 힘을 활용해 마케팅 비용을 줄일 수 있다는 장점이 있다. 1982년 출시된 동아제약의 '가그린'이 대표 사례이다.

가그린은 출시 초기에는 시장에서 별로 반응이 없었으나 1996년 기존 제품의 일부를 변경하여 사용자 편의성을 강화하고 휴대성을 높인 신시장에 재출시해 큰 성공을 거두었다. 2009년에는 가그린 어린이용 제품을 출시했고, 2013년에는 1회용 스틱타입 제품으로 '가그린 파우치'를 출시하여 신규시장을 개척했다.

셋째, 기존 시장에 신제품으로 진입하는 경우에는 **신제품 개발 전략**을 사용해야 한다. 그러나 일부 기능을 추가 혹은 개선하여 신제품을 출시하는 경우라면 모브랜드의 힘을 활용하는 라인 확장 전략을 사용하는 것이 좋다. 라인 확장 전략은 성공률이 50~70퍼센트로 매우 높아 가장 빈번하게 사용되는 브랜드 전략이다.

KT&G는 타르 함량이 6.5mg인 초슬림 담배 '에쎄ESSE'를 모 브랜드로 둔 채, 2002년 말에 타르 함량을 30퍼센트 줄인 4.5mg의 에쎄 라이트(현재는 에쎄 프라임)를 출시해 1년 만에 에쎄 브랜드 전체 시장점유율을 2배로 끌어올렸다. 이후 20여종으로 라인 확장을 했다.

넷째, 신시장에 신제품으로 진입하는 경우에는 **다각화 전략**을 사용할 수 있다. 블루오션을 선점하거나 카테고리의 킬러가 되기 위해서는 신규 브랜드를 도입하거나 기존의 파워 브랜드의 힘을 활용해 브랜드를 확장할 수 있다. 김치냉장고시장을 개척한 만도(현 대유위니아)의 딤채는 신규 브랜드 도입 전략을 사용한 것이고, 풀무원에서 풀무원 녹즙을 출시한 것은 사업 다각화의 하나로 기존 브랜드의 파워를 이용한 브랜드 확장(카테고리 확장)에 해당한다.

이와 같이 시장과 제품의 특성에 따라 각기 다른 전략을 쓸 수 있다. 그러나 어떤 전략을 쓰든지 중요한 것은 차별화를 이루는 것이다. 오늘날에는 차별화를 위한 최고의 방법으로 브랜드 자체의 차별화를 추구하는 경향이 높아지고 있다. 즉, 기업의 제반 경쟁력이 비슷한 상황에서 브랜드의 중요성이 날로 커지는 것이다. 따라서 시장 및 제품의 신·구 유무에 따른 시장 진입 전략과 함께 브랜드 운영 전략을 함께 고려해야 성공에 더 가까이 나아갈 수 있다.

아모레퍼시픽은 어떻게
글로벌 뷰티업계 7위 기업에 올랐을까?

아모레퍼시픽그룹이 미국 뷰티·패션 전문매체인 〈우먼스웨어데일리WWD: Women's Wear Daily〉에서 선정한 세계 100대 뷰티기업 순위 7위에 올랐다(각 기업의 2016년 뷰티 매출액 기준). 〈우먼스웨어데일리〉는 아모레퍼시픽그룹의 순위 상승 원인으로 설화수, 라네즈, 마몽드, 이니스프리, 에뛰드하우스 등 글로벌 챔피언 브랜드가 중화권과 아세안 시장에서 활약한 점을 꼽았다. 아모레퍼시픽그룹의 매출액은 6조 6,976억 원, 영업이익은 1조 828억 원이다.[23]

아모레퍼시픽은 1954년 한국 화장품 업계 최초로 연구실을 개설, 기술 혁신에 지속적으로 투자해 부스팅 에센스, 슬리핑 마스크 팩, 투톤 립바 등을 개발했다. 그리고 적극적으로 글로벌 시장을 공략했다. 전체 매출의 25퍼센트가 중화권과 아세안, 미주 등에서 나왔다. 한류의 영향도 크다. 관광객이 한국을 방문해 구매한 제품 매출액(국내외 면세점 포함)도 매출 신장에 기여했다.

특히 국내외 고객에게 아시안 뷰티의 가치를 전함으로써 세상을 바꾸는 아름다움을 창조하는 매력적이고 차별화된 브랜드 아이덴티티를 제안하고, 차별화된 개별 브랜드 전략을 전개하여 각 브랜드별 아이덴티티를 정립하는 전략이 주요했다. 아모레퍼시픽은 1990년대 중반부터 '브랜드 컴퍼니' 전략을 채택해 개별 브랜드별로 브랜드 가치를 구축해왔다. 브랜드마다 각자의 개성을 충분히 살리는 정책을 추진하면서, 유통채널 역시 각 브랜드별로 적합하게 구성하여 세분시장별로 차별화된 마케팅 활동을 전개해왔다. 그리하여 브랜드를 확장할 때 발생할 수 있는 자기잠식효과의 피해도 거의 입지 않았고, 개별 브랜드들을 다 성공적으로 시장에 진입 및 안착시킬 수 있었다.

이 책의 초판에서 글로벌 톱 10이 아니라 톱 5까지 오르는 세계적인 화장품 브랜드가 될 수 있을 것이라고 예상했었는데, 아마도 곧 이런 결과를 기대해도 좋을 것 같다.

WWD 선정 전 세계 화장품 기업 순위[24]   자료 : 〈우먼스웨어데일리〉

순위	2015년	2016년	매출(10억 달러)	대표 브랜드
1	로레알	로레알	28.6(+2.3%)	랑콤, 키엘, 비오템, 슈에무라 등
2	유니레버	유니레버	20.52(+0.5%)	폰즈, 럭스, 레세나 등
3	P&G	P&G	15.4(−12.5%)	SK-II, 올레이 등
4	에스티로더	에스티로더	11.4(+2.7%)	에스티로더, 바비브라운, 크리니크 등
5	시세이도	시세이도	7.69(−2.3%)	나스, 끌레드뽀, 보떼 등
6	바이어스도르프	바이어스도르프	5.93(+1.1%)	니베아, 유세린 등
7	존슨앤드존슨	아모레퍼시픽그룹	5.5(+18.2%)	설화수, 라네즈, 헤라 등
8	샤넬	카오	5.53(−1.1%)	비오레, 몰튼 브라운, 가네보 등
9	에이본	LVMH	5.48(+6%)	디올, 겔랑, 베네피트 등
10	카오	코티	5.4(+26.2%)	웰라, OPI, 캘빈클라인, 구찌 등

03

브랜드 확장은 왜 항상 뜨거운 감자인가

브랜드는 확장을 통해 성장한다

기업이 신제품을 통해 시장점유율을 유지하거나 확대하고자 할 때 가장 쉽게 선택할 수 있는 방법이 기존의 브랜드 네임을 신제품에 적용하는 브랜드 확장^{brand} ^{extension}이다. 신규 브랜드의 개발 및 적용은 많은 시간과 마케팅 비용이 요구되고 실패에 따른 위험 부담이 크며, 또 단기적으로 성과를 올려야 하는 상황에서는 부적절한 전략이 될 수 있기 때문이다. 그러나 브랜드 확장은 비교적 단기간에 개발 및 진행할 수 있고, 기존 브랜드의 파워를 그대로 가져가면서 유통망을 장악할 수 있다는 장점이 있다.

그렇다면 어떤 경우에 브랜드를 확장할 수 있을까? 판단의 근거가 될 수 있는 요건으로는 표적 소비자가 모 브랜드^{parent brand}에 대해 호의적인 연상과 태도를 가지고 있는지, 모 브랜드를 통해 연상되는 이미지가 확장하고자 하는 제품에도 긍정적으로 평가되는 것인지, 그리고 표적 소비자가 모 제품과 확장 제품이 서로 유사성 혹은 적합성이 있다고 인식하는지 등이다.

일반적으로 브랜드 확장은 기존 브랜드를 전혀 다른 범주의 제품군으로 확장하는 카테고리 확장^{category extension}과 동일한 범주의 제품군으로 확장하는 라인 확장^{line extension}이 있다. 브랜드의 카테고리 확장과 라인 확장의 관계를 도식화하면, 〈그림 8-4〉와 같다.

▼ 〈그림 8-4〉 브랜드의 카테고리 확장과 라인 확장[25]

		다른 제품군		
동일 제품군	현재 제품		카테고리 확장	
	라인 확장			

카테고리 확장

카테고리 확장은 신제품 출시에 따른 비용을 절감할 수 있고, 기존 브랜드의 후광효과halo effect를 통해 어느 정도 성공을 보장받을 수 있다는 이점이 있다. 예를 들어, '풀무원'은 1981년 '풀무원농장 무공해 농산물 직판장'이란 한국 최초의 유기농 가게가 모태다. 1982년 '풀무원효소식품(현 풀무원식품)'을 설립한 이후 현재까지 풀무원은 '내 가족의 건강과 행복을 위한 바른 먹거리'를 브랜드의 본질로 다양한 영역으로 확장했다.

1986년 풀무원샘물, 1996년 로하스 생활기업인 풀무원생활(현 풀무원건강생활), 1997년 내추럴하우스자연건강(현 올가홀푸드), 2000년 식자재 구매 대행 사업인 푸드머스, 2000년 식음료 서비스 사업인 이씨엠디(현 풀무원푸드앤컬처) 등으로 카테고리를 확장했다.

풀무원은 2009년 매출 1조 원 달성하고 2016년 매출 2조 원을 돌파했다.[26] '바른 먹거리'라는 브랜드의 본질을 유지하면서 풀무원이란 브랜드 자산을 적극적으로 활용하여 카테고리 확장을 한 대표적인 성공사례라고 할 수 있다.

▼ 풀무원 두부공장의 제품 검수[27]

또한 ㈜대상의 '청정원'은 1996년 출시할 당시 고추장, 된장, 간장 등의 장류 전

350

문 브랜드로 출발했으나 오늘날에는 소스 및 양념류, 즉석식품류, 죽 및 스프류, 냉동식품류 등 12개 범주에 50여개의 제품군으로 확장했다.

그러나 이러한 카테고리 확장은 경우에 따라 기존의 브랜드 자산에 큰 손해를 입히는 역효과를 초래할 수도 있다. 예를 들어, CJ제일제당 '식물나라'는 1993년 비누 브랜드로 출발했으나 1994년 기초 화장품 브랜드로 확장하면서 소비자들의 인식 속에 확실하게 포지셔닝되었다. CJ는 식물나라의 브랜드 파워를 활용해 샴푸와 린스 등의 제품에까지 브랜드를 재확장했고, 1996년 기초 화장품 브랜드 중에서 인지도 1위를 차지하기도 했다. 이를 통해 화장품뿐만 아니라 샴푸와 바디샴푸, 비누 등으로 연간 400억 원대의 매출을 달성하는 쾌거를 기록했다.

그러나 슈퍼마켓에서 쉽게 구매할 수 있는 기초 화장품으로 획득한 식물나라의 좋은 이미지는 샴푸와 린스, 그리고 색조 화장품으로까지 제품의 카테고리가 확장되면서 더 이상 화장품 브랜드로서의 파워를 유지하지 못했다. 그리하여 식물나라의 매출은 2001년에 100억 원대 아래까지 추락했다. 무리한 카테고리 확장으로 모 브랜드의 파워마저 약화시켰던 식물나라는 결국 2002년 시장에서 사라지고 말았다. 이후 2009년 CJ오쇼핑에서 판매하는 기능성 화장품 '테라피, 식물나라'로 재출시된 바 있으며, 2012년 CJ올리브네트웍스가 운영하는 올리브영에서 '식물나라' 브랜드로 클렌징 라인, 선케어 라인, 바디 라인 등의 제품으로 명맥을 유지하고 있다.

라인 확장

라인 확장은 기존 브랜드와 같은 제품 라인에 새롭게 추가되는 제품에 기존 브랜드를 사용하는 방법이다. 이 방법은 적은 마케팅 비용으로 매출과 수익을 동시에 높일 수 있으며, 기존 사용자 외에 신규 사용자층까지 확대할 수 있다는 장점이 있다. 또 이미 구축된 생산설비를 활용해 다양한 소득계층의 소비자를 공략하는 데도 유용하게 사용될 수 있다.

예를 들어, KT&G의 초슬림 담배 브랜드인 '에쎄ESSE'는 '초슬림 담배'라는 카테고리 안에서 타르와 향, 특성을 중심으로 '에쎄 라이트(현 에쎄 프라임, 타르

▼ KT&G ESSE 브랜드의 라인 확장 제품 광고

World Class, Global ESSE

■ESSE

4.5mg)’, ‘에쎄 멘솔(현 에쎄 아이스, 타르 5.5mg)’ 등으로 라인 확장하면서 기존의 에쎄를 ‘에쎄 클래식(타르 6.5mg)’으로 이름을 바꾸고 ‘에쎄’를 모 브랜드로 사용하고 있다. 이후 ‘에쎄 원’, ‘에쎄 수’, ‘에쎄 스페셜 골드’, ‘에쎄 골든 리프’, ‘에쎄 체인지’ 등으로 라인을 확장했다. 그 결과 ‘에쎄’는 2004년부터 국내 담배시장에서 부동의 1위를 유지하고 있다. 국내 담배 시장에서는 27퍼센트, 국내 초슬림담배 시장에서는 80퍼센트의 점유율을 기록하고 있다. 전 세계 50여 개국에서 판매되고 있으며, 초슬림 담배 카테고리 세계 판매 1위를 유지하고 있다.[28]

그리고 모 브랜드만으로는 담지 못하는 해당 제품의 속성, 편의성, 특성 등을 구체적으로 전달하고자 할 때 라인 확장 브랜드에 별칭 혹은 애칭을 붙이는 펫네임pet name을 활용하기도 한다. 코카콜라의 ‘코크Coke’, 맥도널드의 ‘맥디스McD's’, 버드와이저의 ‘버드Bud’ 등은 기업에서 직접적으로 마케팅 차원에서 사용했다. 국내에서도 다양한 형태로 활용되고 있다. 아파트 브랜드들은 단지의 특성을 고려하여 오션(바다), 레이크(호수), 리버(강), 포레스트(숲), 파크(공원), 에듀파크(공원+숲), 센트럴(중심), 센트럴파크(중심공원), 어반시티(도심) 등의 별칭으로 차별화를 시도했다.

예를 들어, 푸르지오는 광명시 철산동에 ‘철산 센트럴 푸르지오’로 분양하고 있다. 레이디스 슈즈 브랜드 ‘누오보NUOVO’의 ‘버블리BUBBLY’ 스니커즈는 일명 ‘아이린 신발’로 알려져 있다. 가수 레드벨벳의 리더 아이린이 광고모델로 나와 2017년에 완판을 하는 기록을 세우기도 했다.[29]

그러나 브랜드 가치를 구축하는 차원에서는 기업에서 직접적으로 마케팅을 하는 것보다 소비자 커뮤니티에서 자연스럽게 입소문이 일어나는 것이 좀 더 효과가 크다. 애경산업의 ‘에이지투웨니스AGE 20's’는 광고모델의 이름을 딴 ‘견미리 팩트’가 브랜드 네임인 ‘에센스 커버팩트’보다 더 많이 알려졌다. 사용 후기에 올라온 '딸과 나눠 쓴다'는 내용으로 인해 '모녀팩트'로 알려지면서 더욱 유명해졌다.[30] GS샵에서 2015년 히트상품 1위에 오른 이후 대부분의 홈쇼핑에서 10위 안에 있으며, 홈쇼핑 최대 히트상품으로 꾸준한 인기를 유지하고 있다. 팩트 하나로 2017년 매출액 1,300억 원을 달성했다.[31]

이러한 성과에도 불구하고 광고모델의 이름을 펫네임으로 사용하는 경우에는 항상 위험요소를 내포하고 있다. 브랜드 콘셉트와 불일치하는 언행이나 사고 등으로 위험에 노출되면, 한순간에 브랜드 위상이 심각한 타격을 받을 수 있다. 더욱 중요한 것은 소비자들이 펫네임은 기억하는데 원래의 브랜드 네임은 기억하지 못할 수도 있다는 것이다. 한때 '하유미팩'으로 마스크팩 시장을 석권했던 제닉의 '셀더마 하이드로겔 마스크'는 광고모델과의 재계약이 중단되면서 급격한 매출 감소에 직면했었다.

라인 확장, 해야 하나 말아야 하나

라인 확장은 일명 '깃발 마케팅flagship marketing'이라고 한다. 특정 브랜드를 대표로 내세워 마케팅 활동에 집중하기 때문에 붙여진 이름이다. CJ의 '다시다'와 '햇반' 브랜드는 대표적인 깃발 브랜드이다. 다시다는 '다시다 쇠고기', '다시다 멸치', '다시다 조개', '다시다 냉면', '다시다 쇠고기 골드', '다시다 골드 해물' 등 총 14개의 확장 브랜드를 보유하고 있다. 햇반은 '햇반 큰공기', '햇반 유기농 쌀밥', '햇반 흑미', '햇반 오곡밥', '햇반 버섯곤드레비빔밥', '햇반 황태국밥' 등 3개의 서브 카테고리에 총 37개의 라인 확장된 브랜드들을 가지고 있다.

라인 확장은 기존 브랜드에 활력을 제공하고, 자원의 효율성을 제고하며, 모브랜드의 이미지를 등에 업어 기대 이상의 매출 달성 효과를 얻을 수 있다. 그러나 기존 브랜드가 신제품의 특성을 잘 나타내지 못하는 경우에는 신제품의 잠재력까지 약화시키는 희석효과dilution effect나 자기잠식효과cannibalization effect를 유발할 수 있고, 새로운 사업기회를 놓칠 수 있다는 위험 요소가 있다.

예를 들면, LG전자의 '싱싱냉장고 김장독'은 인지도 높은 기존 브랜드에 접목

시킴으로써 높은 판매율을 달성하는 데는 성공했지만, 새로운 브랜드를 사용하지 않아 신규 시장을 선점하지 못했다. 만약 LG전자가 라인 확장이 아닌 '○○ 김치냉장고'와 같은 신규 브랜드를 도입했다면 이후 등장한 김치냉장고시장을 선점할 수도 있었을 것이다. 결국 김치냉장고시장은 1995년에 출시된 위니아만도(현 대유위니아)의 딤채가 차지하게 되었다.

풀무원은 1995년에 화장품을 출시하면서 '풀무원 이씰린'으로 브랜드의 라인 확장을 시도했지만 브랜드 구축이 제대로 되지 않았다. 한편 아모레퍼시픽은 저가 화장품인 '에뛰드'를 독립시켜 모 브랜드와 개별 브랜드 모두 성공적으로 브랜딩을 했다.

브랜드 확장의 함정과 한계

확장 브랜드가 성공하기 위해서는 세 가지 조건이 전제되어야 한다. 첫째, 모 브랜드가 시장과 소비자들의 인식 속에서 우월한 위치를 차지하고 있어야 한다. 둘째, 모 브랜드를 통해 연상되는 이미지들이 가치를 포함하는 포괄성이 있어야 한다. 셋째, 소비자들이 인식하는 모 브랜드와 확장 브랜드 간의 연관성이 높아야 한다. 즉, 성공적인 브랜드 확장을 위해서는 확장 브랜드가 모 브랜드의 보완적인 역할을 수행하고, 해당 카테고리에서 보통명사화가 되어 소비자 마음속에 확실하게 포지셔닝되어야 한다. 그러나 무조건적인 브랜드 확장은 브랜드의 이미지를 약화시키고 마케팅 비용만 크게 증가시킬 수도 있다는 점을 주의해야 한다.

예를 들어, OB맥주는 2003년에 기존 브랜드를 리뉴얼하여 'OB'라는 이름의 신제품을 출시했다. 그러나 소비자들은 OB의 신제품이 아니라 'OB 맥주의 패키지 색상이 파란색으로 바뀌었구나' 정도로만 인식했다. OB맥주는 1990년대 당시 OB, OB SKY, OB SOUND, OB ICE, NEX, OB LAGER 등의 다양한 맥주 브랜드를 사용하고 있었다. 그러나 경쟁사인 하이트맥주는 'Hite'라는 브랜드 하나만을 사용했다. 따라서 하이트맥주는 OB맥주보다 브랜드에 좀 더 집중해 마케팅 활동을 펼칠 수 있었다. 결국 OB맥주는 매출과 브랜드 이미지 등 전반적인 경쟁에서 하이트맥주에게 밀려 맥주시장의 선두자리를 내어주게 되었다.

OB맥주의 패인은 브랜드의 초점이 흐려진 데 있었다. 이로 인해 소비자들도 과거의 OB와 새로운 OB의 차이점을 브랜드를 통해 구별하지 못했던 것이다. OB맥주로서는 기존에 잘 알려진 브랜드 네임을 사용함으로써 소비자의 인식 상에 들어가 있는 포지션을 그대로 이용하고자 한 나름의 전략이었을 것이다. 그러나 이 전략이 성공하기 위한 전제, 즉 기존의 OB 브랜드가 소비자들로부터 좋은 이미지를 가지고 있다는 것을 제대로 확인하지 못했기에 실패의 쓴맛을 보게 되었던 것이다.

신제품의 차별적 특성을 활용해 새로운 시장을 정의할 목적으로 신제품을 개발했다면, 새로운 브랜드 네임을 사용하는 것이 효과적이다. OB 브랜드의 재활성화는 모 브랜드의 파워가 약했기 때문에 실패할 수밖에 없었다. 결과적으로 보면 확장의 형태가 아닌 신규 브랜딩이 더 적합한 전략이었던 것이다.

막강한 브랜드 파워가 브랜드 확장에 한계를 주는 경우도 있다. 브랜드 포지셔닝이 한 영역에서 너무 강할 때는 브랜드 확장에 오히려 제약을 받게 된다. 삼성전자의 지펠 냉장고가 대표적인 사례이다. 지펠 냉장고는 국내시장에서 GE, 월풀Whirlpool 등의 외국 브랜드들이 장악하고 있던 양문형 냉장고시장에서 확고한 브랜드 인지도를 보유한 국내 토종 브랜드였다.

지펠은 고급형, 대용량을 선호하는 소비자들의 욕구를 반영해 출시 초기에 차별화된 브랜드 이미지를 각인시켰다. 또 기존의 삼성이라는 기업 브랜드의 보증 관계를 과감하게 탈피해 개별 브랜드로 성공적인 브랜딩을 했다. 그러나 양문형 냉장고에 너무나 강력하게 포지셔닝됨으로써 다른 카테고리로 브랜드 확장을 하는 데 한계를 겪었다. 지펠은 1997년 지펠 드럼세탁기로 라인 확장을 시도했으나 '지펠하면 냉장고'라는 기존의 브랜드 인식이 너무 강해 성공을 거두지 못했다.

▼ 드럼세탁기로 확장한 삼성전자 지펠의 광고

지펠,
조용한 혁명입니다

zipel

대유위니아는 2015년 프리미엄 전기압력밥솥시장에 진출하면서 '딤채쿡'을 출시했다. 김치냉장고 브랜드인 '딤채'의 기술력과 노하우를 담았다고 했다. 하지만 김치냉장고와 압력밥솥은 관련 기술이 다르다는 것을 소비자들이 쉽게 인지할 수 있기 때문에 연관성을 느끼기 어려운 브랜드 확장이라고 할 수 있다. 만약 '딤채' 브랜드를 활용하고 싶다면 김치냉장고 카테고리에 한정하지 않고 발효과학을 핵심가치로 전달 가능한 '발효냉장고'로 리포지셔닝을 하고, 발효와 관련된 글로벌 시장에 딤채 브랜드를 확장하는 것이 시장 확대에 더 유리한 전략이 될 수도 있다.

따라서 브랜드 네임을 개발하거나 결정하는 단계에서는 향후 브랜드 포지셔닝에 의한 확장 가능성과 한계 요소도 미리 살펴볼 필요가 있다. 성공적인 브랜드 확장을 위해서는 먼저 기존 브랜드의 특성이 확장 제품군에서도 긍정적으로 평가될 수 있는 것인지, 또 목표 소비자가 이에 대해 호의적인 연상과 태도를 보이는지 파악해야 한다. 그리고 기존 브랜드와 확장 브랜드 간의 유사성과 적합성, 아울러 브랜드 확장이 가져올 잠재적인 효과에 대해서도 미리 살펴봐야 한다.

락앤락은 사업 다각화와 브랜드 확장에 성공할 수 있을까?

락앤락은 1978년 설립된 이후, 락앤락(국내판매), 하나코비(해외판매), 비앤비(생산법인) 등의 별도의 법인으로 운영되다가 2007년에 ㈜락앤락으로 통합되었다. 락앤락은 '2017 세계일류상품' 플라스틱 밀폐용기 부문에서 4년 연속 '현재세계일류상품'에 선정되었다. 전 세계 119개국에 수출하고 있다.[32] 2017년 홍콩에 있는 사모펀드 어피니티에쿼티파트너스가 경영권을 포함한 보유 지분 인수를 통해 대주주가 되었다.

락앤락은 플라스틱으로 만든 제품들 외에도 도자기, 유리, 스테인리스 등 다양한 소재로 만들어진 제품들을 출시하고 있다. 밀폐용기 전문 브랜드에서 종합 주방 및 생활용품 브랜드로 사업영역을 확장하기 위해 제품 라인을 확장하기도 했다. 특히 '주방기기'에 특화된 브랜드인 '락앤락 쿡플러스'를 출시했다. 또한 프리미엄 욕실용품 브랜드인 '사포SAPPHO', 조립식 수납가구 브랜드인 '스마트큐빅', 친환경 시스템형 소가구 '인나'도 출시했다.[33] 그리고 이·미용품 브랜드인 '뷰티VIEW.T'를 출시했다.[34]

그러나 사업다각화에 집중했던 2012년도에 5,084억 원의 최대 매출을 달성한 이후 지속적으로 감소하다가 2015년 4,071억 원의 매출을 기록한 이후 다시 증가하고 있다. 이러한 상황에서 락앤락의 브랜드 전략을 재검토해 볼 필요가 있다. 사업 포트폴리오 측면에서 종합 주방 및 생활용품으로 카테고리를 확장한 것은 성장을 위한 선택이라고 생각된다. 브랜드 포트폴리오 측면에서 긍정적인 효과가 있을 수 있다. 만약 기업 브랜드를 락앤락 대신 하나코비로 결정했다면 밀폐용기는 '락앤락', 조리기기는 '쿡플러스' 등으로 브랜드 포트폴리오를 구축할 수 있었을 것이다. 지금이라도 종합생활용품 기업으로 포지셔닝하고자 한다면 기업명에 대해 재고할 필요가 있다. 락앤락은 강한 밀폐력을 강조한 네이밍으로 '밀폐용기=락앤락'이라는 인식이 확실하게 구축된 브랜드이다. 그렇기 때문에 밀폐력이 중요하지 않은 카테고리에서는 브랜드 파워가 높은 락앤락이 오히려 역효과를 나타낼 수 있다.

락앤락의 다양한 카테고리들[35]

04

브랜드 자산을 측정하고
전략적으로 관리하라

브랜드 자산의 의미와 마케팅적인 가치

기업이 보유한 브랜드 포트폴리오 관점에서 브랜드에 대한 정확한 측정과 평가가 이루어져야만 전략적으로 브랜드를 관리할 수 있다. 최근 들어 기업의 브랜드 가치를 금액으로 환산하는 자산평가 방법이 주목을 받고 있다. 기업들이 브랜드에 대한 중요성을 인식하고, 이에 대한 체계적인 관리의 필요성을 느끼기 시작하면서부터 브랜드 가치 평가에 대해 관심을 갖게 된 것이다.

브랜드 가치 평가가 중요한 이유는 여러 가지가 있다. 우선 기업 측면에서 살펴보면, 향후 집중 육성 및 관리해야 하는 브랜드를 선별하는 기준으로 사용할 수 있다. 만약 기업이 현재 보유한 가치 있는 브랜드를 체계적으로 관리하지 않는다면 그 가치는 금방 하락할 수 있다. 기업은 지속적으로 브랜드를 관찰하고 자산을 측정하여 가치를 지속시키고자 노력한다.

브랜드가 있는 제품과 브랜드가 없는 제품을 비교할 때, 소비자들이 브랜드가 있는 제품에 대해 호의적인 반응을 보인다면, 그 브랜드는 긍정적인 브랜드 자산을 가지고 있다고 이야기할 수 있다. 호의적인 브랜드 자산을 가진 제품은 차별성을 바탕으로 소비자들이 더 선호한다. 그 결과로 높은 브랜드 로열티가 생긴다. 높은 브랜드 로열티로 인해 소비자들은 프리미엄 효과를 얻을 수 있고, 기업은 보다 많은 수익을 얻을 수 있다. 또한 유통경로에서도 기업이 많은 이점을 제공해준다.

이러한 장점들은 브랜드에 대해 소비자가 가지고 있는 브랜드 인지도, 지각된 품질, 연상 이미지, 브랜드 로열티 등의 브랜드 자산의 구성요소에 의해 발생한다. 따라서 브랜드 자산의 구성요인들로부터 발생하는 이점, 즉 브랜드 자산을 측정함으로써 마케터들은 브랜드의 가치를 보다 체계적이고 지속적으로 관리할 수 있다.

브랜드 가치 구축을 위해서는
왜 우회축적이 필요한가?

매는 사냥을 할 때 직선이 아닌 곡선을 그리며 하강한다. 에너지를 많이 소비하지 않고, 비축한 힘으로 목표물을 낚아채기 위해서다. 이를 '우회축적roundabout accumulation'이라고 한다. 즉, '다시 돌아갈 힘을 비축하는 것'으로 기다림의 미학을 의미하는 말이다. 2002년 월드컵에서 4강 신화를 이룬 한국팀은 히딩크 감독이 부임한 처음 1년 동안 집중적으로 기초 체력 훈련을 했다. 마찬가지로 브랜드에서도 우회축적의 효과가 일어난다. 그리고 우리는 흔히 이를 '브랜드 가치brand value'라고 한다.

브랜드 마케팅 초창기에는 단기적 손실이 발생할 수 있다. 그러나 브랜드가 잘 안착된 후에는 폭발적인 힘이 발휘된다. 이때부터 우회축적을 한 브랜드의 가치가 나타나게 되는 것이다. 브랜드가 우회축적의 효과를 얻기 위해서는, 즉 브랜드의 가치 증대를 위해서는 기업의 투자와 노력이 수반되어야 한다. 또 브랜드 구축을 위한 투자로 어느 정도의 손실이 발생하더라도 장기적인 성과를 얻기 위해 필요한 투자라고 생각하며 감내할 필요가 있다. 이렇게 우회축적의 힘을 브랜드 구축에 활용한다면 더욱 높은 브랜드 가치를 구축할 수 있다.

〈그림 8-5〉 브랜드 가치 구축을 위한 우회축적[36]

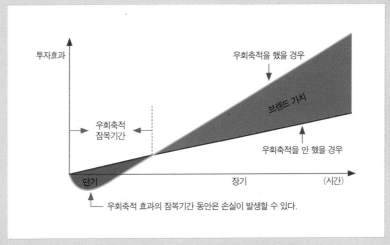

브랜드 자산을 측정하는 방법

브랜드 자산을 측정하고 평가하는 방법은 재무적인 접근법, 마케팅적인 접근법, 그리고 이 둘을 함께 활용하는 통합적인 접근법으로 구분할 수 있다. 브랜드 자산의 측정 방법을 정리하면, 〈표 8-2〉와 같다.

▼ 〈표 8-2〉 브랜드 자산의 측정 방법

마케팅적인 접근법		재무적인 접근법	통합적인 접근법
금전	인덱스	금전	금전
· Brand-Based Comparative Approach (브랜드 기반 비교 접근법) · Marketing-Based Comparative Approach (마케팅 기반 비교 접근법) · Conjoint Analysis (컨조인트 분석) · EQUITYMAP(이쿼티맵) · K-BEAM	· K-BPI[KMAC] · NBCI[KPC] · Brand Value-up Master[제일기획] · LG-BREMS[LG애드] · DBPI[금강기획] · V-BPI[밸류바인]	· Cost Approach (비용 접근법) · Market Approach (시장 접근법) · Income Approach (수입 접근법)	· Interbrand Model · Financial World Model · Omnibrand Model · IPS Approach · EF Model

먼저 **재무적인 접근법**은 브랜드 자산을 금전적인 화폐단위로 표현하는 것으로 재무제표의 영업이익을 통해 계산한다. 이 접근법은 '과거로부터 지금까지 누적된 자산이 결과적으로 경영성과에 영향을 미친다'는 회계의 특성을 반영한다. 그리고 여기에 마케팅적인 요소를 포함하여 측정하는 방법이 **통합적인 접근법**이다. 가장 대표적인 방법이 인터브랜드 모델Interbrand Model이다. 인터브랜드 모델은 〈그림 8-6〉과 같이 마케팅적인 관점에서의 브랜드 경쟁력과 재무적 측면에서의 브랜드 수익을 계산한 값을 곱하여 브랜드 가치를 평가하는 것이다.

브랜드 경쟁력의 내적요소를 평가하는 항목으로는 명료성, 약속, 보호, 반응성이, 외적요소를 평가하는 항목으로는 진정성, 적합성, 차별성, 단단함, 이해력 등이 있다. 이 평가항목에 각각의 가중치를 부여해 브랜드 가치를 측정한다. 브랜드 수익은 브랜드와 연관된 영업이익을 추정해 브랜드가 없는 제품의 영업이익을 뺀 값으로, 순수하게 자산에 따른 이익으로 계산한다.

재무적 성과 (Financial Performance)	브랜드 역할 (Role of Brand)	브랜드 강도 (Brand Strength)
영업이익(Operating Profits) - 세금(Taxes) = 세후영업이익 - 가중평균자본비용 =	경제적 이익 × 브랜드 역할 =	브랜드 수익 × 브랜드 강도 =
경제적 이익 (Economic Profit)	브랜드 수익 (Branded Earnings)	브랜드 가치 (Brand Value)

- 세후영업이익(NOPAT: Net Operating Profit After Tax)
- 가중평균자본비용(WACC: Weighted Average Cost of Capital)

이 방법을 사용하면 브랜드 자체의 순수한 가치뿐만 아니라 기업의 전반적인 활동이 만들어낸 가치에 대해서도 비교적 정확하게 평가할 수 있다. 그러나 이 방법은 브랜드 강도의 측정항목에 대한 가중치와 브랜드 자산의 주관적인 성향에 따라 측정 결과의 신뢰성이 영향을 받게 된다는 한계가 있다. 인터브랜드는 이를 통해 매년 기업의 브랜드별 가치를 평가하여 '최고의 글로벌 브랜드Best Global Brands'를 발표한다. 최고의 글로벌 브랜드로 애플, 구글, 아마존, 마이크로소프트, 코카콜라, 삼성, 토요타, 페이스북, 벤츠, IBM 등이 선정되고 있다.

마케팅적인 관점에서 접근하는 방법들은 대부분 전략적인 브랜드 관리를 위해서 인덱스index 또는 금전적인 화폐단위를 통해 브랜드 자산을 측정한다. 일반적으로 사용되는 방법은 컨조인트 분석이다. 실무적인 차원에서 가장 많이 사용되는 방법은 인덱스를 구하여 현재의 브랜드 상태를 점검하고 향후 전략을 수립하는 데 기초자료로 사용하는 것이다.

아직까지는 브랜드 자산을 평가하는 기관마다 각기 다른 측정 방법으로 기업 활동의 핵심인 브랜드 자산을 평가하고 있는 것이 현실이다. 그 결과, 평가 내용에도 큰 차이가 있기 때문에 많은 혼란을 불러일으키기도 한다. 동일한 브랜드 자산에 대한 측정값들이 상이하게 제시됨으로써 브랜드 자산 측정 방법에 대한 문제가 여전히 남아 있다.

컨조인트 분석에 의한 브랜드 자산 측정 방법

● 컨조인트 분석은 어떤 제품 및 서비스가 가지고 있는 속성 (attribute) 하나하나에 고객이 부여하는 효용(utility)을 추정함으로써, 그 고객이 어떠한 제품을 선택할지 예측하기 위한 기법이다. 이러한 방법을 활용하여 브랜드 가치를 측정하기 때문에 조사방법 및 통계분석에 익숙하지 않는 독자들은 이해하기 어려울 수 있다. 그러나 마케터와 기획자들이라면 실무적으로 활용할 가능성이 높기 때문에 알아두면 도움이 될 것이다.

컨조인트 분석의 기본적인 가정은 소비자들이 여러 브랜드 중 특정 브랜드를 선택할 경우, 여러 속성 중에서 자신에게 가장 큰 효용을 준다고 생각하는 속성을 가진 제품을 우선적으로 선택한다는 것이다. 컨조인트 분석● 절차는 〈표 8-3〉과 같다.

▼〈표 8-3〉 브랜드 자산 측정을 위한 컨조인트 분석 절차

단계	내용	방법	비고
1	속성 파악	• 표적집단면접법(FGI), 전문가 조언	• 속성수는 4~5개 적당
2	수준 파악	• 심층면접(Depth Interview), 실무자 협의	• 속성수준은 2~3개 적당 • 무상표(No Brand)에 가까운 브랜드 반드시 포함
3	프로파일 작성	• 모든 속성을 전부 이용(Full Profile) • 2개의 속성만 이용(Trade-off) • 부분교차 디자인(Factional Factorial)	• 속성과 수준에 따라 프로파일이 너무 많아질 수 있으므로 부분교차 디자인을 이용하여 20개 이하의 프로파일을 사용
4	속성의 효용 추정	• 합성접근법(Compositional Approach) • 분해접근법(Decompositional Approach) • 혼합접근법(Hybrid Approach)	
5	브랜드 자산 측정	• 추정 매출액 × 브랜드 효용의 구성비	
6	상호작용 효과 고려	• 상호작용 존재 시 고려하여 산출	

예를 들어, 노트북의 브랜드 자산 가치를 컨조인트 분석을 이용하여 측정해보자. 우선 노트북의 구매 속성과 수준은 〈표 8-4〉와 같이 가정한다.

▼〈표 8-4〉 노트북의 구매 속성과 수준

속성	수준
브랜드	삼성, LG, 애플
가격	100만 원, 150만 원, 200만 원
AS	상, 중, 하
성능	코어5, 코어7

소비자들이 선택할 수 있는 프로파일(대안)은 총 72가지(3×4×3×2)이다. 이 72가지에 대해서 소비자들이 선호하는 순위를 정하는 것은 어려운 일이므로, 생성된 프로파일을 응답자들에게 보기로 제시한 설문조사를 통해 속성 프로파일에 대한 소비자 선호도를 조사한다. 이를 가지고 컨조인트 분석을 하면 〈표 8-5〉와 같은 조사 결과를 얻을 수 있다.

▼ 〈표 8-5〉 노트북 속성 프로파일에 의한 컨조인트 분석 결과

유틸리티			
속성		유틸리티 추정	표준오차
브랜드	삼성	0.385	0.761
	LG	0.770	1.521
	애플	1.155	2.282
가격	100만 원	−0.030	0.761
	150만 원	−0.060	1.521
	200만 원	−0.090	2.282
AS	상	1.795	0.761
	중	3.590	1.521
	하	5.385	2.282
성능	코어5	0.160	1.318
	코어7	0.320	2.635
(상수)		0.487	3.227

중요도값	
브랜드	16.812
가격	1.310
AS	78.384
성능	3.493

※ 평균 중요도 점수

이 결과를 바탕으로 속성 프로파일, 즉 소비자들이 가장 선호하는 목록카드와 그 선호도를 계산하면 〈표 8-6〉과 같다.

▼ 〈표 8-6〉 소비자들이 가장 선호하는 목록카드와 선호도

속성	카드 1	선호도
브랜드	애플	1,155
가격	100만 원	−0.30
AS	중	3,590
성능	코어i5	0.160
	상수	0.457
카드 1의 선호도		5,332

여기서 애플 브랜드의 효용 구성비를 계산하면 89.6퍼센트가 나온다.

상대적 중요도 x 애플 브랜드 효용 = 16.81 x 5.332 = 89.6%

브랜드 자산은 업종 전체 매출액에서 평가 대상 브랜드 자산의 시장점유율을 곱한 다음, 평가 대상 브랜드의 효용을 곱하여 산출하게 된다. 애플 노트북의 브랜드 자산을 측정하기 위해 노트북 업종의 전체 매출액은 2조 원, 애플 노트북의 시장점유율은 5퍼센트로 가정한다. 실제 평가를 할 경우에는 보다 정확한 데이터를 사용해야 한다. 앞에서 가정한 값들과 구한 효용을 곱하면, 애플 노트북의 브랜드 자산은 896억 원이 된다.

애플 노트북의 브랜드 자산 = 2조 원 x 5% x 89.6% = 896억 원

이처럼 컨조인트 분석 방법을 이용해 개별 브랜드의 자산을 측정할 수 있다. 그러나 이 방법을 적용하기 위해서는 반드시 특정 시장의 전체 매출 규모와 브랜드별 시장점유율을 알고 있어야 한다는 제약이 있다. 또한 당해 연도의 브랜드 자산만 측정이 가능하다는 한계가 있다. 그러나 일반적으로 브랜딩 활동은 당해 연도에만 국한되지 않기 때문에 이 방법을 절대적으로 신봉해서는 안 되고, 부분적으로만 이용하는 것이 좋다. 만약 이 문제만 해결된다면 모든 분야에 컨조인트 분석 방법을 적용해 개별 브랜드의 자산을 측정할 수 있다.

브랜드 파워 인덱스의 측정과 관리

브랜드 자산의 금전적인 가치를 아는 것은 중요하다. 그러나 그보다 더 중요한 것은 주기적인 측정과 평가를 통해 마케팅 담당자들이 실제 마케팅 활동에 투입될 요소로 사용할 수 있는 인덱스를 도출하는 것이다. 현재 우리 브랜드의 경쟁력이 어느 정도인지를 알게 되면 그다음 마케팅 활동을 전개하기가 보다 용이해지기 때문이다.

코카콜라, 삼성, 설화수, 청정원, 새우깡 등과 같이 소비자들의 인식 속에 강력하게 자리 잡고 있는 브랜드들은 소비자들이 구매 의사결정을 내릴 때 선택될 확률도 높고, 가격민감도가 떨어지기 때문에 가격 프리미엄 효과까지 누릴 수 있다. 이와 같은 브랜드의 파워를 보다 체계적으로 평가하기 위해서는 브랜드 파워 구축에 필요한 속성 및 차원을 밝히는 과정이 필수적이다. 이를 브랜드 컨설팅 기업인 밸류바인에서 개발한 브랜드 파워 인덱스 모델V-BPI: Valuevine Brand Power Index을 통해 살펴보자. 이를 정리하면 〈그림 8-7〉과 같다.

이 모형은 브랜드 자산과 브랜드 활동이라는 두 가지 차원으로 구성되어 있

▼ 〈그림 8-7〉 밸류바인 브랜드 파워 인덱스(V-BPI) 모델[38]

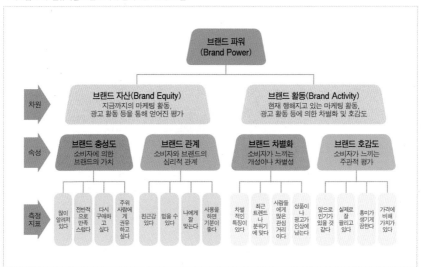

다. **브랜드 자산**은 브랜드와 관련된 지금까지 마케팅 활동의 결과로 축적된 것들을 평가하는 것으로 브랜드 로열티와 브랜드 관계로 이루어진다. 브랜드 로열티는 소비자가 해당 브랜드에 대해 느끼는 가치를, 브랜드 관계는 소비자와 브랜드의 심리적 거리를 나타낸다. 브랜드 로열티와 브랜드 관계를 통해 브랜드 자산을 설명할 수 있다. **브랜드 활동**은 브랜드와 관련된 현재의 마케팅 활동을 평가하는 속성으로 브랜드 차별화와 브랜드 호감도로 구성된다. 브랜드 차별화는 소비자가 느끼는 개성이나 차별성을 나타내고, 브랜드 호감도는 소비자가 느끼는 기업의 현재 활동들에 대한 선호 정도를 의미한다.

각 측정항목별로 합산한 점수로 브랜드 파워 인덱스를 산출해 기업의 강점과 약점 등을 파악하면 어느 부분에 좀 더 집중해야 하는지 알 수 있다. 또 자사뿐만 아니라 경쟁사의 위치를 보다 정확히 파악해 장기적인 브랜드 경영 전략 수립의 토대를 마련할 수 있다. 브랜드 파워 인덱스를 〈그림 8-8〉과 같이 브랜드 활동과 브랜드 자산을 두 축으로 하는 브랜드 파워 매트릭스에 표시해보면 경쟁사뿐만 아니라 자사의 브랜드 위치를 한눈에 파악할 수 있다.

실제 부엌가구 시장을 대상으로 측정하여 분석한 브랜드 파워 매트릭스를 살

▼ 〈그림 8-8〉 V-BPI를 이용해 작성한 브랜드 파워 매트릭스(예시)

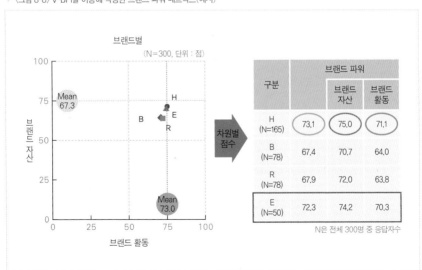

펴보면, H브랜드의 브랜드 파워가 가장 높은 것을 알 수 있다. 그러나 경쟁 브랜드인 E브랜드와 비교해서 그리 큰 차이가 없다는 것도 알 수 있다. 이를 통해 H브랜드의 브랜드 파워를 더욱 높이기 위해서는 브랜드 자산보다 브랜드 활동을 강화할 필요가 있다는 결론을 얻을 수 있다.

이러한 방법을 활용하면 브랜드 자산을 더욱더 명확하게 측정하고, 평가하며, 이를 통해 보다 전략적으로 브랜드를 관리할 수 있다. 따라서 마케팅 및 브랜드 담당자는 자사에 적합한 브랜드 자산 측정 모델을 찾아야 한다. 그러나 앞에서 제시한 방법들 역시 접근 방법의 하나일 뿐, 절대적인 법칙은 아니다. 필요에 따라 적당한 방법을 사용하거나 자사에 적합한 방법을 개발할 필요가 있다.

브랜드 가치는 왜 발표하는 기관마다 결과가 다를까?

재무상황과 마케팅 등을 종합적으로 고려해 브랜드가 창출할 미래 기대수익을 현재가치로 환산해 발표하는 인터브랜드의 '2018년 베스트 글로벌 100대 브랜드'에서 삼성전자는 598억 달러로 6위, 현대자동차는 135억 달러로 36위, 기아자동차는 69억 달러로 71위를 기록했다.[39]

기업 가치와 브랜드 사업 가치, 브랜드 기여, 마케팅 투자, 주식, 사업 성과 등을 종합적으로 판단해 브랜드 가치를 도출하여 발표하는 브랜드 파이낸스Brand Finance의 '글로벌 500 2018'에 따르면 삼성전자의 브랜드 가치는 922억 달러로 4위, 현대자동차는 177억 달러로 79위를 기록했다.[40]

미국에서 사업을 하는 글로벌 브랜드 200여 개의 수익과 업계 내 역할 등을 평가해

2017년 베스트 글로벌 브랜드의 현대자동차 광고[42]

매년 선정하는 〈포브스〉의 '100대 가치 브랜드'에서 '2018년 세계에서 가장 가치 있는 브랜드'에 삼성전자가 476억 달러로 7위, 현대자동차가 87억 달러로 75위를 기록했다.[41]

이와 같이 브랜드 가치를 조사하여 발표하는 기관마다 금액과 순위가 상이한 것은 브랜드 가치를 측정하는 모델이 다르기 때문이다. 인터브랜드 모델은 재무적 관점의 영업이익과 마케팅 관점의 브랜드 강도를 측정했다. 브랜드 파이낸스 모델은 사업 가치와 마케팅 투자 등 종합적인 판단을 통

해 측정했다. 포브스 모델은 수익과 업계 내 역할 등을 측정했다.

따라서 금액과 순위를 절대적으로 비교하는 것은 의미가 없다. 각 기관의 일관된 평가기준을 전제로, 각 기관에서 평가결과를 토대로 트레킹을 통해 브랜드 가치의 지속적 성장과 감소를 확인하는 차원에서 의미가 있을 뿐이다.

삼성전자의 '갤럭시S'의 신화를 일궈낸 주요 인물 중 한 명으로 꼽히는 삼성전자 글로벌마케팅센터장 이영희 부사장은 "현대사회에서 브랜드 가치의 의미는 소비자에게 실제로 얼마나 활용되고 삶을 가치 있게 만들며 점유하느냐에 달려있다. 제품과 기술의 혁신은 이럴 때 비로소 의미가 있다(2014.06.16, 프랑스 칸 국제광고제)."[49]라고 말한 바 있다.

중요한 것은 무엇을 어떻게 추진해야 지속적으로 브랜드 가치를 상승시킬 수 있는지 그 메커니즘을 찾아내는 것이다. 혁신적인 제품과 서비스로 고객을 만족시켜 재구매와 추천을 할 수 있도록 해야 브랜드 가치를 지속적으로 상승시킬 수 있다. 또한 브랜드의 상징과 의미, 그 속에 내재된 가치를 스토리로 알려주는 감성적인 접근도 필요하다.

브랜드 커뮤니티가
브랜드 관계 구축에 도움이 될까?

브랜드 커뮤니티는 특정 브랜드를 좋아하는 사람들이 지리적 한계를 뛰어 넘어, 사회적 관계를 맺기 위해 만든 특화된 집단[44]이며, 브랜드를 좋아하는 사용자들이 인지적, 감정적, 물질적 자원을 공유하고 의미를 창조해나가는 공간이다.[45] 이러한 브랜드 커뮤니티는 기업이 주가 되어 만들기도 하고 소비자들이 스스로 만들기도 한다.

기업은 소비자들에게 제공하는 서비스의 일종으로 커뮤니티를 형성하고 다양한 정보를 교환할 수 있도록 돕는다. 또 소비자들이 자사 브랜드에 대한 로열티를 가질 수 있도록 커뮤니티 활동을 지원함으로써 소비자들이 브랜드와 관련된 다양한 경험을 교환하고 자신의 관심 분야를 자유롭게 이야기할 수 있도록 유도한다면 브랜드 관계 구축에 도움이 된다.

나이키는 뉴욕 등 북미 지역을 시작으로 세계 주요 도시에서 운영하고 있는 '나이키+런 클럽Nike+Run Club'을 2015년 서울에서도 출시했다. 나이키+런 클럽은 전 세계 60여 개 도시에서 러너들이 365일간 각자의 특성에 맞게 전문적인 러닝 경험을 제공받을 수 있다. 거리, 속도, 레벨 등 실력에 따른 맞춤형 러닝 프로그램을 위해 나이키+런 클럽과 나이키+트레이닝 클럽 앱을 통해 디지털 서비스, 사용자 경험, 전문가 코칭, 그리고 페이스메이커 등의 서비스가 제공된다. 그리고 나이키 글로벌 커뮤니티에서 매주 혹은 매월 진행하는 챌린지에 참여할 수 있다. 러닝 중 촬영한 사진이나 기록을 소셜 미디어에 올려 공유할 수도 있다.

브랜드가 가지고 있는 고유의 DNA를 활용해 소비자들에게 경험과 재미라는 가치를 제공하고 그들의 몸과 마음을 움직일 수 있도록 하는데, 이를 게이미피케이션gamification 마케팅 전략이라고 한다. 게임이 아닌 것을 게임처럼 생각하고 재미있는 요소들을 부여해 게임인 것처럼 만드는 것을 의미한다. 게이미피케이션은 브랜드가 만들어놓은 재미요소를 경험하고 소비자들이 자발적으로 참여할 수 있도록 해 브랜드와 소비자가 상호 교환적인 관계를 형성하도록 한다.[47]

브랜드 커뮤니티는 소비자와의 관계를 구축하는 게이미피케이션의 전형이라고 할 수 있다.

한편 소비자들도 자신이 경험한 브랜드로 인해 자발적으로 커뮤니티를 만들고, 회원들끼리 정보를 공유하고, 기업과의 관계를 형성하면서 기업과 쌍방향 커뮤니케이션을 하기도 한다. 브랜드 커뮤니

▼ 나이키＋런 클럽[46]

티에 참여하는 소비자들은 보다 적극적이고 능동적인 모습으로 브랜드와 관련된 다양한 경험과 관심사를 기업에게 전하고, 기업이 전개하는 마케팅 활동에 대한 시정을 요구하는 등 적극적으로 활동한다. 이로써 소비자에 의해 입소문이 자연발생적으로 일어나는 버즈 커뮤니티buzz community가 만들어지는 것이다.

대표적인 버즈 커뮤니티로는 할리데이비슨의 HOG 동호회가 있다. 할리데이비슨은 브랜드 커뮤니티 'HOG'의 구축으로 현재 전 세계 약 100만 명의 로열티가 높은 회원을 확보하고 있다. HOG는 "할리데이비슨을 즐겁게 타고, 그 즐거움을 다른 회원들과 공유한다."는 목표로 독특한 상징 및 규칙을 제정하는 등 그들만의 문화를 형성하고 있다.

최근에는 소셜미디어를 통해 상호연결이 쉬워짐에 따라 온라인상의 브랜드 커뮤니티들이 증대되고 있다. 여기에 스마트폰의 보급과 그에 따른 모바일기기에 의한 편리한 접근성으로 브랜드 커뮤니티가 한층 더 활성화되고 있다. 기업은 브랜드 커뮤니티를 통해 소비자들과의 관계를 형성하고, 브랜드 로열티가 높은 소비자들의 목소리를 경청함으로써 향후 브랜드가 나아가야 할 방향을 설정하는 데 많은 도움을 받을 수 있다.

그러나 기업이 진정성 없이, 의도하는 바를 달성하기 위한 수단으로 이용한다면 브랜드 커뮤니티는 기업의 홍보 수단으로 변질될 수 있다. 기업에서 유명인을 홍보대사로 선정하거나 직접적으로 운영하는 브랜드 사이트 중 일부가 여기에 해당된다. 이런 경우라면 역효과가 나타날 수 있음을 경계해야 한다.

OEM, ODM, OBM 중
어떤 것이 좋을까?

많은 중소기업들이 주문자 상표 부착 생산^{OEM; Original Equipment Manufacturing} 방식으로 사업을 시작했다가, 기술력이 향상되고 연구개발 능력이 높아지면서 대기업으로부터 제조업자 개발 생산^{ODM; Original Development & Design Manufacturing} 방식을 요구받는다. 그리고 이후 독자적인 기술과 연구개발 능력을 갖추고, 마케팅 능력까지 보유하게 되는 ODM 기업들은 자사의 고유 브랜드를 갖고 싶다는 유혹 즉, 제조업자 브랜드 개발 생산^{OBM; Original Brand Manufacturing} 방식에 관심을 가지게 된다. 어떻게 보면 당연한 과정이지만 이때 신중한 의사결정을 하지 않으면 경영상 심각한 어려움에 봉착할 수 있다.

토니모리^{Tonymoly}는 에스티로더, 스틸라, 오리진스, 시세이도 같은 세계적인 화장품 회사에 용기를 납품해온, 화장품 용기 제조 회사 태성산업을 모태로 2006년에 출시한 화장품 브랜드이다. 사과 모양 화장품, 복숭아 모양 화장품, 깨진 달걀 모양 화장품, 토마토, 입술, 커피잔 모양 등의 색다른 화장품 용기 디자인으로 큰 인기를 끌었다.[48]

2008년 일본 진출을 시작으로 2017년 말 기준으로 2,057억 원의 매출을 달성했으며, 2014년 이후 2천억 원대 이상의 매출액을 유지하고 있다. 54개국에 약 1만 2천여 개의 매장이 있다.

토니모리의 '포켓몬 에디션'[49]

코스맥스는 100여 개국의 600여 개 화장품 회사에 연간 4억 2천만 개의 화장품을 생산, 공급하는 화장품 ODM 전문기업이다. 2018년부터 신규 비즈니스모델로 OBM에 역량을 집중적으로 투입할 예정이라고 한다.[50]

다만 코스맥스는 직접 브랜드를 운영하는 사업을 하는 것은 아니다. ODM에서 한발 더 나아가 화장품 브랜드까지 만들어 제공하는 사업이다. 한편 한국콜마는 글로벌 500여 개 브랜드에 2만여 가지 화장품을 ODM 방식으로 납품하고 있다. 2012년 지주회사 전환 당시 OBM 사업을 전개한 적이 있었는데, 다이소와 손잡고 '데일리코스모'란 화장품을 내놨다. 하지만 다이소가 저가 상품을 판매하는 곳이다 보니 별다른 성과를 내지 못했다.[51]

OEM 혹은 ODM 기업이 OBM까지 진출할 것인가 하는 것은 매우 신중한 의사결정이 요구된다. 기존의 고객사들이 바로 경쟁사가 될 수 있기 때문에 생존에 위협을 받을 수 있다. 토니모리의 모기업은 '화장품 용기'를 생산했기 때문에 화장품 사업에 뛰어들었어도 기존에 거래를 하던 기업들과 직접적인 경쟁관계로 발전하지 않았다. 하지만 ODM 1~2위 기업인 코스맥스와 한국콜마가 직접적으로 OBM을 한다면 아마도 심각한 문제가 발생할 가능성이 있다. 장기적으로는 경쟁을 할 수밖에 없는 상황에 직면하게 될 것이다.

따라서 OEM 혹은 ODM 전문기업으로 포지셔닝할 것인지, 아니면 OBM에 집중할 것인지 신중한 판단이 필요하다. 물론 OEM 전문기업이라고 해도 기업 브랜드에 대한 브랜딩은 지속적으로 추진해야 할 것이다.

마케팅 성과

마케팅 활동을 측정하여 성과를 향상시켜라

기업 투자의 약 4분의 1 정도를 차지하는 마케팅 비용의 집행 성과는 어떻게 측정해야 할까? 마케팅 비용을 효율적으로 배분하기 위한 마케팅 평가 방법은 없을까? 다음 분기 혹은 다음 해에 어떤 마케팅 활동, 어떤 마케팅 방법을 사용해야 마케팅 성과를 높일 수 있을까? 마케팅 프로세스 중에서 가장 중요함에도 불구하고 지금껏 논의가 잘 이루어지지 않았던 영역이 바로 마케팅 성과에 대한 '평가' 부분이다.

피터 드러커는 "측정할 수 없으면 관리할 수 없다"라고 한 바 있다.[1] 그리고 관리할 수 없는 것은 개선할 수 없다. 마케팅의 성과 역시 측정한다면 효율적으로 마케팅 활동을 관리할 수 있다는 의미이다. 또 부족하거나 잘못된 점을 개선할 수 있다. 이제는 제대로 된 마케팅 성과 측정을 바탕으로 주먹구구식, 돈이면 다 되는 마케팅이 아니라 과학적이고 체계적으로 마케팅을 해야 할 때다. 따라서 이번 장에서 마케팅 성과와 그 평가 방법에 대해, 특히 마케팅의 ROI에 대해 살펴보고자 한다.

마케팅 성과와 광고모델 간에는 어떤 관계가 있을까?

롯데칠성음료는 2011년 '아이시스 8.0'이란 생수를 출시했다. 이 생수는 pH 8.0의 약알칼리성을 띠고 있는 물로, 산성화되는 우리 몸의 미네랄밸런스를 유지하고 균형 있는 미네랄 구성으로 건강까지 생각한 약알칼리성 천연광천수Natural Mineral Water라는 점을 강조했다.

시장조사기관인 '닐슨코리아'에 따르면 2012년 106억 원인 아이시스 8.0의 매출은 2016년 470억 원으로 약 340퍼센트 성장했다. 이는 2012년부터 2016년까지 연평균 증가율이 약 40퍼센트가 넘는 수준으로 생수시장 연평균 증가율인 약 10퍼센트를 뛰어넘는 성과다. 점유율에서도 2012년 약 2.1퍼센트에서 2016년에는 6.4퍼센트로 4.3퍼센트포인트 성장했다.

2013년 2월 '아이시스 8.0'의 날씬하고 고급스러운 패키지 디자인은 유지하면서 제품 크기와 용량만 300ml로 줄인 소용량 슬림 페트의 '아이시스 8.0 미니'를 추가 출시해 휴대성을 강화하고 소비자 선택의 폭을 넓혔다. 2017년에는 1인 가구 식탁에 딱 좋은 물 사이즈인 '아이시스 8.0'의 1L 페트병 제품을 선보였다. 1인 가구가 많이 사용하는 미니 냉장고에 쏙 들어가고 한 손에 쉽게 잡히도록 그립감도 향상시켰다. 2018년에는 어린이의 충분한 수분 섭취를 위해, 어린이 스스로가 간편하게 마실 수 있는 소용량 생수에 대한 요구가 증가하는 점에 주목하여 200ml 제품을 선보였다.

롯데칠성음료는 2013년 이후 6년째 배우 송혜교를 광고모델로 하여 아이시스 8.0 광고를 제작했다. 송혜교는 대표적인 건강 미인으로 알려져 있다. 광고에서 '핑크빛 생기에너지, 아이시스'라는 콘셉트와 함께 '건강해서 핑크라벨, 균형잡혀 8.0'이라는 메시지를 전달했으며, 최근에는 '8.0 체크! 마시자 핑크'라는 콘셉트로 광고를 제작했다.[2]

정리하면, 롯데칠성음료의 아이시스 8.0의 브랜드 콘셉트는 '핑크빛 생기에너지'가 넘치는 물로 인체에 필요한 미네랄을 충분히 함유한 천연광천수다. 이 브랜드 콘셉트에 가장 잘 어울리는 건강미인 송혜교 모델로 인해 브랜드 인지도와 호의도, 그리고 점유율까지 다수의 마케팅 성과 지표가 좋게 나타났다. 그렇지만 이러한 사실관계만 가지고 광고모델로 인해 성과가 높았다고 단정하기 어렵다. 상관관계가 아니라 인과관계를 정밀하게 분석할 필요가 있다.

광고 효과는 일반적으로 두 가지 측면을 고려해야 한다. 하나는 커뮤니케이션 효과이다. 집행한 광고가 광고주의 브랜드를 인지도, 지각되는 품질, 이미지, 선호도 등에 어떤 효과를 가져왔는지를 살펴야 한다. 다른 하나는 판매 효과이다. 광고를 집행하기 전과 후의 판매량의 차이를 살펴야 한다. 소비자들이 광고를 본 후 해당 제품을 실제 구매했는지를 살펴 판매 증대에 직접적으로 영향을 주었는지를 알아보는 것이다. 여기에 투자 대비 성과에 대한 분석을 통해 광고 효율성을 알 수 있다.

이러한 브랜드 커뮤니케이션 효과와 판매 효과가 객관적으로 검증되고 평가되어 다음 마케팅에 피드백되어야 함에도 불구하고 제대로 성과가 측정되지 않았다면, 그 결과를 제대로 활용하고 있다고 볼 수 없다. 특히 광고는 어떤 원인으로 어떤 결과가 나왔는지 명확하게 설명하는 데 어려움이 있다. 광고 이외의 다른 마케팅 변수들이 많이 있기 때문에 광고만의 순수효과로 보기 어려운 측면이 있다.

▼ 아이시스 8.0의 '8.0 체크! 마시자 핑크' 광고[3]

좀 더 체계적이고 과학적인 방법으로 광고뿐만 아니라 마케팅 전반에 대한 성과 평가가 필요한 시점이다. 특히 디지털 기반의 마케팅 활동이 확대되면서 데이터 수집과 분석은 보다 용이해지고, 보다 정확해지고 있다. 이제 마케팅도 과학적이어야 한다. 데이터의 시대가 되었기에 충분히 가능한 시점이다.

마케팅 성과를 평가해야 하는 이유는 무엇인가

기업이 어려워지면 왜 가장 먼저 마케팅 예산부터 동결될까

경기 불황이 장기화될 조짐을 보이면 가치 경영, 효율 경영이 강조되면서 많은 기업들이 R&D, 설비 투자, 일반 경상비 등의 각 부분에서 비용 절감을 위해 노력한다. 한마디로 기업 활동의 모든 분야에서 효율성과 효과성을 따지지 않을 수 없게 되는 것이다. 이러한 움직임은 마케팅 분야라고 예외가 아니다. 그러나 마케팅 비용의 상당 부분을 차지하는 광고비조차 체계적으로 관리하지 못하고 광고비와 마케팅 성과 간의 인과관계도 제대로 밝혀내지 못하고 있는 것이 우리 기업들의 현주소이다.

기업들은 경영 활동에 대한 성과를 투자 대비 성과 즉, 투자수익률^{ROI; Return on Investment}과 같은 수익 기준으로 평가해왔다. 회계적 이익을 사업 단위의 투자액으로 나눈 비율인 ROI가 사업 단위의 성과 평가와 통제에 매우 유익한 관리도구로 사용되어 왔던 것이다. 그러나 마케팅 분야에서는 주로 매출액과 시장점유율, 브랜드 선호도, 고객만족도 등의 단순지표가 사용됐다. 이 지표들은 사업 단위의 수익에 대한 평가 및 효율적인 자원 배분을 가능하게 하는 효과적인 지표가 되지 못했다.

그동안 기업들은 불경기가 되면 원가절감을 위한 방편으로 가장 먼저 마케팅 예산을 동결 내지 축소시켰다. 마케팅 활동이 기업의 생존에 중요한 역할을 담당한다는 것은 알지만, 그 공헌도에 대한 명확한 자료가 없었기에 원가절감이 필요하다고 판단되면 변동비 성격의 마케팅 예산을 최우선적으로 감축했던 것이다.

일반적으로 마케팅 활동이라고 하면 브랜드 관리, 신제품 개발, 유통관리, 광고, 판촉, 홍보, 영업 등을 포함한다. 이와 같은 마케팅 활동에 소요되는 예산은 국내기업의 경우에 평균적으로 매출액 대비 5.5퍼센트 정도인데,[4] 이는 결코 적지 않은 예산이다. 그럼에도 불구하고 마케팅 비용은 과학적이고 체계적인 접근 방법과 계획을 토대로 집행되는 것이 아니라, 주로 전년도 예산을 기준으로 편성되는 경우가 많다. 전년도보다 사업성과가 높으면 마케팅 활동을 잘한 것으로 평가해 증액 편성하고, 전년도보다 사업성과가 낮으면 예산을 감액하는 것이다.

기업들은 잘되는 사업과 잘되지 않는 사업을, 그리고 잘한 활동과 잘못한 활동을 굳이 구별하려 애쓰지 않았다. 하나의 관행이 되고 있는데 이는 한정된 마케팅 자원을 낭비하고 비효율적으로 집행하는 결과로 이어진다. 그러나 최근에는 마케팅의 중요성이 날로 커지면서 마케팅 투자 대비 효율성을 측정하는 방법에 대해 관심이 높아지고 있다.

세스 고딘은 "무엇을 측정할 수 있는가? 측정하는 데 얼마나 많은 돈이 들까? 얼마나 빨리 그 결과를 얻을 수 있을까? 그러나 할 수만 있다면, 시도하라. 측정하면, 항상 될지니."라고 한 바 있다.[5] 다시 말해, 고민하고 걱정만 하지 말고 우선은 시도해보라는 것이다.

'양적인 측면과 질적인 측면이 동시에 고려되는 종합적인 마케팅 활동의 성과 측정은 정말 가능할까?', '마케팅 활동의 성과를 측정하기 위한 과학적 시스템을 구축하기 위해 전제되어야 할 요건들은 무엇일까?', '이 시스템을 구축함으로써 기업이 경영 활동에서 얻을 수 있는 이점들은 어떤 것들이 있을까?', 더 이상 이런저런 고민만 하지 말고 이제부터 마케팅의 성과를 제대로 측정해보도록 하자.

마케팅 활동의 성과 평가를 위한 전제조건

마케팅 활동의 성과를 평가하기 위해서는 몇 가지 전제조건이 있다. 첫째, 다양한 마케팅 활동의 성과를 평가할 수 있는 단일한 척도가 필요하다. 둘째, 평가의 결과를 금전적인 가치로 환산할 수 있어야 한다. 셋째, 각각의 마케팅 활동에 활용할 수 있도록 비교평가가 가능해야 한다. 넷째, 평가의 단위와 기간 등이 분명하게 설정되어야 한다. 다섯째, 양적 성과 평가뿐만 아니라 질적 성과 평가를 함께 고려해야 한다. 마케팅 활동은 고객만족도, 브랜드 자산 등과 같은 마케팅 성과에 직접적으로 영향을 미치는 질적 요소들에 대해서도 금전적인 가치로 환산해 함께 평가해야 보다 체계적이고 종합적인 평가가 가능하다.

마케팅의 성과 평가를 시스템화하여 지속적으로 측정 및 평가한다면 틀림없이 보다 나은 성과를 얻을 수 있다. 마케팅 ROI는 불경기에만 그 필요성이 반짝 제기되어야 할 것이 아니라, 경영 활동을 과학적으로 할 수 있도록 장기적인 관점에서 늘 중시되어야 한다. 이를 통해 마케팅 성과 평가는 다음 달과 다음 분기, 그리고 다음 해에 마케팅 자원을 효율적으로 배분할 수 있는 좋은 의사결정 도구가 될 수 있다.

마케팅 성과를 꼭 평가해야 하는가

마케팅 부서는 대체로 '돈을 쓰는 부서'로 인식되어 왔으며, 인사나 재무 분야와 달리 체계적인 성과 평가 프로그램이 잘 갖추어져 있지 못했다. 또 현실적으로 기업의 경영 활동에서 마케팅 성과나 기여도를 분리해서 평가하는 것이 쉬운 일이 아니었기 때문에 마케팅 활동에 대한 성과 평가도 일반화되지 못했다. 물론 브랜드 인지도나 선호도, 고객만족도 등과 같은 단편적인 관리 지표는 있었다. 비용 대비 효율성에 대한 평가는 최근 들어 지속적으로 관심을 받고 있으며 특히, 디지털 기반 마케팅 활동이 강화되면서 보다 적극적으로 검토하고 도입하려는 기업들이 증가하고 있다.

마케팅에서 줄곧 큰 비중을 차지해왔던 광고의 효과에 대해서는 사실 오래 전부터 연구가 이루어져 왔다. 광고주들에게 광고전략 수립의 기초자료를 제공하고 매체 발행부수에 대한 알권리를 충족시키기 위한 신문·잡지 부수조사인 ABC^{Audit Bureau of Certification} 제도가 1914년 미국에서 시작돼 1930년대에는 주요 선진국이 모두 도입했다. 국내에서는 1989년 ABC협회가 출범했으며, 1995년에

2018년(2017년도분) 일간신문 발행 유료부수 인증결과 - 종편, 케이블 방송사업 겸영 25개 매체 -			
			(유료부수 順)
순번	매체명	발행부수	유료부수
1	조선일보	1,458,614	1,238,548
2	동아일보	959,260	736,546
3	중앙일보	970,968	726,390
4	매일경제	707,292	551,234
5	한국경제	530,075	357,526
6	문화일보	184,303	169,911
7	국민일보	185,879	138,445
8	스포츠동아	151,985	119,044
9	서울신문	165,617	116,843
10	스포츠조선	135,275	107,339
11	어린이동아	92,360	75,165
12	머니투데이	85,634	68,051
13	소년조선일보	83,816	67,026
14	서울경제	86,735	60,218
15	일간스포츠	79,346	57,915
16	전자신문	63,193	49,454

는 부수 산정방식을 '본사 유가부수'로 바꾸면서 활동이 본격화했다. 신문·잡지의 발행부수가 투명해짐에 따라 광고 효과를 보다 과학적이고 체계적으로 분석할 수 있게 되었다. ABC협회에서는 매년 전년도 기준으로 유료 발행부수를 공개하고 있다.

과거에는 기업의 마케팅 활동이 어떻게 하면 소비자들에게 자사의 광고를 기억하게 할 것인가에 초점이 맞춰져 있었다면, 최근에는 최소의 비용으로 최대의 효과를 낼 수 있는 미디어 배분 문제에 더 큰 관심을 기울이는 경향이 있다. 이런 관심을 뒷받침할 수 있는 방법의 하나가 미디어에 대한 감사다. 미디어 감사media audit란 지출한 광고비가 효율적으로 집행됐는지, 기대했던 광고효과와 마케팅 효과를 거뒀는지 여부를 객관적으로 평가하는 방법으로, 2014년 'MAK Media Audit Korea'에서 서비스를 시작했다.[7] 보다 객관적인 데이터를 바탕으로 광고의 효과를 검증할 수 있게 되었다.

사실 이런 고민은 어제오늘만의 일이 아니다. 인텔리서베이IntelliSurvey가 2001년에 광고 및 마케팅 담당자들을 대상으로 실시한 조사에 따르면, 응답자의 약 56퍼센트가 현재의 마케팅 활동에 대해서 전반적인 개선이 필요하다고 답했다.

또 약 80퍼센트가 마케팅 관련 투자에 대한 효과 측정이 필요하다고 답하는 등 마케팅 활동을 모니터링하는 시스템의 필요성을 제기하기도 했다.[8]

IBM에서 2011년에 전 세계 최고마케팅경영자[CMO] 1,734명을 대상으로 조사한 바에 따르면, 마케팅 성과를 측정할 수 있는 중요한 지표로 '마케팅 ROI'가 63퍼센트로 가장 높게 나타났다고 한다.[9]

브라이트퍼널[BrightFunnel]의 2018년 조사에 따르면, 마케터의 91퍼센트가 성과 측정이 마케팅 업무 중 가장 중요한 항목이라고 한다. 그리고 약 40퍼센트의 마케터는 현재의 성과 측정에 개선이 필요하다고 느끼고 있으며, 단지 13퍼센트만이 현재의 성과 측정에 만족하고 있다고 한다.[10]

이러한 조사 결과를 종합하면, 예나 지금이나 마케터들은 마케팅 감사나 성과 평가 시스템 등을 도입하여 기업 전반의 마케팅 활동을 진단하고, 문제점을 해결해 운영 효율성을 높여야 한다는 데 공감하고 있다는 것을 알 수 있다.

마케팅 성과 평가 시스템 도입에 따른 이점은 무엇인가

그렇다면 마케팅 성과 평가 시스템을 도입할 경우, 어떠한 이점들이 있는지 구체적으로 살펴보자.

첫째, 마케팅 활동을 과학적으로 평가하고 관리할 수 있다. 현재 대다수 기업은 마케팅 활동에 대한 재무적 성과, 마케팅 조직의 역량, 시장 지향성 등의 측면에서 체계적인 평가를 하지 못하고 있다. 대부분 광고를 통한 제품과 브랜드에 대한 인지도, 고객만족도, 브랜드 선호도 등을 조사하는 제한된 평가 활동만을 해왔기 때문이다. 즉, 마케팅 성과 관리가 종합적이고 체계화되지 못한 채, 개별 제품이나 프로젝트 단위의 단발성 평가로만 이루어져 왔던 것이다. 그 결과, 개별 마케팅 성과는 좋더라도 기업 전체적으로 보면, 많은 문제와 낭비 요소가 있었다.

예를 들어, 시장점유율 하락의 원인이 마케팅 조직과 소비자와의 관계 악화와 같은 심리적인 문제라고 가정해보자. 이 경우 대부분의 기업들은 시장점유율 그 자체에만 매달려 단기적인 상품 광고와 프로모션을 강화하는 등의 근시안적인 대안만을 생각하기 쉽다. 그 결과, 광고를 통해 일시적으로 제품 및 브랜드의 인지도 증대와 매출 상승을 기대할 수는 있겠지만 장기적인 효과는 얻지 못한다. 그러나 마케팅 성과 평가 활동을 할 경우에는 마케팅 활동을 전체적인 프로세스 관점에서 통합적으로 원인을 진단하고 평가하고 개선함으로써 마케팅 성과를 높일 수 있다.

둘째, 지속적으로 증가하고 있는 마케팅 관련 비용의 효율성을 높일 수 있다. 경쟁이 치열해지면 해질수록 기업들의 전체 지출 비용에서 마케팅 관련 비용이 상승하고 있지만, 이에 대한 효율적 관리는 제대로 이루어지지 않고 있다. 이런 문제를 해결하는 방안의 하나로 고객관계관리CRM; Customer Relation Management 시스템을 도입하여 과학적인 마케팅 활동을 전개하는 노력들이 있었다. 하지만 CRM을 도입한 일부 기업만 마케팅 목표와 ROI 측면을 고려한 성과관리 활동으로 이어졌고, 대다수의 기업은 충분히 활용하지 못했다.

모든 데이터가 디지털화되어 마케팅 ROI를 측정할 수 있는 기반이 만들어졌음에도 불구하고 마케팅 성과에 대한 이해 부족과 측정 모델링에 실패하면서 성과를 내지 못했다. 만약 마케팅 성과 평가 시스템을 제대로 구축한다면 업무의 비효율성을 제거하고 성과를 극대화할 수 있다. 원인과 결과에 대한 인과관계를 밝혀 다음 분기나 다음 해, 또는 유사 프로젝트의 마케팅 활동에 선행적으로 적용함으로써 적절한 예산을 투입할 수 있고, 효율성도 제고할 수 있다.

셋째, 기존의 제한된 마케팅 감사 활동의 문제점을 해결해준다. 과거에도 기업들은 마케팅 감사를 이용해 마케팅 성과를 평가하고자 노력했다. 마케팅 감사는 주로 마케팅의 효과성에 대한 평가로 질적인 평가를 한다. 그러나 마케팅 감사를 통한 성과 측정은 매우 단편적이고 제한적이며, 또 거시적이고 광범위해서 기업에 실질적인 도움을 주지 못하는 경우가 많았다.

또한 이러한 활동이 지속적이고 체계적으로 이루어지고 관리되는 경우도 드물어 의미 없이 실시되는 의례적인 일로 치부되곤 했다. 이에 비해 마케팅 성과 평가 시스템은 고객, 내부 조직, 시장과 같은 핵심요소들을 통합적이고, 시계열적으로 관리하는 것이 목표이기 때문에 전체적인 마케팅 활동을 보다 정확히 진단하고 평가하는 데 매우 유용하게 쓰일 수 있다.

넷째, 마케팅 성과에 따라 적절한 보상을 해줄 수 있는 장치로 이용할 수 있다. 성과 측정을 통해 부서와 개개인에게 적절한 보상을 해줌으로써 마케팅 담당자들에게 동기를 부여해 마케팅 활동의 효율성을 더욱 높일 수 있다. 마케팅 성과 평가의 목적은 업무 활동을 개선하는 것이 최우선이어야 하며, 그 결과를 피드백해야만 추가적인 성과를 얻을 수 있다.

개인에 대한 보상은 인사고과 차원의 접근이 아니라, 보다 높은 성과를 높이기 위한 차원에서 접근해야 성과 평가의 본래 취지를 살릴 수 있다. 자칫 잘못하면 마케팅 성과 평가가 업무 활동에 대한 평가가 아니라 개인에 대한 평가로 전락할 수 있다는 점을 유념할 필요가 있다.

마케팅 성과 평가 시스템을 도입한다면 이들의 성과를 구체적으로 측정해 적절한 보상을 해줌으로써, 구성원으로 하여금 자신이 하는 일에 대한 자부심을 느끼게 하고, 마케팅 활동의 성과 관리에 대한 관심을 유도하며, 궁극적으로 마케팅 성과를 증대시킬 수 있다.

마케팅은 돈 먹는 하마? 돈 버는 하마?

수많은 기업들이 막대한 비용을 쏟아 부어 광고와 홍보, 각종 이벤트, 판촉 행사 등을 한다. 그러나 이러한 다양한 활동들을 통해 성과를 거두는 경우는 극히 일부분에 지나지 않는다. 마케팅에 시간, 비용, 노력을 투자한 만큼 효과가 나오지 않는 이유는 대체 무엇일까? 가장 큰 이유는 투입되는 비용에 대해 체계적인 수익성 검증을 하지 못하고 있기 때문이다.

현대자동차는 '세련되고 당당한' 포지셔닝 전략을 수립하고 2005년부터 2010년까지 커뮤니케이션을 전개했다. 이때 사용한 슬로건이 "Drive Your Way"다. 혹시 '세련과 당당', 'Drive Your Way'라는 단어를 기억하는가? 그리고 2011년부터 현재까지 사용하고 있는 현대자동차의 브랜드 방향과 슬로건이 무엇인지 알고 있을까? 고객이 기대하는 현대자동차의 가치는 무엇일까?[1]

예를 들어, 현대자동차는 마케팅비용으로 2016년 3조 5천억 원을 편성했었다.[2] 2016년 자동차부분의 매출액은 72조 6,836억 원으로 매출액 대비 4.8퍼센트 정도를 마케팅비용으로 사용했다. 이런 어마어마한 마케팅비용을 사용했다면 우리의 인식 속에 현대자동차가 제안하는 가치를 인지할 수 있어야 하지 않을까? 어떤 단어가 생각날까? 현대자동차는 브랜드 슬로건인 "New Thinking New Possibilities(새로운 생각이 새로운 가치를 창조한다)."를 제시하며 광고카피로 사용했다. 이후 '모던 프리미엄'이라는 브랜드 방향성에 현재까지 마케팅 활동을 전개하고 있다. 고객이 그 브랜드를 구매해야 할 이유를 밝혀주는 것이 브랜드의 방향(고객가치)과 슬로건이다. 만약 고객 혹은 잠재고객이 우리가 제안하는 가치를 모른다면, 그동안 진행한 커뮤니케이션에 문제가 있는 것이다. 돈이 있어도 마케팅을 하는 것은 결코 쉬운 문제가 아니다. 마케팅 활동에 대한 투자 대비 효과가 있는지 고민해봐야 한다. 무엇을 투자로 보고 무엇을 수익으로 봐야할지 결정해야 구체적인 측정과 평가가 가능하다. 마케팅에 투입한 비용은 더 이상 비용이 아니라 투자가 될 수 있다. 이제 마케팅 비용은 돈만 먹는 하마가 아니라 돈 버는 하마가 되어야 한다.

현대자동차의 2014 광저우모터쇼 전시 연출[13]

02

마케팅 성과 평가를 위해 무엇을 고려해야 하나

측정지표와 변수를 분류하라

마케팅 성과를 측정할 수 있는 지표는 매우 다양하다. 효과적인 평가 모델을 만들기 위해서는 먼저 지표와 변수들을 통합한 후 몇 가지 차원으로 분류해서 정리해야 한다. 지표와 변수들을 체계적으로 분류하면 평가 결과를 이용해 마케팅 전략을 수립하는 데도 매우 유용하게 사용할 수 있다. 때문에 평가 모델을 개발하는 단계에서부터 지표를 범주화하도록 해야 한다.

지표를 분류할 수 있는 항목들에는 개념별 특성, 지표의 형태와 종류, 자료 수집 방법, 평가 대상자 등 여러 가지가 있다. 마케팅 성과 측정 전문가인 런던 경영대학원의 팀 앰블러Tim Ambler 교수는 231개 영국 기업을 대상으로 한 실증적 조사를 통해 마케팅 성과 평가의 지표를 〈그림 9-1〉과 같이 여섯 가지 차원으로 분류하였다.

첫째, 신제품의 개수와 매출 비중, 마진 등과 같은 혁신성에 관한 지표이다. 둘째, 매출, 마진, 영업이익과 같은 재무 성과와 관련된 지표이다. 셋째, 경쟁 기업 대비 고객 및 품질 만족도 등과 같은 경쟁 기업과의 비교지표이다. 넷째, (신규)고객 수, 충성도, 고객 유지율, 재구매율과 같은 고객 행동에 관한 지표이다. 다섯째, 인지도, 품질, 고객만족도, 차별화 정도 등과 같은 고객의 주관적 인식(태도)에 관한 지표이다. 여섯째, 딜러만족도, 유통점의 수와 같은 유통채널에 대한 지표이다.

자사에 적합한 항목과 현실적인 측정 방법을 선택하라

지표들을 체계적으로 분류한 후에는 이들 중 기업 경영 활동에 현실적으로 적용 가능한 항목들을 선택하고, 그에 따른 측정 방법을 고민해야 한다. 마케팅 성과 평가가 일반화되지 못한 가장 큰 이유는 측정 방법의 '현실성'을 고려하지 못했기 때문이다. 대부분의 연구가 개념적인 측정 모델이나 항목들의 나열에 그치는 경우가 많았다. 그 결과, 기업들이 이를 적극적으로 활용하기 어려웠다. 따라서 기업은 많은 측정 변수와 개념들 중에서 어떤 것이 중요한 지표이고, 현실적으로 적용 가능한지 잘 살펴 선택해야 한다. 그리고 측정된 결과를 어떻게 해석하고 관리할 수 있을지도 함께 고려해야 한다.

측정해야 할 지표들을 선택한 후에는 비용 대비 효과가 가장 뛰어난 측정 방안을 찾아야 한다. 예를 들어, 고객의 충성도를 측정하고자 한다면 고객의 구매 이력 정보가 필요할 것이다. 이때 잘 정리된 고객 관련 정보들을 갖고 있다면 좋겠지만 그렇지 못한 경우라면, 어떻게 고객 데이터베이스를 구축할 것인지 고민해야 한다.

이처럼 기업의 현실에 맞는 적절한 지표와 측정 방법을 선택하는 것은 매우 중요하다. 기업들은 성과 측정이 용이한 변수들을 어떻게 선별할까? 또 이를 통

사례 기업	마케팅 성과 측정 변수	비고
캐드버리 (Cadbury)	시장점유율, 전략 방향, 광고비, 브랜드/광고 인지도, 구매 비율, 신제품의 매출 기여도	매출 관점
맥도널드 (McDonald's)	고객만족도, 충성도, 상대적인 가격 프리미엄, 구매 의도, 지각된 품질, 유통점 수	브랜드 자산 관점
3M	명성(브랜드 가치), 매출, 이익, 가격 프리미엄, 브랜 드 자산, 효율성(종업원/매출-이익), 브랜드 인지도, 고객 충성도, 고객만족도, 재구매 비율	혁신 제품의 매출 및 수익 기여도 관점
영국 항공 (British Airways)	브랜드 인지도, 고객만족도, 고객 관계, 시장점유율 *개별 마케팅 캠페인의 성과 평가 : 좌석 판매 기준	매월 모니터링
쉘 (Shell)	비보조인지, 구매 시도, 구매율, 고객 충성도, 구매 회피, 선호, 이미지, 스폰서 활동, 친근성	'Global Brand Tracker' System 매년 설문조사

해 어떻게 성과 측정을 하고 있을까? 주요 기업들의 성과 측정 변수를 정리하면 〈표 9-1〉과 같다.

전략적 관점에서 성과 지표를 관리하라

주요 기업들은 마케팅 성과 지표를 자사에 적합한 지표를 선정하여 관리하고 있다. 그러나 제한된 성과 측정지표와 결과를 이용해서 다양한 마케팅 문제를 해결하기에는 여전히 한계가 있다. 그렇다면 전략적인 관점에서 마케팅 활동을 좀 더 체계적이고 통합적으로 관리하기 위해서는 어떻게 해야 할까?

첫째, 주요 지표들을 시계열적으로 관리해야 한다. 대부분의 기업들은 마케팅 성과 평가 활동을 일회성으로 처리하는 경우가 많다. 과거에 비해 어떤 부분이 향상되었고, 또는 악화되었는지를 판단하기 힘들다. 그러다 보니 기준점으로 삼을만한 지표도 가질 수 없다. 이를 개선하기 위해서는 시계열 관리가 절대적으로 필요하다. 시계열적인 핵심지표를 선정해 이를 지속적으로 관리해야 한다.

둘째, 경쟁기업과의 비교 관리가 필요하다. 마케팅 성과는 절대적인 수치뿐만 아니라 상대적인 성과도 함께 고려해야 한다. 절대적인 수치로 높은 평가를 얻었다고 하더라도 경쟁사보다 상대적으로 낮은 평가를 받을 수도 있기 때문이다. 또 각

항목별로 경쟁사에 비해서 어떤 부분이 우위에 있고, 어떤 부분이 열악한지를 파악해야 한다. 그래야만 향후 마케팅 활동의 우선순위를 효과적으로 정할 수 있다.

셋째, 최고경영자가 이해하기 쉽도록 통합된 형태로 관리되고, 보고되어야 한다. 마케팅 성과 관리 및 측정지표들이 워낙 많고, 통합되어 있지 못해 마케팅 담당자들은 윗선에 제한된 정보만을 보고할 수밖에 없다. 이로 인해 최고경영자들은 자사의 마케팅 활동과 성과에 대한 정보를 충분히 접할 수 없고, 그러면 부적절한 의사결정을 내리게 될 위험성이 있다. 따라서 마케팅 담당자들은 최고경영자가 마케팅 활동에 대해 쉽게 이해할 수 있도록 지표들을 범주별로 통합해 관리, 보고해야 한다.

제품 및 산업별 특성을 고려하라

마케팅 성과 측정 과정에서는 반드시 기업별 특성을 고려해야 한다. 매출, 수익, 시장점유율, 브랜드 선호도와 같은 공통 항목들은 물론 생산하는 제품이나 사업 영역에 따른 기업의 특성을 감안해야 한다. 즉, 제품인지 서비스인지, 소비재인지 산업재인지 등에 따라 성과 측정 방법을 달리해야 한다.

예를 들어, 서비스 기업의 경우에는 서비스 품질과 관련해 서비스의 특징인 무형성, 신뢰성, 반응성, 확신성, 고객에 대한 감정 이입 등의 평가항목을 포함해야 할 것이다. 또 유통업의 경우에는 재고, 운송, 주문 규모, 상권 개발 능력과 같은 항목들이 포함되어야 할 것이다. 경우에 따라서는 분류에 따라 가중치를 달리해야 할 수도 있다. 고객 유지나 지각된 품질 등의 항목은 제품보다 서비스 기업에 더 중요한 항목이다. 그리고 브랜드 파워는 산업재 기업보다는 소비재 기업들이 더 큰 가중치를 둬야 하는 평가항목이다.

성과 지표의 관리 주체와 역할을 명확히 하라

마케팅 성과 지표 관리의 주체와 역할을 명확히 해야 한다. 마케팅 성과 평가의 궁극적인 목표는 마케팅 활동의 효과성과 효율성을 향상시켜 기업 전체의 성과 향상에 기여하는 데 있다. 마케팅 성과 평가의 결과를 효과적으로 경영 활동에 연결시키기 위해서는 피드백 시스템이 필수적이다. 이를 위해서는 사전에 마케팅 성과 지표별 관리 주체와 역할을 지정해야 한다. 직급이나 담당 업무별로 성과 관리의 역할을 명확히 규정하고 평가하여 성과 관리의 효율성을 높여야 한다. 성과 지표의 관리 주체와 지위에 따른 역할은 다음과 같다.

경영진 및 의사결정권자들의 역할은 연간 단위로 진행되는 마케팅 활동의 달성 여부를 관리하는 것이다. 판매, 시장점유율, 마케팅 비용 대비 매출액 분석, 재무 분석 등이 필요하다.

마케팅 관리자들의 역할은 매출과 수익을 관리하는 것이다. 이를 위해서는 제품, 지역, 고객, 세분시장, 유통경로, 주문 규모 등의 수익성과 관련된 지표를 관리해야 한다.

마케팅 실무 담당자들의 역할은 집행한 마케팅 비용의 효율성 평가 및 개선 활동에 초점을 맞춰야 한다. 효율성 측면에서 판매원, 광고, 판촉, 유통채널과 관련된 지표를 평가, 관리해야 한다.

마지막으로 마케팅 감사자와 최고경영자는 전략적 차원의 지표들을 관리해야 한다. 즉, 시장, 제품 및 유통경로와 관련해 최적의 마케팅 기회를 활용할 수 있는 방법을 검토해야 한다. 이를 위해서는 마케팅 활동의 전반적인 효과성, 탁월성, 감사 관련 지표를 관리해야 한다.

지금까지 마케팅 성과 평가 시스템의 필요성과 도입 시 고려해야 하는 사항들을 살펴보았다. 이러한 성과 평가 시스템이 기업 내부에서 잘 자리 잡도록 하려면 다음 두 가지를 유념해야 한다.

첫째, 마케팅 성과 평가도 사람이 하는 평가 활동이기 때문에 관련 당사자들이 사전에 이를 충분히 이해하고 수용할 수 있도록 하는 커뮤니케이션 활동이 선행되어야 한다. 마케팅 성과 평가의 필요성에 대한 충분한 공감대가 형성되어야만 구성원들의 적극적인 협조를 얻을 수 있고, 성과 향상도 기대할 수 있다.

둘째, 성과 평가 자체보다 중요한 것은 성과 평가 이후의 활동이다. 즉, 성과 평가 결과를 가지고 다음 마케팅 활동에 어떻게 반영을 해서 전체적인 기업 성과를 향상시킬 것인지 고민해야 한다.

콜게이트 – 팜올리브는 어떻게 마케팅 성과 평가 모델을 개발했을까?

콜게이트-팜올리브Colgate-Palmolive는 세계적인 생활용품 기업이다. 콜게이트-팜올리브가 생산하는 제품 대부분은 성숙기시장의 제품이어서 시장에서의 급격한 성장을 기대하기 힘들고, 경쟁사 간의 경쟁도 매우 치열한 편이었다. 따라서 자연히 마케팅 활동의 효율성이 강조되었고, 전사적인 차원에서 효율적인 성과 평가 모델을 찾고자 많은 노력을 기울였다. 그러나 콜게이트-팜올리브 제품의 범주와 그에 따른 시장이 워낙 크고 복잡해 기업의 마케팅 성과를 제대로 평가하기가 매우 어려웠다.

그러나 콜게이트-팜올리브는 많은 시행착오 끝에 마케팅 성과를 평가할 수 있는 자사에 적합한 모델을 개발해냈다. 성과 평가에 사용된 주요 지표는 네 가지다.

첫째, 재무적 지표로서 매출 성장, 수익성(성장률), 세전 이익, 브랜드 프리미엄을 통한 마진 등을 평가한다. 둘째, 고객서비스의 지표로 고객들의 주문을 응대하는 모든 과정을 추적해 서비스 수준을 평가한다. 셋째, 광고 및 판촉 효과의 지표로 광고 및 판촉 활동에 대한 소비자들의 반응을 평가한다. 넷째, 유통업자 관리지표로 영업사원에 대한 만족도를 평가한다.

마케팅의 성과를 처음부터 종합적으로 평가한다는 것은 매우 어려운 일이다. 그러나 처음에는 단순한 지표 중심으로 평가를 하면서, 지속적으로 수정 및 보완 작업을 통해 전사적으로 평가할 수 있는 측정모델을 개발한다면 그리 어렵지 않은 일이 될 수 있다.

콜게이트-팜올리브의 주요 제품들[18]

마케팅 성과를
어떻게 측정할 것인가

마케팅 성과 측정의 한계

기업이 마케팅 및 브랜딩을 종합적이고, 전략적이면서도, 체계적으로 수행하기 위해서는 마케팅 및 브랜딩 활동의 투자 대비 성과를 측정해야 한다. 기업에서 성과를 측정하는 이유는 조직 내부에서 이루어지는 다양한 활동들을 통제하고, 신속한 의사결정과 피드백을 통해 조직 구성원들을 지원하고, 개개인의 학습능력을 개선시켜 업무 성과를 향상시키기 위해서다. 그리고 적극적인 평가와 피드백이 실행될 때 실질적인 성과 향상을 기대할 수 있다.

성과 측정 시스템은 기업 조직 전체에 전략의 변화를 전달해주는 매개체로서 시장의 변화에 얼마나 빠르게 대응할 수 있는지를 모니터링하는 역할을 한다. 따라서 성과 측정 시스템은 기업의 내적 상황뿐만 아니라 외적 상황의 변화에도 빠르게 대응할 수 있어야 한다.

기업들은 줄곧 ROI와 같은 수익 기반의 방법을 통해 경영 활동에 대한 성과를 평가하고, 자본의 효율적인 배분을 도모해왔다. ROI는 회계상의 이익을 단위 사업 및 단위 조직의 투자액으로 나눈 비율로, 지금껏 단위 사업 및 단위 관리자의 성과 통제에 매우 유익한 관리 도구로 사용되어 왔다. 그러나 '마케팅 활동'의 ROI를 산출하는 데는 어려움이 있었다. 마케팅 활동은 기업의 생산 활동에 비해 수치화가 어렵고, 업무의 반복성이 적을 뿐만 아니라 기업의 내·외부 기능과 복잡하게 연관되어 있어 실제적인 공헌도와 성과가 명확하게 평가되지 않기 때문이다.

마케팅 성과를 측정하는 도구

마케팅의 성과는 투입과 산출 간의 관계를 나타내는 효율성[efficiency]과 산출된 결과를 조직의 실행 목표와 비교해 목표 달성 정도를 나타내는 효과성[effectiveness]을 중심으로 평가한다. 효율성 평가는 투입된 마케팅 자원 대비 성과를 살펴보는 마케팅 생산성에 대한 평가를 말한다. 대표적으로 수익성 분석이 있다. 효과성 평가는 투입으로 얻어진 산출량을 목표와 비교해 그 달성 여부와 정도를 파악하는 평가를 말한다. 대표적으로 마케팅 감사를 들 수 있다. 이를 정리하면 〈그림 9-2〉와 같다.

마케팅 효율성 평가

마케팅 효율성을 평가하는 도구로는 수익성 분석, 매출액 분석 등과 같이 재무적 성과를 측정하는 도구들과 BCG 매트릭스, PIMS, 민감도 분석 등과 같이 비재무적인 성과를 측정하는 도구들이 있다.

먼저 재무적인 성과를 측정하는 **수익성 분석**에 대해서 살펴보자. 수익성 분석은 특정 분류 기준에 따라 이익을 계산하고, 목표와 비교해 차이가 생긴 원인을 분석하는 방법이다. 손익계산서에 근거하며, 최소 비용으로 최대의 이익을 산출

▼ 〈그림 9-2〉 마케팅 성과의 흐름도

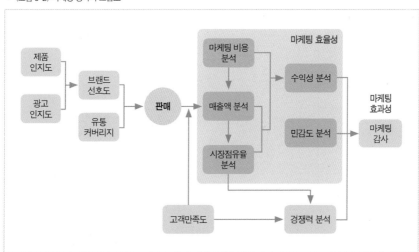

하는 데 효과적이다. 산출방식에는 두 가지가 있는데 하나는 모든 원가를 매출액에서 제하는 총원가법이고, 다른 하나는 매출액에서 변동비를 빼고 남은 공헌마진^{contribution margin}으로 이익을 계산하는 공헌마진법이다.

비재무적인 성과를 측정하는 방법으로는 보스턴컨설팅그룹^{Boston Consulting Group}이 개발한 **BCG 매트릭스**가 대표적이다. '성장–점유율 매트릭스'로도 불리는 이 방법은 기업이 보유한 기존 사업 단위의 전략적 평가와 선택에 주로 이용되는 사업 포트폴리오를 분석하고 관리하는 기법이다. 각 사업 단위의 상대적 시장점유율을 X축으로, 각 사업 단위가 대상으로 하는 제품의 시장성장률을 Y축으로 해서 미래가 불투명한 사업을 물음표^{Question Mark}, 점유율과 성장성이 모두 좋은 사업을 스타^{Star}, 투자에 비해 수익이 월등한 사업을 캐시카우^{Cash Cow}, 점유율과 성장률이 둘 다 낮은 사업을 도그^{Dog}로 평가한다. 이를 정리하면 〈그림 9–3〉과 같다.

시장성장률은 그 제품이 속한 시장의 매력도를, 상대적 시장점유율은 그 사업 단위의 경쟁력을 나타낸다. 여기서 시장성장률은 금년도 전체 시장 규모에서 전년도 전체 시장 규모를 뺀 값을 나누어 구한다. BCG에서 제시하는 시장성장률은 통상 10퍼센트에서 15퍼센트 이상의 성장률을 보이는 시장을 고성장으로 판단한다. 상대적 시장점유율은 자사의 해당 사업 단위의 시장점유율을 시장점유

▼ 〈그림 9-3〉 BCG 성장-점유 매트릭스

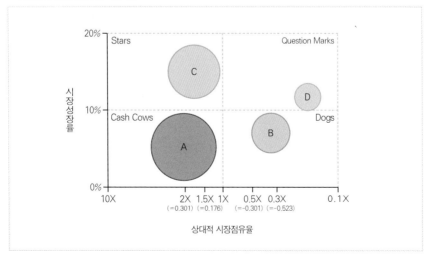

율이 가장 높은 경쟁자의 시장점유율로 나눈 값이다.

사업 단위별(그림 속의 A, B, C, D)로 시장성장률과 상대적 시장점유율을 구하기 위해서는, 기준선을 중심으로 좌표를 찾아 원을 그려보면 된다. 이때 원의 크기는 해당 사업 단위의 매출액을 뜻하고, 이 결과를 마케팅의 성과로 볼 수 있다. 고성장/저점유(Question Marks 영역)인 경우에는 육성, 수확, 철수 전략을, 고성장/고점유(Stars 영역)인 경우에는 유지, 육성 전략을, 저성장/고점유(Cash Cows 영역)인 경우에는 유지 전략을, 마지막으로 저성장/저점유(Dogs 영역)인 경우에는 수확, 철수 전략을 선택할 수 있다. 물론 시장성장률이나 상대적 시장점유율을 결정하는 절대적인 기준은 없기 때문에 기업의 특성이나 상황에 따라 적정한 기준을 산정하여 사용하면 된다.

PIMS^{Profit Impact of Marketing Strategy}는 마케팅 전략이 기업 이익에 미치는 효과를 분석하는 방법이다. 미국의 마케팅 연구기관인 MSI^{Marketing Science Institute}가 세계 주요 기업 3천여 개 전략 사업부의 자료를 바탕으로 어떤 마케팅 전략의 선택이 경영성과에 어떠한 영향을 미치게 되는지 파악하여 PIMS를 개발했다. 마케팅 전략과 전략적 관리를 이끌어내기 위하여 사용되며, 수익에 영향을 주는 전형적인 전략적 변수들을 이용한다. 연구 결과의 하나로 시장점유율이 가장 높은 회사의 투자 수익률이 5위 회사의 수익률 대비 약 3배가량 높았다고 한다.[17] 또한 제품의 품질이 낮을 때에는 마케팅 노력이 수익률의 저하만 가져올 뿐이라던가, 품질이 수익에 결정적인 역할을 한다는 등의 결과를 제시하기도 했다.

민감도 분석은 마케팅 지출이나 가격의 변화가 판매량에 미치는 영향을 분석하는 방법이다. 이 방법은 가격 인하, 판촉물 제공, 광고량 증가 등의 마케팅 활동의 변화가 판매량 변화에 얼마나 영향을 끼쳤는가를 파악하는 데 효과적이다. 회귀분석을 이용하여 마케팅 변수가 판매량에 어느 정도의 영향력을 미치는지를 파악할 수 있다(판매반응함수^{sales response function}). 만약 광고량의 증가가 가격 인하보다 영향력이 크다면 다음 마케팅 활동에 가격 인하보다는 광고량을 증가시키는 의사결정을 할 수 있다.

마케팅 효과성 평가

마케팅 효과성의 평가 항목은 마케팅 감사, 광고 효과성, 판매 활동 효과성 등이다. 여기서 마케팅은 장기적인 관점에서 전사적인 기능들을 통합하고 조정해 목표 시장의 요구를 규명하고 충족하기 위한 기획과 실행의 프로세스를 포함하는 개념이다. 먼저, 마케팅 감사 marketing audit 는 전반적인 마케팅 활동을 진단하여 현재의 마케팅 역량을 파악하고 이를 바탕으로 부족한 역량을 개선하고 강화하여 보다 높은 성과를 지속적으로 전개하기 위한 자가진단 및 평가의 방법이다.

밸류바인 Valuevine 의 마케팅 효과성 진단 모델에 따르면, 마케팅 감사를 위한 측정 차원은 고객철학(고객이해 및 경영자의 의식과 철학), 전략적 지향성(전략적으로 마케팅 계획을 수립하고 변화하는 상황에 대응), 운영 효율성(마케팅 전략 수립 및 실행의 효율적인 운영), 마케팅믹스(신제품 개발, 제품, 유통, 가격, 촉진전략 등과의 구체적인 연계), 통합적 마케팅 조직(고객중심으로의 마케팅 및 영업조직 구성 및 마케

마케팅 성과를 분석하기 전에 살펴봐야 할 항목

1. 성과 분석을 하고자 하는 마케팅 활동의 범위는 명확한가?
2. 마케팅 예산 수립 시 판단기준은 합당하고 명확한가?
3. 예산 계획 대비 실적이 달라지는 이유가 분명한가?
4. 예산 축소 혹은 확대에 대한 뚜렷한 근거가 있는가?
5. 경영계획 수립 시 책정된 마케팅 예산은 타당성이 있는가?
6. 마케팅 예산 집행에 대한 의사결정 시 각각의 과정 및 활동은 타당한가?
7. 마케팅 성과에 해당하는 종속변수는 무엇이고, 독립변수는 무엇인가?
8. 지역별 마케팅 활동에 따른 특성을 고려하여 평가해야 되는가?
9. 효율적인 자원 배분이 이루어지고 있는가?
10. 성과 분석을 위한 데이터베이스의 구축 수준은 어떠한가?
11. 경영자를 설득할 수 있는 분석틀이 갖추어져 있는가?
12. 예산 외의 다른 변수들도 함께 고려하였는가?
13. 마케팅 성과에 대한 경쟁분석은 가능한가?

팅활동), 마케팅정보 활용(마케팅조사 및 고객 니즈 조사 정보의 활용), 고객서비스 및 관리(고객확보, 서비스 및 고객만족 체계 구축), 마케팅성과 평가(마케팅 활동의 평가 및 원인분석, 향후 개선점 도출 및 피드백), 8차원으로 구분한다. 이를 정리하면 〈표 9-2〉와 같다.

▼ 〈표 9-2〉 벨류바인의 마케팅 효과성 평가 측정지표[18]

차원	측정 항목
고객철학	· 경영층은 선정된 시장의 요구와 욕구를 충족하는 방향으로 기업이 경영되어야 한다는 것의 중요성을 인식하고 있다. · 경영층은 다른 세분시장에 대해 다른 제품과 마케팅 계획을 개발 · 적용하려 한다 · 고객의 다양한 욕구에 대응하기 위하여 고객의 욕구와 필요를 끊임없이 조사하고, 고객욕구를 만족시키기 위하여 최선의 노력을 기울이고 있다.
전략적 지향성	· 매년 상세한 연차계획과 장기계획을 수립한다 · 현재의 전략은 명확하며, 혁신적이며, 자료에 입각하여 논리적이다 · 세분화 및 차별화를 위한 전략개발을 지속적으로 추진하고 있다. · 경영층은 공식적으로 중요한 상황(Contingencies)을 확인하고 대응계획을 수립한다.
운영 효율성	· 최고경영층의 마케팅 사고는 하위층에 잘 전달 및 실행되고 있다. · 경영층은 마케팅자원을 잘 확보 · 활용하고 있다. · 경영층은 현장에서의 사태진정(On-the-spot Development)에 신속하고 효과적인 대응능력을 나타내고 있다.
마케팅믹스	· 제품 개발 능력이 높으며, 신제품 개발 체제를 갖추고 있다. · 강력한 브랜드 구축 및 브랜드자산을 관리하고 있다. · 프로모션의 중요성을 인식하고 프로모션관리 체제를 갖추고 있다. · 적절한 유통경로 및 구조를 가지고 있으며, 경로 구성원들간의 갈등을 적극적으로 해소하고 있다. · 가격 민감도 분석 및 경쟁 브랜드에 대응한 적정 가격을 결정하기 위해 노력하고 있다. · 브랜드 포지셔닝을 위한 마케팅 커뮤니케이션 활동을 통합적으로 운영하고 있다.
통합적 마케팅 조직	· 주요 마케팅 기능은 고도의 수준에서 종합 · 통제되고 있다. · 마케팅 경영층은 연구개발, 제조, 구매, 물적유통 및 재무 부분의 경영자들과 효과적으로 협조하여 전사적인 관점에서 최적해결을 한다. · 신제품 개발 과정은 잘 조직화되고 전문요원이 배정되어 기능수행을 하고 있다. · 마케팅 조직과 영업 조직이 유기적으로 협조하면서 업무를 수행하고 있다.
마케팅정보 활용	· 고객, 구매영향요인, 경로 및 경쟁업자에 관한 마케팅조사를 주기적으로 실시하고 있다. · 경영층은 각 세분시장, 고객, 지역, 제품, 및 주문규모에 따른 판매 가능성과 수익성을 잘 알고 있다. · 수요 및 판매에 대한 예측을 주기적으로 실시하여 판매계획에 반영하고 있다.
고객서비스 및 관리	· 고객의 목소리를 경청하고 피드백하는 구체적인 시스템을 가지고 있다. · 정기적으로 고객만족도(혹은 서비스품질) 조사를 실시하며, 고객만족 체제를 갖추고 있다. · 고객과 장기적인 관계를 구축하기 위한 노력을 지속적으로 추진하고 있다.
마케팅성과 평가	· 상이한 마케팅비용의 비용 효과성(Cost-effectiveness)을 측정하려는 노력을 하고 있다. · 마케팅 활동의 성공과 실패에 대한 평가 및 원인분석을 하고 있다. · 성과 평가를 통하여 개선점을 도출하고 그 결과를 마케팅 활동에 반영하고 있다.

이 효과성 지표는 내부 평가자들이 자사의 마케팅 효과를 스스로 측정하는 자가진단 방법이다. 각 지표별로 1점에서 5점까지 등간척도로 측정한 다음 평점을 구하고, 이를 합해 차원을 구하고, 전체 평점을 구하는 방식이다. 총점은 40점이고, 35점 이상이면 '매우 우수함', 30점 이상이면 '매우 좋음', 25점 이상이면 '좋음', 20점 이상이면 '보통' 등으로 평가할 수 있다. 이는 기업이 마케팅 활동을 얼마나 잘 이해하고 실행하고 있는지에 대한 측정지표로 유용하게 활용될 수 있다. 예를 들어, 국내 모 기업을 대상으로 측정한 결과 총점 22점으로 '보통' 정도의 평가를 받았는데, 이를 레이더 차트radar chart로 만들어보면 〈그림 9-4〉와 같다. 이 결과는 마케팅 역량을 보다 적극적으로 개선할 필요가 있다는 시사점을 주고 있다. 특히 운영 효율성, 통합적 마케팅 조직 등의 차원에 대해 우선순위를 가지고 개선해야 한다는 것을 파악할 수 있다.

광고 효과성 평가

미국과 일본의 주요 기업들은 총 광고비의 3~5퍼센트를 광고 효과와 관련된 조사 활동에 투입해 소비자들에게 핵심 메시지가 잘 전달되었는지를 검증하고 있

▼ 〈그림 9-4〉 국내 모 기업의 마케팅 효과성 진단 결과

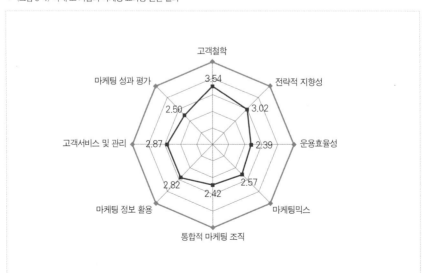

다. 반면 국내는 총 광고비의 1퍼센트에도 못 미치는 비용을 광고 효과의 평가를 위한 조사 활동에 지출하고 있다.[19]

즉, 광고비의 투입 성과에 대한 측정이 거의 이루어지지 않고 있다. 이로 인해 마케팅 활동에 투자한 막대한 자금이 어떤 성과를 가져왔는지에 대해 명확하게 밝혀내지 못하고 있는 실정이다.

효과성을 평가하기 위해서는 먼저 명확한 목표가 설정되어 있어야 하고 마케팅 활동으로 그 목표가 달성되었는지를 파악할 수 있어야 한다. 어디에, 얼마를 투입했을 때 마케팅의 효과성 관련 지표들이 어떻게 달라지는지를 정확하게 알지 못한다면, 마케팅 성과를 개선할 수 없다.

광고 및 판매촉진 효과를 측정하기 위한 시도

광고주가 직접적으로 비용을 투입하여 광고효과를 파악하는 경우는 제한적이었다. 그럼에도 불구하고 광고의 효과를 측정하는 방법 및 측정지표에 대한 관심은 꾸준히 증대되어 왔고, 그에 대한 연구도 지속적으로 이루어져 왔다. 그 결과, 대형 광고대행사들은 대부분 자사의 광고 효과를 측정하기 위한 모델을 보유하고 있다. 일반적으로 광고 효과는 매출액 증대라는 판매 측면에서의 판매 효과와 판매에 공헌하는 메시지를 전달하는 커뮤니케이션 효과로 구분할 수 있다.

광고의 효과를 측정하는 가장 이상적인 방법은 광고가 판매에 얼마만큼 영향을 미쳤는가를 평가하는 것이다. 하지만 광고가 원인이 되어서 매출액의 결과로 나타나는 데는 광고 외에도 품질, 가격, 유통, 경쟁 상황, 제품수명주기 등의 여러 요인들이 영향을 미치기 때문에 순수하게 광고가 판매에 미치는 효과만을 추출하기는 어렵다. 때문에 광고 효과를 측정하는 지표로 경우에 따라서는 매출이나 시장점유율보다 커뮤니케이션 활동에 대한 지표가 더 적절할 수 있다. 광고는 TV, 라디오, 신문, 잡지 등의 주요 매체에 대해 전문 조사기관이 측정한 구독률이나 시청률, 혹은 접촉률 등을 이용해 효과 측정 모델을 구성할 수 있다.

반면에 판매촉진[SP]은 교통량이나 유동인구 등을 비롯한 주관적인 시각효과 등에 의존하여 모델을 구성할 수밖에 없었다. 국내의 경우 프로모션 대행사에서 집행결과분석을 위한 차원에서 접촉률이나 호의도 등을 설문 조사와 같은 객관성이 떨어지는 방법으로 이루어지고 있는 실정이다.

프로모션의 효과를 측정하기 위해서는 판매촉진의 수단 중에서 어떤 방법을 사용하는지에 대한 구분이 필요하다. 프로모션의 모든 수단들을 고려하여 그 활동에 대한 효과를 측정해야 보다 객관적인 측정이 가능하기 때문에 광고효과의 측정과 비교할 때 매우 정교한 접근방법이 필요하다. 이러한 이유에서 아직까지도 실제적인 프로모션 효과의 측정 및 지표에 대한 정형화된 방법을 가지고 있지 못한 것이 현실이다.[20]

결국 마케팅 활동에서 가장 빈번하게 사용되는 광고와 판매촉진조차 그 효과를 객관적으로 측정하고 평가하는 데 한계가 있다는 것을 알 수 있다. 광고의 효과를 무엇으로 평가할 것인지, 판매촉진의 효과는 어떻게 측정할 것인지 등 구체적으로 들어가 보면 어려운 문제가 한두 가지가 아니다. 어쩌면 종합적인 마케팅 성과를 평가하고 측정한다는 것은 애초에 불가능한 일인지도 모른다.

비록 마케팅 활동에 대한 성과 측정과 평가의 어려움이 있다고 하더라도 하나씩 차근차근 시도해야 한다. 우선은 광고나 판매촉진과 같은 개별 집행 단위별로, 그리고 나아가 종합적인 마케팅 활동에 이르기까지 측정 모델에 대한 연구는 아무리 힘들고 어렵더라도 반드시 이루어져야 하는 일이다. 다행스러운 것은 전반적인 경영환경이 디지털화되면서 마케팅 성과에 대한 측정과 평가 역시 디지털 데이터를 활용할 수 있게 되었고, 보다 수월하게 측정과 평가가 가능해지고 있다는 점이다.

데이터를 기반으로 하는 애드테크가
광고 시장의 패러다임을 바꿀 수 있을까?

모바일을 통해 언제 어디서나 정보를 얻을 수 있는 시대를 맞으면서 디지털 광고 시장이 더욱 확대되고 있다. 디지털 광고를 실을 수 있는 매체들이 다양해지면서 형태 또한 계속 변화하고 있다. 성과 측정 역시 달라지고 있는 상황이다. 단순 클릭에서 그치는 것이 아닌, 어떤 광고를 통해 유입되고, 매출에도 실제적인 영향을 미쳤는지 가늠하는 '퍼포먼스'를 중심으로 재편되고 있다. 최근에는 성과 측정 방식에 고도화된 기술을 접목시킨 '애드테크ADTech'를 사용하면서 광고 생태계가 이전보다 더 복잡해지고 있다.

애드테크는 광고AD와 기술Tech의 합성어로 오늘날 광고가 기술을 만나 새로운 패러다임을 만들어 내며 생긴 신조어다. 애드테크 등장으로 광고 효율을 높이고, 사용자 행태 분석을 통한 적합한 광고 타깃 선정과 목적 달성을 하는 데 이전보다 더 수월해졌다. 즉, 온라인과 모바일에 남긴 사용자 쿠키(방문기록)와 광고 식별자ADID: Advertising ID를 기반으로 매시간 광고주에게 최적의 타깃을 이어주는 스마트한 광고 환경을 제공할 수 있게 되었다.

가장 먼저 데이터를 바탕으로 고객을 파악하고 정교한 타깃팅으로 맞춤형 광고 집행이 가능해졌다. 그리고 타깃별 주요 관심사와 유입 경로, 매출 발생 여부도 파악할 수 있을 뿐만 아니라 매출이 발생하고 난 이후 새방문과 재구매가 다시 이어졌는지도 분석할 수 있게 됐다.[21]

애드테크 솔루션을 이용한 인공지능 챗봇 서비스도 등장하고 있다. 온라인 종합쇼핑몰 롯데닷컴은 인공지능 챗봇 '사만다'를 활용해 이용자들의 플랫폼 이탈을 줄이고 충성고객을 늘리는 효과를 보고 있다. 자연어 처리와 의미분석 등의 인공지능 기술이 적용된 사만다는 고객 메시지를 분석해 가격·색상·브랜드 등 다양한 옵션을 고려해 맞춤형 상품을 추천해준다.[22]

몇 년 전만 해도 광고의 효과를 측정하는 것이 쉽지 않았다. 그런데 이제는 단순히 매출이 증가하면 집행한 광고의 효과로 추정하던 단계에서 애드테크를 이용하여 정교한 분석이 가능하게 된 것이다. 디지털 기반의 마케팅 활동은 디지털 기술로 인해 데이터 수집이 용이해지고 이를 분석할 수 있게 되면서, 마케팅 성과 평가의 본래 목적인 피드백을 통한 성과 개선이 가능해졌다. 광고의 패러다임이 바뀌는 것뿐만 아니라 마케팅 전반에 걸쳐 디지털 기반으로 마케팅 패러다임이 바뀔 것이다.

롯데닷컴 인공지능 챗봇 '사만다'[23]

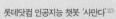

04

마케팅 ROI를 측정해
전략적으로 활용하자

마케팅 ROI는 어떻게 구할 수 있을까

마케팅 성과는 어떻게 측정해야 할까? 먼저 마케팅 투자 대비 성과인 마케팅 투자
환수율ROI; Return On Investment을 측정할 수 있는 방법을 알아보자. 여기서 마케팅에 투
입된 예산을 없어지는 비용 개념이 아니라 다시 돌려받는 투자의 개념으로 생각하
자. 과거와 달리 많은 마케팅 활동이 단기적인 영업 측면보다는 장기적인 브랜드
가치 구축 측면으로 바뀌었기 때문에 비용이 아니라 투자 개념으로 볼 수 있다.

마케팅 ROI는 추가된 공헌마진에서 해당 마케팅 활동에 투입된 프로그램 비
용을 뺀 다음, 다시 그 활동에 투입된 프로그램 비용으로 나누어서 계산할 수 있
다. 마케팅 ROI의 기초 산식은 다음과 같다.

추가된 공헌마진은 추가된 판매량에서 추가된 변동비를 빼면 된다. 마케팅

▼ 마케팅 ROI 산식

$$\text{마케팅 ROI} = \frac{\text{추가된 공헌 마진 - 해당 마케팅 프로그램 비용}}{\text{해당 마케팅 프로그램 비용}}$$

추가된 공헌마진 = 추가된 판매량 - 추가된 변동비

- 추가된 판매량 : 프로모션으로 인해 증가된 판매량(추가 매출액)
- 추가된 변동비 : 프로모션으로 인해 발생하는 증가된 변동(간접) 비용
  (고객 획득 비용, 통신 비용, 고객서비스 비용, 광고선전 비용 등)

활동은 많은 요소들이 결합되어 이루어지는 활동이므로 단위 활동에 따른 순수 효과를 개별적으로 확인해야 보다 정확한 결과를 얻을 수 있다. 단위 활동에 따른 순수 효과를 측정하기 위해서는 직접적인 관련이 없는 마케팅 활동과 비용을 제거해야 한다. 즉, 프로모션이 이루어지는 해당 기간에 판매량이 증가할 경우에는 증가의 원인이 무엇인지를 정확히 규명하고 해당 마케팅 프로그램에 의한 순수 효과를 분리해 단위 프로그램의 효과를 평가해야 한다. 여기서 추가된 변동비는 프로모션을 집행하기 위해 추가적으로 발생하는 간접비용을 말한다.

예를 들어, 어떤 초고속 통신망 서비스 기업이 신규 고객 창출을 위한 프로모션을 1개월간 집행한 후 그 성과를 측정한다고 가정해보자. 행사 내용은 500만 번째 고객을 선정해 100만 원 상당의 경품을 제공하고, 모든 신규 고객들을 대상으로 추첨을 통해 소정의 경품을 지급하는 것이다. 기존 고객들을 위해서는 퀴즈 경품행사를 진행하기로 한다. 프로모션을 시행한 결과, 신규 고객은 3만 4천 명(신규 가입자 수−비교기간의 가입자 수)이 증가했다. 신규 가입자들의 월평균 사용액$^{ARPU; Average Revenue Per User}$은 2만 9천 원이고, 프로그램에 투입된 총 예산은 5억 원이다. 추가된 변동비는 프로그램 비용의 10퍼센트로 가정한다. 여기서 추가된 공헌마진(추가된 판매량−추가된 변동비=9억 8,600만 원−5,000만 원)은 9억 3,600만 원이다. 따라서 신규 고객 창출 프로모션에 대한 투자 대비 성과는 87.2퍼센트의 효과가 있는 것으로 계산할 수 있다.

그러나 이 결과를 숫자 그대로 받아들이기에는 현실적으로 무리가 있을 수 있다. 보다 정확한 평가를 위해서는 가입자의 평균 이용 개월 수(약정가입 개월 수)를 알아보아야 한다. 그리고 이를 토대로 미래 수익을 구하면 프로모션의 성과를 더욱 정확하게 평가할 수 있다. 또 이때 판매량에 포함되어 있는 원가(서비스망 구축 등)를 차감해 계산한다면 보다 확실한 결과를 얻을 수 있다.

이와 같이 단일 프로모션의 ROI는 비교적 간단하게 측정 및 평가할 수 있다. 그러나 마케팅 활동은 대개 통합적으로 계획되고 집행되므로 단순한 계산만으로는 마케팅 활동에 따른 종합적인 성과를 정량화해 산출하기 어렵다. 더욱이 실제 마케팅 현장에서는 각각의 구체적인 활동들을 하나하나 개별적으로 분리해 측정하기 힘들며, 인과관계를 증명하는 데도 어려움이 있다. 투입 비용만 하더라도 직접 경비뿐만 아니라 투입된 시간과 인원, 마케팅 목표의 난이도 등을 감안해 기회비용까지도 고려하기 때문에 종합적인 마케팅 성과를 측정하는 것은 결코 쉬운 일이 아니다.

따라서 보다 정확한 결과를 구할 수 있는 측정지표와 측정도구를 개발하기 위한 기업 차원에서의 전사적인 노력이 요구된다. 각 기업의 특성을 감안한 측정 모델을 개발하고 이를 통해 정확한 측정이 이루어진다면 마케팅 성과 평가 및 그 결과의 정확성은 더욱 높아질 것이다.

마케팅 ROI 측정을 위한 다섯 가지 전제조건

마케팅 활동의 성과를 ROI 관점에서 평가하기 위해서는 다음과 같은 다섯 가지의 전제조건이 필요하다.

첫째, 다양한 마케팅 활동들의 성과를 평가할 수 있는 단일한 척도가 필요하다. 마케팅 활동은 특성에 따라 매출액과 같이 금액으로 표시할 수 있는 부분이 있는 반면에 홍보 효과와 같이 질적인 측면으로만 존재하는 경우도 있다. 성과를 측정하는 방법은 마케팅 활동의 특성에 따라 다양하나 그것을 평가하는 척도는 단일해야 하고, 종합적인 비교 및 상대적인 비교 또한 가능해야 한다.

둘째, 평가의 결과는 항상 금전적인 가치로 환산할 수 있어야 한다. 물론 홍보 효과와 같이 금전적인 가치로 환산하기 어려운 활동들도 많다. PR 활동에 대한 효과를 측정하기 위해 업계에서는 광고 단가를 이용해 금전적인 가치로 환산하는 광고환산가치 AVE; Advertising Value Equivalency를 사용하고 있다. 이 결과를 PR의 효과라고 단정하기는 어려운 측면이 있지만, 금전적인 가치로 환산하고자 한 점에서는 의미 있는 작업이다. 마케팅 활동의 결과를 가능한 금전적인 가치로 환산하려고 노력할 필요가 있다.

셋째, 개별적인 마케팅 활동의 결과를 측정하는 지표는 그 활동에 적합하게 구체화되어야 한다. 예를 들어, 광고를 집행한다면 노출 정도와 인지도 증가율이 중요한 지표가 될 것이다. 한편 판촉을 위한 이벤트를 전개했다면 판매량 증가율이 중요한 지표가 될 것이다. 이처럼 모든 마케팅 활동은 나름의 목적과 목표를 가지므로 그에 적합한 지표를 사전에 설정하고 그 달성 정도를 평가해야 한다.

넷째, 평가의 결과는 다음 마케팅 활동에 활용할 수 있도록 비교평가가 가능해야 한다. 평가의 목적이 어디에 있느냐는 매우 중요하다. 만약 특정인 혹은 특정 부서의 과업에 대한 업적 평가가 목적이라면 일회성의 형식적인 평가로만 그칠 가능성이 크고, 그 결과도 책상서랍 속에서 영원히 잠들 가능성이 높다. 그러나 다음 분기나 다음 연도의 마케팅 활동을 계획하는 데 전략적으로 사용할 수 있는 평가 시스템을 갖추고자 하는 것이라면, 그 결과는 기업의 중요한 지적 자산이 될 것이다. 어떤 마케팅 수단이, 어떤 브랜드가, 어떤 광고가 투자 대비 성과가 높은지를 파악한다면 보다 효율적으로 예산을 투입할 수 있다.

다섯째, 평가의 단위와 기간 등이 분명하게 설정되어야 한다. 마케팅 활동은 단편적인 것이 아니라 연속적인 것이다. 물론 신규 브랜드를 개발한다면 처음부터 시작해야 하겠지만 거의 대부분은 진행형인 경우가 많다. 따라서 언제부터 언제까지, 어디서부터 어디까지 측정 및 평가할 것인지 정하는 것이 중요하다. 월별, 분기별, 계절별, 연도별 등의 기간별 평가나 제품별, 브랜드별, 캠페인별, 이벤트별 평가가 가능해야 한다. 기업이나 브랜드가 처한 상황과 업종의 특성에 따라 적합한 평가 단위와 기간을 설정해야 한다.

이와 같은 전제조건들을 고려해 먼저 브랜드 단위, 집행 단위, 월별로 마케팅 활동들에 대한 성과를 측정하고, 이러한 결과를 분기별 혹은 연도별로 종합하면 기업의 마케팅 활동에 대한 전반적인 투자 대비 성과를 측정 및 평가할 수 있다. 또한 그 결과를 데이터베이스에 저장해두고 연도별 누적 데이터를 분석하면 누적 효과까지도 추적할 수 있다.

마케팅 활동의 종합적인 성과 측정 방법

마케팅의 투자 대비 성과는 어떻게 종합적으로 측정할 수 있을까? 먼저 마케팅 활동별로 실행 전후에 대한 성과 측정지표와 지표별 자료, 투입 예산 등의 자료를 수집한다. 그리고 이렇게 수집한 자료들을 통해 개별 마케팅 활동들에 대한 순수 효과를 추출한 다음 금전적인 가치로 환산해 ROI를 산출한다. 금전적인 가치로 환산하기 어려운 무형적(질적)인 효과는 별도로 분석하고, 산출한 ROI 결과값에 포함해 종합적으로 평가한다. 종합적인 마케팅 성과 측정 및 평가를 위한 업무 프로세스를 도식화하면 〈그림 9-5〉와 같다.

마케팅 성과 측정 및 평가를 위한 업무를 할 때 기업이나 브랜드가 처해 있는 상황은 각기 다르므로 각 기업이 처한 특성에 따라 적절한 측정 및 평가 모델을 개발해야 한다는 점을 유념할 필요가 있다. 정형화된 측정식이 아닌 우리 기업과 브랜드에 적합한 모델을 스스로 찾고 만들어야 한다. 측정 및 평가 모델을 정교하게 다듬기 위해서는 많은 시간과 노력이 요구된다. 이러한 과정을 거치지 않고 효과적인 측정 모델을 얻기는 사실상 불가능하다.

따라서 우선 기초적인 측정 및 평가 모델부터 만들어 한 브랜드, 한 이벤트에

▼ 〈그림 9-5〉 마케팅 성과 측정 및 평가를 위한 업무 프로세스

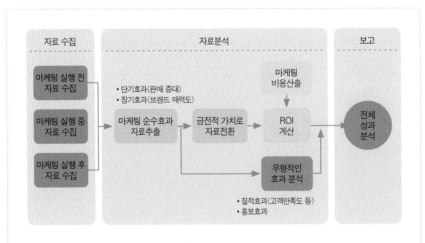

적용해보고, 이를 기반으로 측정 범위와 기간을 확대·적용하면서 종합적인 모델을 만들어나가는 것이 바람직하다.

이미 상당수의 기업들은 균형성과지표$^{BSC; Balanced Score Card}$와 전사적 자원관리, 고객관계관리 시스템 등을 도입하는 과정에서 성과 평가에 대한 실패 경험이 있다. 이를 통해 알 수 있듯이 실제 활용하는 데 어려움이 있는 방법은, 아무리 많은 시간과 예산을 투입해 멋지게 개발하고 충분히 효과가 있다고 하더라도, 이것이 효과적으로 활용되기는 힘들다. 단순하고 간단한 모델이라도 실무자들이 단위 업무부터 쉽고 빠르게 적용할 수 있다면, 지속적으로 충분한 검증 과정을 거치면서 신뢰성과 타당성을 갖춘 정교한 모델로 만들어나갈 수 있다. 이와 같은 측면에서 특정 브랜드의 마케팅 활동들을 평가할 수 있는 성과 측정 모델링을 예시하면, 〈그림 9-6〉과 같다.

▼ 〈그림 9-6〉 마케팅 성과 측정 모델링 예시

마케팅 성과 측정 결과의 전략적 활용

모든 마케팅 성과의 개별 및 종합적인 지표의 측정 결과를 매트릭스로 구성하면 다음 분기 또는 다음 연도의 예산 배분과 마케팅 의사결정 등에 효과적으로 활용할 수 있다. 이를 예시하면 〈그림 9-7〉과 같다.

평가 결과 매트릭스에서 우상향의 Seg I은 재무적인(ROI) 지표와 비재무적인 지표에서 높은 성과를 획득한 영역이다. 이 영역의 브랜드나 마케팅 프로그램은 다음 연도에는 좀 더 집중적으로 투자할 필요가 있다. 다른 브랜드나 마케팅 프로그램들과 비교해 더 많은 투자 대비 성과를 냈으므로 다음 연도에도 성공할 가능성이 높기 때문이다.

물론 매트릭스에서의 우선순위는 어디까지나 최종적인 의사결정을 위한 기초 자료일 뿐 절대적인 기준은 아니다. 중요한 것은 의사결정권자의 통찰력과 전략적인 판단이다. 특히 신제품은 투자 대비 성과가 나오는 데 상당한 시간이 필요하기 때문에, 매트릭스에 의한 절대적인 평가만을 따르기보다는 회사의 비전과 목표에 따라 의사결정자의 전략적인 의사결정이 이루어져야 한다.

▼ 〈그림 9-7〉 마케팅 성과 평가의 결과 매트릭스 및 그에 따른 예산 배분

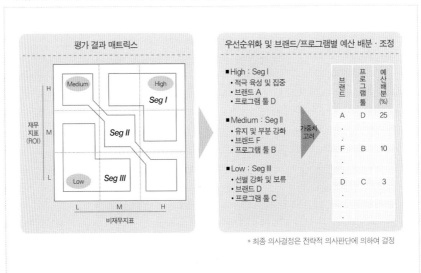

마케팅 성과 평가에 과학을 더하라

마케팅 성과 평가 시스템은 기업의 전반적인 마케팅 활동을 진단해 문제점을 해결하고 운영 효율성을 높여줄 수 있다. 기업은 마케팅 성과 평가 시스템 구축을 통해 다음과 같은 이점들을 얻을 수 있다.

첫째, 마케팅 활동을 과학적으로 관리할 수 있다. 현재까지 대다수의 기업들이 재무적 효율성, 마케팅 조직의 역량, 시장 지향성 등의 측면에서 체계적인 평가를 하지 못하고 있는 실정이다. 그 결과, 개별 마케팅의 성과는 좋더라도 기업 전체적으로는 많은 자원들이 낭비되고 문제점이 발생하게 되었다. 그러나 마케팅 활동을 전체적인 프로세스 관점에서 통합적으로 관리한다면 이러한 문제점들을 해결할 수 있고, 좀 더 근원적이고 본질적인 문제점을 파악해 그에 따라 적절히 대응해나갈 수 있다.

둘째, 지속적으로 증가하고 있는 마케팅 비용을 보다 효율적으로 사용할 수 있다. 성과 평가의 결과를 기준으로 그다음 해나 유사 프로젝트의 마케팅 활동에 적정한 예산을 책정함으로써 효율성을 제고할 수 있다.

셋째, 기존의 제한된 마케팅 감사 활동의 문제점을 해결할 수 있다. 지금껏 마케팅 감사는 매우 단편적이고 제한적으로 이루어졌으며, 지속적이고 체계적으로 관리되지 못했다. 마케팅 성과 평가 시스템은 고객, 내부 조직, 시장과 같은 핵심 요소들에 대한 통합적이면서 시계열적인 관리를 돕는다.

넷째, 마케팅 성과에 따라 적절한 보상을 가능하게 해준다. 이로써 마케팅 활동의 효율성을 높이고, 부서 및 개인에게 마케팅 활동의 성과 관리에 대한 관심을 유발시켜 동기부여를 할 수 있다.

이제 마케팅도 투자 대비 성과를 측정해야만 하고, 또 실제로 그럴 수 있게 되었다. 이를 통해 과학적이고 체계적인 마케팅 성과 평가와 관리도 가능해졌다. 따라서 마케팅 성과 측정 시스템 및 모델을 개발해 측정하고 평가하는 활동은 지속적으로 수행되어야 하며, 그 결과가 실무 부서와 경영진에게 정확하게 전달되고 피드백을 통해 개선, 발전되어야 한다. 또 일정 시점마다 혹은 특별한 경영 환경의 변화에 따라 측정 모델을 수정해 현실을 잘 반영할 수 있도록 해야 한다.

그러나 여기서 한 가지 잊지 말아야 될 사항이 있다. 아무리 정교하게 만들어진 측정 및 평가 모델 혹은 시스템이 있다 하더라도 해당 기업의 경영 여건에 맞지 않으면 무용지물이 될 가능성이 높다는 것이다. 자사에 가장 적합한 마케팅 성과 측정 및 평가 모델을 만들고, 모델을 지속적으로 개선하고, 모델에 맞추어 측정과 평가를 주기적으로 실시하고, 평가의 결과를 피드백해 다음 마케팅 활동에 활용한다면 마케팅 성과와 기업의 성과를 적극적으로 개선할 수 있다.

소셜미디어에 대한 마케팅 성과는 어떻게 측정하나?

소셜미디어가 국내 주요 기업 및 기관의 커뮤니케이션 채널로 각광을 받고 있는 가운데 이제는 소셜미디어 활용에도 성과 측정이 필요하다는 공감대가 확산되고 있다. 'KPR 소셜커뮤니케이션연구소'와 '마크로밀엠브레인'이 국내 218개 대기업, 중소기업, 공공기관 소셜미디어 실무자를 대상으로 조사한 결과에 의하면, 응답자의 80퍼센트가 '소셜미디어의 ROI(투자대비 성과) 측정이 필요하다'고 응답했다. 응답자의 과반수는 현재 '소셜미디어 성과를 측정한다(64%)'고 답했다. 측정 방법으로는 팬 수, 좋아요 수, 게시물 노출량과 같은 '양적 수치'로 분석한다는 응답이 78퍼센트로 정량적 성과 측정이 이루어지고 있다.[24]

해외 소셜미디어 분석 전문업체 심플리 메저드Simply Measured에서도 마케팅 실무자는 디지털의 가치를 점차 높게 평가하는 반면, 아직도 대부분의 마케터는 단순히 데이터 수집과 측정이 용이한 정량적 수치로 측정하고 있어 소셜미디어 성과를 비즈니스 목표와 연계하는 데 어려움을 겪고 있다고 발표한 바 있다.

소셜미디어 성과 측정 방법(KPR, n=139, 단위 : %/복수응답)[25]

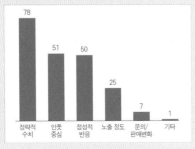

문항	설명
정량적 수치	유입, 도달, 인터랙션, 인게이지먼트 등
인풋 중심	콘텐츠 발행건수, 광고집행 수, 이벤트 진행 수, 운영 투입시간 등
정성적 분석	댓글과 메시지 분석(긍정/부정/중립)
노출 정도	포털 및 타 미디어 노출
문의 및 판매 변화	소셜미디어 운영 후 문의 및 판매 변화

빅데이터의 시대이며 온라인을 기반으로 하는 소셜미디어를 이용한 마케팅 활동에서도 성과 측정은 비록 정량적 수치 중심으로 데이터가 수집되고는 있지만, 이 결과가 투자 대비 성과로 파악되지 못하고 있는 실정이다. 재무적 측면에서도 명확한 성과를 제시하지 못하는 측면과 더불어 비재무적인 측면의 질적 효과에 대해서도 접근에 한계가 있다.

비즈니스 목표와 연계하기 위해서는 소셜미디어 활동의 구체적인 목표가 정해지고 이를 어느 정도 예산을 투입했을 때 가장 효과적인지 파악해야 한다. 마케팅의 성과는 양적 지표와 질적 지표를 적절하게 활용하여 마케팅 목표를 달성하는 데 어느 정도의 영향을 미쳤는지 확인할 수 있어야 한다. 따라서 소셜미디어에 대한 성과를 활용하기 위해서는 온라인 미디어 분석, 브랜드 및 마케팅 추적 분석, 홍보 및 평판 추적, 고객 피드백 관리 등에 대해 데이터를 수집하고 측정하여 분석해야 한다.

마케팅과 과학의
운명적인 만남!

필립 코틀러 교수는 마케팅을 '과학 및 예술 활동'이라고 했다.[26] 실제로 마케팅에는 심리학, 사회학, 수학, 통계학, 행동경제학 등 인간의 문제를 해결하고자 하는 다양한 학문들이 바탕이 되어 있다. 과거에는 경영자의 관습이나 경험에 의존해 일방적으로 마케팅 의사결정이 내려졌다면, 최근에는 소비자들의 행동 정보, 기업 내부의 다양한 경험 정보, 산업 정보 등 소비자와 시장에 대한 각종 데이터를 기반으로 정교하게 모델링된 분석 결과를 토대로 의사결정을 하고자 노력하고 있다.

고객들이 원하고 바라는 가치를 정확히 측정할 수만 있다면 대부분의 기업들이 흔히 저지르기 쉬운 실수를 줄일 수 있다. 경쟁사 고객들을 포함한 불특정 다수의 소비자들을 자사 고객으로 전환하기 위해 막대한 마케팅 비용을 낭비하지 않아도 될 것이다. 그리고 적은 비용으로 자사의 충성고객을 놓치지 않는 데 더 많은 투자를 할 수 있다. 많은 기업들이 마케팅 활동의 결과물인 자사 고객 개개인이 느끼는 브랜드의 가치와 광고의 투자수익률을 알고 싶어 하는 이유이다.

현대의 고도화된 마케팅 기법을 사용하면 계량적인 분석을 통해 정량적인 이해와 전략 도출이 가능하고, 과학적인 분석을 통해 소비자 개개인을 위한 맞춤 마케팅 활동을 펼칠 수 있다. 이를 통해 우리는 TV 광고 대신 신문 광고에 투입하는 비용 1원당 매출액이 좀 더 효과가 있을지 없을지, 기존 고객 유지 전략이 신규 고객 확보 전략보다 수익성이 좋을지 낮을지, 고객 이벤트에서 영화 관람권을 증정하는 것이 미술 전시회 입장권을 주는 것보다 호응이 좋을지 나쁠지 등을 판단할 수 있다.

어느덧 마케팅은 체계적이고 분석적인 접근을 통해 과학의 세계로 들어가고 있다. 특히 디지털 마케팅이 본격적으로 도입되기 시작한 2010년대를 지나면서 과학 기술의 도움을 많이 받고 있다. 빅데이터와 인공지능의 발달로 인해 예측 마케팅을 할 수 있는 영역으로까지 확장되고 있다.

예를 들어, 일본의 안경업체인 진즈^{JINS}는 2016년 11월부터 인공지능을 활용한 안경 추천 서비스 진즈브레인^{JINS BRAIN}을 제공하고 있다. 200개 종류의 안경을 쓴 6만 장의 사진을 수집하여 3천 명의 직원들이 사진을 보면서 착용자와 안경이 어울리는지 판단하고, 이 결과를 딥러닝의 정답지(학습 데이터)로 인공지능을 학습시켜 고객들에게 잘 어울리는 안경을 비율로 추천하는 것이다.[27]

그동안 안경사의 느낌만으로 제안할 때 고객은 진짜 잘 어울리기 때문에 추천하는 것인지 아니면 판

▼ 진즈브레인의 인공지능이 판단한 적합도[28]

매를 위해 어울리지 않지만 어울린다고 속이는지를 알 수 없었는데, 이제는 인공지능을 통해 이런 불편을 해소할 수 있게 되었다. 이러한 서비스를 제공하기 이전과 비교하면 10퍼센트 이상의 고객 증가를 보였다.

이제 마케팅은 소비자의 행동을 이해하고, 이를 바탕으로 과학적인 분석에 의한 마케팅 계획을 수립하고 실행하는 것을 넘어, 실행의 결과인 마케팅의 성과를 다음 마케팅 활동에 반영하고 개선할 수 있는 상태로 나아가고 있다. 이 같은 마케팅과 과학의 통섭은 정보통신기술의 발전과 함께 앞으로도 계속될 것이다. 그리고 머지않아 마케팅이 과학을 뛰어넘어 예술의 경지로까지도 승화될 것이다.

그 많던 마케팅 예산은 대체 다 어디로 사라진 걸까?

제일기획은 2017년 국내 총 광고비가 전년도 10조 9,318억 원에 비해 1.8퍼센트 성장한 11조 1,295억 원으로 집계됐다고 발표했다. 사상 처음으로 시장 규모가 2조 원을 돌파한 모바일 광고에 힘입어 플러스 성장을 달성했다. 모바일 광고 시장은 2010년 집계 이래 처음으로 점유율 1위에 올랐으며 케이블·종편 광고, PC 광고가 그 뒤를 이었다.

2017년 디지털 광고 시장은 2016년 대비 13.5퍼센트 성장한 3조 8,402억 원을 기록했다. 방송, 인쇄, 옥외 광고 시장이 모두 전년 대비 감소한 가운데 디지털 광고 시장만 나 홀로 성장을 기록한 점이 눈에 띈다. 모바일 광고비는 2016년 36.3퍼센트 성장한 데 이어 2017년에도 27퍼센트에 이르는 높은 성장세를 이어가며 2조 2,157억 원을 나타냈다. 특히, 동영상 광고를 중심으로 한 노출형 광고가 전년 대비 36.7퍼센트 성장해 모바일 광고 시장 내 점유율 52.7퍼센트를 기록하며 검색 광고(47.3%)를 처음으로 앞질렀다. 이는 모바일을 통한 방송 다시보기 등 동영상 콘텐츠 시청이 폭발적으로 증가하고, 국내외 주요 미디어들이 동영상 서비스를 강화하면서 모바일 동영상 광고 시장이 큰 폭으로 성장한 결과로 분석된다.[29]

보스턴컨설팅그룹[BCG]은 미국에서 판매되고 있는 75개 소비재를 대상으로 마케팅 비용과 효과 간의 상관관계를 조사했다. 조사 결과, 전체 판매량 가운데 소비자들이 광고의 영향을 받아 구입을 결심한 것으로 조사된 제품의 비율은 최저 1퍼센트에서 최고 50퍼센트로 천차만별이었다. 또 마케팅 비용 1달러당 매출 증

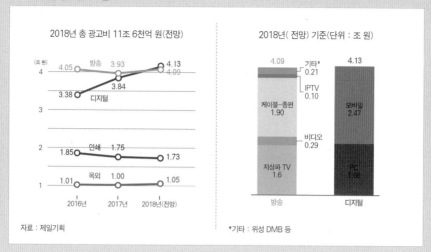

국내 매체별 광고비(2017년)[30]

2018년 총 광고비 11조 6천억 원(전망)

2018년(전망) 기준(단위 : 조 원)

자료 : 제일기획

*기타 : 위성 DMB 등

가액도 0.04달러부터 2.75달러까지 제각각이었다. 게다가 판매량을 1퍼센트포인트 증가시키기 위해 지출한 마케팅 비용은 최저 10만 달러에서 최고 1,800만 달러까지 큰 차이가 나는 것으로 조사되었다. 비슷한 마케팅 비용을 쓰고도 그 효과가 최대 180배까지 차이가 난다면 기업의 최고경영자는 마케팅 담당자들에게 다음과 같이 묻지 않을 수 없다. "그 많은 마케팅 예산을 도대체 다 어디에 쓴 겁니까? 그래서 그 결과가 뭡니까?"[31]

맥킨지 설문조사에 따르면 글로벌 기업 경영진의 60퍼센트는 ROI를 계산할 수 없기 때문에 소셜미디어를 효과적으로 사용하는 방법에 관심이 없다고 답했다. 또한 CEO의 80퍼센트가량은 마케팅 부서가 하는 일의 효용을 크게 느끼지 못한다고 대답했다.[32]

일반적으로 비즈니스 활동에 투자되는 예산은 평균적으로 기업 수익의 4퍼센트 정도라고 한다. 결코 적지 않은 예산을 활용하면서도 과학적이고 체계적인 접근 방법과 계획으로 진행하는 경우가 드물었다. 왜냐하면 측정이 어렵기 때문이다. 측정에 필요한 데이터 수집, 객관적인 분석 도구, 측정된 결과물에 대한 확신의 부족, 기업의 내·외부 기능과 복잡하게 관련되어 있는 비즈니스 성과를 명확하게 측정하지 못했기 때문이다.[33]

따라서 마케팅에 투입되는 비용의 근거가 명확하고, 그 결과에 따라 의사결정을 할 수 있다면, 더욱이 마케팅 활동이 가시적인 성과를 보여준다면 최고경영자는 마케팅 담당자들이 마케팅 예산을 어디에, 얼마나, 어떻게 썼는지 궁금해하지도, 또 ROI에 대한 문제를 제기하지도 않을 것이다. 그러나 여전히 대부분의 경영자 및 임원은 마케팅 예산을 투자가 아니라 비용으로 생각하는 경향이 높다.

마케팅에 투입되는 예산을 '비용'이 아니라 '투자'라는 관점으로 접근하면 마케팅 의사결정은 많이 달라질 것이다. 하지만 아직까지도 마케팅 예산을 비용으로 생각하는 경영자들이 많다. 마케팅 예산 집행에 대한 논리적인 근거가 약하고, 마케팅 활동이 장기적인 관점의 브랜드에 대한 투자라기보다 단기적인 매출 달성이라는 목표에 집중하는 경향이 높기 때문이다.

마케팅 담당자들이 예산 집행의 논리와 타당성을 강화하기 위해서는 각각의 마케팅 활동에 투입되는 비용, 시간, 인적자원 등과 함께 이러한 자원들이 어떤 효과를 만들어낼지, 마케팅 성과 달성에 미치는 영향은 무엇인지를 명확히 밝히고 경영자를 이해시킬 수 있어야 한다. 실제 마케팅 예산이 집행된 후에도 면밀한 성과 측정을 통해 성공에 기여한 요소, 부족하거나 개선할 점 등을 찾아 의사결정권자들과 공유하고, 다음 마케팅 활동에 이를 반영해 더욱 성공적인 마케팅 활동을 펼쳐나가야 한다. 그러면 경영자들도 더 이상 마케팅 담당자들이 요즘 무슨 일을 하고 있는지, 그 많던 마케팅 예산을 어디에, 얼마나, 어떻게 사용했고, 어떤 성과를 이끌었는지 의심의 눈초리로 지켜보지 않을 것이다.

10

뉴 노멀 마케팅

변화에 휩쓸리지 말고
변화를 이끌어라

기업의 경영 환경은 계속해서 변해왔다. 빠르게 변화하는 시장에서 살아남을 수 있는 유일한 방법은 갑작스런 변화가 들이닥치기 전에 먼저 변화하는 것이다. 최연소의 나이에 GE의 최고경영자가 되어 GE를 세계 최고의 기업으로 성장시킨 잭 웰치Jack Welch는 기업이 변화해야만 하는 이유에 대해 다음과 같이 이야기한 바 있다. "만일 당신이 스스로 변화를 시도하지 않는다면, 외부의 다른 누군가에 의해 변화될 것이다."[1] 이 말은 기업이 변화에 휩쓸리지 말고 변화를 이끌어야 하는 이유를 설명한 것으로 판단된다. 누군가가 변화의 필요성을 제기하기 전에 먼저 변화해야 시장에서 차별화를 이루어내고 지속가능한 성장을 도모할 수 있다.

뉴 노멀 시대다. 로저 맥나미Roger McNamee는 "시대에 따라 새롭게 변화된 양상이 오랫동안 지속되어 일상화되는 즉, '새로운 일반화'가 이루어지고 있다."[2]라고 뉴 노멀 시대를 예고했다. 마케팅의 기본원리는 시대가 바뀌어도 크게 변하지 않는다. 하지만 소비자와 시장은 끊임없이 바뀌고 있고 그 변화에 따라 마케팅도 바뀌고 있다. 이미 새로운 일반화가 된 디지털 마케팅, 경험 마케팅, 소셜 마케팅, 스토리텔링 마케팅 등에 대해 살펴본다.

삼성이 그리는 미래…
'하나로, 더 쉽게, 더 편리하게'

삼성전자는 미국 라스베이거스에서 개최되는 세계 최대 전자전시회 'CES 2018'에서 '연결성'을 강조한 미래 비전을 공개했다. 인공지능[AI] · 사물인터넷[IoT] · 5G 등 차세대 기술과 신제품을 대거 선보였다. 삼성전자는 사용자들이 음성으로 단말과 대화하고, 가전제품을 원격으로 제어하는 '뉴 노멀[New Normal]' 시대를 맞아 사용자 경험 확대를 위한 새로운 로드맵을 제시하고 있다.

삼성전자는 업계 최초로 스마트TV, 패밀리허브냉장고, 에어컨 등에 오픈커넥티비티재단[OCF] 인증을 받았고 전 가전제품으로 인증 확대에 나서고 있다. 2018년부터 출시되는 삼성전자 스마트가전 전 제품에는 OCF 규격이 탑재된다. 이를 기반으로 OCF 회원사 간 다양한 기기와의 연동을 강화할 계획이다.

삼성전자는 2017년 10월 '스마트싱스', '삼성 커넥트', '아틱[artik] 클라우드' 등 IoT 서비스를 스마트싱스[SmartThings] 단일 IoT 플랫폼으로 통합한다고 밝힌 바 있다. 스마트싱스 클라우드 API를 개발자들에게 공개해 외부 업체도 스마트싱스를 활용 가능하도록 하고 있다.[3]

▼ 삼성전자의 커넥티드 홈 '스마트싱스'[4]

2018년형 삼성 스마트 TV는 모바일 등 익숙한 기기와의 연동을 통해 사용자가 더 쉽고 다양한 기능을 사용할 수 있게 하고 있다. '스마트싱스' 앱을 통해 새 TV는 물론 다양한 가전제품을 한 곳에서 조작하고 정보와 콘텐츠를 연동할 수 있기 때문이다. 특히 스마트싱스를 이용하면 복잡한 입력 없이 몇 번의 탭만으로 TV가 와이파이에 연결되고 계정, 즐겨 찾는 앱, 주변 기기 등 개인의 취향을 TV가 인식해 좋아하는 콘텐츠를 바로 볼 수 있도록 준비해준다.

스마트 TV의 연결성은 모바일 기기뿐 아니라 모든 가전으로 확대된다. 스마트싱스 대시보드를 통해 스마트 TV는 거실에 즐거움을 주는 것에서 한걸음 더 나아가 집안 전체의 IoT 허브가 된다. TV 화면을 통해 냉장고 안에 무엇이 들어 있는지 보고, 조명을 조작하고, 집안 온도를 조절하는 것과 같이 많은 일을 할 수 있다. 또한 삼성 클라우드를 통해 내가 여행 중 찍은 사진을 실시간으로 집에 계신 부모님의 TV나 패밀리허브에 공유할 수 있다.

콘텐츠를 찾아내기 위한 가장 혁신적인 방법 중 하나는 음성을 이용한 검색이다. 모든 2018년형 삼성 스마트 TV에는 삼성의 지능형 비서인 빅스비가 탑재돼 아마존·유튜브 등 다양한 콘텐츠를 음성 명령으로 이용할 수 있다. TV 채널을 바꾸거나 특정 음악을 틀어 달라고 이야기하는 것은 물론 "톰 크루즈가 출연한 1990년대 영화들을 찾아 달라."고 명령할 수도 있다. 이외에도 사용자의 주문에 따라 뉴스나 날씨를 전해주고, 집안의 IoT 기기들을 제어하고, 가장 최근에 찍은 사용자의 사진을 보여줄 수도 있다. 스마트싱스와 빅스비를 통해 이제 사용자는 어떤 방해나 복잡한 과정에 시달리지 않고 일상을 즐기는 진정한 '커넥티드 홈'을 누릴 수 있게 되었다.[5]

새로운 변화가 우리의 삶에 어느 정도로 빨리, 어느 정도로 많이 올지에 대해 예측하기는 쉽지 않다. 다만 이러한 흐름은 분명 다가올 것이라는 것은 분명해 보인다. 뉴 노멀이란 디지털을 당연하게 생각하는 세계를 말한다. 디지털로 연결된 세계에서도 통하는 마케팅이 필요하다. 기존 마케팅에 디지털을 어떻게 활용할 것인가를 깊이 고민해야 한다.

01 디지털 마케팅

마케팅의 뉴노멀,
디지털로 통한다

디지털 마케팅의 핵심은 데이터에 있다

데이터 홍수의 시대다. 스마트폰으로 인해 발생하는 개인의 데이터뿐만 아니라 기업이 원활한 운영을 위해 필요로 하는 데이터, 그리고 국가에서 공공의 목적으로 수집하는 데이터에 이르기까지 온 세상이 데이터로 넘친다. 특히 기업에서는 경영과 마케팅 차원에서 빠르게 증가하는 데이터를 어떤 관점과 목적으로 접근해야 할지 기로에 서 있다. 어쩌면 데이터가 기업에게는 사활이 걸린 중요한 자산이 될 수도 있다.

2014년 페이스북은 인스턴트 메신저의 한 종류인 '왓츠앱WhatsApp'을 220억 달러(약 24조 원)에 인수했다. 당시 액티브 이용자가 4억 5천만 명이었다. 2016년 마이크로소프트는 비즈니스 중심의 소셜 네트워크 서비스인 '링크드인LinkedIn'을 262억 달러(약 30조 원)에 인수했다. 이로 인해 마이크로소프트는 당시 링크드인 가입자 수인 4억 3,300만 명 이상의 인력 데이터를 얻었다. 데이터의 가치가 중요한 자산으로 꼽히고 있음을 보여주는 대표적인 사례다. 《마이크로트렌드 X》의 저자인 마크 펜Mark Penn은 "앞으로는 석유나 금이 아니라 데이터가 지구상에서 가장 값진 자산이 될 것이다."라고 했다. [6]

이러한 데이터data는 어떤 현상의 단편을 포착하여 수치화 혹은 기호화한 것이다. 자유롭게 변환되고 활용되어 어떤 현상이나 결과를 유추할 수 있고, 지속적이고 반복적으로 수집하여 일정한 형태(테이블)를 갖추고 있을 때 의미 있는 데이터라고 할 수 있다. 결과적으로 데이터는 데이터 자체만 가지고는 의미가 없다. 즉, 데이터의 본질은 데이터를 활용하여 새로운 가치를 찾아내고, 비즈니스에 변화를 일으키는 것이다. 따라서 데이터를 분석하는 기술보다 데이터를 통해 어떤 현상을 제대로 이해하고 개선할 수 있는 발견을 볼 수 있는 데이터 마인드^{data mind}가 중요하다. 데이터라는 렌즈를 통해 복잡다단한 현상에 대한 바르고 정확한 지식을 얻고, 이를 지렛대 삼아 주어진 문제를 해결할 때[7] 데이터에 진정한 의미가 있다.

데이터를 마케팅에 활용하여 성공한 대표적인 기업으로 숙박 공유 서비스 업체인 '에어비앤비^{Airbnb}'가 있다. 에어비앤비는 데이터 기반의 의사결정을 통해 급성장하는 계기를 만들었다. 2010년에 에어비앤비의 뉴욕지역의 숙소 예약률이 매우 저조했다. 숙소 광고에 사용된 사진의 질이 형편없다는 사실을 발견하고 "사진의 질을 높이면 예약률이 높아질 것이다."라는 가설을 실험하기로 했다. 실험은 전문사진사를 고용하여 고품질 사진을 사용한 숙소와 그렇지 않은 숙소를 비교하여 어느 쪽의 예약률이 높아지는지 확인하는 방법을 사용하였다.

조사 결과 고품질의 사진을 사용한 숙소에서 시장 평균보다 2~3배 더 많은 예약을 받았다. 에어비앤비는 간단한 실험(A/B Testing●) 데이터를 기반으로 전문사진 서비스를 제공했고 그 결과 급속한 성장의 발판을 마련했다. 공동 창업자 중 한 명인 데이터 과학자 네이선 블레차르지크^{Nathan Blecharczyk}가 있어서 가능한 측면도 있다. 데이터를 통해 당면한

● A/B Testing은 전체 디자인에서 한 가지 요소에 대한 두 가지 이상의 버전을 실험하여 더 나은 것을 판별하는 기법으로 무작위비교연구(RCT: Randomized-controlled trial) 방법이다. 디자인, 인터페이스, 상품 배치 등을 개선하는 데 주로 사용된다.

▼ 에어비앤비 A/B 테스트 실험사진[8]

문제를 적극적으로 해결하고 성장 동력을 확보하는 과정에 데이터 마인드를 가진 경영자나 마케터가 있다는 것은 매우 중요한 자산이다.

국내 기업으로 자동차용품 전문 회사인 불스원은 엔진세정제 시장에서 국내 시장점유율 90퍼센트로 1위 기업이지만 신규 고객 매출이 기대보다 낮고, 해외 경쟁사의 국내 진출로 기존 고객마저도 빼앗길 수 있다는 위기를 데이터를 기반으로 하는 마케팅으로 극복했다. 불스원은 제품에 대한 사람들의 반응을 파악하기 위해 불스원샷 제품에 대한 뉴스, 커뮤니티, 블로그, 카페에서 데이터를 수집해 키워드 분석을 진행했다.

분석 결과 불스원샷 연관 검색어(사람들이 특정 키워드와 함께 검색한 키워드) 상위 20개 중 '넣는 법'과 '사용법'과 같은 의미의 키워드가 있었다. 불스원샷 화제어(특정 키워드와 함께 언급된 글의 주제어) 분석 결과에서도 '엔진오일,' '주유구' 등이 꾸준히 언급되었다. 이를 심층 분석한 결과 많은 고객이 불스원샷의 용도와 사용법을 모른다는 시사점을 도출했다. 이런 결과를 바탕으로 제품을 알면서도 사용 방법과 효과를 제대로 인지하지 못한 고객군을 타깃으로 교육적 차원의 마케팅을 진행했다.

불스원샷을 사용하면 엔진 때가 제거되는 원리를 이미지 대신 이해하기 쉬운 동영상으로 제작했고, 이를 자체 블로그와 차량관리에 관심이 많은 커뮤니티로 배포했다. 또한 전문가 인터뷰를 인용해 제품의 효과를 증명할 신뢰도 높은 콘텐츠를 제작해 지속적인 마케팅을 진행했다. 그 결과 2016년 대비 2017년에 12퍼센트의 매출 증대와 3퍼센트포인트의 신규 고객 증가 성과를 얻었다.[9]

불스원의 사례를 통해 데이터와 마케팅이 결합되어야 보다 높은 효과를 얻을 수 있다는 점을 확인할 수 있다. 불스원은 제품에 대한 소비자의 인식을 정확히 판단하는 단계에 데이터가 활용되고, 이런 데이터에 근거한 마케팅 활동으로 제품의 장점을 고객들이 명확히 인지할 수 있도록 하여 효과를 높였다. 데이터 기반 마케팅의 효과는 데이터 자체가 아니라 데이터를 통해 새로운 가치를 창출할 때 나타난다.

광고와
빅데이터 기술이 만나면?

2018년 4월, SK스토아와 네파가 공동으로 '프로그래매틱 광고 programmatic advertising'를 진행했다. 이 광고의 장점은 빅데이터 분석 플랫폼에 기반하기 때문에 타깃 이용자들의 행태 데이터를 자동으로 분석해 프라이버시를 침해하지 않으면서 개인 맞춤형 광고를 할 수 있다는 점이다. 양사는 아웃도어에 관심도가 높은 소비자에게 광고를 노출해 네파 스타일리시 제품 중 기능성을 강화한 '프리모션' 브랜드 인지도를 높였다.

SK스토아 박상현 본부장은 "이번 네파와 진행한 디지털 마케팅 차별화 경험은 향후 디지털 환경에서의 마케팅에 대해 방향성을 잡을 수 있는 좋은 시도였다."면서, "앞으로도 고객들을 위한 맞춤 타깃 차별화를 통해 지속적인 고객의 성향에 맞는 트렌드를 제시해나갈 예정이다."라고 언급했다.[10]

프로그래매틱 광고란 개인정보가 아닌 인터넷 사용 기록을 분석해 소비행태를 예측한 뒤 개인별로 관심을 가질만한 광고를 맞춤형으로 노출하는 기법이다. 개인맞춤형 광고라 정밀 타깃팅이 가능해 광고효과가 크다고 알려져 있다. 전 세계 '디지털 디스플레이 광고'의 67퍼센트를 차지할 정도로 인기가 있다. 특히 우리나라는 스마트폰과 와이파이의 높은 보급률 덕에 프로그래매틱 광고가 큰 폭으로 성장할 전망이다.

프로그래매틱 광고는 관심 가질 만한 상품만 보여주기 때문에 광고 거부감이 적다. 이로 인해 광고를 접하는 '클릭률'과 실제 구매로 이어지는 '구매 전환율'도 높게 나타나고 있다. 평균적으로 '일반 배너 광고'보다 클릭률은 6.3배, 구매전환율은 4.4배나 더 높을 정도다. 또한 '광고 투자 대비 수익률'은 기존보다 6배나 큰 것으로 평가된다. 더불어 광고주는 정밀하게 타깃팅된 고객들에게만 광고를 노출시켜 투자 효율을 극대화할 수 있다.

이처럼 프로그래매틱 광고는 실시간 모니터링을 통해 광고 효과를 측정하는 한편, 수시로 변하는 소비패턴에 신속히 대응해 광고 콘텐츠를 수정하거나 광고 매체를 바꿀 수도 있다. 이런 프로그래매틱 광고 효과의 대표적인 사례가 영국의 경제주간지 〈이코노미스트The Economist〉다. 〈이코노미스트〉는 프로그래매틱 광고를 활용한 후 65만 명의 신규구독자와 120만 파운드의 광고 수입을 올릴 수 있었다.

SK스토아-네파 프로모션 바디맵핑 디지털 광고[11]

빅데이터와 스몰데이터

데이터를 구분하면 빅데이터^{big data}와 스몰데이터^{small data}가 있다. IBM은 **빅데이터**를 데이터의 양^{volume}, 데이터 종류의 다양성^{variety}, 데이터의 입출력 속도^{velocity}, 그리고 데이터의 진설성^{veracity} 등으로 설명한다. 중요한 것은 이런 특성을 가지고 있는 데이터가 고객과 상호작용을 하며 서비스를 제공하는 방법을 변화시키거나 경쟁우위를 확보할 수 있는 기회를 제공할 수 있을 때 의미가 있다는 점이다. 이런 측면에서 본다면 빅데이터도 단지 '데이터'일 뿐이다. 그렇기 때문에 빅데이터는 큰 데이터를 쉽고 빠르게 처리할 수 있게 해주는 기술의 집합으로 이해할 필요가 있다. 분석 대상이 아니라 그런 분석을 할 수 있는 수단이다.

스몰데이터는 주어진 문제를 푸는 데 필요한 최소량의 데이터라는 측면에서 본다면 양적 차원 협의의 의미에 국한된다. 양적 측면만이 아니라 데이터를 활용하여 통찰력을 얻는 차원에서 본다면 데이터의 양이 많고 적은 것은 문제가 되지 않는다. 최소한의 데이터만을 수집해서 소량의 데이터로 데이터가 가지고 있는 의미를 분석할 수 있다면, 오히려 작업의 효율성을 최대화할 수도 있다. 어쩌면 데이터에 욕심을 부리지 말고 꼭 필요한 만큼만을 가지고 시작하는 것이 데이터 홍수 시대에 역설적이게도 큰 효과를 얻을 수도 있다.

스몰데이터는 몸짓, 습관, 호감, 비호감, 망설임, 말투, 장식, 암호, 트윗이나 관찰 데이터, 인터뷰(좌담회) 데이터, 서베이 데이터, VOC 데이터, 품질 데이터, 거래 데이터 등 기업 내부와 외부에서 흔히 접하고 수집했던 데이터들이다. 다만 그동안 이런 스몰데이터의 중요성을 인지하지 못했고 분석하지 않아 통찰력을 얻지 못한 측면이 있었다.

레고^{lego}는 덴마크의 레고 그룹에서 생산하는 블록 제품이다. 1990년대 중반부터 밀레니얼 세대의 특성을 고려해 레고 블록을 크게 만들고 쉽게 조립할 수 있도록 했다. 그런데 기대와는 달리 2004년 사상 최대 규모의 적자를 냈다. 이런 위기를 극복하는 데 결정적인 계기는 스몰데이터에 있었다.

레고는 '무엇이 정말로 레고를 돋보이게 하는가?'라는 연구 문제를 설정하고 고객들을 찾아가 "가장 자랑스러운 물건이 무엇인가?"라는 질문으로 인터뷰를 했다. 그리고 당시 열한 살의 독일 소년이 보여준 행동으로 통찰을 얻었다. 레고의 열렬한 고객이자 열정적인 스케이트보더였던 소년은 한쪽 면이 울퉁불퉁하게 닳고 낡은 아디다스 운동화 한 켤레를 들고 와서 "이 운동화는 나에게 우승컵이자 금메달입니다."라고 말했다.[12]

소년이 말한 우승컵이자 금메달은 스케이트보드 기술을 통달해 최고 수준에 오르면 사회적 명성을 얻게 된다는 의미였다. 이를 해석한 연구진에 의해 블록 크기를 원래대로 돌리고, 크기를 더 줄인 제품을 개발했다. 결과적으로 블록 조립의 난이도를 더 높여 더 많은 노력을 해야 조립할 수 있도록 했다.

레고의 본질인 블록을 조립하는 재미로 '블록으로 돌아가자back to the brick' 전략을 추진한 결과, 2005년 이후 10년 동안 이전보다 5배의 매출을 달성했다. 데이터의 양이 중요한 것이 아니라 그 데이터에 있는 의미를 찾아내는 것이 마케터와 경영자에게 더 중요하다.

빅데이터를 활용한 예측 마케팅

만약 패션 쇼핑몰 마케터로서 다음 달 남성 셔츠 프로모션을 기획해야 한다면, 혹은 프로모션 대행사 기획자로서 다음 달 이벤트 프로모션을 기획해야 한다면 어떻게 해야 할까? 전통적인 방법은 과거의 경험에 기반하여 타깃팅을 하고 마케팅을 하는 것이다. 과거의 경험은 부서장의 경험일 수도 있고 바로 전달의 경험일 수도 있다. 업무를 통해 경험한 지식은 나름의 가치가 있겠지만 지금같이 급변하는 시장 상황과 고객의 마음을 읽기에는 역부족이다.

다음으로 생각할 수 있는 방법은 데이터 기반 타깃팅이다. 세대별 분석cohort analysis이나 규칙 기반 타깃팅rule based targeting, 혹은 데이터 마이닝data mining 등의 방법이 있다. 나름 데이터 분석을 통해 과학적인 접근을 시도한다. 그러나 분석에 사용되는 데이터에 한계가 있다. 한계가 있는 과거의 데이터를 분석하여 미래를 예측하는 것은 근본적인 제약이 있을 수밖에 없다. 마케팅 활동은 과거가 아니라 미래 시장을 대상으로 하기에 시장의 변화를 정확하게 읽어내지 못하면 성과를 기대하기가 어렵다.

그렇다면 미래 시장에 적합한 데이터와 분석 결과를 어떻게 얻을 수 있을까? 지금까지 개발된 방법은 머신러닝●기반 타깃팅이다. 예측 분석^{predictive} ^{analytics}을 통해 미래 시장의 변화를 미리 읽고 정확하게 타깃팅을 하여 판매 성과로 이어지게 하는 방법이다. 구매할 고객들의 리스트를 미리 알 수 있다면, 고객별 구매 예측 확률을 구할 수 있다면 충분히 가능한 일이다. 예측 분석으로 사기 거래를 사전에 적발할 수 있고, 어떤 상품을 누가 구매할지를 사전에 파악할 수 있다.

● 기계학습, 즉 머신러닝(machine learning)은 컴퓨터가 데이터를 통해 스스로 학습하는 것처럼 하는 기술이다. 기계학습에는 지도 학습, 자율 학습, 강화 학습 등이 있다. 인공신경망 알고리즘에는 심층학습이 있다.

예측 마케팅은 머신러닝 알고리즘$^{machine\ learning\ algorithms}$을 기반으로 예측 분석을 사용한다. 모든 고객 접점에서 더 의미 있는 고객경험을 제공하고 고객 로열티와 수익을 향상시키는 마케팅 방법이다. 마케팅의 초점을 고객중심으로 전환해야 가능하다. 예를 들어, '넷플릭스^{Netflix}'는 시청한 영화의 75퍼센트가 추천에 의한 것이라고 한다. 카를로스 고메즈-유리베$^{Carlos\ Gomez-Uribe}$ 넷플릭스 혁신부서 부사장은 인공지능과 딥러닝이 더해진 추천 시스템 덕분에 고객이 콘텐츠를 보는 시간이 늘어났다고 설명했다.

'아마존^{Amazon}'은 온라인 커머스로 발생한 방대한 데이터를 머신러닝과 딥러닝으로 분석해 특정 패턴을 찾고, 이를 토대로 고객에게 추천 서비스를 제공한다. 그 결과 매출의 35퍼센트가 예측 엔진으로 추천한 상품이다.[13] 이제 빅데이터와 인공지능으로 예측 마케팅이 가능해진 것이다. 예측 마케팅은 머신러닝을 통해 인간지능을 강화하고 확장한다. 그렇기 때문에 예측 마케팅은 향후 10년 동안 새로운 패러다임이 될 것이다.

페블 비치 리조트는 왜 고객 경험을 디지털화 했을까 ?

미국 캘리포니아 북부의 17 마일 드라이브17-Mile Drive는 세계에서 가장 경치 좋은 드라이브 코스 중 하나로 널리 알려져 있다. 매년 150만 명이 넘는 사람들이 방문하지만, 운전자가 이 여정을 경험하는 방식은 2017년 이전까지는 전형적인 아날로그 방식이었다. 드라이브 코스 입구에서 통행요금을 지불하고 종이 지도 한 장을 받아 자유롭게 돌아다니면 된다. 단, 페블비치의 고급 레스토랑, 리테일 매장, 헬스클럽, 스파 등 각종 편의 시설을 이용하는 데는 여러 불편이 따른다. 일반 관광객들에게도 생동감 넘치는 여행 경험을 제공하기 위해서는 새로운 접근이 필요했다.

그래서 17 마일 드라이브의 소유주인 페블 비치 컴퍼니Pebble Beach Company는 IBM과 파트너 관계를 맺고, IBM 왓슨Watson을 이용하여 손님 및 방문객에게 17 마일 드라이브의 숨겨진 명소들을 적절하게 알려줄 수 있는 디지털 컨시어지 서비스digital concierge service를 제공하고 있다. 이제 고객들은 페블 비치 앱에서 제공하는 알람을 통해 17 마일 드라이브의 잘 알려지지 않은 곳들을 체험할 수 있게 되었고, 페블 비치 컴퍼니는 새로운 수익 창출의 기회를 갖게 되었다.

디지털 경험을 제공한 이후 페블 비치의 매출원가는 2퍼센트 절감돼 예상 매출 총이익이 10만 달러 이상 증가했다. 또한 4시간이나 걸리던 재고 보고 생성을 2분 만에 해결하게 되었다. 페블 비치의 리테일 부문 임원인 케빈 카카로Kevin Kakalow는 "우리는 고객에게 페블 비치에서의 추억을 완벽하게 만들어줄 상품을 제공하게 됐습니다."라고 한다.[14]

페블 비치는 IBM의 인공지능인 왓슨을 통해 디지털 컨시어지 서비스를 도입함으로써 150만 명의 고객들에게 총체적이고 완벽한 경험을 제공할 수 있게 되었다. 예를 들어, "저녁을 먹을 곳을 찾고 싶어?", "맥주 마시기 괜찮은 곳은 어디지?", "딸에게 줄 선물을 살 곳을 찾고 있어?"라고 친구에게 조언을 구하듯이 질문을 하면 앱에서 적절한 곳을 찾아주고 도움을 제공해준다. 그 과정에서 고객의 정보를 고스란히 수집하고 분석하여 다음 마케팅에 활용할 수 있게 되었다. 빅데이터와 인공지능의 결합에 의한 디지털 마케팅의 미래를 보여주고 있다.

앱스토어의 페블비치 앱 캡처[15]

02 경험 마케팅

고객의 브랜드 경험을
디자인하라

고객에게 브랜드 경험의 기회를 선사하라

경험 마케팅experiential marketing이란 기업이 고객들에게 물건을 판매할 때 단순히 제품을 판매하는 데만 그치지 않고 독특한 서비스나 이벤트 등을 제공하면서 해당 브랜드에 대한 경험을 통해 고객의 로열티를 높이고자 하는 마케팅 방법이다. 경험 마케팅은 기업 입장에서 제품의 특징과 편익만을 강조해 온 기존의 마케팅 방법들과 달리, 고객의 입장에서 제품과 서비스를 직접 경험하게 하는 접근법이다.

경험 마케팅은 번트 슈미트Bernd Schmitt 컬럼비아대학 석좌 교수가 자신의 저서 《체험 마케팅Experiential Marketing》에서 처음 주장한 방법으로[16], 이제는 소비재뿐만 아니라 자동차와 같은 내구재, 서비스, 유통업체 등 거의 모든 분야에서 널리 활용되고 있다. 최근에는 디지털 기반의 고객 경험을 더욱 강화되는 추세이다.

경험 마케팅을 잘 활용하는 대표적인 기업은 아모레퍼시픽이다. 슈미트 교수의 이론을 현장에 적용한 대표적인 기업이기도 하다. 아모레퍼시픽의 '라네즈Laneige'는 고객들에게 최신의 미용 정보와 다양한 종류의 제품을 경험할 수 있는 공간으로 2011년 서울 명동에 플래그십 스토어flagship store를 오픈했다. 2015년에는 라네즈의 모든 메이크업 제품을 가상으로 경험해볼 수 있는 3D 메이크업 시뮬레이션 앱 '뷰티 미러BEAUTY MIRROR'를 출시했다. K-뷰티를 대표하는 라네즈의 메이크업 테크닉과 다채로운 컬러의 제품들을 자유롭게 경험할 수 있다.[17]

라네즈는 2016년에 '스파클링 뷰티' 콘셉트를 경험할 수 있는 공간으로 리뉴얼

을 했다. 증강현실[AR; Augmented Reality] 기반의 '플레이 라네즈' 서비스를 통해 카메라로 원하는 제품을 촬영하면, 해당 제품의 정보뿐만 아니라 다양한 영상과 사용법 등을 실시간으로 확인할 수 있는 서비스도 제공하고 있다.[18] 2018년에는 이대 플래그십 스토어를 신규 오픈했으며, 여기서는 재미있고 직관적이며 예상치 못한 요소들을 공간 곳곳에 녹여 고객들이 트렌디하고 역동적인 공간을 경험할 수 있도록 했다.

또한 아모레퍼시픽의 다른 화장품 브랜드인 '프리메라[Primera]'는 2012년에 오픈한 명동 플래그십 스토어를 오픈했는데, 연평균 10만여 명의 국내 · 외 고객들이 방문하는 성과를 얻었다. 2018년에는 프리메라의 철학, 원료 등 브랜드 스토리를 직관적으로 전달하고, 고객 동선을 고려해 쇼핑 경험을 선사하는 데 중점을 둔 스토어 리뉴얼을 진행했다. 매장 중앙에 위치한 '브랜드존'에는 대형 화장품 용기 속 실제 식물들이 자라고 있어 프리메라의 핵심 스토리인 싹을 틔우는 순간의 발아 에너지를 시각적으로 표현했다.[20] 2017년에는 '마몽드'의 다양한 제품을 경험하고 브랜드 스토리를 접할 수 있는 공간으로 명동에 단독 플래그십 스토어 '마몽드 부티크[Mamonde Boutique]'를 오픈했다.[21]

이번에는 스피커 시장을 보자. 후발기업이지만 고객 경험 측면에서는 선도력을 발휘하고 있는 기업으로 2002년 설립된 '소노스[Sonos]'가 있다. 무선 스피커 전문 브랜드인 소노스는 2016년 뉴욕 소호 지역에 플래그십 스토어를 오픈했다. 매장 내에 작은 집 모양의 청음실 6개를 만들고 각각 다양한 인테리어 테마로 꾸며 일상적인 환경에서 소노스의 스피커를 경험할 수 있도록 설계했다. 샘플 제품

▼ 소노스 플래그십 스토어의 청음실[22]

만을 사용해볼 수 있도록 하는 다른 매장과 달리, 소노스는 제품을 잊을 수 없도록 하는 경험을 제공하고 있다. 소노스는 품질 경쟁력만으로는 부족하다고 판단해 실제로 뉴욕에 있는 세련된 친구의 아파트 거실이나 기숙사 방처럼 꾸며놓은 청음실에서 최고의 스피커 음질을 경험할 수 있도록 했으며, 베를린과 런던으로 확대하여 고객의 경험을 강화하고 있다.

고객은 오프라인 공간인 플래그십 스토어나 온라인 공간인 웹 및 앱을 통해 브랜드를 경험하게 된다. 고객은 경험을 통해 브랜드와 제품을 이해하고 그것을 갖고 싶은 욕구를 느낀다. 기업에서 많은 투자를 들여서라도 경험 공간을 만들고 싶어하는 이유이다. 그러나 플래그십 스토어는 브랜드를 알리는 홍보관 성격이 강해 고객들과 진정으로 소통하는 데는 어려움이 있다. 또 주로 제품의 전시공간으로 사용되어 자체적인 수익성이 떨어지고, 계속해서 새로운 것을 보여주지 못하는 경우에는 관심에서 멀어지고 재방문의 필요성을 느끼지 못하게 된다. 고객들로 하여금 제품과 브랜드에 대한 지속적인 호기심을 자극하지 못하는 경우에는 유지하는 데 어려움이 있게 된다. 고객의 경험을 통해 브랜드와 제품에 대한 로열티를 높일 수 있는 좋은 전략임에도 불구하고 대부분의 플래그십 스토어가 성공하지 못하는 이유이기도 하다.

플래그십 스토어의 진화

마케터들은 경험 마케팅의 잠재력을 충분히 알고 있으면서도 경험 마케팅과 성과 간의 인과관계를 검증해내지 못하면서 한계에 봉착했다. 고객들이 자사의 제품과 서비스를 경험할 수 있도록 하는 것은 좋지만, 그것이 과연 구매로까지 이어지는가에 대해 의문을 가지게 된 것이다. 이와 같은 문제인식을 통해 새롭게 등장하게 된 것이 고객들에게 브랜드를 총체적으로 경험할 수 있는 공간을 제공하는 '브랜드 경험 마케팅brand experiential marketing'이었다.

이에 따라 플래그십 스토어도 진화했다. 단순히 제품을 전시해놓는 공간에서 탈피해 고객들의 시각뿐만 아니라 청각, 촉각 등을 만족시켜주는 곳으로 변신한 것이다. 또 고객들이 다양한 제품을 실제로 사용해보고 브랜드를 경험하면서, 궁금한 점은 그 자리에서 바로 직원들에게 물어보고 설명을 들으며 적극적으로 소통하는 곳으로 변화했다. 이로써 고객들이 플래그십 스토어를 재방문하고 싶은 욕구가 생기도록 만들어 이것이 구매로, 그리고 매장의 수익으로까지 연결되도록 하는 것이다.

이 같은 브랜드 경험을 통해 성공한 대표적인 플래그십 스토어가 바로 '애플 스토어Apple Store'이다. 〈월스트리트저널〉에 따르면, 2010년 한 해 동안 애플스토어 전체 326개 매장을 방문한 사람 수가 디즈니 테마파크를 1년간 방문하는 사람 수(6천만 명)보다 4배가 많았으며, 단위 면적(1sqft)당 매출은 4,406달러로 고급 다이아몬드 보석을 판매하는 '티파니Tiffany'의 단위 면적당 매출 3,070달러 보다 높다고 한다.[23]

애플은 '애플 가로수길Apple Garosugil'로 명명된 500번째 애플스토어를 2018년 서울 강남에 오픈했다. 애플 제품과 서비스, 스토어 내 다양한 프로그램을 고객들이 경험할 수 있도록 했다. 특히 '지니어스Genius'라 불리는 내부 직원들이 고객과 소통하기 위해 적극적으로 대화하며 제품 선택, 구매 결정, 결제, 제품 초기 설정 등 애플 제품과 관련된 다양한 서비스와 정보를 제공한다. 고객들이 특별한 경험을 할 수 있도록 돕는 역할을 통해 애플이 추구하는 스토어의 방향성을 실천하고 있다. 총체적인 고객 경험을 통해 애플 브랜드의 아이덴티티를 확고하게 구축하고 있다.

이제 플래그십 스토어는 고객 경험을 통한 브랜드 마케팅의 장으로 자리 잡았다. 이런 경험 공간에서 고객들은 제품

▼ 애플스토어의 지니어스들[24]

The best place to get support for Apple products.

When you need a hardware repair, you can make a reservation at the Genius Bar. For software or services, get help even faster by phone or chat.

Get help now ›

과 서비스를 이용해보는 것을 넘어, 브랜드를 즐기고, 배우고, 공감할 수 있게 되었다. 이러한 곳을 '브랜드 테마파크brand theme park' 혹은 '브랜드 랜드brand land'라고도 한다.

테마를 통해 고객을 환상의 세계로 이끌어라

브랜드 테마파크는 한 기업이 보유한 여러 브랜드의 제품들을 한 곳에 모아놓고, 고객들에게 다양한 경험을 제공해 그 기업만의 차별화된 브랜드 아이덴티티를 느낄 수 있도록 꾸며진 대규모 공간이다. 브랜드 테마파크의 운영 목적은 고객들이 해당 브랜드를 경험하고, 브랜드에 대해 좋은 이미지를 갖게 만드는 데 있다. 이를 통해 브랜드에 대한 고객 로열티를 높이고 재구매, 추천, 좋은 구전 등을 일으키기 위한 것이다. 이렇게 테마화된 매장은 고객들을 환상의 세계로 데려다주고 새로운 자극을 통해 다양한 경험을 할 수 있도록 해준다. 애플스토어, 스와로브스키 크리스탈 월드, 삼성 딜라이트와 같은 매장들이 대표적인 '테마형 콘셉트 매장'이다.

　브랜드 테마파크의 대표적인 유형은 자연, 지구, 동물 등과 브랜드의 특성을 결합해 만든 건축물을 지역의 랜드마크로 만드는 것이다. 스와로브스키Swarovski는 1995년에 '설립 100주년'을 기념하여 본사가 있는 오스트리아 인스부르크에 테

▼ 스와로브스키 크리스탈 월드[25]

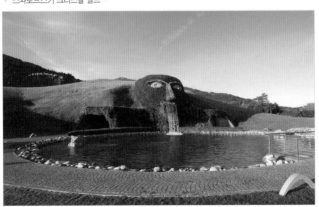

마형 콘셉트 매장인 '스와로브스키 크리스탈 월드'를 오픈했다. 빈 출신의 세계적인 멀티미디어 아티스트 앙드레 헬레^{Andre Heller}의 기획으로 탄생한 '스와로브스키 크리스탈 월드^{Swarovski Kristall Welten}'는 예술, 과학, 오락적인 요소들을 결합해 거인이

삼성전자는 어떻게
고객 경험을 확대하고 있는가?

스마트폰 시장에서 삼성과 애플은 2010년 이후 시장점유율과 브랜드 로열티 경쟁을 하고 있다. 글로벌 시장에서 시장점유율은 삼성이 앞서고 있지만 브랜드 로열티에서는 여전히 애플이 앞서고 있다. 그 이유의 하나는 고객의 경험에서 찾을 수 있다. 고객의 경험을 높이는 방법으로 애플은 2001년부터 플래그십 스토어인 '애플스토어'를 통해 오랫동안 브랜드 로열티를 구축해오고 있다. 한편 삼성전자는 서초 사옥에 삼성전자의 최신 IT 제품과 기술, 서비스를 경험해볼 수 있는 디지털 복합 문화 공간인 '삼성 딜라이트^{Samsung d'light}'를 운영하고 있다. 2008년 개관한 이후 2015년 재개관을 통해 디지털 경험을 강화하고 있다. 삼성 딜라이트는 총 3개 층, 약 2,700㎡ 규모로 단일 브랜드의 플래그십 스토어로서는 국내 최대 규모를 자랑한다. 1층에서는 디

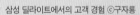
삼성 딜라이트에서의 고객 경험 ⓒ구자룡

지털 인터랙티브 경험을 할 수 있고, 2층에서는 반도체의 미래 기술이 개인과 사회, 지구에 미치는 영향을 애니메이션으로 구성한 영상을 볼 수 있으며, 건강, 쇼핑, 교육 등의 분야별 솔루션도 직접 경험해볼 수 있다. 지하 1층에서는 삼성전자 제품을 전시, 판매하는 딜라이트샵도 운영하고 있다.

삼성전자 관계자는 "전 세계 소비자들과 보다 활발한 소통을 이끌어내고자 이번 리노베이션을 기획했다."며 "수원에 위치한 삼성이노베이션뮤지엄과 더불어 방문객들에게 경험과 통찰력을 제공하고 기업의 가치를 높일 수 있는 공간으로 자리매김할 것"이라고 말했다.²⁶

삼성 딜라이트는 스토어 콘셉트와 취급하는 품목에서 애플스토어와 비교하기에 적절하지 않을 수도 있다. 하지만 기본적으로 플래그십 스토어의 성격이 강하고 고객에게 다양한 경험을 제공한다는 측면에서는 그 목적이 같다고 할 수 있다. 특히 삼성 딜라이트는 삼성전자의 모든 제품들을 경험해볼 수 있는 공간을 넘어 디지털 경험 교육의 장으로 더욱 발전시킨다면, IT기기에 국한된 애플과 달리 총체적인 디지털 경험으로 삼성의 로열티를 높이는 중요한 공간이 될 수 있을 있다.

▼ BMW 월드와 관람객들

▼ 폭스바겐의 아우토슈타트

사는 환상적인 크리스탈 세계를 형상화해 이 지역의 랜드마크가 되었다. 전 세계에서 찾아오는 1,200만 명 이상의 방문객들이 크리스탈 월드에서 스와로브스키를 경험하고 있다.

대부분의 글로벌 자동차 회사들은 브랜드 테마파크를 가지고 있다. BMW는 2007년 독일 뮌헨에 'BMW 월드'를 만들어 고객들이 BMW에 대한 모든 것을 알고, 느끼고, 경험할 수 있도록 했다. 차량 출고장을 겸하고 있으며, 다양한 BMW 자동차들을 함께 전시해놓은 이곳을 매년 200만 명이 방문한다고 한다. BMW 월드는 BMW 본사, 인근의 공장, BMW 박물관까지 하나의 거대한 BMW 단지를 형성하고 있다.

폭스바겐Volkswagen은 본사가 있으며 '폭스바겐의 도시'로 잘 알려진 독일의 볼프스부르크의 25만㎡의 넓은 부지 규모로, '아우토슈타트Autostadt'라는 이름의 자동차 테마파크를 2000년에 만들었다. 연간 200만 명이 자동차 공장, 자동차 박물관, 자동차 출고장, 시중에서 판매되고 있는 자동차를 전시하는 쇼룸 등으로 구성되어 있는 이곳을 방문한다고 한다. 그중 해외 관람객 비중도 7퍼센트나 된다. 폭스바겐이 자동차 출고장을 브랜드 테마파크로 만든 목적은 차량을 계약한 뒤 직접 방문해서 차량을 인수하는 고객들에게 선택의 확신과 보다 큰 감동을 주기 위해서라고 한다. 아우토슈타트에서는 하루 평균 400대의 자동차가 고객들에게 전달되고 있다. 아우토슈타트의 한 관계자는 "이곳에서는 폭스바겐 자동차를 소유하게 된다는 것이 아주 특별한 이벤트가 된다."고 말했다.[27]

테마화된 브랜드 공간에서 환상적인 경험을 하게 된다면 고객들은 그 브랜드에 대해 보다 강력하고 호의적인 인식을 갖게 된다.

고객의 인식 속에 브랜드를 팝업시켜라

신제품을 소개하고, 고객들에게 제품 및 서비스를 경험할 수 있도록 하거나, 경우에 따라서는 실제 판매를 유도할 목적으로 팝업스토어pop-up store를 개점하는 경우도 있다. 그러나 어떤 경우이든 팝업스토어는 일정 시간이 지나면 폐점을 해야 하는, 시간과 장소의 제약이 있는 임시매장이다. 그렇기 때문에 지속성이 중요한 기존 매장과는 접근 및 운영 전략부터가 달라야 한다. 성공을 거둔 팝업스토어들의 사례를 살펴보자.

아방가르드한 의상을 주로 선보이는 의류 브랜드 '꼼데가르송Comme des Garcons'은 2004년 베를린에서 게릴라 부대처럼 장소를 옮겨가며 1년간 매장을 운영했다. 매장 운영은 해당 지역의 그래픽 아티스트 등에게 위탁했고, 독특한 아이템 위주로 한정판매를 했다. 고객들 스스로 매장을 찾아다니며, 일반 매장에서 구입할 수 없는 독특한 제품을 구입하도록 한 꼼데가르송의 실험매장은 선풍적인 인기를 끌었다. 그리하여 꼼데가르송은 도쿄, 파리, 싱가포르 등에도 이러한 형태의 팝업스토어를 오픈해 큰 성공을 거두었다.

2010년 8월, LG생활건강은 천연 허브 화장품 '빌리프belif' 출시에 앞서 서울 신사동 가로수길에 위치한 '플로우Flow'에 팝업스토어를 열었다. 이 팝업스토어의 운영 목적은 백화점에 본격적으로 입점하기 이전에 브랜드의 이미지와 제품에 대한 고객의 반응을 테스트하고 브랜드를 널리 알리기 위함이었다. 빌리프는 팝업스토어를 통한 사전 마케팅으로 큰 홍보 효과를 얻어 출시된 지 1년 반이 되기도 전에 전국 30여 개 백화점 및 면세점에 입점되는 성과를 얻었다.

2011년 10월, 빌리프의 팝업스토어가 있었던 자리에 '세상에서 가장 작은 카페'라는 콘셉트로 동서식품의 '카누' 팝업스토어가 새롭게 오픈했다. 동서식품은 카누의 브랜드 콘셉트와 경쟁력을 고객들에게 직접적으로 알리기 위해 팝업스토

▼ 제주맥주 팝업스토어 '서울시 제주도 연남동'[29]

어를 오픈했다. 광고 모델들이 팝업스토어에서 일일 바리스타로 일하며 고객들에게 카누 커피를 타주고 시음할 수 있도록 하면서 뜨거운 호응을 얻었다. 동서식품은 고객들의 기대 이상의 반응을 통해 부산에도 같은 형태의 팝업스토어를 오픈하였다.

2018년 6월에는 제주맥주에서 '제주 위트 에일'의 전국 출시를 기념하여 서울 마포구 연남동에 팝업스토어 '서울시 제주도 연남동'을 오픈했다. 제주도를 연상시키는 인테리어를 활용해, 제품을 경험하는 동시에 제품을 담은 지역의 문화와 색채를 전달하기 위해 시음하는 바와 상품을 판매하는 매장 등으로 구성했다. 25일 동안 한시적으로 운영된 이 팝업스토어에는 하루 평균 2천 명이 방문했다.[28]

팝업스토어는 효과적인 마케팅 수단으로 자리매김하고 있다. 즉, 새로운 일반화인 뉴 노멀이 되고 있다. 특히 신제품 출시 홍보에 매우 효과적인 수단이다. 또 신제품에 대한 고객 의견 조사도 함께 진행할 수 있어 고객들의 니즈를 좀 더 잘 파악할 수 있고, 이후의 제품 개발에 반영해 보다 좋은 제품과 브랜드를 만들 수 있는 실험실 역할도 한다. 신규 브랜드나 신제품 출시 초기에 고객의 인식 속에 경험을 통해 강력하게 각인시키는 마케팅 활동으로 팝업스토어는 좋은 방법이 되고 있다.

한 번 고객을 영원한 고객으로 연결하는
브랜드 경험 마케팅[30]

오사카에 있는 '아사히^{Asahi}' 맥주 공장을 방문한 적이 있다. 인터넷으로 예약을 하고 전철을 타고 또 걸어서 찾아가는 길이 만만하지는 않았다. 그럼에도 불구하고 어떤 브랜드의 공장, 그것도 역 사성을 갖고 있는 공장에서 제조 공정을 견학하고 시음할 수 있는 경험은 여행의 의미를 풍족하게 했다. 대학을 다니는 아이들과 함께 브랜드에 대한 심도 있는 토론을 할 수 있는 점이 산업 시찰이 나 기업 진단을 위해 공장을 투어하는 것과는 다른 느낌이었다. 맥주를 좋아하지 않아서 맥주 브 랜드에 관심이 없었던 필자에게 아사히 맥주는 이번 경험으로 새롭게 다가왔다. 슈퍼에서 맥주 코 너를 지날 때마다 그 아사히가 자꾸 생각난다.

브랜드 경험은 이제 일상이 되고 있다. 지프에서 실시한 '어번 익스피리언스^{Urban Experience}' 경험행사 에 참석한 이후 막연하게 알고 있었던 지프에 대한 환상이 현실이 되었다. 영업사원이 철저히 배 제된 상태에서 고객의 순수 경험을 위한 행사로 6개의 코스를 통과하는 주행 경험을 했다. 비록 짧은 시간이지만 지프 브랜드의 정체성을 충분히 느낄 수 있었다. 이 브랜드를 갖고 싶다는 로망 이 생겼다.

브랜드를 경험하는 공간이 꼭 전용 매장일 필요는 없다. 온라인이든 오프라인이든 고객은 항상 공 간과 매체에 노출되고 있다. 시간과 공간의 제약이 많이 사라진 지금 일관된 브랜드 메시지가 더 욱 중요해진다. 그래서 브랜드 경험은 제품을 판매하는 것이 아니라 고객이 브랜드를 갖고 싶도록 만드는 것이 되어야 한다. 이것이 브랜드 경험 공간의 본질이다. 브랜드 경험을 빙자한 판매 행위 가 된다면 고객은 바로 불편함을 느낀다. 그 브랜드의 진정성을 의심하기 시작한다면 영원히 고객 의 신뢰를 얻을 수 없다. 브랜드 구축은 브랜드와 고객 간에 장기적인 관계를 만들어가는 것이다. 관계의 시작과 지속은 고객과의 첫 연결에서 승부가 난다. 브랜드 경험 공간과 경험 활동이 중요 한 이유이다.

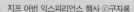
지프 어번 익스피리언스 행사 ⓒ구자룡

전염성 있는 콘텐츠를
전략적으로 퍼뜨려라

입소문이 일으킨 긍정적인 마케팅 효과

니베아는 '니베아 선 키즈Nivea Sun Kids'의 브랜드 콘셉트인 '아이의 피부를 보호한다'는 의미를 전달하기 위해 미아방지 캠페인을 진행했다. 브라질 시사 잡지 〈베자Veja〉와 함께 '니베아 프로텍션 스트립' 제품 패키지를 만들었다. 스마트폰 앱과 연동이 되어 위치추적이 가능한 미아방지 팔찌를 삽입하였다. 아이가 최대거리를 초과하여 이탈하면 경고와 알람기능이 작동하여 아이들을 보호하고자 하는 부모들의 마음을 잘 읽어낸 입소문 캠페인이었다.

또한 '니베아 선 키즈 센서티브' 캠페인은 니베아 인형을 통해 아이들이 자외선 차단의 중요성에 대해 인식하고 선크림 바르는 것을 좀 더 재미있게 느낄 수 있는 기발한 프로모션을 진행했다. 니베아 인형은 부모와 자녀 모두와 감정적인 관계를 맺도록 도와주었다. 아이들뿐만 아니라 부모, 선생님, 피부과 의사들까지 가장 열망하는 여름 장난감 중 하나가 되었다.

참여 수준은 놀라웠다. 아이들은 부모님처럼 인형을 돌봤다. 아이들은 태양에 노출되었을 때 장난감이 어떻게 반응하는지 이해하자마자, 즉시 선크림을 바르기 시작했다. 트위터에 900만 건의 노출, 출판물에 16만 2천 건의 좋아요, 그리고 396만 건의 유튜브 조회수를 기록했지만 미디어 투자로는 0달러였다. 브라질 주요 도시의 약국 및 슈퍼마켓에서 10만 개의 프로모션 팩이 판매되었다. 니베아 선의 시장점유율도 2퍼센트 증가했다.[31] 이 캠페인으로 2015년도 클리오 상Clio

^{Awards}에서 동상과 2016년도 칸느 라이온스^{Cannes Lions}에서 금상을 수상했다.

최근에는 사회공헌 활동에도 소셜미디어를 많이 활용하고 있다. 아제르바이잔의 이동통신회사인 '나 모바일^{Nar Mobile}'은 '라이프-세이빙 케이블 프로젝트^{Life-Saving Cable} ^{Project}'라는 헌혈 캠페인으로 아제르바이잔의 헌혈을 335퍼센트나 증가시켰다.[33] 지중해성 빈혈 환자를 지원하기 위해 팔찌 형태의 스마트폰 충전 케이블을 고안하고, 이를 헌혈 차량에서 배포하여 나눔을 실천하고 헌혈을 장려하는 문화를 만들었다. 이 캠페인은 제품이나 서비스를 홍보하는 수준을 넘어 사회공헌 활동으로 연결됨으로써 사회적 변화뿐만 아니라 기업 이미지를 좋게 하는 결과를 얻었다. 고객들의 참여를 유도하고 소셜미디어를 통해 입소문을 일으킨 디지털 캠페인이었다.

과거 입소문이 입에서 입으로 천천히 전달되었다면 요즈음의 입소문은 소셜미디어를 통해 매우 빠르게 확산되고 있다. 스마트폰 사용자들의 증가로 재미있는 콘텐츠를 재빠르게 소셜미디어에 공유하는 문화가 만들어졌다. 사이버공간에서 벌어진 약한 사회적 연결고리가 실제 삶의 공간으로 확장되고 강화되는 현상이 일어나고 있다. 소셜 마케팅이 긍정적인 문화현상으로 지속되기 위해서는 입소문의 콘텐츠가 해당 기관의 정체성과 잘 맞아야 하며, 재미있는 스토리가 있어야 한다. 그리고 쉬운 참여방식, 미션수행에 대한 참여자의 가치(자부심) 등을 잘 고려해야 한다.[34]

전략적으로 입소문을 만들고 퍼뜨리기

소셜미디어를 활용하든 기존의 오프라인 미디어를 사용하든 미디어보다 더 중요한 것은 어떻게 소문^{所聞}을 일으킬 것인가 하는 것이다. 오프라인 중심의 메시지 전파를 입에서 입으로 전한다는 의미에서 입소문^{口傳}이라고 한다. 온라인 중심의

● 입소문인가 손소문인가는 중요하지 않다. 소셜인가 아닌가 역시 무의미하다. 고객에게 우리가 원하는 콘텐츠를 의미 있게 전달할 수 있으면 되기에 일반적인 단어인 입소문(WOM: Word of Mouth)으로 통칭하여 설명한다. 바이러스처럼 퍼진다는 의미의 바이럴 마케팅(Viral Marketing) 역시 같은 맥락의 용어이다.

소셜미디어를 통한 메시지의 전파는 주로 손가락을 통해 전해지므로 손소문^{手傳} 이라고 명칭을 부여할 수 있다. 중요한 것은 입소문인지 손소문인지가 아니라 무엇을 어떻게 전략적으로 소문을 만들어 퍼뜨릴 것인가이다. 마케터는 이 부분에 대한 통찰이 필요하다.●

미국 펜실베이니아 대학 와튼스쿨의 마케팅 교수 조나 버거^{Jonah Berger}는 《컨테이저스 전략적 입소문^{Contagious}》에서 "모든 구매 결정의 20~50퍼센트는 입소문이 그 주요 요인이다."라고 하여 입소문의 중요성을 강조한 바 있다.[35]

입소문은 그 내용에 실질적인 관심이 있거나 관련된 사람에게 전달되기 때문에 입소문을 듣고 찾아온 고객은 구매결정이 빠를 수밖에 없다. 다른 어떤 마케팅 커뮤니케이션 수단들보다 실제 매출로 연결될 가능성이 높은 방법이다. 이때 온라인을 통한 입소문은 매우 빠르게 많은 사람들에게 전달되는 장점이 있는 반면에 오프라인을 통한 입소문은 깊이 있는 대화가 이루어지는 장점이 있다. 따라서 무조건 어떤 방법이 유리하다고 할 수는 없다.

소셜미디어는 메시지를 전파하는 데 매우 강력한 수단일 뿐이다. 그렇기 때문에 소셜미디어에 깊이 있는 대화가 가능한 콘텐츠를 만들어야 한다. 온라인 또는 오프라인을 막론하고 입소문의 영향력을 활용하려면 사람들이 대화를 나누는 이유, 즉 특정 제품이나 주제가 자주 거론되고 공유되는 이유를 알아야 한다.

입소문을 일으킨 가장 유명한 사례는 아마도 '블렌드텍^{Blendtec}'일 것이다. 블렌드텍은 1999년 톰 딕슨^{Tom Dickson}이 설립한 믹서 제조업체로, 제품은 우수한 데 비해 인지도가 낮은 지방의 중소기업이었다. 2006년 설립자의 친구인 조지 라이트^{George Wright}가 마케팅 책임자로 영입되었고, 그는 매일같이 공장 바닥에 톱밥이 잔뜩 쌓인 것을 보고 아이디어를 얻었다. 믹서의 내구성과 분쇄력을 시험하기 위해 사용한 나무판 대신에 골프공, 쇠갈퀴, 구슬, 아이폰 등을 가정용 믹서에 넣은 것이다. 천천히 분쇄하기 버튼을 눌러 가루를 만들었지만 분쇄기는 멀쩡했다. 설립자가 직접 실험실 복장을 하고 실험하는 장면을 동영상으로 제작하여 소셜미디어에 공유했다. 블렌드텍의 실험 동영상인 '이것도 갈릴까요^{Will It blend}?' 시리즈는 3억 회 이상의 조회수를 기록했고, 동영상이 공개된 지 2년 만에 믹서의 매출이 700퍼센트 이상 증가했다.³⁶

블렌드텍의 실험 동영상 시리즈는 주방용품에 불과한 믹서를 인기 상품으로 등극시켰다. 입소문에서 전염성이 강한 콘텐츠가 매우 중요하다는 것을 입증한 사례이다. 바이럴 효과는 제품의 특성 자체가 아니라 그 특성을 어떻게 만들어내는가에 달려있다. 물론 제품 자체의 품질이 우수해야 하는 것은 당연하다. 여기에 그 특성을 가장 잘 보여줄 수 있는 콘텐츠를 만들어 소셜미디어를 통해 전파할 때 입소문 마케팅의 성과를 최대한 높일 수 있다.

입소문은 소셜미디어로 통한다

오늘날 마케팅은 불특정의 일대일 마케팅에서 매스 마케팅으로, 그리고 타깃 마케팅을 거쳐 개별화 마케팅으로 발전해왔다. 마케팅에서는 누구를 대상으로 할 것인가도 중요하지만 어떻게 전달할 것인가 하는 것도 중요하기 때문에 브랜드 콘셉트나 메시지를 고객들에게 효과적으로 전달하기 위한 마케팅의 전술 및 수단들에 대해서도 관심을 가져야 한다. 초창기 마케팅에서는 주로 고객들과 직접 대면해 제품을 알리는 영업과 홍보가 주요한 마케팅 수단이었다. 그러나 대중매체가 발전하면서부터는 전파 및 인쇄매체를 이용한 광고가 중요한 마케팅 도구가 되었다.

이제는 정보기술의 발달로 전파 및 인쇄매체의 영향력이 쇠퇴하고 그 자리를 새로운 매체들이 대체하고 있다. 고객과 기업, 고객과 고객이 실시간으로 연결할 수 있는 미디어는 살아남고 그렇지 못한 미디어는 서서히 사라지고 있다. 한때 각광을 받았던 지하철 광고는 이제 더 이상 효과를 발휘하지 못하고 있다. 모두 스마트폰을 들여다보고 있기 때문이다. 그들은 인터넷으로 연결되어 있다. 2000년대 후반부터는 모바일 혁명이 이 모든 것들을 압도하고 있다. 그리하여 웹과 모바일을 아우를 수 있는 소셜미디어가 새로운 일반화가 되었다.

소셜미디어는 인터넷의 대중화, 콘텐츠를 소비하는 동시에 생산도 하는 프로슈머prosumer의 증가, 웹 기반 기술의 발달로 손쉬운 정보 공유와 네트워킹을 가능하게 한 스마트폰의 보급 확대가 결정적인 계기가 되었다. 위키피디아는 소셜미디어를 '사람들이 자신의 생각과 의견, 경험, 관점 등을 공유하고 특정 활동에 참여하기 위해 사용하는 개방화된 온라인 툴과 미디어 플랫폼(웹 기반의 애플리케이션)'으로 정의하고 있다.

소셜미디어는 지식과 정보의 민주화를 지원하면서 사람들을 콘텐츠 고객에서 콘텐츠 생산자로 변화시키고, 실시간 쌍방향 의사소통을 가능하게 만들고 있다. 즉, 고객이 바로 생산자가 되고, 생산자가 바로 고객이 되는 매체가 소셜미디어인 것이다. 소셜미디어를 활용한 마케팅을 소셜 마케팅이라고 하며, 새로운 일반화가 되고 있다.

그 어떤 사전 통제도 받지 않으며, '날것'의 진정성을 그대로 전하는 소셜미디어의 특징은 그동안 브랜드와 관련된 메시지를 통제할 수 있다고 생각해왔던 마케터들에게 엄청난 충격을 안겨주었다. 고객들이 좋은 구전을 해준다면 좋겠지만 나쁜 구전을 지속적으로, 그리고 악의적으로 전한다고 해도 이 과정에 마케터가 개입할 수 있는 여지가 거의 없기 때문이다. 이로 인해 잘못된 혹은 거짓 정보를 계속 접하게 되는 고객들이 이를 진실이라고 믿을 가능성도 매우 높아졌다. 이를 '오류적 진실 효과illusory truth effect'라고 한다.[38]

따라서 소셜미디어를 활용한 소셜 마케팅은 지속적으로 차별적인 콘텐츠를 전략적으로 퍼뜨려 고객의 인식 속에 브랜드를 각인시키고, 진실을 통해 고객의 가치를 창출해줄 때 그 의미가 있다. 마케터들은 소셜미디어를 보다 적극적으로 활용하여 고객들로부터 좋은 입소문을 유도하고 나쁜 입소문을 차단하도록 해야 한다.

LG전자는 왜
소셜 마케팅에 꽂혔나?

LG전자는 영국 프리미어리그 전설인 스티븐 제라드[Steven Gerrard]와 현역 선수인 아담 랄라나[Adam Lallana]의 이색 슈팅 대결을 담은 동영상을 올린 바 있다. LG 나노셀 TV의 장점을 보여주기 위한 이 광고는 공개 한 달여 만에 누적 조회수 1억 뷰를 넘겼다. 이 영상이 화제가 되자 '국제가전박람회[IFA] 2018'에서 이를 활용한 체험 전시를 선보여 관람객 호응을 얻기도 했다.

또한 LG전자가 유튜브에 공개한 축구스타 카카와 함께한 'LG 슈퍼 울트라HD TV' 시야각 강조 광고 동영상이 일주일 만에 2천만 뷰를 넘어섰다. 페이스북 팔로어 수가 3천만 명이 넘는 카카가 최근 관련 영상을 올리면서 유튜브 조회수도 급상승했다. 영상을 통해 시청자들은 LG 슈퍼 울트라HD TV(일명 나노셀 TV)는 측면에서 봐도 색 재현율과 명암비 등이 뛰어나다는 것을 체감할 수 있다.

그리고 평창동계올림픽이 끝난 뒤에는 화제의 여자 컬링팀 '팀킴'을 모델로 청소기 광고를 촬영했고, 유튜브에 올린 광고 영상이 500만 뷰를 넘을 정도로 인기를 끌었다.[39]

이처럼 LG전자는 유튜브와 소셜미디어를 활용한 소셜 마케팅으로 톡톡한 재미를 보고 있다. 유튜브와 소셜미디어를 활용한 광고는 노출 대비 비용이 효율적이다. 광고 제작비용은 발생하지만 매체 집행비는 별도로 발생하지 않으면서도 수분에 이르는 동영상을 보여줄 수 있기 때문에 보다 많은 정보와 메시지를 전달할 수 있는 장점이 있다.

최근 모바일 이용자들의 동영상 시청이 급증하고 있기 때문에 유튜브 동영상 광고의 효과도 커지고 있다. 그렇다고 모든 유튜브 광고가 효과가 있는 것은 아니다. 광고 동영상이 입소문을 타고 빠르게 확산되기 위해서는 제품 자체의 품질과 차별성이 높아야 한다. 이는 언제나 진리이다. 여기에 콘텐츠의 매력이 있고, 인플루언서의 역할이 가미될 때 그 확산 효과는 기하급수적으로 높아진다. 앞으로 유튜브와 소셜미디어를 이용한 광고는 점점 늘어날 것으로 전망된다.

LG전자의 나노셀 TV 광고 캡처[40]

입소문 마케팅의 핵심은 고객과의 소통이다

그동안 시장의 권력은 기업들이 쥐고 있었다. 대개 권력은 정보에서 나오는데, 브랜드와 제품에 대한 정보를 가진 이들이 기업이었고, 고객들은 이 정보를 통해서 구매 의사결정을 해왔기 때문이다. 기업이 제공하는 정보의 대부분은 사실 그대로이기보다 과장된 경우가 많았다. 또 부정적인 정보는 통제되고 긍정적인 내용만 선별 제공되기 일쑤였다. 통합적 마케팅이 중요시되긴 했지만 주로 일방향 커뮤니케이션으로 이루어졌다. 대표적인 촉진 수단인 광고와 이를 실어 나르는 전파 및 인쇄매체들 모두 일방향 커뮤니케이션 도구들이었다.

그러나 소셜미디어의 등장으로 시장의 권력이 이동하기 시작했다. 이제 고객들은 기업이 가지고 있는 정보보다 더 많은 정보를 갖게 되었고, 직접 정보를 생산할 수 있는 능력까지 갖추었다. 실로 막강한 권력이 고객들의 수중으로 들어가게 된 것이다. 고객들은 특정 브랜드나 제품에 대한 자신의 경험과 주장을 소셜미디어를 통해 수백, 수천 명의 사람들에게 실시간으로 전하고, 또 널리 전파할 수 있게 되었다. 이것은 기존의 마케팅 환경을 완전히 뒤엎는 엄청난 변혁이다.

이처럼 소셜미디어에 익숙한 고객과 이를 적극적으로 사용하는 고객들인 새로운 의견 선도자들에 의해 시장의 흐름이 빠르게 바뀌고 있다. 따라서 좋든 나쁘든 간에 기업은 새롭게 변한 마케팅 환경, 특히 소셜미디어가 변화시킨 새로운 시대에 빠르게 대응해나가야 한다. 이제 기업은 막강한 힘을 갖게 된 고객들을 바로 알고 그들과 진정성이 담긴 대화를 시도해야 한다. 그렇지 않으면 정보의 생산과 전파가 가능한 미디어를 가진 새로운 의견 선도자들에 의해 기업의 운명이 좌지우지되는 상황에 처하게 될지도 모를 일이다. 기업이 진정성을 갖고 고객들과 커뮤니케이션하기 위해서는 고객들에게 이해와 공감을 얻을 수 있는 정보를 제공해야 한다.

소셜미디어를 마케팅과 브랜딩의 도구로 활용하는 방법

스마트폰과 소셜미디어를 사용하는 사람들이 급속도로 확산되고 있다. 이는 전 세계에 걸쳐 일반적인 현상이 되고 있으며, 경영 환경에까지도 막대한 영향을 미치고 있다. 기업들은 스마트폰과 소셜미디어를 기업 경영과 마케팅 활동에 어떻게 활용할 것인지 고민해야 한다. 소셜미디어는 기업의 브랜드 커뮤니케이션 차원에서 브랜딩의 도구로, 그리고 고객들의 정보 습득 차원에서 프로모션의 도구로 중요한 역할을 하고 있다.

고객들은 소셜미디어를 통해 얻는 정보를 바탕으로 구매 의사결정을 하고, 구매 후에는 제품 사용 및 만족 정도에 관한 내용을 다시 소셜미디어에 게재하고 있다. 이제는 일상이 되고 있다. 이로써 고객들 간에 자연스럽게 입소문이 만들어지고 또 전파되고 있다. 경우에 따라서는 이런 정보들이 바탕이 되어 집단적인 소비행위로 확대되기도 한다. 물론 마케터가 고객들의 구매 의사결정 과정에 개입할 수 있는 여지는 현저히 줄어들었다. 마케터들은 이러한 소셜미디어의 특성을 잘 알아두어야 기존의 매스 미디어를 보완하여 보다 짜임새 있는 마케팅 기획과 실행을 할 수 있다.

소셜미디어는 기업들이 판촉과 이벤트를 진행하는 데 가장 빈번하게 사용된다. 매스 미디어와 마찬가지로 제품 및 서비스의 판매를 촉진하는 방법으로 소셜미디어를 활용할 수 있는 것이다. 소셜미디어와 매스 미디어를 함께 사용하면 각각의 단점을 보완해 보다 성공적인 판촉 행사를 진행할 수 있다. 또한 소셜미디어는 정보의 생산자와 고객을 실시간으로, 또 직접적으로 연결해주며 긍정적인 입소문보다는 부정적인 입소문을 더 빠르게 확산시킨다는 특징이 있다.

따라서 어떤 일 하나가 순식간에 기업의 이미지와 모든 사업 분야에까지 영향을 미칠 수도 있으므로, 기업들은 소셜미디어를 적극적으로 브랜딩에 활용해야 한다. 그렇지 않으면 위기 상황에 빠르게 대처하기 쉽지 않을 수 있고, 이는 곧 기업의 브랜딩 활동에 큰 위협으로 작용할 수도 있다. 소셜미디어를 통한 성공적인 브랜딩을 위해서는 진정성을 바탕으로 고객들이 알고 싶어 하는 내용을 제공해야 한다.

성공하는 소셜 마케팅을 위해 유념해야 할 일곱 가지

소셜미디어를 활용하여 마케팅과 브랜딩을 하면 기존의 매스 미디어로는 불가능했던 고객과의 쌍방향 소통을 보다 원활하게 할 수 있다. 마케팅 활동에 소셜미디어를 활용하고자 한다면 반드시 다음 일곱 가지 사항을 유념해야 한다.

첫째, 경영자의 주도적인 참여가 요구된다. 경영자가 주도적으로 소셜미디어를 통한 마케팅과 브랜딩 활동에 참여할 때 고객들에게 기업의 진정성을 보다 잘 전달할 수 있다. 위기 상황이 발생했을 때 최고경영자가 즉각적으로 문제를 확인하고 처리하는 과정을 소셜미디어를 통해 빠르게 전달한다면, 고객의 문제를 해결하고자 노력하는 기업의 진심과 의지를 고객들이 쉽게 이해할 수 있을 것이다. 그 과정을 지켜본 고객들은 해당 브랜드를 더욱 신뢰하게 되고, 기업은 위기를 기회로 전환할 수 있다.

둘째, 다양한 소셜미디어 중에서 기업의 규모와 특성에 맞는 적합한 미디어와 방법을 선택해야 한다. 기업의 규모가 크다면 그 영향력 또한 크기 때문에 그에 맞는 준비를 해야 한다. 그리고 하나의 미디어만을 고집하기보다 다양한 미디어를 믹스하여 기획해야 성공 가능성을 보다 높일 수 있다.

셋째, 제공되는 정보는 신뢰할 수 있어야 한다. 경우에 따라서는 과감하게 기업 내부의 정보를 공개하는 것도 고객들로부터 신뢰를 얻을 수 있는 방법이다. 레고의 마인드스톰 같은 경우는 기업의 지적자산에 해당하는 소스 프로그램을 전격 공개함으로써 사용자와 함께 제품의 진화를 이끌어내기도 했다. 기업과 고객 모두 신뢰성을 바탕으로 새로운 가능성을 창출한 것이다.

넷째, 기업뿐만 아니라 기업에서 진행하는 마케팅 활동에 참여하는 고객들에게도 진정성이 요구된다. 고객들이 제품을 무료로 제공(금전적인 대가를 지급)받고 사용 후기를 작성하여 블로그에 올리는 '고객체험단' 형식의 블로그 마케팅이 성행한 적이 있다. 만약 참여 고객이 제품을 무료로 받았거나 금전적인 대가를

444

지급받는 조건으로 체험기를 쓴다면, 그리고 기업이 이를 홍보에 활용한다면, 이는 일종의 광고이기 때문에 기업은 반드시 그 사실을 사전에 밝혀야 한다.

다섯째, 보안에 각별히 신경을 써야 한다. 소셜미디어는 기본적으로 네트워크를 기반으로 하기 때문에 사이버상의 보안에 취약하다. 만약 기업의 정보나 고객의 신상정보가 유출된다면 소셜미디어를 통해 고객과 소통하고자 했던 기업의 원래 취지는 사라지고 큰 혼란을 초래할 수 있다. 따라서 기업은 정보 유출을 방지하기 위해 정보 시스템의 보안을 강화하고 직원교육 등을 통해 정보의 안전성을 확보해야 한다.

여섯째, 전 직원들의 자발적이고 적극적인 참여가 필요하다. 모든 임직원들은 기업과 브랜드의 홍보대사이다. 따라서 소셜미디어를 담당하는 직원들은 물론, 전 임직원들이 막중한 책임감을 갖고 보다 적극적으로 고객들의 문제를 해결하기 위해 노력해야 하며, 신속하고 성의 있는 응대로 고객들에게 만족을 줄 수 있도록 해야 한다.

마지막으로 조직문화와 제도의 뒷받침이 필요하다. 기업은 내부 구성원들이 개별적으로 소셜미디어를 운영하는 것까지 일일이 다 통제하기 어렵다. 경우에 따라서는 일부 직원들이 기업의 제품과 브랜드에 대해 부정적인 내용을 전하거나 혹은 의도적으로 악의적인 내용을 게재할 수도 있다. 따라서 이런 경우를 대비하여 기업은 내부 임직원들이 기업의 가치를 공유할 수 있도록 하고, 소셜미디어를 이용하는 가이드라인을 만들어 배포할 필요가 있다.

B2B 제품을 어떻게 소셜 마케팅 할까?

영국의 가전기기 기업 '다이슨Dyson'은 2015년 '에어블레이드 핸드 드라이어Airblade hand dryer' 제품의 영국 내 판매가 지지부진하자 기업 대상 판매(B2B)를 촉진시키기 위해 소셜미디어 전략을 추진했다. 다이슨의 책임자는 다음과 같이 설명했다. "소셜미디어에 주목했다. 주로 고객 분야 시장에 적용되는 마케팅 채널이다. 이곳에서 우리는 공공 화장실에서 위생적으로 손을 말리는 방법의 중요성에 대해 강조하는 캠페인을 진행했다. 식당이나 호텔, 카지노에 갔을 때 손을 말리는 설비가 충분한 품질을 가지고 있지 않다고 판단된다면, 이를 소셜미디어에 공유하도록 독려했다."

반응은 뜨거웠다. 영국과 아일랜드 전역에 걸쳐 수만 곳의 기업이 캠페인에 반응했다. 그 결과 각 세일즈 담당자의 통화량은 일일 60~70통까지 상승했다. 6개월 전에는 20~30통 수준이었다. 존슨은 각 세일즈 담당자당 월간 판매 기회가 150건에서 300건으로 상승했으며, 이 중에서 25퍼센트가 실제 판매로 이어지고 있다고 전했다.[41]

세계에서 가장 큰 컨테이너와 벌크선 기업인 '머스크 라인Maersk Line'도 30개 이상의 지역에서 현지 소셜미디어 계정과 글로벌 계정을 활용해 소셜미디어를 마케팅믹스의 한 부분으로 만들었다. 머스크 라인의 소셜미디어 관리자에 따르면 평균적으로 머스크 라인 고객이 머스크 라인에 전화를 걸기 전까지 10개 이상의 소셜미디어 콘텐츠를 소비한다고 한다. 매출 전환은 영업 대표와의 대화 이후에 발생할지도 모르지만, 소셜미디어가 세일즈 콜에 이르는 다수 콘텐츠에 대해 설명해줄 수 있었다. 소셜미디어 프로그램이 영향이 있었다는 점을 알 수 있다.[43]

기업 간 거래(B2B)가 이루어지는 제품에서도 소셜미디어를 활용하는 것이 이제는 당연한 마케팅 방법이 되고 있다. 직접적으로 매출이 발생하도록 만드는 데는 한계가 있지만, 고객과의 접촉을 보다 편리하게 하고 사전에 제품에 대한 정보를 제공할 수 있다는 점에서 그 유용성은 계속 높아질 것이다. 이런 특성을 감안하여 B2B 마케팅에 소셜미디어를 활용할 경우에는 먼저 목적을 명확히 해야 한다. 일반적으로 우리의 이야기를 전달하는 것이 아니라 고객의 이야기에 귀를 기울일 필요가 있다. 아울러 고객이 공감할 수 있는 콘텐츠를 만들어야 성공할 수 있다.

다이슨의 에어블레이드 핸드 드라이어 캡처[42]

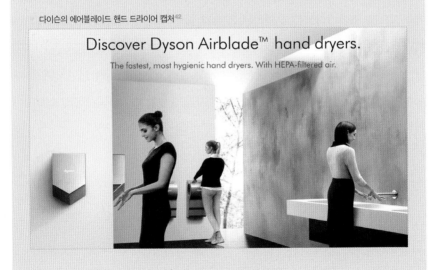

브랜드에 활력을 불어넣는 스토리를 만들어라

브랜드에 생명과 활력을 불어넣는 스토리의 힘

1965년, 예일 대학교에서 경제학 과목을 수강하던 프레드릭 스미스Fredrick Smith라는 학생이 자전거 바퀴에서 착안한 새로운 화물수송 시스템에 관한 논문을 제출했다. 논문의 내용은 미국 내 중심지역에 화물집결지hub를 만들고, 모든 화물들을 임시로 여기에 모은 다음 재분류하여, 자전거 바퀴살spoke 모양으로 미국 전역으로 배송하면 물류유통의 효율성을 높일 수 있다는 것이었다. 바로 허브앤스포크 시스템hub-and-spoke system이다.

하지만 논문을 심사한 예일대 교수는 미국 북동부에 있는 볼티모어에서 그리 멀지 않은 워싱턴으로 물품을 보낼 경우, 중부에 있는 허브를 경유하는 것은 불필요한 일이라고 생각해 C 학점을 주었다. 이후 프레드릭 스미스는 자신의 논문 내용을 현실화하기 위하여 1971년에 회사를 설립한다. 이 회사가 바로 '신속한 배달 서비스'를 지향해 세계 최고의 화물운송 기업이 된 '페덱스'이다.

페덱스의 창업 스토리는 화물운송 서비스의 핵심가치인 '신속함과 안전함'을 창업자의 허브앤스포크 시스템과 연결함으로써 강력한 힘을 갖게 되었다. 즉, 스토리의 내용과 서비스의 핵심가치가 상호 연관성이 매우 높기 때문에 페덱스라는 브랜드를 강력하게 포지셔닝할 수 있었던 것이다. 이것이 스토리의 힘이다.

이번에는 두산그룹의 창업 스토리를 살펴보자. 1896년, 종로 4가(과거 서울의 배오개 시장)에서 포목상을 하면서 소가죽을 함께 팔던 '박승직'이라는 사람이 있었다. 이 사람이 운영한 상점의 이름은 다름 아닌 '박승직 상점'이었다. 당시 소가죽을 생산하는 사람들은 소를 잡는 백정들이었고, 이들이 가죽을 함부로 다루어서 소가죽의 상품가치가 떨어지는 경우가 많았다. 이에 박승직은 1909년 전국의 백정들을 명월관으로 불러 모아 잔치를 벌여 환대하고, 소가죽을 다루는 법을 강습했다. 그 이후로 양질의 소가죽 제품을 생산할 수 있게 된 박승직 상점은 지속적으로 성장할 수 있었다. 바로 이 박승직 상점이 두산그룹의 모태이다.

이러한 스토리는 재미는 있지만 현재 두산그룹의 사업과 딱히 밀접한 연관성이 없다. 만약 두산그룹이 이 스토리를 그냥 단순한 창업 스토리가 아니라 두산그룹의 기업정신에 적용해 '우리는 창업 초기부터 생산에서 유통까지의 전 과정에서 품질관리에 힘써 왔다. 이것이 바로 두산의 정신이다'라고 활용했다면 기업에 대한 좋은 이미지를 훨씬 더 강력하게 구축할 수 있었을 것이다.

스토리로 강력한 브랜딩을 하고자 한다면, 그 스토리는 브랜드 아이덴티티와 밀접한 연관성이 있어야 한다. 기업의 창업 스토리는 이런 측면에서 대단히 유용한 소재이다. 마크 주커버그^{Mark Zuckerberg}는 하버드 대학에 들어가서 페이스북^{Facebook}의 전신이 되는 인맥 사이트를 만들면서 일약 스타가 되었다. 하버드 대학의 전산시스템을 해킹해서 학생들의 기록을 빼낸 다음 이를 바탕으로 페이스매쉬^{Facemash}라는 간단한 사이트를 제작했다. 학부 학생들의 사진들을 쌍으로 올리면서, 어느 쪽이 더 마음에 드는지를 고르게 하였다. 불과 4시간 만에 450명이 이 사이트를 방문했고, 사진이 2만 2천 번이나 사람들에게 노출되었다.[44]

주커버그는 하버드를 중퇴하고 2004년에 본격적으로 비즈니스 세계에 뛰어들었다. 이후 3년 만에 페이스북은 세계 최대의 소셜 네트워크 사이트로서의 입지를 굳건히 하였으며, 2017년에는 월간 활동 사용자 수가 20억 명을 돌파했다. 이는 지구상의 어느 국가의 인구수나 어느 단체의 회원 수보다 많은 숫자이다. 주커버그는 자신의 페이스북 계정에 게시물을 올려 "우리는 세계를 연결하는 과정을 거치고 있으며, 서로가 더 가까운 세상을 만들겠다."라며 "이런 과정을 함께할 수 있어 영광이다."라고 소감을 밝혔다.[45] 주커버그의 '개방', '저항'의 스토

리가 페이스북의 성공요인으로 연결되어 더욱 강력한 스토리가 되고 있다.

창업가들의 스토리는 그 기업과 브랜드를 포지셔닝하는 데 강력한 요소로 작용한다. 어느 기업이나 브랜드든 자신만의 특별한 스토리를 가지고 있기 마련이다. 그러나 "이런저런 소소한 이야기들은 많아도 딱히 브랜딩에 쓸 만한 스토리는 없다."고 이야기하는 이들이 많다. 물론 정말 그럴 수도 있다. 다만 한 가지 기억해야 할 것은 스토리는 그 자체만으로 빛날 수 없고, 다듬고 가공해 쓸 만한 스토리로 만들어야 한다는 것이다.

정말로 스토리가 없다면 그때는 만들면 된다. 스토리의 소재는 창업자뿐만 아니라 직원에게도 있고, 제품 자체에도 있기 때문이다. 마케터는 이런 스토리를 발굴하고 전파할 수 있어야 한다. 최근 인기를 끈 〈도깨비〉, 〈미스터 션샤인〉 같은 드라마처럼, 몇 가지의 뻔한 사실을 기반으로 재미있고 의미 있는 구성과 내용을 만들어가는 구성작가의 상상력과 무에서 유를 창조하고자 하는 영상제작 열정을 마케터도 가져야만 한다.

스토리텔링은 어떻게 강력한 마케팅 수단이 되었는가

소비자들은 자신의 개성이나 가치를 여러 상징물과 시각적인 요소를 통해 나타내고자 한다. 예를 들어, '제네시스Genesis를 타면 멋지고 품위 있어 보일 것이다'라고 생각하는 사람은 제네시스 브랜드와 자아 이미지를 일치시키고 있다고 볼 수 있다. 이때 브랜드의 차별화 요소는 바로 스토리에 달려있다. 어느 드라마에서 제네시스가 멋진 주인공의 차로 등장한다면, 그리고 그에 대해 누군가 좋은 이야기를 해주었다면, 그 소비자는 자기가 가졌던 제네시스에 대한 이미지에 강한 확신을 갖게 되고 이것이 구매로 이어지게 될 확률도 높아지는 것이다. 이런 이유로 경우에 따라서는 브랜드의 아이덴티티를 표현해줄 수 있는 유명인, 즉 셀럽을 내세워 스토리를 보다 강력하게 만들기도 한다.

국순당은 어떻게 스토리를 이용해 백세주를 마케팅했을까?

옛날에 한 선비가 길을 가다 마을 정자 밑에 있는 노인과 청년을 보게 되었다. 그런데 이게 웬일인가? 청년이 회초리로 수염이 허연 노인의 종아리를 때리고 있는 것이 아닌가? 선비는 깜짝 놀라 한달음에 달려가 "어찌 젊은 것이 노인을 때리는고? 천벌을 받을 일이로다."라며 청년을 꾸짖었다. 그러자 청년은 "이 아이는 내가 여든에 본 자식이오. 이 약을 먹지 않아 나보다 먼저 늙게 된 것이라오."라고 대답했다. 선비는 얼른 말에서 내려 청년에게 큰절을 하고 그 약에 대해 물었다.

이 이야기는 조선 중기 실학의 선구자인 이수광이 1614년에 편찬한 《지봉유설》에 등장하는 '구기백세주'의 설화이다. 국순당은 이 스토리를 홍보 포스터로 제작해 국순당의 마케팅 활동에 활용했

국순당이 제작한 '백세주 이야기'

다. 백세주는 1993년에 이 스토리텔링 마케팅으로 무명의 전통주에서 일약 대표적인 전통주 브랜드로 자리매김하게 되었다. 이는 스토리를 통해 브랜드를 연상하도록 하여 성공한 대표적인 사례로 손꼽힌다.

또 백세주와 소주의 알코올 농도 차이에 의한 삼투압 현상의 과학적 원리를 스토리로 만들기도 했다. 여기서 파생되어 크게 유행한 것이 백세주와 소주를 섞어 마시는 50세주였다.

두산주류는 2006년에 신제품으로 최초의 알칼리 환원수 소주를 개발하고 '처음처럼'이라는 브랜드 네임을 붙였다. '처음처럼'이라는 브랜드 네임은 술을 마신 다음 날에도 몸 상태가 술을 마시기 전과 같은 처음의 상태를 유지할 수 있다는 의미를 담은 것이다. 두산주류는 브랜드 네임을 개발하는 과정에서 〈처음처럼〉이라는 제목의 시가 제품의 콘셉트와 잘 어울린다고 생각해, 이 시의 제목을 브랜드 네임으로 사용할 수 있는지에 대해 저자인 성공회대학교 신영복 교수에게 문의했다. 신영복 교수는 '처음처럼'을 사용해도 무방하나 그에 대해서는 어떠한 사례도 받지 않겠다고 했고, 그리하여 두산주류는 저작권자의 의견을 존중해 저작권 사용에 해당하는 비용을 신영복 교수가 재직하고 있는 학교에 장학금으로 기부하였다고 한다.

두산주류는 브랜드 네임뿐만 아니라 신영복 교수의 제호 글씨를 제품의 캘리그래피 calligraphy 로고로 도입하여 기존 소주들과 확실한 차별화를 이루려 했다. 이런 스토리는 처음처럼의 브랜드 콘셉트와 잘 맞아떨어졌고, 제품의 특성과 브랜드의 연관성에 대한 소비자들의 인식을 강화하는 데도 크게 일조해 처음처럼 성공에 기여했다. 2009년부터는 롯데주류가 경영권을 인수하여 생산 및 판매를 하고 있다.

브랜드를 스토리로 전달하면 소비자들은 보다 쉽게 브랜드를 통해 자신을 표현하는 방식을 찾을 수 있다. 숙취 해소가 빨리 되어 술 마시기 이전 처음의 상태로 빨리 돌아올 수 있다는 의미를 담은 '처음처럼'은, 소비자들이 스스로 '처음처

▼ 처음처럼의 로고와 최근의 인쇄광고[47]

럼'과 함께한 경험을 전하도록 하면서 입소문을 통해 이슈화되고 브랜딩되어 더욱 빠르게 성공할 수 있었다. 말 그대로 브랜드에 담겨있는 고유한 이야기들을 소비자들의 입에서 입으로 전하는 활동이 바로 스토리텔링 마케팅인 것이다.

스토리텔링의 세 가지 특징

첫째, 설득력이 있다. 대부분의 브랜드 스토리는 비공식적인 대화를 통해 자연스럽게 입소문으로 전파된다. 스토리는 보통 전파자가 직접 경험한 개인적인 내용들이기 때문에 진실이라고 간주되며, 이로써 소비자들을 쉽게 설득할 수 있다. 예를 들어, '한경희생활과학'의 창업 스토리를 살펴보면, 주부인 창업자가 집안일 중 걸레질을 하는 게 가장 힘들었는데, 이를 해소할 방법을 찾다가 스팀청소기를 개발했고 창업까지 하게 되었다는 것이다. 사실 이 스토리의 진실은 별로 중요하지 않다. 핵심은 진실보다 '공감'에 있기 때문이다. 소비자들에게 공감을 얻으면 쉽게 그들을 설득할 수 있고, 또 스토리로 널리 전파할 수 있기에 광고로 수십 번 스팀청소기의 혜택을 설명하는 것보다 훨씬 더 큰 효과를 얻을 수 있다.

▼ 한경희생활과학의 한경희 대표와 그녀가 개발한 스팀청소기

둘째, 저항감이 없다. 기본적으로 소비자들은 광고주로부터 제공된 정보에 대해 경계심을 가진다. 그 결과, 광고 및 홍보물에 나오는 내용들은 대부분이 과장 또는 허위일 것이라고 생각하고 선택적으로 정보를 취하는 것이 일반적이다. 반면에 브랜드에 대한 스토리는 있는 그대로의 순수한 정보라고 생각하는 경향이 높다. 그만큼 소비자들이 저항감 없이 받아들이기 때문에 수용과 행동 촉구의 가능성도

높아진다. 같은 주부로서 고민하고 또 해결방안까지 제시해준 창업자에게 고마운 마음까지 갖게 되는 상황에서 소비자들이 해당 기업 또는 제품에 대한 내용에 저항감을 갖게 될 가능성은 그리 높지 않다.

셋째, 감성과 지식을 보다 효과적으로 전할 수 있다. 광고는 일방향으로, 그리고 대중매체를 통해 전달되기 때문에 소비자의 감정이 이입될 수 없다. 그러나 스토리텔링은 주변에 있는 동료나 이웃들과의 일대일 혹은 일대다의 쌍방향 커뮤니케이션을 통해 소비자들이 공감을 하고, 감동을 받을 수도 있고, 자신의 지식을 활용하여 그 내용에 살을 붙일 수도 있다. 그러면 그 스토리는 이제 자신만의 스토리가 되게 된다. 이렇게 감성과 지식이 결합되면 그 메시지는 폭발적인 힘을 갖게 된다.

세계적인 모터사이클 기업인 할리데이비슨의 HOG^{Harley Owners Group}에 대한 스토리는 수없이 많다. 할리데이비슨의 충성고객들 중에는 할리데이비슨의 오토바이를 구입하는 이유를 "할리데이비슨 가족이 되기 위해서"라고 이야기하는 이들도 있다. '가족'이라는 표현 속에는 자유와

▼ HOG 멤버십 카드와 배지들[48]

방종을 공유하는 동호인들 간의 끈끈한 정이 내재되어 있다.

할리데이비슨은 HOG를 통해 동호인들의 결속을 강화하고, 다양한 행사를 개최해 고객들의 욕구를 충족시켜주었다. 그리하여 HOG 회원들이 할리데이비슨과 함께한 추억은 그들의 인생의 한 페이지를 장식하는 감동의 스토리가 되었고, 이들이 지속적으로 전파한 멋진 스토리들은 할리데이비슨을 최고의 모터사이클 브랜드로 만든 것이다.

정리하면, 스토리텔링 마케팅은 제품 자체에 대한 정보를 소비자들에게 전달하는 것이 아니라 그 브랜드에 담겨있는 의미나 고유한 이야기를 전달함으로써 소비자의 관심과 흥미를 불러일으키는 감성적인 커뮤니케이션 방법이다.

소비자를 사로잡는 스토리는 어떻게 만들 수 있을까

마케팅 활동에서 스토리텔링은 크게 두 가지 역할을 한다. 첫째, 전략적인 측면에서 브랜드 콘셉트의 역할이다. 이를 통해 브랜드의 아이덴티티와 의미, 즉 브랜드의 본질을 설명하는 콘셉트에 일관성을 부여한다. 브랜드 콘셉트를 표현하는 핵심 스토리는 기업 브랜드와 제품 브랜드 모두에 적용될 수 있다. 둘째, 전술적인 측면에서 커뮤니케이션 도구의 역할이다. 이는 기업의 메시지를 기업 내부와 외부로 전달할 때 스토리를 사용해 커뮤니케이션하는 것을 말한다. 스토리를 통해 광고, PR, 판촉, 각종 이벤트를 커뮤니케이션하면 보다 강력하게 소비자 인식 속에 해당 브랜드를 심을 수 있다.

브랜드를 나무에 비유한다면, 브랜드의 콘셉트를 담고 있는 핵심 스토리는 나무의 기둥과 같다. 나무의 기둥에서 모든 가지가 뻗어나가고, 그 가지에서 다시 잔가지와 잎사귀가 자라나듯이 기업의 안과 밖에서 이야기하는 모든 스토리들은 하나의 핵심 스토리로부터 뻗어 나와야 한다.

기업의 마케팅을 위한 스토리는 소재의 출처에 따라 내부 스토리와 외부 스토리로 구분할 수 있다. 내부 스토리에는 경영진의 스토리, 직원의 스토리, 제품의 스토리, 뉴스레터와 기사 등이 있다. 외부 스토리에는 고객의 스토리, 협력업체의 스토리, 언론의 보도 등이 있다. 일반적으로 내부 스토리는 기업에서 통제할 수 있지만 외부 스토리는 기업에서 통제하기 어렵다.

일반적으로 통제할 수 없는 스토리에는 긍정적인 스토리보다 부정적인 스토리가 더 많다. 프랜차이즈 브랜드인 '채선당'의 한 점포에서 직원과 고객인 임신부 간에 다툼이 있었다. 이후 임신부가 커뮤니티에 남긴 글로 인해 채선당에 대한 부정적인 이미지가 형성되고 기업 운영에도 심각한 악영향을 미쳤다. 스토리의 진실과 관계없이 기업이 사전에 통제할 수 없었던 부분이기 때문에 좋지 않은 이미지가 만들어지게 되었다.

따라서 부정적인 스토리로 인해 소비자들이 우리의 브랜드를 의심하거나 반감을 갖지 않도록 해야 한다. 특히 브랜드의 핵심 스토리가 잘 정리되고 널리 전파되어 좋지 않은 이야기들을 상쇄하고도 남을 정도가 되어야 한다. 이를 위해서는 스토리를 구성하는 네 가지 핵심요소인 메시지, 갈등, 등장인물, 플롯을 잘 구성하여 훌륭한 스토리를 만들어야 한다.

스토리를 구성하는 네 가지 핵심요소

첫째, 간결하면서도 핵심적인 메시지가 필요하다. 분명하게 정의된 핵심 소구 내용으로 스토리의 전반에 걸친 중심 테마가 있어야 한다. 예를 들면, 유명한 이솝우화 중 하나인 '토끼와 거북이'가 주는 메시지는 '거만한 자는 실패한다'는 것이다. 그리고 하나의 스토리에는 하나의 메시지만을 담는 것이 좋다One Story, One Message. 스토리에 메시지가 많아지면 그만큼 주제가 흐트러지기 때문이다. 만약 많은 메시지를 담고자 한다면 메시지들 간의 우선순위를 정해야 한다. 이때는 주제와 소주제로 메시지를 구분하여 그 강도를 조절할 필요가 있다. 또한 메시지는 단순하고 구체적이어야 한다. 분명하게 정의된 메시지만이 막강한 파급력을 가질 수 있다.

둘째, 스토리의 흥미를 유도하며 조화를 깨뜨리는 역할을 하는 갈등이 필요하다. 밋밋한 흐름의 스토리에 갈등은 역동적인 변화를 줄 수 있다. 즉, 갈등은 스토리의 생명이다. 만약 제임스 카메론James Cameron이 감독한 영화 〈아바타〉에서 지구에서 사용하던 자원이 고갈되지 않았다면, 자원 고갈을 해결하기 위한 자원 발굴이 지구가 아닌 판도라 행성에서 이뤄지지 않았다면, 과연 이 영화가 관객들의 흥미를 끌 수 있었을까.

사람들은 본능적으로 조화와 균형을 추구하며, 갈등 상황에서 해결책을 찾는다. 따라서 갈등은 조화로움을 회복하려는 행동을 유발한다. 그래서 스토리에는 조화로움을 깨뜨리는 갈등이 반드시 필요하다. 자원 고갈을 계기로 인간의 욕심을 채우기 위해 판도라 행성을 파괴하는 세력으로 인해 조화로움이 깨지고, 그로 인한 갈등을 해결하는 과정에서 감동적인 스토리가 만들어진다. 갈등이 강하면 강할수록, 즉 해결해야 할 문제가 어려우면 어려울수록 스토리는 더욱 흥미진진해지며, 문제를 해결했을 때 더 큰 감동을 줄 수 있다.

셋째, 스토리를 만들어가는 사람들이 필요하다. 대개 스토리의 주인공은 어떤 목표를 추구하며, 갈등을 해소하는 역할을 하는 영웅이다. 영화 〈아바타〉에서 주인공인 '제이크'는 판도라 행성에 존재하는 자원을 캐내려는 인간들에게 저항하게 되고, 결국은 판도라 행성을 지키고 영원히 나비족들과 함께하게 된다. 그리고 주인공 곁에는 항상 그의 여정을 방해하는 적대세력과 주인공을 도와주는 조력자들이 있다.

넷째, 마지막으로 스토리를 구성하고 전개하는 과정인 플롯(스토리의 배경, 갈등, 결말)이 필요하다. 플롯은 스토리의 방향을 가늠할 수 있는 나침반과 전체의 흐름을 한눈에 살펴볼 수 있는 안내지도와 같은 역할을 한다. 좋은 플롯을 만들기 위해서는 기발한 아이디어도 아이디어지만 일정한 패턴을 중시해야 한다. 다시 말해, 모든 스토리에는 기승전결과 같은 일정한 전개 과정이 있어야 한다. 처음에는 호기심을 자극하고, 중간중간 반전과 새로운 발견으로 긴장을 유지하다 완벽한 결말로 마무리해야 하는 것이다.

어떤 방법으로 스토리를 전할 것인가

타 기업들과 어떻게 다른지 명확하게 보여줄 스토리가 없다면 새롭게 만들어야 한다. 스토리를 만들기 위해서는 먼저 스토리의 소재를 발굴해야 한다. 스토리 소재는 창업자, 최고경영자, 직원, 제품과 서비스, 성공과 실패 사례, 고객, 협력업체, 업계의 오피니언 리더 등 매우 다양하다. 앞에서 살펴본 페덱스와 한경희 생활과학은 창업자를, 백세주는 제품을, 처음처럼은 오피니언 리더를 소재로 스토리를 개발했다.

가장 좋은 스토리텔링 마케팅 방법은 고객들이 스스로 해당 기업과 브랜드에 관한 이야기를 입에서 입으로 전해주는 것이다. 물론 우리 브랜드와 연관성이 높은 스토리를 고객이 자발적으로 전해주는 경우는 드물다. 그래서 기업은 보다 적극적으로 스토리를 만들고, 전파시키기 위해 노력해야 한다.

브랜딩이 목표라면 스토리텔링은 수단

스토리텔링은 마케팅 커뮤니케이션의 한 수단이다. 따라서 브랜드를 커뮤니케이션하는 데 사용되는 매체 모두 스토리텔링 커뮤니케이션의 수단으로 사용될 수 있다. PR, 판촉, PPL 등과 같은 기존 방법들은 물론 영업사원들의 영업 능력도 스토리텔링 마케팅의 중요한 수단이다. 특히 최근에는 소셜미디어의 발달에 힘입어 SNS 전담 직원이나 조직원들이 개별적인 방법으로 기업의 제품과 서비스, 그리고 기업을 홍보하는 경우가 많아지고 있다.

스타벅스는 대중매체에 광고 한 번 하지 않고도 오늘날 해당 산업의 카테고리 킬러이자 세계적인 브랜드가 되었다. 스타벅스는 최고경영자가 좋은 직장을 그만두고 이탈리아의 카페테리아를 모방해 프랜차이즈 사업에 뛰어든 이야기, 편안한 마음으로 사람들과 함께할 수 있는 제3의 공간을 제공하고자 한 이야기, 직원들을 제1의 핵심고객이자 사업 파트너로 생각하고 파격적인 복지정책을 펴는 이야기 등 많은 스토리가 있다. 이 모든 스토리의 출처는 스타벅스의 최고경영자 하워드 슐츠^{Howard Schultz}가 저술한 《스타벅스 커피 한잔에 담긴 성공신화》라는 제목의 책이다.

▼ 하워드 슐츠의 자서전 《스타벅스 커피 한잔에 담긴 성공신화》

"나는 커피가 아니라 문화를 판다."고 이야기하는 스타벅스 최고경영자의 자서전을 통해 대중들은 '스타벅스'라는 브랜드에 대해 호의적인 감정을 가지게 되었다. 비록 한 개인의 자서전이지만, 기업과 브랜드에 관한 많은 스토리가 담겨있기에 오히려 소비자들은 돈을 지불하고도 스타벅스라는 기업에 대해 알고 싶어 했다.

스타벅스가 굳이 많은 돈을 들여 마케팅을 하

지 않아도 되었던 이유는 이처럼 스토리를 통해 소비자들의 마음을 움직였기 때문이다. 그러나 아직까지 대부분의 기업은 제품이 아무리 좋아도 마케팅에 돈을 좀 쏟아부어야 좋은 결과를 얻을 수 있다고 생각한다. 하지만 가장 좋은 마케팅은 돈을 들이지 않고도 결과를 얻는 것이다.

스토리를 전하는 방법은 셀 수 없이 많다. 최근에는 기업, 제품, 브랜드에 관한 스토리를 전하는 방법으로 소셜미디어가 널리 활용되고 있다. 과거에는 소문이 입에서 입으로 전해졌다면 이제는 스마트폰을 통해 손에서 손으로 전해지는 시대가 된 것이다.

어떻게 스토리를 만들 것인가?

만약 어떤 기업의 보안직원이 사장을 막아서며……, "ID카드 없이는 출입할 수 없습니다."라고 했다면?

어느 날 아침, S그룹 계열사의 A사장이 서초동 본사의 보안 검색대 앞에 멈춰 섰다. 여느 때 같으면 자동으로 열릴 문은 미동도 하지 않았다. 그는 '왜 문이 안 열리지?'라고 생각하며 의아해하는 표정으로 보안 담당 직원을 바라봤다. 그러자 그 직원이 조심스레 "오늘부터 사장님께서도 ID카드를 갖고 다니셔야만 출입하실 수 있습니다."라고 답했다. 잠시 난감한 표정을 짓던 A사장은…….

앞의 내용을 가지고 스토리를 만들어보자. 먼저 스토리를 통해 전하고자 하는 메시지를 정해야 한다. 'S기업의 완벽한 보안 상태'가 핵심 메시지라면, 갈등은 전에는 ID카드 없이도 출입이 가능했는데 오늘부터는 출입이 불가능하다는 것이다. 주인공은 우리의 영웅인 보안 직원이, 적대세력은 A사장이, 조력자로는 보안팀장이 등장한다. 여기에 배경과 갈등, 결말로 이어지는 플롯을 구성하면 된다.

문제는 이 스토리에 힘을 실어줄 결말이 없다는 것이다. 만약 메시지로 정한 '완벽한 기업의 보안 상태'를 좀 더 강력하게 전달하고자 한다면, 출입을 저지당한 A사장이 자기 집으로 돌아가서 ID카드를 가지고 온 다음 보안 검색대를 통과한 후 보안팀장을 불러 자신을 저지한 그 직원에게 포상하는 것으로 구성하면 될 것이다. 그러면 스토리와 브랜드 간에 연관성이 높아지면서 훌륭한 스토리가 된다.

반대로 결말이 A사장이 보안팀장과 해당 직원을 불러 문책했다면, 졸지에 이 이야기는 한 기업의 최고책임자가 기업에서 정한 규칙을 스스로 파괴했다는 내용의 스토리가 된다. 이런 스토리가 널리 퍼진다면 회사의 임직원 누구나 '나 하나쯤이야' 하는 생각으로 완벽한 보안을 유지하고자 노력하지 않을 것이다. 또 이 스토리는 대외적으로도 절대 긍정적인 영향을 끼치는 스토리가 될 수 없을 것이다.

마케팅
트렌드

인플루언서가
광고판을 흔들고 있다

2015년 0퍼센트에서 2017년 66퍼센트로 급증한 이 비율은 코카콜라에서 소셜미디어로 마케팅을 할 때 인플루언서^{influencer}를 활용한 비율이다. 종전에는 알 만한 연예인들에게만 집행하던 광고비용을 일반인 중에 팔로어 수가 1만 명 내외인 인플루언서 수백 명으로 확대했다. 그 결과, 코카콜라가 쓴 비용 대비 효율은 기간 내 3.41배 개선됐다. 광고 효과를 본 것이다.

인플루언서는 타인에게 영향력을 끼치는 사람을 뜻한다. 과거에는 주로 유명인사(셀럽), 각 예술 분야의 유명 작가(크리에이터), 연예인 등을 인플루언서로 여겼다. 최근에는 인터넷의 발달과 함께 소셜미디어, 블로그, 온라인 커뮤니티 등의 활동이 일상화되면서 누구나 인플루언서 반열에 오를 수 있게 됐다. 해당 분야에서 워낙 영향력이 있다 보니 이들이 내는 입소문만으로 추가 구매가 이뤄지기도 한다. 이런 현상에 주목한 것은 광고업계다. 이를 업계에서는 크게는 디지털 마케팅, 좀 더 세분화시킨다면 '인플루언서 마케팅'으로 보는 시각이 우세하다.

왜 이렇게 인플루언서 마케팅이 대세가 되고 있을까. 인터넷 시대 이후 정보의 비대칭성이 사라지고 있는 데다 소셜미디어의 발달도 원인으로 작용한다. "모바일 시장에서는 누구나 자기 매체를 가질 수 있다. 모두가 공감할 주제가 아니어도 '유튜브 스타'처럼 나만의 색깔을 대변해줄 모바일 공간을 활용할 수 있게 됐다. 관심사에 따라 사람들이 모이면서 인플루언서가 만들어지고 시장에서 의미를 갖게 된다." 조영신 SK경영경제연구소 수석연구원의 설명이다.

여기에 더해 광고주 입장에서는 '테스트마켓' 차원으로 접근하기도 한다. 김주호 명지대 경영학과 교수는 "예전에는 제품 개발 후 4대 매체(TV, 라디오, 신문, 잡지)에 광고 집행 전까지 제품의 성패를 가늠하기 힘들었다. 인플루언서 마케팅은 상대적으로 비용은 적게 들이면서 시장 반응은 즉각적으로 알 수 있다는 점에서 효율성이 높은 광고 모델"이라고 설명했다.

인플루언서는 대중에 미치는 영향력에 따라 크게 네 가지 유형으로 나눌 수 있다. 유명 연예인, 운동선수, 작가 등 대중에 이미 이름을 널리 알리고 있는 사람은 '메가^{mega} 인플루언서'라고 할 수 있다. 흔히 유명인을 뜻하는 '셀럽$^{celeb.\ celebrity}$'에 해당하는 이들로 수백만 명의 팬을 아우른다. 단기간에 제품과 브랜드 인지도를 높이기에는 쉽지만 광고주 입장에서는 비용 부담이 크다.

'매크로^{macro} 인플루언서'는 특정 타깃층에 영향력을 행사할 수 있는 각 분야 전문가를 뜻한다. 교수,

기자, 크리에이터 등이다. 수만에서 수십만 명에 이르는 가입자나 팔로어follower를 확보하고 있는 온라인 커뮤니티 · 페이스북 페이지 · 블로그 · 유튜브 채널 등의 운영자도 여기 속한다.

1만 명 미만의 팔로어를 보유한 사람은 '마이크로micro 인플루언서'라고 부른다. 셀럽들보다 소통이 잘되기 때문에 팔로어는 보다 쉽게 친밀감을 느끼고 충성도도 높다. 마이크로 인플루언서의 특징은 본업이 따로 있고 마케팅은 부업이라는 점이다. 거액의 비용이 필요한 메가 · 매크로 인플루언서와 달리 광고비가 저렴하고 제품 할인이나 선先 경험을 제공하는 것만으로도 섭외가 가능하다.

'나노nano 인플루언서'는 1천 명 미만 팔로어를 갖는 개인 블로거나 소셜미디어 이용자다. 제품이나 브랜드에 대해 이야기할 의사는 있지만 파급력은 미미한 사람들이다. 단, 할인 등 프로모션에 민감하게 반응하고 시간이 지날수록 영향력이 커질 가능성이 있기 때문에 주목할 필요가 있다.

인플루언서 마케팅이 대세라 해서 무조건 광고 효과가 있다고 보기는 어렵다. 전문가들은 '첫째로 제품 경쟁력, 둘째로 상품과 인플루언서 간 궁합이 중요하다'고 강조한다. 2016년 한국야쿠르트가 내놓은 '콜드브루Cold Brew'의 성공 사례를 보면 시사점이 적잖다. 콜드브루는 석 달간 700만 병이 팔릴 정도로 인기였는데, 이를 가능케 한 것은 소셜미디어에서 소비자들이 자발적으로 올린 릴레이 '획득 샷'이 한몫했다. 한대성 한국야쿠르트 홍보팀장은 "콜드브루 출시 초창기에는 TV, 신문 등 전통 매체에 출시 소식을 알리고 오직 야쿠르트 아줌마를 통해서만 구할 수 있게 했다. 그랬더니 자발적으로 구해서 마셔보고 SNS에 올리는 사례가 많았다. 일단 제품 품질이 받쳐줬기 때문에 가능했다. 이후 디지털 마케팅을 가미하니 반응이 폭발적이었다. 선후가 뒤바뀌거나 제품력이 뒤떨어지면 오히려 효과가 반감될 수 있다."고 말했다.[50]

마케팅과 브랜딩에서 불변의 진리 중 하나는 진정성이다. 인플루언서 마케팅이 새로운 일반화 즉, 뉴노멀이 되면서 기만적 광고 행위가 문제가 되고 있다. 광고주로부터 협찬 받은 제품을 마치 자신이 직접 사서 사용해본 것처럼 후기를 올리는 행위가 문제가 되고 있다. 블로그가 유행할 때 유명 블로거들이 유사한 행위로 철퇴를 맞은 적이 있다. 팔로어들은 인플루언서를 일반적인 소비자로 인식하기 때문에게 브랜드와 제품에 대한 진실한 의견을 기대한다. 친구, 동료, 가족 구성원에게 추천받는

▼ 콜드브루 '획득 샷'과 인플루언서 마케팅[51]

느낌으로 조언을 구하는 것이다. 그런데 만약 속았다는 생각이 든다면 협찬을 한 브랜드에 부정적인 영향을 미칠 수 있다. 고객이 진정성 있는 경험을 할 수 있도록 해야 한다.

따라서 인플루언서 미케팅에서도 가장 민저 고려할 사앙은 해당 브랜드의 콘텐츠, 즉 브랜드 콘셉트와 일관성 있는 콘텐츠가 있어야 한다. 그리고 콘텐츠에 가장 잘 어울리는 인플루언서를 연결시켜야 한다. 해당 브랜드와 적합하지 않는 인플루언서를 활용한다면 역효과가 발생할 수도 있다. 인플루언서가 만든 콘텐츠가 브랜드 콘셉트와 잘 맞는 경우에는 다른 용도의 채널에서도 활용할 수 있도록 해야 있다.

이미지와 영상 중심의 사회로 갈수록 인플루언서의 영향력은 커질 것이다. 누구나 인플루언서가 될 수 있기 때문에 마케터 입장에서는 고객을 만나고 입소문을 일으킬 수 있는 다양한 채널을 확보한다는 측면에서 분명 좋은 현상이다. 마케팅 비용 대비 성과를 높일 수 있는 기회가 마케터에게 있다.

대화형 인공지능 챗봇,
고객 밀착 마케팅의 열쇠가 될까?

모바일 메신저의 영향력이 커지고 새로운 마케팅 플랫폼으로서 주목받는 것이 바로 챗봇chatbot이다. 챗봇은 '채팅하는 로봇chatter robot'이다. 인공지능을 기반으로 사람과 대화를 나눌 수 있는 소프트웨어다.

요즘 주목받는 챗봇은 인공지능AI: Artificial Intelligence 기술을 기반으로 사람의 말을 알아듣고 자연스럽게 대화를 이어가는 수준으로 진화하고 있다. 즉, 자연어 처리, 인공지능, 머신러닝 등이 한데 어우러진 첨단 기술의 총아라고 할 수 있다.

페이스북은 일기예보 채팅봇 '판초Poncho'를 시연한 적이 있다. 마이크로소프트는 중국어 채팅봇인 '샤오이스Xiaolce'와 일본어 채팅봇 '린나りんな'를 공개하기도 했다. 또한 사람들과 대화하면서 스스로 배워가는 신경망 기반의 인공지능 챗봇 '테이Tay'를 선보였다. 국내에도 네이버가 방대한 한국어 데이터베이스를 바탕으로 '라온LAON'이라는 인공지능 음성 비서를 선보였고, SKT는 '누구'를, KT는 '기가 지니'라는 스피커 형태의 음성인식 인공지능 챗봇 기술을 적용하여 서비스하고 있다.[52]

롯데홈쇼핑은 인공지능 기반의 챗봇 서비스 '샬롯Charlotte'을 오픈했다. '샬롯'은 IBM의 인지 컴퓨터 기술인 '왓슨Watson'을 활용한 '지능형 쇼핑 어드바이저'로 대화형 상담 서비스다. 신세계백화점은 소비자 구매 정보를 분석해 맞춤 쇼핑 서비스를 제공하는 챗봇 'S마인드'를 도입했다. 신세계백화점의 S마인드가 제공한 정보를 통해 실제 구매로 이어진 응답률은 60퍼센트에 달해, 기존 인쇄 매체를 통한 응답률보다 12퍼센트포인트 높았다.[53]

롯데카드는 신용카드사로는 처음으로 실제 대고객 업무처리가 가능한 인공지능 챗봇인 '로카[LOCA]'를 선보였다. 기본적인 상담 및 정보전달 역할에서 더 나아가 고객들이 가장 많이 이용하는 이용내역조회, 즉시결제, 개인정보변경, 분실신고 및 재발급, 카드 및 금융서비스 신청 등 주요 카드업무까지도 대화만으로 해결할 수 있다. 로카는 실제 상담원과 대화하듯 카드 발급에 필요한 질문을 주고받으면 신청 절차가 완료된다. 채팅 방법에서는 '선택형 대화' 방식을 적용해 고객 편의성을 더했다. '선택형 대화'란 고객의 질문이 명확하지 않을 경우, 역으로 어떤 질문이 맞는지 고객이 선택할 수 있도록 리스트를 주는 방식이다.[54]

빅데이터와 인공지능 기술의 발전이 챗봇으로 꽃을 피우고 있다. 마케팅에 활용할 수 있는 다양한 기술 중에서 마켓 4.0 시대에 가장 고객지향적인 기술은 아마도 챗봇이 될 것이다. 아직까지는 실무적으로 이용하는 데 여러 가지 한계가 있지만 첨단 기술로 인해 급속도로 개선될 것으로 전망된다. ARS 서비스를 이용할 때의 답답함이나 콜센터, 고객창구에서 대기하는 시간을 생각해보면 챗봇이 주목받는 이유는 당연해 보인다. 챗봇은 실시간으로 언제 어디서나 장소와 시간에 구애받지 않고 물어보고 답변을 들을 수 있기 때문에 고객 입장에서는 든든한 친구를 옆에 둔 느낌이다. 챗봇은 스마트폰과 모바일 메신저를 기반으로 하기 때문에 고객에게 개인화된 서비스를 제공할 수 있다. 고객 밀착형으로 맞춤형 응대가 가능한 플랫폼이 될 것이다.

1장

1 https://www.wired.com/2017/01/apple-iphone-10th-anniversary/

2 https://www.ama.org/AboutAMA/Pages/Definition-of-Marketing.aspx

3 필립 코틀러, 케빈 레인 켈러(2006), Kotler 마케팅 관리, 제3판, 시그마프레스, 2008, p.5.

4 한국마케팅학회, 2002.

5 https://www.pomwonderful.com/products/pom-poms-fresh-arils에서 캡처

6 린다 레즈닉(2010), 상상력을 깨워라(Rubies in the Orchard), 지식노마드, p.23. 참고하여 정리

7 피터 드러커(1954), 경영의 실제(The Practice of Management), 이재규 역, 한국경제신문, 2006, p.64.

8 https://www.ad.co.kr/journal/column/show.do?ukey=250932&oid=@385373%7C1%7C1

9 알 리스, 로라 리스(2010), 경영자 VS 마케터(WAR in the Boardroom), 최기철, 이장우 역, 흐름출판, p.334.

10 John C. H. Grabill(1888). https://commons.wikimedia.org/wiki/File:Grabill_-_Branding_calves_on_roundup.jpg

11 https://mms.businesswire.com/media/20181003005944/en/682244/5/Interbrand_BGB18_Table.jpg

12 콘스탄티노스 마르키데스, 폴 게로스키(2005), Fast Second 신시장을 지배하는 재빠른 2등 전략, 김재문 역, 리더스북, 2005, p.29.

13 한국일보, "현대차 인도 진출 20년… 현지화 전략으로 내수·수출 다 잡았다", 2016.5.10.

14 서울경제, "현대차 신형 베르나, 인도에서 2018 올해의 차 선정", 2017.12.15.

15 알 리스, 로라 리스(2009), 경영자 VS 마케터(WAR in the Boardroom), 최기철, 이장우 역, 흐름출판, 2010, p.23.

16 로저 로웬스타인(Roger Lowenstein)(2008), 버핏, 김기준, 김경숙 역, 리더스북, 2009, p.199. 버핏은 "Price is what you pay, value is what you get." 이란 문구를 인용하면서 '1967년 1월 22일 파트너 편지'에서라고 표시했었다. 그 파트너가 벤저민 그레이엄(Benjamin Graham)이다.

17 클라이드 페슬러(2013), 할리데이비슨, 브랜드 로드 킹, 박재항 역, 한국CEO연구소, 2017, p.27.

18 http://archive.jsonline.com/multimedia/photos/221876881.html

19 http://www.greatdeals.com.sg/2013/11/25/coca-cola-polar-bear-plushie-giveaway-2013

20 스튜어트 웰스(1998), 전략적 사고, 이순영 역, 현대미디어, 2007, p.12.

21 http://news.chosun.com/site/data/html_dir/2017/09/13/2017091301525.html

22 http://www.businessinsider.com/22-percent-us-school-districts-use-chromebooks-2013-10

23 maker.me/m/a67a37/oral-b-gripper-toothbrush

24 http://betterweekend.co.kr/news/32450

25 구자룡(2017), "마켓 4.0 시대, 그 변화의 중심에 우리가 있어야", 이코노믹리뷰, 885호.

26 클레이튼 크리스텐슨, 제임스 올워스, 캐런 딜론(2012), 당신의 인생을 어떻게 평가할 것인가, 이진원 역, 알에이치코리아.

27 http://coffeecosmetic.com/

28 케빈 켈리(2010), 기술의 충격(What Technology Wants), 이한음 역, 민음사, 2011, p.327.

2장 ▰▰▰

1   파이낸셜뉴스, "비싸도 불티나는 제품들 이유 알고 보니..", 2012.07.01.

2   아시아경제, "'쓱쓱' 크는 착즙주스 시장", 2017.03.09.

3   식품외식경제, "젊은 풀무원, '아임리얼'이 만들어갑니다", 2015.09.18.

4   최인철(2007), 프레임, 21세기북스, pp.39-40.

5   필립 코틀러(2003), 마케팅 A to Z, 홍수원 옮김, 세종연구원.

6   Michael E. Porter(1980), Competitive Strategy: Techniques for Analyzing Industries and Competitors, Free Press.

7   Michael E. Porter(1980), Competitive Strategy: Techniques for Analyzing Industries and Competitors, Free Press.에서 정리

8   Jerome E. McCarthy(1960), Basic Marketing: A Managerial Approach, Homewood, IL: Richard D. Irwin.

9   필립 코틀러, 허마원 카타자야, 이완 세티아완(2017), 필립 코틀러의 마켓4.0(Marketing 4.0), 이진원 역, 더퀘스트, pp.97-100.

10 https://ideas.starbucks.com/index

11 전창록(2017), "스타벅스의 성공 비결, '4C' 전략", 한경Business, 제1121호.

12 https://innovations.braineet.com/en/collaborative-innovation/open-innovation-starbucks/

13 https://www.tvcf.co.kr/YCf/V.asp?Code=B000244887

14 세스 고딘(2004), 보랏빛 소가 온다 2(Free Prize Inside), 안진환 역, 재인, 2005, p.96.

15 http://news.mtn.co.kr/v/20131030011005318174

16 https://www.biotherm.co.kr/story/story_homme.jsp

17 https://www.tesla.com/roadster/

18 찰스 모리스(2015), 테슬라 모터스, 엄성수 역, 을유문화사, p.12, p.131.

19 김광석, 김수경, 박경진(2016), "소비패턴의 11가지 구조적 변화", SAMJONG Insight 제43호, 삼정KPMG 경제연구원.

20 http://air.interpark.com/flex/ReservationApplication.html

21 http://news.pulmuone.kr/pulmuone/newsroom/viewNewsroom.do?id=373

22 Rosser Reeves(1961), Reality in Advertising, Macgibbon & Kee, 1st edition.에서 발췌 및 정리

23 https://www.redbull.com

24 최병현(2009), "마케팅과 회계의 만남, 마케팅 ROI", LG Business Insight, p.23.

25 더피알, "일상 더하기 가상, AR마케팅의 매력", 2016.12.19.에서 일부 발췌 및 참고

26 http://cy.cyworld.com/home/20882375

3장 ▰▰▰

1   http://powercam.kr/index.html

2   조선일보, "파도 타는 내 모습을 내가 촬영할 순 없을까", Weekly BIZ, 2016.09.10.에서 발췌 및 정리

3   유한킴벌리, 2016 요실금 인식 조사(25세~60세 남녀 400명), www.yuhan-kimberly.co.kr

4   이데일리, "성인용 기저귀,10년 후 유아용보다 더 팔린다", 2017.05.30.에서 발췌 및 정리

5   http://www.vop.co.kr/A00001015128.html

6   제럴드 잘트만(2003), 소비자의 숨은 심리를 읽어라(How Customers Think), 노규형 역, 21세기북스, 2004.

7   머니투데이, "단종된 제품 다시 출시해주세요", 2017.02.25.에서 발췌 및 정리

8   오리온 공식 인그타그램, https://www.instagram.com/p/BHyyicBj-SN/?taken-by=orion_world

9   한국경제, "미국 추억의 맛 '오레오 오즈' 한국 특산품이 된 까닭은…", 2017.02.13.에서 발췌 및 정리

10 동서식품 포스트 인스타그램 https://www.instagram.com/p/BNqOZ5WB1CG/?taken-by=post_cereal

11 뉴데일리, http://biz.newdaily.co.kr/news/article.html?no=3767

12 조선일보, "'중년 캥거루', 남의 이야기가 아니다", 2017.05.16.에서 발췌 및 정리

13 세계일보, "취업했지만 결혼하지 못했고, 결혼했지만 독립하지 못했다", 2017.03.19.에서 발췌 및 정리

14 http://www.insight.co.kr/newsRead.php?ArtNo=50703

15 Delwiche, J. F., & Pelchat, M. L.(2002), "Influence of glass shape on wine aroma", Journal of Sensory Studies, 17(1), pp.19-28.

16 리델 홈페이지 캡처, http://www.riedel.com/all-about-riedel/brochure/

17 http://cdn.luxuo.com/wp-content/uploads/2015/01/Prada-Spring-2015.jpg

18 닐 마틴(2008), Habit 해빗(Habit), 홍성태, 박지혜 역, 위즈덤하우스, 2009, p.6.

19 https://lindseyrydalch.files.wordpress.com/2013/04/coke1.jpg

20 ZD넷코리아, "윈도10, PC 4대 중 1대…윈도7 대체할까", 2017.02.05.

21 https://www.microsoft.com/en-us/windowsforbusiness/featured-devices

22 M이코노미뉴스, "불황을 이겨내는 마법의 단어 '키즈(Kids)'", 2016.11.28.에서 발췌 및 정리

23 http://www.moncler.com/gb/catalogues/moncler-enfant-ss-17/

24 헨릭 베일가드(2008), 트렌드를 읽는 기술, 이진원 역, 비즈니스북스, p.105.

25 아시아경제, "'아이폰' 개인 전파인증 100명 돌파", 2009.10.14.에서 발췌 및 정리

26 마크 펜 & 키니 잴리슨(2007), 마이크로트렌드(Microtrends), 안진환 역, 2008, 해냄, p.13.

27 중앙일보, "다문화 인구 89만 시대", 2016.09.07.에서 발췌 및 정리

28 Robert G. Cooper(1982), "New product success in industrial firms", Industrial Marketing Management, 11(3), pp.215-223.

29 Booz, Allen & Hamilton(1982), New Products Management for the 1980s, Booz, Allen &? Hamilton.

30 마이클 솔로몬(2003), 소비자를 유혹하는 마케팅전략 34(Conquering Consumerspace), 밸류바인 브랜딩스쿨 번역, 원앤원북스, 2007.

31 http://www.madforgarlic.com/brand/introduce

32 중앙일보, "'초코파이' 한국 영화 최다 소품으로 인기", 2007.04.10.에서 발췌 및 정리

33 http://m.cnbnews.com/m/m_article.html?no=321839#cb

34 홍성태, "소비자의 'needs'보다 'wants'를 자극하라", 조선일보, 2010.07.17.에서 발췌 및 정리

35 http://www.hankyung.com/news/amp/2017110214141

36 http://www.timewarnermedialab.com/capabilities

37 정재승(2010), "세계가 놀란 K7-뉴로마케팅의 승리", 동아비즈니스리뷰, 58, pp.72-73.에서 발췌 및 정리

38 통계청, "장래가구추계 시도편: 2015~2045년", 2017.8.22.

39 고가영(2014), "1인 가구 증가, 소비지형도 바꾼다", LG Business Insight, LG경제연구원에서 발췌 및 정리

40 http://www.hani.co.kr/arti/economy/economy_general/807768.html

41 구자룡(2016), "빅데이터가 아니라 빅씽킹이다", 이코노믹리뷰, 840호, p.67.

4장 ▬

1 조선일보, "LG 올레드 TV, 지난달 국내서 월 판매량 1만대 돌파", 2017.10.11.

2 매일경제, "LG전자, 내셔널지오그래픽과 손잡고 올레드 TV광고 영상 제작", 2018.01.21.

3 월터 아이작슨(2011), 스티브 잡스(Steve Jobs), 안진환 역, 민음사, p.281.

4 조원익(2005), 실패한 마케팅에서 배우는 12가지 교훈, 위즈덤하우스, pp.124-127에서 발췌 및 정리

5 http://www.tvcf.co.kr/YCf/V.asp?Code=A000018902

6 필립 코틀러, 케빈 레인 켈러(2006), Kotler 마케팅 관리, 제3판, 시그마프레스, 2008, p.63.

7 문영미(2010), 디퍼런트(Different), 박세연 역, 살림비즈, p.263.

8 구자룡(2018), "데이터는 양, 기술이 아닌 마인드다", 통계의 창, 겨울호, Vol.22, 통계진흥원, pp.37-38.

9 https://news.samsung.com/medialibrary/kr/photo/29322?album=46

10 '에쎄 라이트'는 2002년 12월 출시되었으며, 관련법 개정으로 2013년 3월 '에쎄 프라임'으로 변경되었다.

11 Patricia Winters(1989), "For New Coke, 'What Price Success?'", Advertising Age, S1-S2.

12 http://www.coca-colacompany.com/stories/coke-lore-new-coke

13 이명식, 구자룡, 양석준(2017), 마케팅 리서치(개정판), 형설출판사, p.51.

14 이명식, 구자룡, 양석준(2017), 마케팅 리서치(개정판), 형설출판사, p.81.

15 https://itunes.apple.com/kr/app/id483557574

5장 ▬

1 조선일보, "'독설가'는 말한다 한국, 차별화하라", 2008.10.25.

2 뉴스1, "샴푸에 '탈모방지' 못 쓴다…아모레 · LG생건 주력브랜드 삐걱", 2017.03.31.

3 https://www.ryo.com/kr/ko/main.html

4 머니투데이, "아모레퍼시픽 한방샴푸 베스트셀러, '려 자양윤모'", 2014.12.18.

5 https://www.instagram.com/orion_world/

6 http://sakiroo.com/archives/5762, http://m.blog.naver.com/4insettia/60145357424

7 https://ko.wikipedia.org/wiki/포드 모델 T

8 https://i.pinimg.com/originals/db/59/58/db5958aba1edfaf3f11297694038f6b5.jpg

9   2018년 3월 현대자동차 홈페이지 기준(https://www.hyundai.com/kr/ko/main)

10   한국경제, "새로운 고객을 찾지 못하면 만들어라", 2009.05.12.

11   http://www.adic.co.kr/ads/viewAd.do?sizeType=high&adType=M&dirId=200201&fileName=KJ0017034.jpg

12   https://media.netflix.com/ko/about-netflix

13   https://www.netflix.com/kr/

14   잭 트라우트, 알 리스(2000), 포지셔닝(Positioning : The Battle for Your Mind), 안진환 역, 을유문화사, p.19.

15   스콧 데이비스, 마이클 던(2002), 브랜드, 김형남 역, 청림출판, 2003, p.41.

16   https://www.volvocars.com/kr/about/explore/core-values

17   Miller, G. A. (1956). "The magical number seven, plus or minus two: Some limits on our capacity for processing information", Psychological Review, 63 (2), pp.81 – 97.

18   알 리스, 잭 트라우트(1993), 마케팅 불변의 법칙, 이수정 역, 비즈니스맵, 2008, p.17.

19   http://www.lgblog.co.kr/lg-story/about-lg/286

20   김위찬, 르네 마보안(2017), 블루오션 시프트(Blue Ocean Shift), 안세민 역, 비즈니스북스, pp.176-203.

21   공정거래위원회, "특허를 받은 제품" 등 허위 · 과장광고, "플라스틱용기 찜찜하셨죠?" 등 비방광고 등에 대한 보도자료, 2010.03.15.

22   구자룡(2018), "초연결 시대, 언택트 마케팅이 뜨고 있다", DB Webzine, 2018.01.

23   머니투데이, "스타벅스 '사이렌오더', 누적 주문 3000만건 돌파", 2017.10.24.

24   http://www.ssgblog.com/3129

25   구자룡(2018), "마켓 4.0 시대, 기업은 어떻게 브랜딩을 해야 하나", 이코노믹리뷰, 895호.

26   OECD, 디지털경제전망(Digital Economy Outlook) 2017.

27   www.facebook.com/jawsstory/

28   스티븐 판 벨레험(2015), 디지털과 인간(When Digital Becomes Human), 이경식 역, 세종연구원, 2017, p.266.

6장

1   매경이코노미, "7000억 원대 주식 '거부(巨富)' 된 김준일 락앤락 회장", 제1544 합본호, p.20.

2   연합뉴스, "락앤락, 영국 소비자 선정 2년 연속 최고 생활용품 브랜드", 2018.03.13.

3   http://www.locknlock.com/Bbs/category-news/Page1/Details/2040

4   투데이에너지, "보쉬의 혁신과 파워, '체험으로 느끼다'", 2016.04.20.

5   비즈트리뷴, "3M, 실적과 주가 모두 안정성 높다", 2017.10.10.

6   전자신문, "장수기업의 성공비결-듀폰(Dupont)", 2015.09.22.

7   http://www.graf-von-faber-castell.kr/writing-instruments/perfect-pencil/perfect_pencil

8   시어도어 레빗(1986), 마케팅 상상력(Marketing Imagination), 새미래연구회 역, 21세기북스, 1994, p.69.

9   Social LG전자, "의류관리기 LG 스타일러, '4분에 1대씩 팔린다'", 2017.02.06.

10   https://social.lge.co.kr/newsroom/lg_styler_0206/

11 http://www.d-oz.net/01-history/08fukasawa%20naoto/012-umbrella.jpg

12 이남훈(2014), "통찰력을 가진 기업들, 그들의 빛나는 성공 철학", ktcs.

13 매일경제신문, "신제품 10개중 8개는 실패", 1999.11.07.

14 닐 마틴(2008), Habit 해빗(Habit), 위즈덤하우스, 2009, p.17.

15 중앙일보, "180개 위성 쏴 인터넷 서비스", 2014.06.04.

16 LA중앙일보, "글로벌 이동통신서비스 '이리듐'의 몰락", 2010.04.09.

17 https://pxhere.com/ko/photo/1045500

18 전자신문, "위대한 혁신도 실패에서 시작…"잡스의 실패작들"", 2011.10.07.06.에서 발췌 및 정리

19 http://ciobiz.etnews.com/news/article.html?id=20111007120017

20 장성근(2010), "신제품개발, 실패에서 배우기", LG Business Insight, 1119호, 2010.11.16.

21 Baker, Marn, and Zawada(2010), 'Building a better pricing infrastructure', Mckinsey Quarterly.

22 아시아경제, "[高價의 역설]명품의 또다른 이름, 거품", 2015.12.24.

23 에너지경제, "수입차, 비쌀수록 더 잘 팔린다…", 2018.03.17.

24 토르스타인 베블런(1899), 유한계급론, 이종인 역, 현대지성, 2018.

25 https://www.prizeotel.com/en/

26 https://www.prizeotel.com/en/hotel-hamburg-city/your-room/

27 https://www.swatch.com/ko_kr/collections/voice-of-freedom

28 ZDNet Korea, "아이폰X 국가별 가격 최대 44만원 차이", 2017.09.19.

29 https://images.idgesg.net/images/article/2017/09/apple_evolution_iphone_x-100735499-orig.jpg

30 동아일보, "코카콜라 '가격 책정 실패담'이 주는 교훈", 2011.07.10.에서 발췌 및 정리

31 윤석철(2011), 삶의 정도, 위즈덤하우스, pp.169-173.

32 윤석철(2011), 삶의 정도, 위즈덤하우스, p.173.

33 라피 모하메드(2006), 가격 결정의 기술(The Art of Pricing), 지식노마드, pp.148-175.

34 https://www.dodopoint.com/

35 이코노믹리뷰, "지금 아니면 안 되는! '한정판(Limited) 마케팅'", 2016.12.08.

36 https://www.nike.com/t/air-jordan-1-mid-mens-shoe-1zMCFJ

37 구자룡(2017), "마케팅이 필요 없는 혁신 제품을 만들어라", 이코노믹리뷰, 858호.

38 https://m.post.naver.com/viewer/postView.nhn?volumeNo=14844549&memberNo=8325390&vTy
    pe=VERTICAL

39 한국경제신문, "변신 못하자 2년 만에 매출 반토막… '두 번째 혁신'에 生死 달려", 2018.04.17.에서 편집

40 http://news.hankyung.com/article/2018041794481

7장 ◖▬▬

1 이코노믹리뷰, "국내 1호 애플스토어, '애플 가로수길' 방문해 보니", 2018.01.27에서 발췌 및 편집

2 https://www.apple.com/kr/retail/garosugil/?cid=&cp=em-P0018487-393208&sr=em

3 아닌디야 고즈(2017), TAP 탭(TAP), 이방실 역, 한국경제신문, 2017, p.11.

4 최인수 외(2017), 2018 대한민국 트렌드, 한국경제신문, pp.128-130.

5 한국인터넷진흥원(2018), 2017년 인터넷이용실태조사 최종보고서, p.49, pp.76-77.

6 매일경제신문, "채널 확장하는 화장품 로드숍", 2018.05.18.

7 http://www.cj.net/brand/list_convenience/oliveyoung.asp

8 http://kogibbq.com/

9 국민일보, "카카오뱅크 가입자 수 500만명 돌파…체크카드 74.6% 신청", 2018.01.08.

10 Brett A. S. Martin(2012), "A Stranger's Touch: Effects of Accidental Interpersonal Touch on Consumer Evaluations and Shopping Time", Journal of Consumer Research, Vol.39, No.1, pp. 174-184.

11 https://www.thecut.com/2011/12/new-study-shows-shoppers-dislike-being-touched.html

12 조선일보, "육중한 금고 · 서랍 열어야 안경이 빼꼼… 안경가게야, 은행이야", 2011.09.29.

13 https://m.jungle.co.kr/magazine/7676

14 김형택(2015), 옴니채널 & O2O 어떻게 할 것인가?, e비즈북스, p.9.

15 ZDNet Korea, "메이시스 백화점의 옴니채널 전략", 2016.05.12.

16 한국정보산업연합회(2017), 2017년 IT산업 메가트렌드, p.68.

17 http://cintop.com/chicago-from-wired-magazine-2014#

18 고한준, 진홍근, 이은주(2008), "소비자 개인별 일일 광고 노출량에 관한 연구", 광고학연구, Vol.19, No.3, pp.87-102.

19 매일경제신문, "수없이 쏟아지는 광고, 브랜드를 각인시키려면…", 2012.06.01.

20 잭 트라우트, 스티브 리브킨(2001), 단순함의 원리, 김유경 역, 21세기북스, 2008.

21 https://jmagazine.joins.com/_data/photo/2014/10/2039295025_Kmq0YlA5_img8.jpg

22 제임스 H. 길모어, 조지프 파인2세(2010), 진정성의 힘(Authenticity: What Consumers Really Want), 세종서적.

23 CMN, "도심 속 환경 보호 '네이처앤더시티' 캠페인 진행", 2018.05.14.

24 아시아경제, "일화, 美 1위 프리미엄 생수 '피지워터' 국내 공급 제휴", 2016.01.26.

25 http://www.fijiwater.com/company.html에서 캡처

26 제로그램 홈페이지 참조(http://www.zerogram.co.kr)

27 http://www.zerogram.co.kr/shop/el-chalten-1-5p-olive/

28 윤석철(2010), 윤석철 : 문학에서 경영을 배우다, 서울대학교출판문화원.

29 자크 버긴(Jacques Bughin), 'A New Way to Measure Word-of-Mouth Marketing', McKinsey Quarterly, 2010.04.

30 중앙일보, "기능성 음료 '글라소 비타민' 5년째 1위 비결은 …", 2015.01.21.

31 http://www.lgcare.com/brand/detail.jsp?gbn=3&bid1=R017

32 줄리언 커민스, 로디 멀린(2002), 세일즈 프로모션은 왜 마케팅의 핵심인가, 구자룡, 이은주 역, 거름, 2006, p.117.

33 http://www.mediax.kr/?p=649

34 장인성(2018), 마케터의 일, 북스톤, pp.97-99에서 정리

35 https://www.woowahan.com/#/service/baemin

36 The Benchmarking Company, '10 Year Beauty Benchmark: (2006-2016)', benchmarkingcompany. com

37 케빈 알로카(2018), 엄성수 역, 유튜브 컬처, 스타리치북스, pp.48-49.

38 https://www.youtube.com/watch?v=9bZkp7q19f0

39 연합뉴스, "다이슨, LG전자 상대 '무선청소기 허위 광고' 또 소송", 2018.07.25.

40 조선일보, "LG전자, 英 다이슨과 법정공방 속에 웃는 이유는", 2017.12.11.

41 https://www.tvcf.co.kr/YCf/V_Big.asp

42 한국소비자원, 180122_무선(스틱형)청소기 품질비교_보도자료.pdf, p.16.

8장 ●

1 스콧 베드베리(2002), 브랜드 발전소(A New Brand World), 정지영 역, 이레, 2005, p.223.

2 https://m.blog.naver.com/anackne/220530833068

3 조선일보, "베컴 · 아이유부터 타임스퀘어 점령까지'...갤럭시S 8년 광고사", 2017.04.06.

4 위키백과(https://ko.wikipedia.org/), LG 옵티머스 (제품군).

5 시사저널, "세계 스마트폰 3대 중 1대는 '메이드인 차이나'", 2017.04.28.

6 키뉴스, "애플 스마트폰 충성도 92%...삼성 · LG 앞질러", 2017.05.23.

7 스콧 베드베리(2002), 브랜드 발전소(A New Brand World), 정지영 역, 이레, 2005, p.38.

8 http://job.lotte.co.kr/LotteRecruit/Intro/Vision_2018_03.aspx

9 http://www.ssgblog.com/5

10 http://www.aekyung.co.kr/KR/about/vision.do

11 쟈코 발피스(2010), 브랜드 인셉션, 비즈니스맵, 2011, p.193.

12 뉴스핌, "아모레퍼시픽그룹, 글로벌 뷰티업계 7위 도약", 2017.04.17.

13 아모레퍼시픽 홈페이지(http://www.apgroup.com/int/ko/misc/sitemap.html)에서 캡처

14 대상홈 페이지(http://www.daesang.com/pr/brand.asp)에서 정리

15 http://www.newstomato.com/ReadNews.aspx?no=607178

16 기아자동차를 인수한 직후인 2001년 현대자동차그룹의 전반적인 브랜드전략에 대한 프로젝트를 진행한 바 있다. 이 때도 렉서스와 같은 새로운 브랜드 네임의 독립브랜드와 현대, 그리고 기아로 재편하는 방안을 제안했다. 새로운 브랜드는 고급차종의 프리미엄 이미지로, 현대는 승용 중심의 세련된 이미지로, 기아는 상용 중심의 튼튼한 이미지로 차별화하여 현대기아자동차 그룹으로 운영하는 포트폴리오 전략이었다. 이 제안은 실무 차원에서 기각되어 빛을 보지 못했지만 2015년 제네시스로 반쪽짜리로 실현되었다. 당시 제안의 가장 큰 걸림돌은 현대와 기아의 포트폴리오 변경에 따른 차종의 구조조정 및 이동을 전제로 하는 것이었기 때문에 실현가능성이 낮았고 이는 현재도 마찬가지의 고민을 하고 있다. 글로벌 자동차 시장에서 쟁쟁한 경쟁브랜드들과 경쟁해야 되는 상황에서 자기잠식이 있는 브랜드 운영은 이해와 효과에 대해 여전히 의문을 가질 수밖에 없다. 특히 유통과 생산라인 등의 혁신이 요구된다.

17 아모레퍼시픽 홈페이지(http://www.apgroup.com/int/ko/brands/sulwhasoo.html)에서 정리

18 쟈코 발피스(2010), 브랜드 인셉션, 비즈니스맵, 2011, p.271.

19 Ansoff, I. H.(1957), "Strategies for Diversification", Harvard Business Review, 35(5), pp.113-124.

20 구자룡(2005), "시장 침투하는 신규 브랜드의 런칭과 성공", 2005 KMA 전략보고서 제1호(Brand Power), 한국 능률협회, p.22.

21 인터브랜드 블로그(http://blog.naver.com/ibseoul/220821103023)

22 매일경제, "하이트진로, 참이슬 리뉴얼 후 최단기간 5억병 판매 기록", 2018.08.02.

23 조선일보, "아모레퍼시픽, 샤넬·디올 제쳐… 세계 7위 화장품 '우뚝'", 2017.04.17.

24 http://biz.chosun.com/site/data/html_dir/2017/04/17/2017041702755.html

25 김재영(2007), Brand and Branding, 비앤엠북스, p.361.

26 한국일보, "풀무원 입사 1호 사원이 CEO… 성장세 발목 잡던 해외 실적도 개선", 2018.02.04.

27 https://tour.pulmuone.kr:3445/factory/notice_view.asp?idx=1

28 스포츠경향, "KT&G 정윤식 브랜드 매니저 '궁중음악 들려주며 재배했어요'", 2018.02.12.

29 https://www.fashionseoul.com/155811

30 더스쿠프, "펫네임은 마케팅이 아닌 창조다", 2016.07.12.

31 매일경제, "年 1300억 팔린 '견미리 팩트'", 2018.01.03.

32 뉴스웍스, "락앤락, 밀폐용기 부문 4년 연속 '2017 세계일류상품' 선정", 2017.12.07.

33 매일경제, "락앤락, 사업다각화로 승부…욕실용품 '샤포' 출시", 2012.07.31.

34 조선일보, "락앤락, 이·미용품 시장 진출", 2012.02.02.

35 http://www.locknlock.com/

36 윤석철(2011), 삶의 정도, 위즈덤하우스, p.267에서 일부 내용 편집

37 https://www.interbrand.com/best-brands/best-global-brands/methodology/

38 밸류바인 홈페이지(http://valuevine.kr/)

39 https://www.interbrand.com/kr/newsroom/best-global-brands-2018/

40 머니투데이, "실적따라 브랜드 가치 '희비'…삼성전자↑·현대차↓", 2018.02.02.

41 매일경제, "삼성전자 브랜드가치 476억弗…전년 10위서 세계 7위로 '껑충'", 2018.05.24.

42 https://www.hyundai.com/content/hyundai/kr/ko/company-intro/pr-department/news-focus/news/detail.html

43 비즈니스포스트, "(Who Is ?) 이영희 삼성전자 글로벌마케팅센터장 부사장", 2018.08.07.

44 Muniz and O'Guinn(2001), "Brand Community", Journal of Consumer Research, 27(4), pp.412–432.

45 유창조, 정혜은(2004), "브랜드 커뮤니티 형성과정에 따른 커뮤니티의 특징, 구성원의 행태와 참여경험 및 관계의 질에 대한 분석", 마케팅연구, 19(3), pp.47–80.

46 나이키 홈페이지(https://www.nike.com/kr/ko_kr/c/running/nike-run-club)에서 캡처

47 뉴시스, "소비자를 움직이는 '게이미피케이션' 마케팅 물결", 2017.05.23.

48 조선일보, "화장품 容器(용기 아이디어로 승부… "대박 났어요"", 2014.12.17.

49 러브즈뷰티, "포켓몬GO 열풍이 뷰티템으로 탄생…토니모리, 포켓몬 에디션 출시", 2016.09.09.

50 뉴스1, "이경수 코스맥스회장 'K-뷰티' 한우물, 경쟁력 더 높고 기회도 많아'", 2018.03.18.

51 조선일보, "글로벌시장 뛰어든 한국콜마…자체 브랜드·승계는 남은 과제", 2016.12.06.

9장

1 http://www.druckerinstitute.com/2013/07/measurement-myopia/ : 드러커 인스티튜(The Drucker Institute)에 따르면, 사실 그는 "If you can't measure it, you can't manage it."라는 말을 한 적이 없다고 한다. 그렇지만 그 의미는 경영활동에, 마케팅 활동에 혁신과 개선을 위한 시금석이 될 수 있다.

2 동아일보, "몸속 미네랄밸런스 '아이시스 8.0'으로 지키세요", 2018.05.23.

3 http://www.etnews.com/20180516000098

4 최병현(2009), "마케팅과 회계의 만남, 마케팅 ROI", LG Business Insight, 2009.06.24, p.33.

5 세스 고딘(2002), 보랏빛 소가 온다, 남수영, 이주영 역, 도서출판 재인, 2004, p.95.

6 한국ABC협회, 2018년도 종편, 케이블 방송사업 겸영 매체 발행 유료부수(보도자료), 2018.06.04.

7 연합뉴스, "국내 광고시장 '미디어 오디트' 적극 도입해야", 2014.06.01.

8 허원무(2003), 마케팅 성과 평가의 의미와 시행 포인트, LG경제연구원, p.2.

9 IBM, "IBM Global Chief Marketing Officer Study", 2011.

10 BrightFunnel(2018), "THE 2017 Marketing Measurement And Attribution SURVEY REPORT", p.2.

11 구자룡I(2017), "돈이 없다. 그래서 마케팅을 못한다(?)", 이코노믹리뷰, 878호.

12 뉴스핌, "현대차, 올해 마케팅비용 2000억 더 늘려… '3조7000억'", 2017.01.17.

13 http://www.nizspace.com/?portfolio=116

14 Tim Ambler & Debra Riely(2000), Marketing Matrics : A Review of Performance Measurement in use in the UK and Spain, London Business School Working Paper.

15 허원무(2001), "불황 극복의 지름길, 마케팅 성과 평가시스템", LG주간경제, 2001.8.8., p.40에서 발췌정리

16 https://ratti-report.com/wp-content/uploads/2015/07/colgate-palmolive-Ratti.jpg

17 유필화(2014), "시장점유율보다… 이젠 純益이다", 조선일보, 2014.03.24.

18 http://valuevine.kr

19 이상경(2001), "광고의 ROI", 매일경제, 2001.05.18.

20 구자룡(2003), "프로모션 효과측정의 중요성", 광고계동향, 2003년 2월호.

21 전자신문, "애드테크(AD Tech)…데이터가 바꾸는 광고 시장의 새 패러다임", 2018.07.10.

22 IT조선, "광고시장 새로운 성장동력으로 뜨는 '애드테크'…무엇이 다른가 살펴보니", 2017.10.20.

23 http://company.lotte.com/business/lotteshopping.lotte

24 전자신문, "국내 기업 및 공공기관 78%, 정량적 분석에 편중", 2015.07.06.

25 KPR소셜커뮤니케이션연구소, 2015 소셜미디어 운영 현황 및 트렌드 조사, KPR, 2015.07, p.25.

26 Kotler Marketing Group, http://www.kotlermarketing.com/phil_questions.shtml

27 코트라 해외시장뉴스, "일본의 AI, 소매업 현장에서 맹활약", 2017.07.04.

28 https://brain.jins.com/

29 연합뉴스, "작년 총 광고비 11조원 넘어…모바일 첫 2조원 돌파", 2018.02.26.

30 http://img.yonhapnews.co.kr/etc/graphic/YH/2018/02/26//GYH2018022600020004401.jpg?detail

31 조선일보, "마케팅 비용 효과 최대 180배 차이…", 2011.06.18.

32 신정호(2014), "헷갈리는 마케팅 비용의 성과 정량화할 방법, 찾고 또 찾아라", 동아비즈니스리뷰, 155호.

33 황창환(2016), "비즈니스의 심장인 성과관리", 파이낸스투데이, 2016.03.03.

10장

1   잭 웰치(2001), 잭 웰치 · 끝없는 도전과 용기, 이동현 역, 청림출판.

2   로저 맥나미, 데이비드 다이아몬드(2005), New Normal 부와 비즈니스가 움직이는 새로운 기준, 정경란 역, 한언.

3   ZDNet, "'AI · IoT · 디바이스'…삼성이 그리는 미래", 2017.12.15.

4   https://www.samsung.com/fr/tvs/qled-tv/01net/

5   삼성전자뉴스룸, "커넥티드 홈의 시작과 끝을 책임지는 2018년형 삼성 스마트 TV", 2018.01.09.

6   마크 펜, 메러디스 파인만(2018), 마이크로트렌드 X, 김고명 역, 더퀘스트, p.22.

7   김진영(2016), 헬로 데이터 과학, 한빛미디어, p.51.

8   https://www.digitaltrends.com/social-media/airbnb-steps-up-its-game-with-professional-photos/

9   아이뉴스, "빅데이터 마케팅으로 매출 12% '쑥'", 2018.01.01.

10 ZDNet, "SK스토아, 네파와 공동 마케팅 실시", 2018.04.30.

11 http://www.newscj.com/news/articleView.html?idxno=516642

12 마틴 린드스트롬(2016), 스몰데이터, 최원식 역, 로드북, 2017, p.23.

13 이코노믹리뷰, "딥러닝 추천 서비스, 당신보다 당신을 더 살 알고 있다", 2017.04.11.

14 https://blog.naver.com/ibm_korea/221056512899

15 https://itunes.apple.com/us/app/pebble-beach-resorts/id1232974508?mt=8

16 Bernd H. Schmitt(1999), Experiential Marketing, Bargain Price.

17 http://www.laneige.com/kr/ko/information/beauty-mirror.html

18 매일경제, "아모레퍼시픽 라네즈, 5년 만에 명동 플래그십매장 새 단장", 2016.11.11.

19 https://itunes.apple.com/kr/app/lanejeu-byuti-mileo/id1027217429?mt=8

20 한국금융신문, "아모레퍼시픽 프리메라, 명동 플래그십 스토어 리뉴얼 오픈", 2018.09.06.

21 머니투데이, "아모레퍼시픽 마몽드, 명동에 단독 플래그십 매장 오픈", 2017.03.10.

22 https://www.sonos.com/en/media-kits/retail-experience

23 Wall Street Journal, "Secrets From Apple's Genius Bar: Full Loyalty, No Negativity", 2011.06.15.

24 https://www.appleworld.today/blog/2016/10/11/apple-makes-it-a-bit-more-difficult-to-make-a-genius-bar-appointment

25 https://kristallwelten.swarovski.com/Content.Node/wattens/index.ko.html

26 뉴시스, "삼성전자, 브랜드 체험관 '삼성 딜라이트' 재개관", 2015.09.12.

27 노컷뉴스, "'미션 임파서블'이 반한 미래형 자동차창고는?", 2012.03.01.

28 소비자평가, "팝업스토어, 효과적인 마케팅 수단으로 자리매김하다", 2018.06.16.

29 https://post.naver.com/viewer/postView.nhn?volumeNo=16058948&memberNo=39126203

30 구자룡(2017), "한번 고객을 영원한 고객으로 연결하는 브랜드 체험 마케팅", 이코노믹리뷰, 855호, p.62.

31 https://www.coloribus.com/adsarchive/ambient-directmarketing-casestudy/nivea-sun-kids-sensitive-nivea-doll-20419705/

32 https://clios.com/awards/winner/out-of-home/bdf-nivea-brasil/nivea-doll-1055

33 https://www.adweek.com/creativity/heres-how-one-bracelet-boosted-entire-countrys-blood-donations-335-158105/

34 구자룡(2014), "SNS를 타고 도는 국경없는 입소문", 대한항공기내지 비욘드, 2014년 10월호, pp.44-45.

35 조나 버거(2013), 컨테이저스 전략적 입소문, 정윤미 역, 문학동네, p.23.

36 조나 버거(2013), 컨테이저스 전략적 입소문, 정윤미 역, 문학동네, p.38.

37 https://www.dynamicbusiness.com.au/entrepreneur-profile/how-tom-dickson-went-viral-with-50-and-a-blender-210912.html

38 https://en.wikipedia.org/wiki/Illusory_truth_effect

39 전자신문, "LG전자, 온라인-소셜 마케팅에 꽂혔다", 2018.05.07.

40 http://m.lg.co.kr/news/newsView.dev?newsId=9402＆rowno=1＆vcomcode=

41 http://www.ciokorea.com/news/33138#csidx6a15233d58979ea889fc2aaa86d005b

42 https://www.dysoncanada.ca/en/for-business/dyson-business/hand-dryers-for-business.html

43 Laurence Minsky, Keith A. Quesenberry(2015), "How B2B Marketers Can Get Started with Social Media", Harvard Business Review, DECEMBER 24, 2015.

44 https://www.venturesquare.net/577992

45 http://www.bloter.net/archives/283693

46 https://www.facebook.com/zuck

47 http://www.lotteliquor.com/proom/print.asp

48 http://mihuwang.tistory.com/535

49 http://www.impawards.com/2009/avatar_ver6_xlg.html

50 매경이코노미, "인플루언서가 광고판 흔든다~연예인 · CF모델 시대 넘어", 제1956호, 2018.05.02.

51 https://www.instagram.com/p/Blb96C8AGJ1/?taken-by=greendohdo

52 https://blogs.adobe.com/digitaldialogue/ko/customer-experience-ko/chatbot-key-to-personalization-kr/

53 ZDNet, "잘 둔 챗봇 하나, 열 직원 안 부럽네", 2018.06.12.

54 BusinessKorea, "롯데카드, 인공지능 챗봇 서비스 '로카' 오픈...실제 상담원 역할", 2018.04.02.

55 http://www.businesskorea.co.kr/news/userArticlePhoto.html